Bruchstück-weise
erinnern, ent-täuschen, weiterspinnen

Anknüpfungen an die feministische Befreiungstheologie von
Christine Schaumberger

**Bruchstück-weise
erinnern, ent-täuschen, weiterspinnen**

Anknüpfungen an die feministische Befreiungstheologie von Christine Schaumberger

herausgegeben von Katja Strobel

EDITION ITP-KOMPASS BAND 15

Bibliographische Information der Deutschen Bibliothek:

Die Deutsche Bibliothek verzeichnet diese Publikation in der Deutschen Nationalbibliographie; detaillierte bibliographische Daten sind im Internet über <http://dnb.ddb.de> abrufbar.

Bruchstück-weise erinnern, ent-täuschen, weiterspinnen. Anknüpfungen an die feministische Befreiungstheologie von Christine Schaumberger
Münster (ITP-Kompass) 2014

Umschlag unter Verwendung einer Federzeichnung von
Hans Steinbrenner (1928-2008), freundlich zur Verfügung gestellt
von Peter Pulheim
Hans Steinbrenner, Federzeichnung, 2006, Tusche auf Papier, 24x16,5 cm
Fotografie: Ingeborg Leopoldine Klinger

© 2014 Edition ITP-Kompass, Münster
Alle Rechte vorbehalten

Herstellung: Books on Demand GmbH, Norderstedt

Printed in Germany
Dieses Buch wurde im On-Demand-Verfahren hergestellt.

ISBN: 978-3-9813562-5-0

„Was würde es [...] bedeuten, wenn ich [...] folgendes Postulat zugrundelege?
Eine feministische Theologin ist eine Frau, die ihre Lebens- und Überlebensfragen als theologische Fragen formuliert, auf die Fragen und Erkenntnisse der anderen feministischen Theologinnen bezieht und ihren Denk- und Handlungshorizont auf die Frauen und Fragen hin zu öffnen sucht, die übersehen, vergessen, marginalisiert werden."

(Christine Schaumberger)

Inhaltsverzeichnis

Vorwort und Dank..11

**Teil I
Murmeln, Schreien, Schweigen ...
Sprachen und Theologien von „Alten" und „Kranken"
hören lernen und hörbar machen**

Angelinde Händel
Für Christine: Worte chronisch Schmerzkranker...................20

Peter Pulheim
Unerhörte theologische Worte von Kranken. Inspirationen und
Irritationen durch Christine Schaumbergers feministische
Befreiungstheologie für die Krankenhausseelsorge.................39

Annebelle Pithan
Gute Fragen stellen..63

Susanne Ebeling
„Wie möchtest Du tradiert werden?" Eine Anfrage
in der Nachfolgegemeinschaft von Gleichgestellten..............66

Günter Gödde
„Den Schrei der Stummgemachten zum Tönen bringen"
Schreie in Kellern und auf Straßen hören...............................86

Andreas Benk
„Uns überfüllts"..94

Eva-Maria Wallisch und Elisabeth Stepanek
Wahrnehmung und Begleitung „dementer" Menschen
aus seelsorglicher Sicht..96

Teil II
Versuche des Verlernens, Begreifens und Benennens

Peter Pulheim
Die Zeichnung von Hans Steinbrenner
auf dem Umschlag dieses Buches..123

Elisabeth Schüssler Fiorenza
Kirchenfrauen und radikaler Feminismus. Workshop auf der
Konziliaren Versammlung Frankfurt am Main 2012..................128

Eske Wollrad
„ihre Stimmen deutlich zu hören"
Postkolonial-feministische Kritik als Herausforderung
an hiesige feministische Theologien..141

Ludger Weckel
Ein Stück vom Kuchen ...
oder: (k)eine neue Bescheidenheit...158

Dorothee Wilhelm
Was ich nicht loswerde..175

Aurica Nutt
Gott in Gestalt der Schechina: Berührungspunkt politischer
und geschlechtersensibler Theologien?..185

Regula Grünenfelder
Schwierige Kunst als Lebensmittel...199

Johann Baptist Metz
„Glaubt an Gott und glaubt an mich". Aus der Eucharistiefeier
zur Trauung von Christine Schaumberger und Peter Pulheim
am 25. Juni 1994, Wien – Schottenkirche....................................205

Tiemo Rainer Peters
Praxis des Erinnerns
Eine theologisch-biographische Rückbesinnung.........................208

Teil III
Erfahren, Versuchen, Neugestalten

Resi Bokmeier
Frauen auf dem Weg der Befreiung. Feministische Frauenbildung
im kirchlichen Kontext der Diözese Rottenburg-Stuttgart
Ein Erfahrungsbericht..220

Mirjam Elsel
... und zwischenzeilig Verlorenes...228

Britta Jüngst
Ist der christliche Glaube der einzig wahre?...................................231

Sandra Lassak
„Gemeinsam spinnen am Netz der Befreiung!" Überlegungen
zu einer kontextuellen feministischen Befreiungstheologie
in internationalistischer Perspektive..249

Irmgard Kampmann
Ihr werdet essen und satt werden
Glückwunsch zum 60. Geburtstag...266

„Die freie Seele, auf der die ganze heilige Kirche gegründet ist ..."
Marguerite Poretes Vision einer Kirche der Zukunft......................267

Doris Strahm
Wahrhaben, was ist – wahrmachen, was sein soll...........................276

Ulrike Hoppe
Wünsche für einen interreligiösen Dialog im Alltag.......................279

Ina Praetorius
Transformation. Ein Ausschnitt aus dem Jahr 2011,
für Christine Schaumberger und uns alle..285

Teil IV
„Weiter gehen, tiefer graben"
Strategien oppositioneller Theologie

Christine Schaumberger
„Weiter gehen, tiefer graben". Institutionalisierung feministischer
Theologie: Akt des Überlebens und notwendig unabschließbarer
Prozeß theologischer Transformation..288

Mirjam Elsel
Feministische Befreiungstheologie im Kontext
interreligiöser Begegnung unter Frauen...321

Katja Strobel
Grenzenlose Ansprüche realisieren? Christine Schaumbergers
Analysen zur Institutionalisierung feministischer Theologie......326

Jutta Flatters
„Anspruch auf eine befreiende, nährende, erinnernde,
kritische Theologie"..341

Claudia Lueg
Hartnäckig hoffnung hegend. Christine Schaumbergers Wirken
in der AG Feminismus und Kirchen..348

AutorInnenverzeichnis...351

Bild- und Textnachweis..358

Informationen zur AG Feminismus und Kirchen......................360

Vorwort und Dank

Der Titel dieses Buches – Bruchstück-weise – ist ein Begriff, den Christine Schaumberger in Bezug auf Erinnerung geprägt hat: Erinnert werden sollen die Bruchlinien, wichtig ist das Unterbrechende und das Unterbrochene (für eine nähere Erläuterung vgl. den Artikel von Peter Pulheim in diesem Band, „Unerhörte theologische Worte von Kranken", ab S. 52). Bruchstück-weise an die Theologie von Christine Schaumberger anknüpfen – dies trifft auch auf die Geschichte dieser Festschrift in besonderem Maße zu. Sie wurde zunächst als Unikat auf dem Festabend anlässlich des 30jährigen Bestehens der Arbeitsgemeinschaft (AG) Feminismus und Kirchen und des 60sten Geburtstages von Christine Schaumberger am 15. Oktober 2011 überreicht. Die AG Feminismus und Kirchen, die dieses Buch als Gemeinschaftsprojekt auf den Weg gebracht hat, hatte zu diesen beiden Anlässen eine Jubiläumstagung unter dem Titel „‚Weiter gehen, tiefer graben'. Strategien für eine oppositionelle Theologie" organisiert.

Die Beiträge der Jubiläumstagung bilden nun den IV. Teil des Buches. Weitere Beiträge wurden auf unterschiedliche Weise hinzugeschenkt – unter anderem der Vortrag, den Elisabeth Schüssler Fiorenza anlässlich der Konziliaren Versammlung am 19. Oktober 2012 in Frankfurt hielt. An diesem Datum wird sichtbar, dass das nun publizierte Buch einen längeren Entstehungsprozess durchmachte. Dies führte dazu, dass einerseits Ereignisse wie die Konziliare Versammlung aufgegriffen werden konnten, andererseits manchen Artikeln anzumerken ist, dass die aktuelle Situation, auf die sie sich beziehen, nun bereits Teil der Geschichte ist – aber Teil einer Geschichte der gefährlichen Erinnerungen, die die Gegenwart begreifbar und veränderbar machen.

Ein herzlicher Dank gilt zunächst allen Autorinnen und Autoren und allen, die in vielfältiger Weise zu diesem Buch beigetragen haben, durch einen Artikel, ein Gedicht, eine Collage durch die Anfrage von AutorInnen oder Korrekturlesen. Christine Schaumberger gilt mein Dank für ihre Anregungen in der Phase der Konzeption und Fertigstellung der Veröffentlichung. Danke allen Künstlerinnen und Verlagen, die dem Abdruck der Bilder und Texte zugestimmt und auf Gebühren verzichtet haben. Denjenigen sei gedankt, die durch ihre Spende dazu beigetragen haben, dass das Buch veröffentlicht werden kann. Dank gilt auch dem Institut für Theologie und Politik für die Aufnahme des Bandes in die Reihe „edition itp-kompass".

Es folgt nun die Rede anlässlich der Überreichung des Festschrift-Unikats am 15. Oktober 2011. Die „Wir"-Form der Rede ist darauf zurückzuführen, dass mehrere Frauen der AG Feminismus und Kirchen an der Idee, dem Anfragen von AutorInnen und dem Redigieren von Artikeln beteiligt waren. Ihnen gilt mein herzlicher Dank und die Verbundenheit in der weiter gehenden und tiefer grabenden Arbeit, die innerhalb der AG fortgesetzt wird. Zum Mitgehen laden wir herzlich ein – Hinweise darauf finden Sie am Ende des Buches.

Wir überreichen dieses Festschrift-Unikat an einem besonderen Tag: dem 15. Oktober 2011. Die Bewegung „15M" aus Spanien, die am 15. Mai 2011 gegen die Sparpolitik auf die Straßen ging und seitdem Plätze und Straßen besetzt und belebt, ist so ausgestrahlt, dass zum 15. Oktober ein globaler Tag des Widerstands unter dem Motto „united for global change" ausgerufen wurde – ein Tag, der nur der Anfang sein soll, und dem nun schon wochenlange Demonstrationen, z.B. in New York und Athen, vorausgehen. Es ist der Widerstand derjenigen, die in dieser absurden Zeit, in der die Schere zwischen Arm und Reich so weit wie noch nie auseinanderklafft, unter die Räder kommen: der Jugendlichen, die z.B. in Spanien fast zur Hälfte erwerbslos sind, der StudentInnen, die auf prekäre Verhältnisse hin studieren und europaweit unter den immer verschulterten und an Wirtschafts- und Effizienzinteressen ausgerichteten Studiengängen zu leiden haben, der RentnerInnen, deren

Renten immer weiter gekürzt werden, um den Rendite-Hunger der Banken zu stillen. Wir sind aufgerufen, uns ihnen anzuschließen. Denn, so formuliert Günter Gödde in seinem Artikel:

"Im Blick auf die Situation der Jugendlichen in vielen Ländern Europas und auf die Situation der Kranken im Krankenhaus eröffnet sich mir eine Vision, die, was Christine Schaumberger als Aufgabe von Theologie und Krankenhausseelsorge formuliert – „den Schrei der Stummgemachten zum Tönen zu bringen" –, auf beide bezieht: Jugendliche und Arbeitslose, auf der Straße nach Leben und Sinn suchend, oft stumm gemacht, und stummgemachte Kranke im Krankenhaus."[1]

Besser könnte man den roten Faden dieser Festschrift nicht auf den Punkt bringen. Es geht darum, die Stimmen der Stummgemachten zum Tönen zu bringen – und zwar auf sehr unterschiedliche Weise, und „bruchstück-weise", ein Begriff von Christine Schaumberger, den sie vor allem im Zusammenhang mit dem Thema Erinnerung geprägt hat.[2]

Als die Antworten auf unsere Anfragen nach einem Beitrag zur Festschrift eintrafen, waren wir geradezu überwältigt von der Vielfalt der Anknüpfungen an Christine Schaumbergers Theologie, von der Unterschiedlichkeit der Löwenzahnsamen – so der Begriff von Dorothee Wilhelm –, die Christine vielen Menschen ins Haar gepustet hat: Worte, Erzählungen, Texte, Begegnungen mit Christine, die schwer loszuwerden sind, „weil" – so Wilhelm – „viele Worte von Christine Schaumberger Schlüsselsätze bilden, Schlüssel zu Fragen, die dringend gestellt werden sollten."[3]

Die Bandbreite der Beitragenden reicht von Frauen und Männern, die mit Christine die Anfänge feministischen Theologietrei-

---

[1] Günter Gödde: „Den Schrei der Stummgemachten zum Tönen bringen". Schreie in Kellern und auf Straßen hören, in diesem Band, 92.
[2] Vgl. Peter Pulheim: Unerhörte theologische Worte von Kranken. Inspirationen und Irritationen durch Christine Schaumbergers feministische Befreiungstheologie für die Krankenhausseelsorge, in diesem Band, 52f.
[3] Dorothee Wilhelm: Was ich nicht loswerde, in diesem Band, 175.

bens an der Universität, in autonomen Seminaren und Werkstätten erlebt und gestaltet haben – und damit anfingen, dringende, unbequeme Fragen zu stellen –, über KrankenhausseelsorgerInnen, die ihre Erfahrungen aus der Seelsorge auf der Basis von Christines Theologie reflektieren und die Stimmen „ihrer" Kranken zu Gehör und auf den theologischen Begriff bringen, bis hin zu Menschen in unterschiedlichsten Arbeitsfeldern wie z.b. interreligiöser Dialog oder Internationalismus, die Inspirationen aufnehmen und weiterdenken. Die Beiträge unterscheiden sich auch in der Art und Weise, Christines Theologietreiben als Brille der eigenen Warhnehmung aufzusetzen und damit neu sehen zu lernen, oder sie nur zu betrachten, oder kurz aufzusetzen und dann wieder andere Brillen auszuprobieren. Zu spüren ist, wen Christine Schaumberger in den letzten Jahren intensiv begleitet hat – vor allem in ihren Kursen zu Krankenhausseelsorge, zu Theologie des Alterns, der Behinderung, zum Umgang mit Menschen mit „Demenz" – und wer zurückblickt auf frühe Begegnungen oder Zeiten der Zusammenarbeit.

Wir hoffen, dass es mit dieser Festschrift gelingt, zu zeigen, wie fruchtbar die Arbeit – Deine Arbeit, liebe Christine, ist. Allen Beitragenden sei herzlich gedankt! Es geht den meisten spürbar darum, an den Fäden des Spinnennetzes weiterzuspinnen, das Du „Skizze der Bewegung feministisch-theologischer Befreiung"[4] genannt hast. Du hast diesem Netz 14 Wegmarkierungen verliehen: Getroffensein – Bewusstwerden – Empörung, Wut, Rebellion – Erklären, Analysieren – Ent-Täuschen – Frauenperspektive – Destruktion – Unsicherheit – Be-geist-ern – Wagnis – Neugestalten – Schwesterlichkeit – Re-Vision – Kritik suchen. Sie bilden Wegmarken auf einer spiralförmigen Bewegung, „als stets neue Annäherung an veränderte Wahrnehmung, veränderte Erfahrung, veränderte Situationen, veränderte Strukturen."[5] Dass dies nur bruchstück-weise geht, hast Du uns oft gezeigt, Du hast aber auch darauf

---

[4] Christine Schaumberger: „Ich nehme mir meine Freiheit, damit ich nicht sterbe". Überlegungen zu einer Feministischen Theologie der Befreiung im Kontext der „Ersten" Welt, in: Christine Schaumberger, Monika Maaßen (Hg.), Handbuch Feministische Theologie, 2., durchges. Aufl. 1988, 332-361, 359.

[5] Ebd.

bestanden, dass gleichzeitig die Ansprüche an uns – zumindest an diejenigen, die feministische Befreiungstheologie treiben wollen –, an unser „Weiter gehen" und „Tiefer graben" grenzen-los sein müssen: Feministische Befreiungstheologie „versuchte" – nach Deinen Worten –,

„Visionen und Postulate, die zwar teilweise geflügelte Worte der Frauenbewegung waren, aber bald als unrealistisch, unmöglich, unwissenschaftlich, naiv galten, als Orientierungen feministischer Theologie konsequent wahrzunehmen: Das Postulat „Keine ist befreit, wenn nicht jede befreit ist", die Orientierung an den Unterdrückten und Ausgegrenzten, der Anspruch auf Brot und Rosen für alle, der Wille, selbst theologisch das Wort zu ergreifen und gleichzeitig andere, stumm Gemachte oder Verstummte, ‚ins Sprechen zu hören' und als theologische Subjekte wahrzunehmen, der Anspruch, jede Erfahrung – so banal sie herrschendem Denken erscheinen mag – sei als theologisch relevante Erfahrung wahrzunehmen und zu reflektieren."[6]

Hier klingt an, dass „bruchstück-weise" auch bedeutet, dass Brüche, Verluste, Nicht-Gesehen-Werden zu dieser Arbeit gehören. In vielen Beiträgen finden sich diese Erfahrungen, die Du auch gemacht hast: Brüche, Trauer um Verlorenes, Ent-Täuschung – im Sinne des Aufdeckens von blendenden Täuschungen, etwa durch herr-schende Plausibilitäten, aber auch im Sinn enttäuschter Hoffnungen. Da geht es z.B. um die Geschichte von Befreiungstheologie an den Universitäten, oder um Ignoranz und Verweigerung von anderen Berufsgruppen oder der Kirchenleitung, wenn es darum geht, Krankenhausseelsorge so zu betreiben, dass Marginalisierte Subjekte werden sollen, in ihren je eigenen Ausdrucksweisen und mit ihren Geschichten.

Wir danken Dir, liebe Christine, für Jahre, Tage und Momente der Inspiration und freuen uns auf viele weitere gemeinsame Erfah-

---

[6] Christine Schaumberger, „Weiter gehen, tiefer graben". Akt des Überlebens und notwendig unabschließbare Transformation: Institutionalisierung feministischer Theologie, in: Vermessen! Globale Visionen – konkrete Schritte. Wegmarken durch den feministischen Alltag. Arbeitsbuch zu Elisabeth Schüssler Fiorenzas kritischer Befreiungstheologie, Sonderausgabe 3 zur Schlangenbrut, Münster 2003, 19-30, 21.

rungen in dem Versuch, eine Ekklesia der *Frauen,* eine Nachfolgegemeinschaft von Gleichgestellten zu bilden, bruchstück-weise, temporär, unvollkommen, auf der Suche. Wie Susanne Ebeling in ihrem Artikel schreibt, ist es dabei wichtig, zu sehen,

„dass es in der Nachfolgegemeinschaft von Gleichgestellten nicht darum geht, etwas Besonderes zu können oder zu wissen oder besonders gut zu sein, sondern ob durch meine Wahnehmungsfähigkeit und -bereitschaft Diskriminierte und Abgewertete [...] als Subjekte besser sichtbar und verstehbar werden und als Befähigte und für die Nachfolgegemeinschaft Notwendige in Erscheinung treten können. Mich darum zu bemühen, macht mich nachfolgenswert, darin besteht der Anspruch, eine zu sein, der nachgefolgt wird."[7]

Liebe Christine – Du bist eine, der nachgefolgt wird. Das Buch, das Du in Händen hältst, soll ein Zeichen dafür sein – wie viele andere Zeichen, die, wie Du besonders gut weißt, sich nicht auf Papier oder in Worte bannen lassen. Deine Theologie ist für viele LebensMittel, Mittel zum Leben, wie Du für feministische Theologie gefordert hast:

„Sie muß sowohl das materielle Überleben ermöglichen, als auch dazu motivieren, die Zerstörung von Lebens(möglichkeiten), der Frauen durch ihre Arbeit fürs Patriarchat zuarbeiten, zu unterbrechen; sie muß den Hunger nach einem befreiten und heilen Leben und die Sehnsucht nach der Möglichkeit, gerecht und lebenspendend zu arbeiten, wecken, mit anderen Frauen teilen und nähren – nicht stillen –, aus den gewohnten ‚Selbstverständlichkeiten' des Frauenarbeitslebens aufschrecken und zu Veränderung, Neugestaltung, aber auch Destruktion anstacheln."[8]

Dies kann nicht gelingen ohne zu er-innern. In Deinem Artikel „Weiter gehen, tiefer graben..." schlägst Du vor, dass Formeln der Erinnerung eine Hilfe sein können, die Lebendigkeit und die Mög-

---

[7] Susanne Ebeling, „Wie möchtest Du tradiert werden?" Eine Anfrage in der Nachfolgegemeinschaft von Gleichgestellten, in diesem Band, 66-85.

[8] Christine Schaumberger, Den Hunger nach Brot und Rosen teilen und nähren. Auf dem Weg zu einer kritisch-feministischen Theologie der Frauenarbeit, Concilium, 23. Jahrgang Heft 6/1987, 511-517, 515.

lichkeiten des Vergangenen wiederzufinden. Du forderst die gefährliche Erinnerung an Formeln wie „Keine ist befreit, wenn nicht jede befreit ist", „das Private ist politisch", „zu ihrem Gedächtnis", „und bin ich keine Frau", auch wenn sie als überholt, naiv, unrealisierbar abgetan werden. „Die Kraft dieser Formeln entfaltet sich jedoch gerade aus ihrem unerhörten und grenzenlosen Anspruch."[9] Diese Formeln tauchen auf der einen oder anderen Weise in dieser Festschrift auf. Und damit lösen wir vielleicht gemeinsam – bruchstück-weise – ein, was Du für das Lebendighalten dieser gefährlichen Erinnerungen notwendig hältst:

„Die Relevanz und Lebendigkeit feministischer Erinnerungsformeln hängen davon ab, dass sie durch Erzählung, Praxis, Selbstausdruck, Widerspruch, Wiederholung und Variation unterschiedlich und subjektiv aktualisiert und immer wieder überprüft und neu formuliert werden. Aber sie leben auch davon, dass sie in ihrer tradierten „Form" als Formulierung einer gemeinschaftlichen Erinnerung vieler einzelner weitergegeben und wiederholt werden."[10]

Frankfurt am Main, im Februar 2014
Katja Strobel

---

[9] Christine Schaumberger, „Weiter gehen, tiefer graben...", 27.
[10] Ebd.

Teil I

Murmeln, Schreien, Schweigen …

Sprachen und Theologien von „Alten" und „Kranken"

hören lernen und hörbar machen

Für Christine: Worte chronisch Schmerzkranker

Angelinde Händel

Meine erste Begegnung mit der feministischen Befreiungstheologin Christine Schaumberger war Freitagabend, 23. April 2004, auf der Gaisbergstraße in Heidelberg. Als damals 62-jährige Ordensfrau hatte ich zu Wochenbeginn am Institut für Klinische Seelsorgeausbildung in Heidelberg meinen 12-Wochen-KSA-Kurs begonnen. Der Leiter des Instituts, Peter Pulheim, der mit Frau Schaumberger verheiratet ist, hatte einen österreichischen Kurskollegen und eine Krankenhausseelsorgerin aus Luxemburg, die beide über das Wochenende in Heidelberg bleiben mussten, meine Freundin, die zu einem Wochenendbesuch gekommen war, und mich ins Staatstheater nach Darmstadt eingeladen. Als kirchlich sozialisierte Frau, ständig mit hierarchischen Lebensstrukturen konfrontiert, war ich überrascht und beeindruckt von der unkomplizierten Herzlichkeit und der warmen Natürlichkeit der „Frau des Institutsleiters".

Im Staatstheater stand „Bach. Traumspiel" von Werner Fritsch auf dem Programm. Es handelte von der Vergangenheit und Gegenwart der Familie des Autors, die seit dem Ende des 19. Jahrhunderts auf einer einsamen Mühle der Oberpfalz unweit von Flossenbürg lebt. Die Erfahrungen der verschiedenen Generationen mit dem Nationalsozialismus, dem Vernichtungslager Flossenbürg, dem Krieg und – scheinbar – individuellen Gewalttaten kamen eindringlich zu Wort. Die Toten spielten die Hauptrollen. Für mich unvergessen die Stimme des toten Vaters und Großvaters aus einer Ecke des Bühnenraumes: „Ich sehe meinen Sohn, aber er sieht mich nicht. Er spricht mit mir. So bin ich zugegen."

Das unterstrich, für mein Leben und für meine Arbeit in der Krankenhausseelsorge, den Glauben an die Gemeinschaft der Lebenden und der Toten. An diesem Freitagabend sprachen wir noch lange am Küchentisch des Heidelberger Instituts über das Theaterstück und die Toten. In diesem KSA-Kurs, in den Christine Schaumberger als Referentin für eine Arbeitseinheit über Schmerzen eingeladen war, in den jährlichen Wochenkursen zur „Theologie der Krankenhausseelsorge" und in den „Heidelberger Lektüretagen" wurde „Frau Schaumberger" für mich „Christine", Begleiterin meines Berufsweges und meines persönlichen Lebensweges.

Christine kennzeichnet eine sehr kleine Handschrift. Zu dieser Wahrnehmung und zu den Erfahrungen, die ich in der theologischen Projektberatung und in den Kursen mit der Theologin Christine Schaumberger machen durfte, erlaube ich mir ein Gedicht der 2006 in Heidelberg verstorbenen Lyrikerin Hilde Domin zu stellen[1]:

> *Kleine Buchstaben*
> *genaue*
> *damit die Worte leise kommen*
> *damit die Worte sich einschleichen*
> *damit man hingehen muss*
> *zu den Worten*
> *sie suchen in dem weißen*
> *Papier*
> *leise*
> *man merkt nicht wie sie eintreten*
> *durch die Poren*
> *Schweiß der nach innen rinnt*
> *Angst*
> *meine*
> *unsere*
> *und das Dennoch jedes Buchstabens*

---

[1] Hilde Domin: Drei Arten Gedichte aufzuschreiben, in: Dies.: Sämtliche Gedichte, © S. Fischer Verlag GmbH , Frankfurt am Main 2009, 156–158, 157 (Auszug).

In meiner Heidelberger Zeit lernte ich Christine Schaumbergers *Projekt „Schmerzwahrnehmung, Schmerzausdruck, Schmerzerinnerung"*[2], vor allem das Teilprojekt „Seelsorge in der interdisziplinären Schmerztherapie" kennen.

„Schmerztherapie ist nicht mehr Aufgabe einer Disziplin allein, sondern eine interdisziplinäre Aufgabe. Voraussetzung für interdisziplinäre Kollegialität ist, dass sich die verschiedenen Fachdienste über ihre Versuche und Ansätze, ihren eigenen Beitrag zur Schmerztherapie zu leisten, informieren – ebenso aber auch über ihre Schwierigkeiten und Probleme."[3]

An meinem Arbeitsplatz, dem St. Elisabeth Krankenhaus Zweibrücken, wurde im Herbst 2004 die erste Schmerztagesklinik der Westpfalz eröffnet. 2005 beendete ich meine Ausbildung in Heidelberg. Nach einem Gespräch mit dem leitenden Chefarzt und der Vorstellung des Heidelberger Projektes „Seelsorge in der interdisziplinären Schmerztherapie" im Team der Schmerztagesklinik wurde das multimodale Konzept der Schmerztherapie um den Baustein „Seelsorge" erweitert.

Die Schmerztagesklinik bietet sechs, maximal sieben teilstationäre Plätze an, die an 20 Wochentagen, in einem Vier-Wochen-Rhythmus belegt sind. Durchschnittlich nehmen mehr Frauen als Männer (2/3 zu 1/3) diese Schmerztherapie in Anspruch.

„Es ist Aufgabe der Schmerztherapie, sich nicht allein auf Gesundheit und Wiederherstellung der Leistungsfähigkeit zu konzentrieren, sondern vor allem die Schmerzen zu lindern."[4]

---

[2] Vgl. Christine Schaumberger: Schmerzgrenzen. Zur theologischen Wahrnehmung fremder Schmerzen, in: Matthias Schuler (Hg.): Handbuch der Geriatrie. Aus dem Betanien-Krankenhaus – Geriatrisches Zentrum Heidelberg, Heidelberg 1999, 299-306.
[3] Christine Schaumberger: Schmerzgrenzen und die Suche nach Schmerzwahrnehmung und Schmerzausdruck, in: Peter Pulheim / Christine Schaumberger: Theologie und Spiritualität des Schmerzes. Nachtragsskriptum: Der Schmerz. Dimensionen seiner Wirklichkeit. 28. Internationaler Kongress für Pflegeberufe in Salzburg, 23./24. Oktober 2004, Bd. 2, Wien 2005, 1-16, 10.
[4] Ebd.

Als Krankenhausseelsorgerin begleite ich die PatientInnen im Gruppengespräch, das seinen festen Platz im Wochenplan hat, und nach Absprache in Einzelgesprächen. Zweimal in der Woche nehme ich an den Teamsitzungen teil. Wenn Christine eine Theologie fordert, die „den Schrei der Stummgemachten zum Tönen bringt"[5], dann muss ich die „Schreie" der PatientInnen mit chronischen Schmerzen in ihren verschiedenen Ausdrucksformen zu hören versuchen. Schmerzkranke werden oft stumm gemacht, in der Familie, von FreundInnen, am Arbeitsplatz, auf Ämtern, bei ÄrztInnen, auch bei SeelsorgerInnen. Sie erzählen es. Dabei ist die Sehnsucht zu spüren, wieder zu Subjekten des eigenen Lebens zu werden.

Mein *Konzept für die Gruppengespräche* beinhaltet vier thematische Einheiten:
1. Ich darf als Frau mit Schmerzen, als Mann mit Schmerzen sichtbar sein.
2. Wie können Schmerzkranke ihre Schmerzen ausdrücken und dabei ihre religiöse Macht zurückbekommen?
3. Rasten – müde von Schmerzen
4. Meine LebensMittel im und gegen den Schmerz

1. Ich darf als Frau mit Schmerzen, als Mann mit Schmerzen sichtbar sein.

Es geht um Schmerzerinnerung und Schmerzwahrnehmung. Es geht darum, in der Gruppe durch *Erzählen* der persönlichen Schmerzgeschichte „sichtbar zu werden" und im aufmerksamen *Hören* fremder Schmerzerfahrungen selbst „sehend zu werden".[6]

---

[5] Christine Schaumberger: „Ich nehme mir meine Freiheit, damit ich nicht sterbe". Überlegungen zu einer Feministischen Theologie der Befreiung im Kontext der ‚Ersten' Welt, in: dies. / Monika Maaßen (Hg.): Handbuch Feministische Theologie, Münster 1986, 332–361, 333. Diese Formulierung las ich zuerst im theologischen Konzept des Heidelberger Instituts, das im Jahresprogramm des Instituts abgedruckt ist.

[6] Ich orientiere mich dabei an Christine Schaumbergers theologischem Postulat „Sehend werden – sichtbar werden", das wir in unserem Heidelberger KSA-Kurs als Selbstverpflichtung für KrankenhausseelsorgerInnen erarbeitet haben. Vgl. Peter Pulheim: Theologisches Konzept der Krankenhausseelsorgeausbildung, Heidelberg 2010, 14.

Das Erzählen fällt den PatientInnen oft sehr schwer. Dass das normal ist und sein darf, zeigt ein Text von Christine, der mich für diese Arbeit inspiriert. Wir sprechen zunächst miteinander über einzelne Gedanken aus diesem Text:

„Vielleicht ist ja Sprachlosigkeit, Unvorstellbarkeit und daher auch Kommunikationslosigkeit geradezu das Charakteristikum von Schmerzen?

Die Wörter, mit denen Menschen über ihre Schmerzen sprechen, sind meist nicht ursprünglich für Schmerzerfahrung gefundene Benennungen, sondern aus anderen Bereichen geliehene Wörter. Häufig sind es Wörter für Technik, Krieg, Arbeit, Anwendung von Instrumenten. Schmerzen werden z.B. als bohrend, als ziehend, als überfallsartig beschrieben. ‚Es ist, als würde ein Messer in meinem Bauch um und um gedreht.' Solche Beschreibungen drücken Leiden an Schmerz aus, aber sie machen gleichzeitig ihre eigene Nichtangemessenheit bewusst. Sie benennen nicht wirklich die Erfahrung der Schmerzen als eigene Wirklichkeit. Schmerz ist unsagbar.

Es fehlt nicht nur die Sprache, die adäquaten Worte für Schmerz. Der Schmerz zerstört auch die Sprache, das Sprachvermögen. Unter Schmerzen artikulieren sich Menschen nicht gewählt oder genau. Ihnen bleiben oft nur Ausdrucksmittel, die in unserer Kultur gar nicht als Sprache geachtet werden: Rufe, Stöhnen, Seufzen, das Nichtsprechenkönnen, das Sichklammern an einen Gegenstand, ...

Was ist dann die einfühlsame, achtsame Weise des Kontakts und der Kommunikation mit Menschen, die von Sinnen sind vor Schmerzen?

Wird Schmerz überhaupt als wahrnehmbare, ausdrückbare, mitteilbare und mitteilenswerte Erfahrung betrachtet? Meist wird Schmerz – schwerer Schmerz – ja nur mitgeteilt, um eine Grundlage zur Linderung zu finden. Wenn die Beendigung des Schmerzes aber das einzige Ziel des Ausdrucks ist, dann wird die Schmerzerfahrung selbst unwesentlich: eine zerstörte Zeit, eine Vernichtung von Leben und Gemeinschaft, überflüssig – nicht des Erinnerns, des Erzählens, des Mitteilens wert.

Wenn wir nur aus dem Grund über Schmerzen reden, um Ansatzpunkte für die Schmerztherapie zu finden, dann geschieht genau dies. Die Leben und Erfahrungen der Menschen, die an

Schmerzen leiden, diese Schmerzen ertragen und Lebenszeit in und mit Schmerzen verbringen müssen, werden nicht kommuniziert, nicht wahrgenommen, werden vergessen. Manche Schmerzkranke erfahren, dass das Durchleben von unerträglichen Schmerzen sie zu neuen Einsichten und Bewertungen, zu einer neuen Sicht des Lebens geführt hat. Andere erleben Schmerz ausschließlich als Zerstörung pur. Alle Schmerzkranke machen Erfahrungen, sie machen sich Gedanken, sie haben Gefühle, Empfindungen, Hoffnung, Verzweiflung. Sie suchen, finden, verwerfen, verändern Erklärungen für ihre Schmerzen. All diese Erfahrungen, Gedanken, Fragen sollten zum Ausdruck gebracht, wahrgenommen, erinnert, und erzählt werden – auch wenn sie für uns anstößig, enttäuschend oder unverständlich sind."[7]

Bevor die einzelnen TeilnehmerInnen dann versuchen, ihre Schmerzgeschichte zu erzählen, ermutige ich sie, klar zu benennen, wie sie nicht gesehen werden wollen. Bei vielen kommen sofort spontane Antworten:

- „Ich bin kein Simulant."
- „Ich will nicht ungepflegt und vergrämt daherkommen müssen, damit mir geglaubt werden kann."
- „Ich bin kein armer Kerl, der selber schuld ist."
- „Ich will nicht als psychischer Fall gesehen werden."

Wenn solche Aussagen Gehör finden und so stehen bleiben dürfen, dann können die PatientInnen auch von ihrem Leben (Familie, Glaube, Beruf), wie es von den Schmerzen verändert wurde, erzählen. Sie berichten von Verzweiflung und Einsamkeit, aber auch vom Widerstand, den sie dagegensetzen. In der Schlussrunde frage ich, wie die einzelnen TeilnehmerInnen Erzählen und Zuhören erlebt haben. Ihre Antworten lauten zum Beispiel:

- „Das Erzählen hat mich von meinem Schmerz abgelenkt."
- „Es war befreiend, als hätte ich die Schmerzen wegerzählt."
- „Mir tat es gut, zu reden und gehört zu werden."

---

[7] Schaumberger: Schmerzgrenzen und die Suche nach Schmerzwahrnehmung, 15f.

- „Die Zugehörigkeit zur Gruppe, in der alle unter Schmerzen leiden, hat mich ermutigt, so dass ich reden konnte."
- „Ich habe gespürt, dass ich ja im Schmerz noch lebe, dass ich leben darf und leben will."
- „Im Zuhören bin ich sehend geworden. Fremde Schmerzen und mir ganz fremde Bewältigungsstrategien (z. B. Glaube) konnte ich wahrnehmen."

Es kam auch vor, dass TeilnehmerInnen beim Zuhören so stark Resonanz gaben, dass die eigenen Schmerzen verstärkt wurden. Wir sprechen dann darüber, dass dadurch ein Blick auf Angehörige möglich wird, die sich ebenfalls „schmerzkrank" fühlen können, wenn sie auf Schmerzen Resonanz geben. Und wir sprechen darüber, dass auch dies eigene, individuelle Schmerzerfahrungen sind, die wert sind, erzählt und gehört zu werden.

2. Wie können Schmerzkranke ihre Schmerzen ausdrücken und dabei ihre religiöse Macht zurück bekommen?

In der zweiten Woche geht es im Gruppengespräch um Schmerzausdruck. Alle Ausdrucksformen und Gestaltungsweisen können Gebete der Schmerzkranken sein.[8] Sie werden von mir als Krankenhausseelsorgerin als Gebete wahrgenommen und geachtet. Ich biete den Schmerzkranken die Deutung an, ob ihre Worte und anderen Ausdrucksweisen, wenn sie sie wiederholen, für sie ihre eigenen Gebete sein können. „Es ist wie mein Gebet", schrieb der Maler Alexej von Jawlensky (1864 – 1941) über sein Schaffen als chronisch Schmerzkranker:

„Ich lebe die ganze Zeit nur in meinem Zimmer, komme nirgends hin, kann nicht gehen, sitze vor der Staffelei, die Palette auf den Knien, Pinsel haltend mit zwei Händen und arbeite, arbeite mit brennendem Gefühl diese kleinen Bildchen und auch etwas größere, ich meditiere, es ist wie mein Gebet. Ich leide

---

[8] Vgl. Peter Pulheim: Wahrnehmen und Beten – Das Leben von Kranken im Krankenhaus zur Sprache bringen. Eine Skizze, in: Hans-Ferdinand Angel / Ulrich Hemel (Hg.): Basiskurse im Christsein (Festschrift zu Ehren von Wolfgang Nastainczyk), Frankfurt am Main u.a. 1992, 351–358.

sehr, wenn ich arbeite, meine Ellebogen und Hände schmerzen unendlich, bin oft erschöpft und sitze mit Pinsel in der Hand, halb ohnmächtig. Und ich arbeite den ganzen Tag und niemand versteht, was ich male. Traurig, aber das ist mein Leben."[9]
Seit 1927 litt Jawlensky unter starken chronischen Schmerzen (Arthritis) mit Bewegungseinschränkungen in Hand- und Kniegelenken. Jawlensky war ein Maler des Expressionismus. Abstrakte Formen und starke Farben kennzeichnen seine Landschaftsbilder, Porträts, Stillleben, Variationen, Mystischen Köpfe und Abstrakten Köpfe. Die Krankheit, die ihn unfähig machte, vor der Staffelei zu stehen, und den Gebrauch der Hände schmerzhaft einschränkte, veränderte im Spätwerk das Malen. Über 700 Bilder in Kleinformat schuf er in den Jahren 1934 bis 1937. Er nennt sie „Meditationen". 1937 wurden in deutschen Museen 72 Bilder von Jawlensky beschlagnahmt. Er fuhr in diesem Jahr zur Ausstellung „Entartete Kunst" in München, in der seine Bilder als „entartet" ausgestellt wurden. 1938 war er vollständig gelähmt und konnte überhaupt nicht mehr malen.[10]

Nach einer kurzen Vorstellung von Jawlensky als einem Künstler, der trotz und in Schmerzen malte, wendet sich die Gruppe den Bildern zu, die der russische Maler in den Jahren seiner Krankheit geschaffen hat. Zehn gerahmte Drucke von Bildern der Serie „Meditationen" hängen an der Wand.[11]

---

[9] Alexej von Jawlensky: Brief an Ada und Emil Nolde, 6.6.1936, zit. nach: Ingrid Koszinowski / Volker Rattemeyer (Hg.): Alexej von Jawlensky. Gemälde und graphische Arbeiten aus der Sammlung des Museums Wiesbaden, Wiesbaden 1997, 40.
[10] Vgl. a.a.O., 77.
[11] Die zehn von mir gewählten Bilder sind abgebildet im Werkverzeichnis: Alexej von Jawlensky. Catalogue Raisonné of the Oil paintings, hg. v. Maria Jawlensky, Lucia Pieroni-Jawlensky und Angelica Jawlensky, Bd. 3: 1934-1937, London 1993. Im folgenden sind diese 10 Bilder mit Entstehungsdatum, Inventarnummer des Jawlensky-Archivs (in eckigen Klammern) und Seitenzahl ihrer Abbildung im Werkverzeichnis (in runden Klammern) aufgelistet:
1. Meditation: Erinnerung an meine kranken Hände, 1934 N.5 [1473] (63)
2. Meditation, August 1935 N.70 [1737] (186)
3. Meditation, März 1936 N.25 [1849] (231)

Still schauen wir sie an, lassen sie auf uns wirken, hören und spüren in das, was wir sehen.

Nach dem stillen Anschauen der Bilder bitte ich die TeilnehmerInnen, der Gruppe mitzuteilen, was sie gesehen haben, was hochkam, was sie spürten, was in ihrer Phantasie da war, was ihnen besonders aufgefallen ist.

Die Aussagen bleiben unkommentiert stehen, weil es subjektive Erfahrungen – Gebete – der einzelnen TeilnehmerInnen sind und weil es für Schmerzkranke eine Leistung ist, sich in der Gruppe zu äußern.

Das *Dunkel* in den Bildern fällt auf, nicht nur in der *schwarzen* Farbe. Trotzdem malt er weiter! Geht das wirklich? Wo nimmt er die Kraft her? *Rot* wird als Feuer, als ein nicht mehr auszuhaltender Schmerz gespürt. *Gelb* erfahren die meisten der TeilnehmerInnen als Lichtblick. Dieses Bild hat der Künstler bestimmt schon morgens gemalt, denn da geht es einem noch besser. Es wurde auch galliges Erbrechen in der gelben Farbe erinnert. Es kommt ganz plötzlich, wenn man starke Schmerzen hat und sich trotzdem zu einer Arbeit zwingt. Auch die *Anstrengung*, der *Kraftaufwand* bei der eingeschränkten Beweglichkeit wird in der Pinselführung gesehen und gespürt. Die *grüne* Farbe wirkt auf einige wie ein Hoffnungszeichen, wie ein Augenblick der Erleichterung. Viele sehen in einem Bild ihr eigenes *Gesicht*, wenn sie sich gerade sehr elend fühlen. Bin ich das wirklich? Oder stellen die Bilder vielleicht *Fenster* dar? Wann wird einer kommen und mir hinaus ins

---

4. Große Meditation: Trauer muß Elektra tragen, Mai 1936 [1957] (276)
5. Große Meditation: Johannes der Täufer, Mai 1936 N.10 [1954] (277)
6. Große Meditation: Fuge in Blau und Rot, Mai 1936 N.20 [1958] (278)
7. Große Meditation, Oktober 1936 N.15 [2072] (311)
8. Große Meditation: Licht und Schatten, November 1936 N.28 [2086] (326)
9. Große Meditation: In Andacht, Februar 1937 N.2 [2137] (352)
10. Große Meditation, März 1937 N.30 [2168] (374).
Die PatientInnen kennen beim Betrachten der Bilder diese Bildtitel nicht.

Freie helfen? Auch ein *Kreuz* im Bild kommt in den Blick. Es ist schon ein Kreuz mit den chronischen Schmerzen! Massive *dicke Pinselstriche* sind Widerstand gegen die Schmerzen, für andere ein Haltemast, wenn sie wie von Sinnen in ihren Schmerzen herumirren. Zu *abgebrochenen Pinselstrichen* sagte eine Teilnehmerin nur: „Ich kann nicht mehr. Es geht über meine Schmerzgrenze."

In der Schlussrunde erinnere ich nochmals das Thema: „Wie kann ich meine Schmerzen ausdrücken und dabei meine religiöse Macht zurückbekommen?"

Alexej von Jawlensky, der Künstler mit einer chronischen, sehr schmerzhaften Arthritis und starken Bewegungseinschränkungen, illustriert nicht seine Gedanken, er arbeitet mit den Farben. Die Farben und das Gestalten sind sein Gebet. Wir haben Gebete in den einzelnen Bildern „gehört" und ausgesprochen. Vielleicht nicht bewusst, denn so zu beten ist uns nicht vertraut. Aber die Sprache der Gebete „ist die Sprache ohne Sprachverbote"[12] schreibt Johann Baptist Metz. Gebete sind Möglichkeiten, das Leiden an Schmerzen auszudrücken, ohne fürchten zu müssen, das Gegenüber zu überfordern.

Jawlensky sagt, seine Bilder seien „wie seine Gebete". Ich finde, die Worte der TeilnehmerInnen zu den einzelnen Bildern sind ebenfalls Gebete. Vielleicht stimmt das auch für sie: Vielleicht hören und lesen sie diese Worte wie ihre Gebete. Wenn sie einverstanden sind, schreibe ich die Worte der GesprächsteilnehmerInnen zu den einzelnen Bildern an.

- „Trotz der Schmerzen, diesem Dunkel, weiter arbeiten. Geht das wirklich? Wo nehme ich die Kraft her?"
- „Es ist zum Verrückt-werden, dieser nicht mehr auszuhaltende Schmerz!"
- „In der Morgenfrühe geht es mir immer besser. Das ist ein Lichtblick!"
- „Trotz Schmerzen zwinge ich mich zur Arbeit, dabei steigt mir die Galle hoch."

---

[12] Johann Baptist Metz: Gotteskrise. Versuch zur „geistigen Situation der Zeit", in: Günther Bernd Ginzel u.a.: Diagnosen zur Zeit, Düsseldorf 1994, 76–92, 81.

- „In Augenblicken der Erleichterung spüre ich Hoffnung."
- „Woher kommt für mich Hilfe?"
- „Mein Gesicht im Schmerz – bin ich das wirklich?"
- „Es ist schon ein Kreuz mit den chronischen Schmerzen."
- „Wenn ich im Schmerz wie von Sinnen bin, brauche ich einen harten Halt."
- „Ich kann nicht mehr."

Danach biete ich an: Suchen Sie ein Bild aus, das den Erfahrungen mit Ihren Schmerzen ganz nahe kommt. Sie können es als Karte mitnehmen und damit weiter beten. Diese Karte muss individuell ausgesucht werden, und die Gebete sind individuell. Denn:

„Jeder Schmerz ist individuell, er ist besonders, unteilbar und verschieden. ... Jeder Schmerz ist kontextuell (d. h. abhängig von Kultur, Alter, ökonomischen und sozialen Lebensbedingungen, Religion, Geschlecht, von der Arbeit oder auch der Arbeitslosigkeit, vor allem auch von den Menschen, mit denen jemand lebt und arbeitet)."[13]

Im Zusammenhang mit dieser Einheit berührt mich folgender Text von Christine immer wieder neu:

„Die Fortschritte der Schmerztherapie haben über die Pflege, die Medizin und das Krankenhaus hinaus eine ‚kulturelle Revolution' der Schmerzdeutung und des Umgangs mit Schmerzen bewirkt, die ein Umdenken und eine Neuorientierung der theologischen und seelsorglichen Einstellungen Schmerzen und Schmerzkranken gegenüber notwendig macht. ... Diese Einsichten der Schmerztherapie verlangen eine Umkehr der Seelsorge und ihrer Rede von Schmerzen: vom Bereitstellen einer Theologie für Kranke zum gemeinsamen Herausfinden der Theologien der Kranken."[14]

---

[13] Schaumberger: Schmerzgrenzen und die Suche nach Schmerzwahrnehmung, 10.
[14] A.a.O., 10f.

3. Rasten – müde von Schmerzen

In dieser dritten Einheit treffe ich mich mit den Schmerzkranken, die aus der Bewegungstherapie kommen, nicht im gewohnten Gruppenraum, sondern außerhalb der Schmerztagesklinik. An einem großen ovalen Tisch mit bequemen Stühlen biete ich Cappuccino an. Dabei höre ich Äußerungen wie:
- „Das ist jetzt das Richtige."
- „Hier ist gut sein."
- „Das haben wir jetzt gebraucht."

Ich freue mich, dass wir diese Rast wohltuend empfinden. Es geht aber nicht allein um Erleichterung oder Wohlgefühl beim Kaffeetrinken. Sondern es geht, ausgehend von den Erfahrungen dieser Kaffeepause, um das Thema „Rasterfahrung in Schmerzen". Das Ziel des Rastens ist:
- die Anstrengung, die die Schmerzen und Schmerztherapie bedeuten, kurz zu unterbrechen,
- eine Erleichterung zu verspüren,
- die Erleichterung bewusst zu genießen,
- vielleicht eine spirituelle Erfahrung machen zu dürfen,
- sich dann neu zu fassen[15]
- und gestärkt weiterzugehen.

Es kann sein, dass im Stress der Schmerzen erinnert werden muss, dass jetzt Zeit zum Rasten sein könnte. Vielleicht muss sogar daran erinnert werden, wie müde die Schmerzen machen. Im KSA-Kurs habe ich gelernt, Müdigkeit als Leiden und relevante Erfahrung ernst zu nehmen. Peter Pulheim schreibt über die Müdigkeit:

„Müdigkeit steht den Zielen der Rehabilitation häufig als unproduktiv entgegen, und in der Wahrnehmung der Leiden

---

[15] Dass die Rast dazu dient, sich neu zu fassen, wird in einem Gedicht von Maria und Michael Dietl betont, das sie neben der Eingangstür zu einer selbstgebauten Rastkapelle mitten auf ihren Feldern angebracht haben. Vgl. theologische Reflexionen dazu in: Peter Pulheim: Momente der Rast im Schmerz, in: Pulheim / Schaumberger: Theologie und Spiritualität des Schmerzes, 17-30, 21.

schwerkranker PatientInnen erscheint vielen deren Müdigkeit als das harmloseste Übel. Auch SupervisandInnen machen Erfahrungen mit der Störkraft und der gleichzeitigen Abwertung, aber auch Verharmlosung von Müdigkeitserfahrungen. Ich bin in meiner Supervisionstätigkeit sehr früh dazu übergegangen, solche eigenen Müdigkeitserfahrungen mit den SupervisandInnen zu reflektieren, um sie zu befähigen, auf die zum Ausdruck gebrachten oder verschwiegenen Müdigkeitserfahrungen zu achten und sie anzusprechen."[16]

Erinnerungshilfen für nicht ernstgenommene, verharmloste Schmerzerfahrungen können wir in Leidens- und Schmerzbildern der christlichen Volksfrömmigkeit finden. Christine Schaumberger beschreibt das so:

„Manchen Kranken kann in bestimmten Situationen ein Leidensbild helfen, z.B. die Abbildung eines Kunstwerks, ein Kreuz, ein Votivbild, der Rastchristus. Wenn es ein Leidensbild ist, das den konkreten eigenen Schmerzerfahrungen eines Menschen entspricht, dann können diese Schmerzkranken durch das Leidensbild und in diesem Leidensbild sich ihres Schmerzes vergewissern, den Schmerz im eigenen Körper sozusagen ansehen – außerhalb des eigenen Körpers."[17]

Das Ansehen des eigenen Schmerzes außerhalb des eigenen Körpers, in einem Schmerzbild, kann es Schmerzkranken ermöglichen, über eigene Schmerzen zu sprechen. Über eigene Schmerzen sprechen zu können, kann eine Erleichterung sein. Das Aussprechen der Schmerzen kann als Rast erfahren werden, insofern Schmerzkranke sich in diesen Minuten nicht „nur" als dem Schmerz ausgeliefert erfahren müssen. Wenn Schmerzen etwas leichter werden, können Schmerzkranke solche Rast-Zeiten, auch wenn sie kurz und begrenzt sind, auskosten. Wenn dann noch ein anderer zuhört,

---

[16] Pulheim: Theologisches Konzept der Krankenhausseelsorgeausbildung, 15f. Vgl. Ders.: Vom Nutzen der Müdigkeit. Eine Predigt, in Matthias Schuler (Hg.): Handbuch der Geriatrie. Aus dem Bethanien-Krankenhaus – Geriatrisches Zentrum Heidelberg, Heidelberg 1999, 287 – 290.
[17] Schaumberger: Schmerzgrenzen und die Suche nach Schmerzwahrnehmung, 7.

kann der Schmerzkranke die Rast doppelt genießen, sich neu fassen und wieder weitergehen.

Die Volksfrömmigkeit hat Bilder und Figuren geschaffen, die Schmerzen und die Müdigkeit in den Schmerzen erinnern. Sie laden zur kurzen Rast ein und wollen helfen, im Schmerz weitergehen zu können.

Zu dieser dritten Gesprächseinheit über Rast in Schmerzen lasse ich mich von einem Text inspirieren, den Peter Pulheim zu einer Oberpfälzer Figur des Rastchristus geschrieben hat (die ihm Christine zu seinem 49. Geburtstag geschenkt hatte, damit sie ihm in der Krankenhausseelsorge hilft):

Diese Figur, die Jesus zeigt, wie er sich vor seiner Kreuzigung ausruht von den Strapazen des Kreuzwegs,

„stammt aus der nördlichen Oberpfalz, auch Steinpfalz genannt. ... Jesus sitzt auf den Steinen der Oberpfalz, die Steine aus dieser Gegend als Zeichen dafür, wie schwer es war und ist, den Boden mit den vielen Steinen zu bearbeiten, und wie beschwerlich der Gang über diese steinigen Wege ist. Es ist charakteristisch für die Volksfrömmigkeit der Oberpfalz, dass die Passion Jesu so nachempfunden und dargestellt wird, dass sie in der eigenen Zeit, in der eigenen Landschaft (Steinpfalz), in den eigenen Leben stattfindet. Hier sitzt Jesus, erschöpft, abgekämpft vom Tragen des Kreuzes und voll Angst, und hier sitzt ein Oberpfälzer Bauer, müde von der harten Arbeit und voll Angst, ob er seine Familie über den harten, langen Winter retten kann und sein Vieh durchbringen wird."[18]

Auch ich habe eine Figur des Rastchristus, eine Holzfigur aus Polen, Entstehungszeit unbekannt, erworben in Bayern (siehe Abbildung S. 35). Dieser Rastchristus steht in meinem Büro. Nach manchem Gespräch mit einer Patientin / einem Patienten setze ich mich eine Weile vor diese Figur, um mich dann neu zu fassen für weitere Begegnungen. Vor allem für die Krankenhausseelsorge mit SchmerzpatientInnen hilft mir das Ansehen des Rastchristus, mene

---

[18] Peter Pulheim: Der Rastchristus. Theologische Wahrnehmung leidender Menschen im Krankenhaus durch Bilder vom leidenden Jesus, in: Lebendige Katechese. Beihefte zu Lebendige Seelsorge, Thema: Christuskatechese, 20 (1998) 115-121, 118.

eigene Müdigkeit wahrzunehmen und mich vorzubereiten für die Begegnung mit Schmerzkranken, die von ihren Schmerzen müde und von den Therapien erschöpft sind.

Beim Ansehen des Rastchristus denke ich immer daran: Wie viele Generationen von Frauen und Männern, abgearbeitet, müde, misshandelt, krank, mit großen Schmerzen, werden schon vor diesen Rastbildern gestöhnt, geweint, sich ausgeruht und neu gefasst haben?

Im Gruppengespräch setzen wir uns entweder im Halbkreis vor meine Holzfigur, oder wir arbeiten mit einem Bild eines Rastchristus, das jede Teilnehmerin, jeder Teilnehmer dann vor sich liegen hat.

Nachdem die PatientInnen die Figur oder das Bild eine Zeitlang still angeschaut haben, bitte ich sie, einander mitzuteilen, was sie gesehen, wahrgenommen, gefühlt haben. Dazu einige Aussagen:

- „So sitze ich da, wenn ich in meiner Wohnung im 3. Stock ankomme. Was wird das noch werden? Ich kann mir keine andere Wohnung leisten." (Patient mit chronischem Knieschmerz)
- „Zu mir sagen die Arbeitskolleginnen manchmal: Du siehst heute wieder aus wie das ‚Leiden Christi'! Die haben keine Ahnung wie das ist, wenn der ganze Körper schmerzt. Wie gut, dass es einen gibt, der Schmerzen kennt und mich versteht!" (Patientin mit Fibromyalgie)
- „Wenn ich mich vor Schmerzen oder durch die starken Medikamente nicht mehr spüren kann, dann setze ich mich auch so hin: Den Kopf in die Hand gestützt, den Ellenbogen auf dem Oberschenkel, mit dem Gesäß fest auf einem Hocker und die Füße, ohne Schuhe, auf den Boden gedrückt. Das ist eine Wohltat, seine Konturen wieder wahrzunehmen." (Patientin mit Tumorschmerzen)
- „Ich habe nach kurzem Anschauen die Augen zu gemacht und mich eingereiht bei den Vielen, die vor der Figur schon gerastet haben. Diese Solidarität zu spüren hat mir gut getan. (Patientin mit chronischen Rückenschmerzen)

Es gibt auch PatientInnen die sagen: Ich kann mit der Figur nichts anfangen. Aber diesen Widerstand zu setzen und dass er sein darf, erleben sie als die eigene Stimme und Wahrnehmung, vielleicht dadurch auch als kurze Rast, als Erleichterung und genießen es.

So individuell und eigen sind Erfahrungen mit Schmerzen, auch mit Müdigkeit und Rast in Schmerzen!

4. Meine LebensMittel im und gegen den Schmerz

In der vierten Einheit sprechen wir miteinander über die Zeit nach den vier Wochen in der Schmerztagesklinik und darüber, was jede und jeder einzelne brauchen wird, wenn die Schmerzen unerträglich werden. Was hat sich bisher bewährt, um Schmerzen zu erleichtern? Und was hat bisher geholfen, Schmerzen durchstehen und überleben zu können?

Diese Hilfen im Schmerz nenne ich, angeregt durch Christine, LebensMittel.[19] Kleider, Fotos, Orte, Bücher, Gebete, Musik, Lieder, Gedichte, Rituale, Tiere, Menschen, Worte aus der Bibel, Nahrungsmittel, Genussmittel, Solidarität, all das kann „mein Lebens-Mittel" werden, wenn es mit meinem persönlichen Leben zu tun hat.

Konkret und ganz genau zu benennen, was einem gut tut, wenn man Schmerzen hat, ist für die meisten PatientInnen nicht leicht, wahrscheinlich auch deshalb, weil der Schmerz viele Dimensionen hat und jeden Augenblick anders wahrgenommen wird. „Diese individuell verschiedene Multidimensionalität jedes Schmerzes muss in der Schmerztherapie berücksichtigt werden."[20]

Es ist wichtig, die einzelnen LebensMittel nicht verallgemeinernd, sondern so konkret und präzise wie möglich zu benennen.

---

[19] Vgl. Christine Schaumberger: Den Hunger nach Brot und Rosen teilen und nähren. Auf dem Weg zu einer kritisch-feministischen Theologie der Frauenarbeit, in: Concilium 23 (1987) 511-517.

[20] Christine Schaumberger: Was KrankenhausseelsorgerInnen über Schmerzen wissen müssen. Arbeitsblatt für die Kurse in Klinischer Seelsorgeausbildung am Heidelberger Institut für KSA, Heidelberg 2005.

Wichtig ist, dass andere wissen, was ich als Schmerzkranke / Schmerzkranker brauche, und dass ich in der Schmerzsituation aufgrund meiner Erinnerung sagen kann, was mir im Moment vielleicht gut tun könnte. Für andere ist es eine Erleichterung zu wissen, was mir wirklich gut tut. Da hat jede und jeder eine eigene Geschichte.

Ich bereite für diese vierte Gesprächseinheit Erinnerungsblätter vor (DIN-A4-Blätter) mit zwei Spalten. Die linke Spalte ist überschrieben mit: „Was benötige ich ganz persönlich, um auch mit chronischen Schmerzen wirklich leben zu können?". Die rechte Spalte trägt die Überschrift: „Was hat mich in der Gruppe neugierig gemacht, sodass ich es ausprobieren möchte?"

Jede und jeder erstellt für sich in der linken Spalte eine Erinnerungsliste darüber, was sie / er ganz persönlich unbedingt braucht, was sie / er schon länger praktiziert, was sie / er hier gelernt hat und ihr / ihm gut tat. Diese LebensMittel der linken Spalte lesen wir einander vor und teilen wir einander mit. In die rechte Spalte des Blattes schreibt jede / jeder das, was sie / er beim Zuhören entdeckt hat und zu Hause ausprobieren möchte.

Diese Erinnerungsliste schreiben die PatientInnen für sich selbst und nehmen sie mit nach Hause. Und ich schlage Ihnen vor, sich von diesem Blatt inspirieren zu lassen, wenn die Schmerzen wieder einmal sehr stark sind.

LebensMittel im und gegen den Schmerz, die PatientInnen aufgeschrieben und vorgelesen haben:

- „Ein superweiches Kissen, in rechteckigem Format, mit hellblauem Überzug, auf das ich mein linkes Bein ‚ablegen' kann."
- „Ein kurzer Spaziergang im Trainingsanzug, 15 Min., morgens vor dem Frühstück. Und wenn ich wieder arbeiten muss, abends vor dem Schlafengehen. Ich wohne ganz nahe am Wald."
- „Dinkelflocken in Wasser gekocht und grüner Tee."
- „Die CD mit dem Wolgalied: ‚Es steht ein Soldat am Wolgastrand …' Dabei kann ich weinen und das tut mir gut."

- „Der Psalmvers: ‚Muss ich auch gehen in finsterer Schlucht, ich fürchte kein Unheil, denn du bist bei mir. Dein Stock und dein Stab geben mir Halt.'"
- „Mein Mann, wenn er sich zu mir setzt, ohne etwas anderes zu tun. Und dann die Freude spüren, dass wir zusammengehören."
- „Unser Hund, er legt sich neben die Couch, wenn es mir nicht gut geht."
- „Ein mit dem Vorhang abgedunkeltes Zimmer bei offener Zimmertür, wenn grelles Licht den Schmerz im Kopf verstärkt."

Ein Satz von Christine, der mir hilft und der mein LebensMittel ist: „Ich brauche den Heiligen Geist, weil ich es nicht kann. Ich muss es aber tun."

Meine Arbeit als Krankenhausseelsorgerin mit Schmerzkranken wird immer fragmentarisch sein. Wir, jede neue Gruppe und ich, brauchen „die Erfahrung und die öffentliche Verkündigung der Kraft des Heiligen Geistes: ... die aus Lebenserfahrung – auch aus Schmerzerfahrung – genährte Weisheit."[21]

Krankenhausseelsorge hat daher die Aufgabe, Erfahrungen des Heiligen Geistes zu ermöglichen.

„Das Wirken des Heiligen Geistes wird dann erfahrbar, wenn Menschen die Geist-Kraft dringend brauchen, wenn sie in Hoffnungslosigkeit gefangen sind, der Angst ausgeliefert sind. Leiden, Scheitern, Schwäche sind der Boden, auf dem der Heilige Geist wirkt, nicht Erfolg, Zufriedenheit, Sieghaftigkeit."[22]

---

[21] Schaumberger: Schmerzgrenzen und die Suche nach Schmerzwahrnehmung, 2.
[22] A.a.O., 3.

Unerhörte theologische Worte von Kranken

Inspirationen und Irritationen durch Christine
Schaumbergers feministische Befreiungstheologie
für die Krankenhausseelsorge

Peter Pulheim

Christine Schaumberger und ich kennen und lieben uns seit dem 5. November 1970, Christine allerdings meint, die Liebe habe erst am 2. März 1972 begonnen. Zu unserem gemeinsamen Leben und unserer Liebe gehört maßgebend unsere theologische Arbeit. Christine arbeitet an der Entwicklung feministischer Befreiungstheologie, ich arbeite an der Entwicklung einer Befreiungstheologie der Krankenhausseelsorge. Über viele unserer Projekte und Konzepte setzen wir uns auseinander, wir diskutieren und streiten, und wir ermutigen einander, stärken und helfen uns gegenseitig.

Christine Schaumberger hat ihre feministische Befreiungstheologie im Blickwechsel mit Schwarzer und womanistischer Theologie entwickelt und dabei ihr hermeneutisches Konzept der Selbst-Kontextualisierung im Blickwechsel[1] ausgearbeitet. Entscheidende Elemente dieses Konzepts sind

„die Kontextbenennung (als Strategie des Aufspürens und Verdeutlichens der Begrenzungen des eigenen Denkens und Wahrnehmens durch kulturelle Selbstverständlichkeiten) und die Selbst-Kontextualisierung (als Strategie des Widerstands gegen festlegende und unsichtbarmachende Definitionen)"[2].

---

[1] Vgl. z.B. Christine Schaumberger: Blickwechsel. Fundamentale theologische Fragen einer sich kontextualisierenden Theologie, in: Pastoraltheologische Informationen 18 (1998) 31-52. 48-52.

Beide Denkstrategien erweisen sich für die Krankenhausseelsorge als fruchtbar und schwierig zugleich. Dieses Konzept der Selbst-Kontextualisierung im Blickwechsel, aber auch konkrete Blickwechsel mit Schwarzer und womanistischer Theologie und vor allem Blickwechsel mit Christine Schaumbergers feministischer Theologie sind die Grundlage meines eigenen theologischen Arbeitens in Krankenhausseelsorge und Krankenhausseelsorgeausbildung.

1. Suche nach der Religion der Anstaltsinsassen. Und wie die Selbst-Kontextualisierung im Blickwechsel dabei hilft

Ich möchte beginnen mit der Erinnerung an eine „Suche nach der Religion der Anstaltsinsassen"[3]. Ende der 70er Jahre bekam ich den Auftrag, einen theologischen Beitrag zu schreiben für einen Katalog über die Prinzhornsammlung. Ich bat Christine Schaumberger, die an fundamentaltheologischen Fragen, besonders Kontextualisierungsfragen feministischer Theologie und Schwarzer Theologie, arbeitete, diesen Text mit mir gemeinsam zu schreiben. Die Prinzhornsammlung ist eine Sammlung von Bildern, Skulpturen, Texten aus verschiedenen psychiatrischen Anstalten im deutschsprachigen Raum, die der Arzt und Kunsthistoriker Hans Prinzhorn von 1919 bis 1922 an der Psychiatrischen Klinik Heidelberg aufgebaut und in seinem Buch „Bildnerei der Geisteskranken. Ein Beitrag zur Psychologie und Psychopathologie der Gestaltung"

---

[2] Christine Schaumberger: „Weiter gehen, tiefer graben". Akt des Überlebens und notwendig unabschließbare Transformation: Institutionalisierung feministischer Theologie, in: Andrea Eickmeier / Jutta Flatters (Hg.), Vermessen! Globale Visionen – Konkrete Schritte. Wegmarken durch den feministischen Alltag, Arbeitsbuch zu Elisabeth Schüssler Fiorenzas kritischer Befreiungstheologie (Sonderausgabe 3 zur Zeitschrift Schlangenbrut), Münster 2003, 19-30. 24. Ich zitiere hier nach dem ungekürzten Originalmanuskript des mit leichten Kürzungen abgedruckten Textes, der auch in diesem Buch erscheint (S. 288-320).

[3] Vgl. Peter Pulheim / Christine Schaumberger: Auf der Suche nach einer Religion der Anstaltsinsassen, in: Hans Gercke / Inge Jarchow (Hg.): Die Prinzhornsammlung. Bilder, Skulpturen, Texte aus Psychiatrischen Anstalten (ca. 1890-1920), Königstein 1980, 99-107.

veröffentlicht hat. Sie umfaßt Werke von 1880 bis 1920. Die Sammlung hat eine bewegte Geschichte. Sie beeindruckte und inspirierte KünstlerInnen der Moderne, unter anderen Paul Klee, Max Ernst, Pablo Picasso. 1937 benutzten die Nationalsozialisten einige Werke aus der Prinzhornsammlung, um in der Propagandaausstellung „Entartete Kunst" die Kunstwerke der ausgestellten KünstlerInnen der Moderne ebenso wie die zum Vergleich benutzten Werke aus der Prinzhornsammlung als „entartet" vorzuführen. Jahrzehntelang befand sich die Prinzhornsammlung auf dem Speicher der Psychiatrischen Klinik Heidelberg. 1980 errang die Sammlung großes Aufsehen durch eine Wanderausstellung in Heidelberg, Hamburg, Stuttgart, Basel, Berlin, München, Bochum. In einer interdisziplinären Projektgruppe wurden das Konzept und der Katalog dieser Ausstellung erarbeitet. Christine Schaumberger und ich vertraten in dieser Projektgruppe die Theologie.

Die empörte Reaktion eines meiner Chefs auf eine Passage unseres Aufsatzes hat mir die Komplexität der Suchbewegung, mit der wir uns den Bildern und Texten aus der Prinzhornsammlung genähert haben, verdeutlicht. Die beanstandeten Sätze waren:

„Als TheologInnen waren wir bei der Betrachtung der Bilder verständlicherweise von einem theologischen Interesse geleitet. Beide beschäftigen wir uns seit Jahren mit der Religion unterdrückter und leidender Menschen: mit der Religion der Schwarzen in den USA [...] und mit der Religion Kranker und Behinderter in der Bundesrepublik [...] . Gemeinsam ist den Schwarzen und den Kranken und Behinderten, daß sie als zahlenmäßig große Gruppen von einer christlich geprägten Gesellschaft an den Rand gedrängt und ghettoisiert werden. Der Trennung der Gesellschaft in Unterdrücker, Besitzende, Starke auf der einen Seite und Unterdrückte, Arme, Schwache auf der anderen Seite und dem Herrschaftsverhältnis von Gesunden und Leistungsfähigen über Kranke und Behinderte entspricht eine ambivalente Funktion von Religion."[4]

Was machte diese Sätze so brisant? Wir haben als Methode formuliert, daß wir nicht unmittelbar auf die Bilder der Prinzhornsammlung blicken, sondern unseren Blick auf diese Bilder im

---

[4] A.a.O., 99.

Blickwechsel mit zwei ungewohnten Blickrichtungen vornehmen. Christine Schaumberger versuchte, diese Bilder und Texte im Blickwechsel mit Schwarzer Theologie zu sehen, ich versuchte, sie zu sehen im Blickwechsel mit Erfahrungen und theologischen Aussagen von Menschen mit Behinderung und Kranken, die ich als Krankenhausseelsorger besucht habe. Diese beiden Blickrichtungen beziehen sich auf Kontexte, über die wir zwar arbeiten, die aber nicht unsere eigenen Kontexte sind: Schwarze Theologie einerseits, Leben als KrankenhauspatientInnen mit Krankheit und Behinderung andererseits. Die „Fremdheit" dieser Kontexte und unser eigenes Nichtverstehen dieser Kontexte machen wir uns absichtlich immer erneut bewußt, auch ganz explizit in diesem Aufsatz:

„Auch wenn wir heute Menschen in Psychiatrischen Kliniken besuchen und uns auf sie einlassen, so bleibt doch eine Kluft zwischen ihnen und uns, weil wir nicht in Krankheit und Klinik gefangen sind."[5]

Unser **Benennversuch „Anstaltsinsassen"** versucht diese Kluft sichtbar zu machen.[6] Dieser Benennversuch ist eine Fremdbestimmung. Im Gegensatz zu Schwarzer Theologie, die sich durch die Selbstbenennung „Schwarz" definiert, fehlte uns eine solch politische Selbstbenennung der KünstlerInnen der Prinzhornsammlung. Mit der Benennung „Anstaltsinsassen" versuchten wir den Zeugnissen der KünstlerInnen der von uns gewählten Bilder und Texte gerecht zu werden, die Psychiatrie und Anstalt kritisieren und manchmal ihrer Diagnose explizit widersprechen, wie zum Beispiel Maria Kraetzinger in einem Bild und Brief an ihren Arzt: „Ich ... bin nicht krank und war nie krank." Der Benennversuch „Anstaltsinsassen" verschiebt den Blick auf die KünstlerInnen der Prinzhornsammlung: weg von der Diagnose (krank, psychisch krank, geisteskrank, verrückt oder auch schizophren, depressiv, manisch), hin zu ihren Lebensbedingungen (Stigmatisierung,

---

[5] A.a.O., 101.
[6] Vermutlich würde ich heute den Benennversuch „Psychiatrisierte" vorziehen.

Einweisung in eine Anstalt, Leben unter Bedingungen der Anstalt – und dies bedeutete häufig Unfreiheit, Fremdbestimmung, Getrenntsein von Menschen und Situationen, die sonst lebensbestimmend sind, verordnete und oft gegen ihren Willen unter Zwang angewendete Behandlungen, gesellschaftliche Marginalisierung und Unsichtbarkeit). Und er macht gleichzeitig die Trennlinie sichtbar, die durch Diagnosen und Behandlungen gezogen wird. Von Christine Schaumberger habe ich gelernt, daß Befreiungstheologie bei der

Kritik und Wahrnehmung herrschender Trennlinien beginnen muß:

„Wichtig ist, Trennlinien nach Geschlecht, Rasse, Klasse, Kultur, Bildung, Nation, sexueller Lebensform, Alter [und nach „gesund" versus „krank", PP] nicht als ‚Selbstverständlichkeit' hinzunehmen, sondern in ihrer Bedeutung und Auswirkung sichtbar zu machen. Einerseits geht es darum, als theologisches Problem zu erkennen, daß solche Trennlinien identifizieren, scheiden und unterscheiden, daß sie Lebens- und Arbeitsbedingungen und die Wahrnehmung dieser Bedingungen entscheidend beeinflussen, daß sie eingrenzen und ausgrenzen, privilegieren und unterdrücken, über- und unterordnen. Andererseits kommt es darauf an, die Frage nach trennenden kyriarchalen Grenzziehungen so zu stellen, daß sie diesen Grenzziehungen widerspricht."[7]

Christine Schaumberger versucht ihre Theologie so auszuarbeiten,

„daß die Unterdrückten, Marginalisierten, Übersehenen in Erscheinung treten, daß sie die Möglichkeit haben, ihre Kämpfe theologisch zu interpretieren, und daß ihre eigenen Stimmen gehört werden."[8]

Daher beschränkten wir uns nicht auf die Frage: Finden wir theologisch begründete Herrschaftskritik, vielleicht auch Theologie- und Kirchenkritik? (Und dafür ließen sich reichlich Zeugnisse finden.) Sondern wir fragten weiter gehend: Finden wir Zeugnisse

---

[7] Schaumberger: Blickwechsel, 51f.
[8] A.a.O., 48.

religiöser Gedanken, Erfahrungen, Ausdrucksformen, die Menschen unter den damaligen Trennungen und Lebensbedingungen der Psychiatrisierung entwickelt haben? Weil Schwarze Theologie religiöse Ausdrucksformen, die SklavInnen unter den Bedingungen der Sklaverei, des Rassismus, ihrer Unfreiheit, der Unterdrückung mithilfe unterdrückender christlicher Religion entwickelt haben – vor allem die Spirituals und die Autobiographien von SklavInnen –, als theologische Quellen wahrnimmt und ehrt, erschien uns der Blickwechsel mit Schwarzer Theologie gerade für die Frage nach der Religion der Anstaltsinsassen als wegweisend. Dabei haben wir versucht, sehr genau die Unterschiedlichkeit der Kontexte zu beachten.

„Die Entwicklung von Ansatz, Grundlagen, Methoden und Fragestellungen kontextueller feministischer Befreiungstheologie muß sich auf den jeweiligen Kontext beziehen. Daher kann ich für *Weiße* westdeutsche Theologinnen nicht einfach Ansätze Schwarzer oder womanistischer kontextueller Theologien ‚importieren‘, sondern muß im eigenen Kontext mit seinen spezifischen Denk- und Wahrnehmungsmustern und Lebensbedingungen den Kampf um die Wahrnehmung führen und einen Weg kontextueller feministischer Theologie bahnen."[9]

In unserem Aufsatz haben wir ein Spiritual zitiert, als Heilige Schrift, die Erfahrungen, Unterdrückung, Theologie Schwarzer SklavInnen bezeugt, vor allem ihre **Freiheitssehnsucht und Befreiungskämpfe**:

„Oh Freiheit, oh Freiheit!
Oh Freiheit über mir.
Eh ich muß ein Sklave, eine Sklavin sein,
Leg ich mich ins Grab hinein
Und geh' heim, frei zu sein, Lord, bei Dir."[10]

Die Kontextunterschiede haben wir so beschrieben: Die Religion der SklavInnen und die Schwarze Theologie läßt sich als religiöse gemeinschaftsstiftende Bewegung charakterisieren. Die Schwarzen

---

[9] Ebd.
[10] Pulheim / Schaumberger: Auf der Suche nach einer Religion der Anstaltsinsassen, 99.

AmerikanerInnen haben durch ihre mündliche Kultur und Tradition und durch ihre Gemeinschaftsstrukturen, die sie im Widerstand gegen die Zerstörungen ihrer Gemeinschaften durch die Sklaverei aufgebaut haben, die von den Sklavenhaltern überkommene Religion in eine stärkende und befreiende Religion verwandelt.

> „Von Unterdrückern übernommen, wurde christliche Religion so zum Ausdruck der Leidenserfahrung ausgebeuteter und gepeinigter Schwarzer, half den einzelnen Schwarzen, eine Identität als unterdrückte Gemeinschaft zu entwickeln"[11].

Im Blick auf die KünstlerInnen der Prinzhornsammlung, aber auch auf Menschen mit Behinderung und kranke Menschen in Krankenhäusern, fragten wir uns,

> „ob es eine entsprechende Befreiungsfunktion von Religion auch bei Kranken und Behinderten gibt oder geben kann. Selbstverständlich müssen wir mit anderen Bedingungen und Formen emanzipatorischen Handelns rechnen als bei den amerikanischen Schwarzen. Die offensichtlichste Einschränkung geschieht durch die physischen Auswirkungen der Krankheit. Darüber hinaus ist es für Kranke und Behinderte schwer, eine Gruppenidentität zu entwickeln, weil durch die Arbeitsteiligkeit, die bestimmte Krankheiten bestimmten SpezialistInnen zuordnet, die / der einzelne Kranke aus ihrem / seinem sozialen Umfeld herausgenommen und isoliert wird, etwa durch Einweisung ins Krankenhaus, wo sie / er eher auf einzelne TherapeutInnen oder HelferInnen fixiert ist, als daß Solidarität unter den Behinderten und Kranken gefördert wird."[12]

Bei der Suche nach einer Religion der Anstaltsinsassen mußten wir daher berücksichtigen, daß sich Psychiatrisierte nicht auf eine der Schwarzen Theologie vergleichbare Bewegung und Gemeinschaft beziehen können, vielleicht nicht einmal mehr Gemeinschaft mit ihrer Familie, ihren ArbeitskollegInnen, ihren MitpatientInnen haben, sondern als Vereinzelte sich um religiösen Selbstausdruck bemühen müssen. Ihr religiöser Selbstausdruck mag noch so ungewohnt, fantasievoll, stark sein – er steht in Gefahr, übersehen, als naiv abgetan, verharmlost zu werden.

---

[11] A.a.O., 100.
[12] Ebd.

Wir haben genau das Spiritual „O Freedom" ausgewählt, weil es in Deutschland damals häufig ohne Bedenken der zum Ausdruck kommenden Leiden und Kämpfe in Gottesdiensten gesungen wurde und weil ohne Kontextanalyse und ohne Wissen um die Geschichte und Religion der SklavInnen und die Doppelbotschaft der Spirituals[13] die Freiheitsbotschaft dieses Spirituals als vertröstend oder harmlos mißverstanden werden könnte.

Dieses Spiritual, das Befreiungskämpfe, Unfreiheit und Freiheitssehnsucht gleicherweise erinnert, vergegenwärtigte mir eine Frau, die ich als Krankenhausseelsorger kennengelernt hatte. Ich schrieb über sie in unserem Aufsatz:

„So versuchte eine Patientin in einem Psychiatrischen Landeskrankenhaus ihre Identität dadurch zu bewahren, daß sie den BKS-Schlüssel zu ihrer schon längst aufgegebenen Wohnung als Schmuck und Freiheitssymbol um den Hals trug."[14]

Damals begann ich, in Predigten und theologischen Texten von einzelnen PatientInnen zu erzählen. Aus heutiger Sicht ist diese Erzählung zu ungenau. Sie erfaßt nicht die Spannungen und Widersprüche, die die Patientin selbst zum Ausdruck brachte. Präziser als „schon längst aufgegebene Wohnung" ist die Formulierung „schon längst mit erzwungener Zustimmung aufgegebene Wohnung". So wird die Erinnerung ihres Verlusts, aber auch eines für sie wichtigen Lebensortes erhalten. Auch würde ich heute erzählen, wie sie während eines Ausflugs der Klinikgemeinde ihrer eigenen Wege gegangen ist, ich sie voll Panik gesucht und wiedergefunden habe, sie aber keine Lust hatte, zu Fuß zum Busparkplatz zurückzugehen, sie meinen Vorschlag, ein Taxi zu rufen, ablehnte, sich an der Straße ein gerade startendes offenes MG-Cabrio als Fahrzeug wählte und den Fahrer, mit ihrem Stock fuchtelnd, zwang, sie und mich zum Busparkplatz zu fahren, und der Fahrer dies nach und nach sehr interessant zu finden schien. Von den anderen AusflugsteilnehmerInnen wurde sie (und damit auch ich) jubelnd empfangen.

---

[13] Vgl. James H. Cone: Ich bin der Blues und mein Leben ist ein Spiritual. Eine Interpretation Schwarzer Lieder, München 1973.
[14] Pulheim / Schaumberger: Auf der Suche nach einer Religion der Anstaltsinsassen, 100.

Ich würde auch erzählen, wie sie, wenn sie furchtbare Erfahrungen ihres Lebens erzählte, zu dem Schlüssel griff und ihn so fest umklammerte, daß ihre Knöchel weiß wurden – ein Bild, das mir noch heute vor Augen ist. So könnte erahnt werden, wie diese Kette mit dem BKS-Schlüssel ihr, unter dem Schutz und mit der Strategie, daß andere denken, sie würde ihn als Schmuck tragen, zu ihrem religiösen LebensMittel[15] geworden ist, das ihr in seiner Konkretheit und Materialität in Situationen, in denen sie es besonders braucht, Halt und Kraft gibt dadurch, daß sie den Schlüssel fest anfassen und sich an ihm festhalten kann. Die Eigensinnigkeit und Vitalität dieser Frau, die sich einen MG als Fahrzeug wählt, ist ebenso wichtig und erzählenswert, wie die Beraubungen und Verluste, die sie erleben mußte, ihr Leiden ebenso wie ihre Fähigkeit, sich den BKS-Schlüssel als ihr eigenes religiöses LebensMittel zu wählen.

„Wie soll ich mich ausdrücken?" Von den Bildern und Texten der Prinzhornsammlung hat mich diese geschriebene Frage und dieser geschriebene Ruf von Theodor Schwebig – der genaue Wortlaut und das Schriftbild dieser Frage und dieses Rufs – besonders getroffen. Er begleitet mich bei fast jedem Krankenbesuch:

---

[15] Ich beziehe mich hier auf Christines Forderung, Theologie müsse Religion als LebensMittel zur Verfügung stellen – und nicht als Valium, Opium, Abspeisung. Vgl. z. B. Christine Schaumberger: Den Hunger nach Brot und Rosen teilen und nähren. Auf dem Weg zu einer kritisch-feministischen Theologie der Frauenarbeit, in: Concilium 23 (1987) 511-517. 515f. Vgl. „LebensMittel im und gegen den Schmerz", in: Angelinde Händel, Für Christine: Worte chronisch Schmerzkranker, in diesem Band, S. 20-38. Um die religiöse Bedeutung von alltäglichen, scheinbar banalen Dingen für einzelne Menschen zu betonen, schlägt Christine vor, in diesen Fällen von „religiösen LebensMitteln" zu sprechen. (Vgl. Christine Schaumberger, Religiöse LebensMittel. Arbeitspapier für biographisch orientierte Krankenhaus- und Altenheimseelsorge, Heidelberg 2010.)

„Hochgeehrter Herr
Landesvater!
Was soll ich schreiben?
Wie soll ich mich
ausdrücken? Ach! Oh!
Bitte! Bitte! Bitte! Bitte!
Bitte! Bitte! Bitte! Bitte!
Bitte! Bitte! Bitte! Bitte!
Bitte! Bitte! Bitte! Bitte!"[16]

Wir ahnten eine diesen vielen Bitte-Rufen vorausgegangene lange Kette von unerhörten und unbeantworteten Hilferufen, ein Leiden, „das sich dem Ausdruck und Begriff entzieht". Dieses

> „unaufhörliche Stammeln des Wortes ‚Bitte' [ist, PP] ein ergreifender Hilferuf, gleichzeitig aber ein deutlicheres Bild der Verzweiflung und Hilflosigkeit als jeder detaillierte Bericht es liefern könnte. [...] Wir staunen über die Kraft, dennoch die Stummheit zu überwinden."[17]

Dieser geschriebene – und nie angekommene – Hilferuf ist Zeichen der Verzweiflung und Zeichen von Strategie, Ausdruckswillen und Ausdruckskraft.

Im Blickwechsel zwischen dem Spiritual „O Freedom" und der Frau, die ihren BKS-Schlüssel umklammert, und dem geschriebenen Ruf „Wie soll ich mich ausdrücken?" wird – gerade weil die kulturellen Unterschiede und persönlichen Besonderheiten[18] hervortreten – die Freiheitsberaubung ebenso wie die Kreativität und Ausdrucksleistung spürbarer, wird die Aufmerksamkeit für die

---

[16] Pulheim / Schaumberger: Auf der Suche nach einer Religion der Anstaltsinsassen, 103.
[17] A.a.O., 104.
[18] In Christine Schaumbergers Konzept der Selbst-Kontextualisierung im Blickwechsel ist es entscheidend, sowohl auf Trennlinien als auch auf Unterschiede unter den Bedingungen dieser Trennlinien als auch auf die persönlichen Entscheidungen, Besonderheiten, Unverwechselbarkeiten der einzelnen zu achten. Vgl. Christine Schaumberger: Kennis is macht. Perspectief van een binnen/buiten-staandster, in: Hedwig Meyer-Wilmes / Lieve Troch (Hg.), Over hoeren, taarten en vrouwen die voorbijgaan. Macht en verschil in de vrouwenkerk, Kampen 1992, 73-94.

konkreten Menschen, die ihr Leiden und ihre Kämpfe zum Ausdruck bringen, lebendiger, bleiben diese Ausdrucksformen von Menschen, von denen wir nur wenig wissen, in ihrer **Unverwechselbarkeit und Besonderheit** erinnerbar.

Durch Selbst-Kontextualisierung im Blickwechsel kann ich besser und schneller die Situationen der Kranken analysieren, ihre Mühen, Kämpfe, kreativen Gestaltungen ihrer aktuellen Situationen wahrnehmen und neue und innovative Aufgaben und Möglichkeiten der Krankenhausseelsorge suchen. Mit dieser Hermeneutik wird mir als Krankenhausseelsorger zum Beispiel deutlich, daß aufgrund der mündlichen Schwarzen Erzählkultur, durch die Strukturen der Schwarzen Kirchen und durch Spirituals und SklavInnenautobiographien als Heilige Schriften Schwarze Theologie die Unterdrückungs-, Leidens- und Befreiungserfahrungen der einzelnen Schwarzen auf eine Traditionsgemeinschaft beziehen kann, die über Quellen, Wissen und Strategien verfügt, mit denen sie aktuelle Erfahrungen Schwarzer in einer rassistischen Gesellschaft, Kultur, Wissenschaft reflektieren und gemeinsam Perspektiven suchen kann. Eine ähnliche Erinnerungsgemeinschaft und Befreiungsbewegung und ähnliche theologische Traditionen, auf die ich mich als deutscher Krankenhausseelsorger bei der Reflexion der Erfahrungen und Strategien Kranker beziehen könnte, fehlen mir, der Krankenhausseelsorge, den Kranken deutlich und schmerzhaft. Ich habe zusammen mit Christine Schaumberger herausgefunden, daß **angesichts dieses Fehlens einer an der Theologie der Kranken interessierten Erinnerungs- und Erzählgemeinschaft**[19] eine meiner Selbstverpflichtungen als Klinikseelsorger darin besteht, durch sorgsame Erinnerung der einzelnen Kranken, die ich besuche, vor allem auch der verstorbenen Kranken, und durch gezieltes und wiederholtes mündliches und schriftliches Erzählen von einzelnen dieser Kranken eine Möglichkeit herzustellen, daß sich Kranke und KrankenhausseelsorgerInnen auf lebende und tote Kranke, die sie selbst nicht kennengelernt haben, beziehen.

---

[19] Vgl. auch meinen Text: Krankenhauserfahrungen Bedeutung in der Gemeinde geben, in: Lebendige Seelsorge 51 (2000) 192-196.

2. Im Krankenhaus tagtäglich theologisch arbeiten – mit Orientierungen aus Christine Schaumbergers Theologie

Ich habe bereits auf Christine Schaumbergers dreifache befreiungstheologische Wahrnehmungsforderung verwiesen,

„daß die Unterdrückten, Marginalisierten, Übersehenen in Erscheinung treten, daß sie die Möglichkeit haben, ihre Kämpfe theologisch zu interpretieren, und daß ihre eigenen Stimmen gehört werden."[20]

Mein befreiungstheologisches Konzept von Krankenhausseelsorge ist geleitet von diesen drei Wahrnehmungsforderungen, die ich auf die Erfahrungen und Kämpfe von Kranken und den Kontext Krankenhaus beziehe. Ich möchte den Kranken in ihren eigenen Kämpfen um Leben und Tod, in ihren eigenen Suchbewegungen **theologischer Assistent** sein.

Meine Selbstbenennung „theologischer Assistent" für meine Profession als Krankenhausseelsorger habe ich mir in Auseinandersetzung mit Disability Studies und den Selbstbenennungen von Menschen mit „Behinderung" als „Menschen mit Assistenzbedarf" bzw. als „AssistenznehmerInnen" erarbeitet. Die Benennung „theologischer Assistent" zwingt mich, genau darauf zu achten, welchen theologischen Assistenzbedarf Kranke zu erkennen geben. Es geht um

„eine Umkehr der Seelsorge [...] vom Bereitstellen einer Theologie für Kranke zum gemeinsamen Herausfinden der Theologien der Kranken."[21]

Frau G., eine als „dement" diagnostizierte Patientin, war wegen „Verschlechterung ihres Allgemeinzustandes" und „Exsikkose aufgrund von Dehydration" in die Klinik eingewiesen worden. Ihre

---

[20] Schaumberger: Blickwechsel, 48; siehe Fußnote 8.
[21] Christine Schaumberger: Schmerzgrenzen und die Suche nach Schmerzwahrnehmung und Schmerzausdruck, in: Peter Pulheim / Christine Schaumberger: Theologie und Spiritualität des Schmerzes. Nachtragsskriptum: Der Schmerz. Dimensionen seiner Wirklichkeit. 28. Internationaler Kongress für Pflegeberufe in Salzburg, 23./24. Oktober 2004, Bd. 2, Wien 2005, 1-16, 11.

Kinder hatten bei der Einweisung die Auskunft gegeben, daß ihre Mutter nicht mehr ißt, nicht mehr trinkt, überhaupt nichts mehr zu sich nehmen will.
Frau G. lag kurze Zeit auf einer internistischen Station, auf der ich als Krankenhausseelsorger arbeite, in einem Dreibettzimmer, in dem meist die „dementen" PatientInnen dieser Station lagen. Da ihre Blutwerte so schlecht waren, daß sie intensivmedizinisch überwacht werden mußte, wurde sie auf die Intensivstation dieses Krankenhauses verlegt. Die Stationsschwester machte sich Sorgen, ob sie durch diese Verlegung und die intensivmedizinische Behandlung zusätzlich verwirrt werde. Sie rief mich an, ich solle Frau G. auf der Intensivstation besuchen. Da ich darauf vorbereitet war, daß sie „verwirrt" und „desorientiert" sein könne, sagte ich bei meinem Besuch zu ihrer Orientierung, damit sie nicht fragen mußte: „Wo bin ich hier?": „Frau G., Sie waren auf einer Krankenstation, und jetzt sind Sie hier auf der Intensivstation." „Ja", sagte sie, „ich war in einem Saal." Ich stellte mich ihr als katholischer Krankenhausseelsorger vor. Und sie sagte nachdenklich: „Jetzt sind Sie katholisch. – Und ich bin evangelisch." Ich spürte, die Verschiedenheit unserer Konfessionen brachte sie in Konflikt. Aber plötzlich, für mich sehr überraschend, strahlte sie mich an und löste den Konflikt mit der erstaunlichen Aussage: „Ich glaube an beides." Wir sprachen – wenig – und beteten ein Vaterunser miteinander, und ich segnete sie. Frau G. wurde wieder zurückverlegt von der Intensivstation auf die Krankenstation, aber nicht in ihren „Saal", sondern in ein Zweibettzimmer. Bei meinem nächsten Besuch sagte ich ihr wieder, wer ich bin. Und wieder sagte sie: „Jetzt sind Sie katholisch. – Und ich bin evangelisch." Diesmal aber sagte sie nicht mehr den einladenden Satz „Ich glaube an beides." Sie sagte gar nichts. Ich bot ihr an, mit ihr zu beten. Sie sagte weiterhin nichts und schaute weg. Auf dem ausgeklappten Betttisch ihres Nachttisches stand ihr Mittagessen. Von dem Fleischstück war etwas abgeschnitten, aber eindeutig ganz, ganz wenig. Die Kartoffeln hatte sie überhaupt nicht angerührt. Ich sagte zu ihr: „Die Kartoffeln schmecken Ihnen nicht?" Sie schaute mich plötzlich sehr wach, fast herausfordernd an: „Doch! Ich mag Kartoffeln. Ich

komme von einem Bauernhof. Meine Schwägerin bringt mir immer Biokartoffeln."
Wieder hatte sie mich überrascht! Ich war davon ausgegangen, daß ihr nichts mehr schmeckt, war von der Stationsschwester auf ihre Appetitlosigkeit hingewiesen worden. Sie aber trat in Erscheinung als eine Frau, die von einem Bauernhof stammt, eine Kartoffelkennerin und Kartoffel-Feinschmeckerin ist, die darauf Wert legt, Biokartoffeln zu essen.
Meine Erzählung dieser Reaktion von Frau G. löste nun wiederum im multiprofessionellen Team der Station Erstaunen aus: Ein Arzt sagte: „Was? Frau G. kennt Biokartoffeln! Das hätte ich nicht gedacht. Was schauen wir doch grob auf die Patienten." Nachdem sie ihre nichtgeahnte und vor allem nichtbedachte Herkunft, Vorlieben, Kenntnisse, Lebensgeschichten bruchstück-weise mitgeteilt hat, tritt sie, die nur noch defizitär, als Patientin, die immer mehr ihr Leben verliert, wahrgenommen worden war, als Frau mit Geschmack, Unterscheidungsvermögen, Ansprüchen, Artikulationsfähigkeit in Erscheinung.

2.1 Bruchstück-weise und genau erzählen

Ich übernehme Christine Schaumbergers Benennung „Bruchstückweise" für eine Methode des Erinnerns, das Bruchstücke achtet und stets nach „Bruchlinien, Diskontinuitäten, Enttäuschungen, Unsichtbarkeiten" fragt.[22] Von einzelnen Kranken bruchstück-weise und möglichst genau, nicht zusammenfassend, nicht diagnostizierend, nicht festlegend zu erzählen, ist eine der theologischen Aufgaben der Krankenhausseelsorge: „Nicht nur helfen, sondern ihre Geschichten erzählen!"[23] – und ihnen das letzte Wort lassen!

---

[22] Vgl. Christine Schaumberger: Feministisch erinnern, bruchstück-weise. Vortrag auf der Tagung der AG Feminismus und Kirchen zum Thema „Feministische Theologie der Erinnerung", 2006.

[23] Peter Pulheim / Christine Schaumberger: Wenn nichts (mehr) „selbstverständlich" ist. Seelsorgliche Begleitung von Menschen mit „Demenz". Sondernummer: Wachsen ein Leben lang, hg. v. ARGE Altenpastoral, Jahr 4, Sondernummer Dezember 2009, 3. Vgl. Dies., Bekehrung von Seelsorge und Theologie zu Menschen mit „Demenz", in: Theologisch-praktische Quartalschrift 159 (2011) 137-145.

Es besteht die Gefahr, sich als Krankenhausseelsorger als – möglichst erfolgreicher – Hauptakteur darzustellen und sich damit über die PatientInnen zu stellen. Damit ich nicht beim Erzählen meine eigene Arbeit und Theologie, die eigenen Fragen, die eigenen Möglichkeiten und Begrenzungen in den Vordergrund stelle, ist es wichtig, das Erzählen und die eigene Stimme so auszubilden, daß tatsächlich die Kranken selbst mit ihren eigenen Stimmen durch mein Erzählen und meine Stimme präsent werden. In den Heidelberger Seminaren zur Theologie der Krankenhausseelsorge leitet Christine Schaumberger dazu an, kleine Details aus Erfahrungen mit Kranken immer wieder zu erzählen, sich an die Worte der Kranken, an alle einzelnen Wörter, zu erinnern, sie ganz genau (mit der Betonung, der Grammatik, der Aussprache, dem „Dialekt", dem Ausdruck, der Haltung der Kranken) auszusprechen, diese Erzählungen und Worte sehr aufmerksam zu hören, um sie dann theologisch zu reflektieren. Während ich auf diese Weise wiederholend erzähle, andere meinem Erzählen aufmerksam zuhören und die erzählten Worte aufgreifen und wiederholen, weite ich meine seelsorgliche und theologische Wahrnehmung der erzählten Kranken. So erzählt, treten PatientInnen als Subjekte in Erscheinung, als TheoretikerInnen und TheologInnen ihres eigenen Lebens, ihres eigenen Leidens und ihres eigenen Sterbens, die ihren Gedanken und Erfahrungen ihren eigenen Ausdruck verleihen.

Im herrschenden theologischen Denken ist es üblich, **Erfahrungen** zu kategorisieren als:

„1) zum Erfahrungswissen geronnene gesammelte Lebenserfahrungen, 2) alltägliche Erfahrungen, 3) Er-Fahren, als Bewegung voll Gefahr, Risiko, Unsicherheit, offen für Veränderung und Neues, 4) besondere – nicht alltägliche – ‚Schlüsselerfahrungen': Bekehrungserfahrungen, Umkehrerfahrungen, Überraschungserfahrungen, Erkenntniserfahrungen. Die meisten theologischen Ansätze, die sich mit Erfahrung beschäftigen, geben einem dieser Erfahrungsbegriffe den Vorzug, wobei 1) und 2) meist banalisiert oder trivialisiert werden, 3) und 4) als die religiös relevanten Erfahrungen qualifiziert werden."[24]

---

[24] Christine Schaumberger: Theologie aus dem Er-Fahren der Erfahrungen der „living human documents". Arbeitsblatt für die Kurse in Klini-

Christine Schaumberger schreibt in ihrem Aufsatz „Es geht um jede Minute unseres Lebens" über die Schwierigkeit, die theologische Bedeutung alltäglicher Erfahrungen zu erkennen:

„Auch eine feministische Theologie, die sich darum bemüht, sich in den Erfahrungen von Frauen zu verwurzeln, ist mit der Macht des alten Paradigmas und seiner Grundüberzeugungen konfrontiert: Sind nur ausgegrenzte ‚religiöse' Erfahrungen theologisch relevant oder all die alltäglichen – banalen? – Erfahrungen von Frauen? [...] Im Kampf gegen herrschende Theologie gelingt es vielleicht, das Träumen als theologisch relevante Erfahrung zu begreifen, möglicherweise auch das Unterrichten [...], doch was ist mit dem Zähneputzen?"[25]

Eine Befreiungstheologie, die sich in den Erfahrungen von Kranken verwurzeln will, muß ebenfalls der Trennung von „religiös relevanten" versus „banalen" Erfahrungen Widerstand leisten. Mir ist es sehr wichtig, darauf zu achten, wie schnell es geschehen kann, daß KrankenhausseelsorgerInnen bei „religiös relevant" scheinenden Aussagen und Hinweisen hängen bleiben, wie schnell Erfahrungen als „banal" oder allzu bekannt oder unwichtig abgetan werden, wie leicht es geschieht, daß mitgeteilte Erfahrungen gar nicht als Er-Fahrungen, sondern als Redeweisen eingestuft werden, wie schnell Erfahrungswissen als statisch und festgelegt beurteilt wird, während es als durch gesammelte Lebenserfahrungen erworbene Weisheit verstanden werden könnte. Mir geht es darum, gerade auch alltägliche Erfahrungen, zum Beispiel die tagtäglich sich wiederholenden Erfahrungen in chronischer Krankheit – auch das Liegen im Krankenzimmer, das Essen und Nichtessen, der Geschmack, genauer: die Kartoffeln – in ihrer theologischen Bedeutung zu erkennen zu suchen.

---

scher Seelsorgeausbildung am Heidelberger Institut für KSA, Heidelberg 2001.
[25] Christine Schaumberger, „Es geht um jede Minute unseres Lebens"! Auf dem Weg einer kontextuellen feministischen Befreiungstheologie, in: Renate Jost / Ursula Kubera (Hg.): Befreiung hat viele Farben. Feministische Theologie als kontextuelle Befreiungstheologie, Gütersloh 1991, 15-34.29.

Auch die **Sätze von Kranken** will ich nicht aufgrund bestimmter Wörter oder Inhalte in „theologische" versus „theologisch nicht relevante" Sätze unterscheiden. Jeder Satz von Kranken kann Ausdruck ihrer theologischen Theorien sein, oft auch ihres Versuchs, ihre Erfahrungen und Kämpfe theologisch zu interpretieren. Im Folgenden versuche ich genauer, die Sätze von Frau G. als Ausdruck ihrer theologischen Theorie zu lesen und dabei nach den Erfahrungen, Kämpfen und Überlebensstrategien zu fragen, die diese Sätze enthalten.

Auf der Intensivstation reflektiert Frau G. den Unterschied der Konfessionen und entscheidet sich, daß sie mich als Krankenhausseelsorger brauchen will. Zurück auf der Krankenstation, entscheidet sich Frau G., nicht über die Trennung der Konfessionen hinwegzugehen. Der Vorschlag zu beten bringt sie nicht zum Sprechen. Die Frage nach den Kartoffeln weckt dagegen die Lust, zu widersprechen, richtigzustellen, aus der Biographie zu erzählen, den Unterschied von Kartoffeln zu benennen.

Wenn ich mich entscheide, die Sätze von Frau G. als theologisch relevant hören zu wollen, und wenn ich meine Krankenhausseelsorge biographisch orientiere[26], dann höre ich noch mehr: wie sie sich selbst benennt und welche meiner Wörter für sie so herausfordernd sind, daß sie sich daraufhin selbst benennen will, welchen biographischen Bruchstücken sie Bedeutung gibt und wie sie diese verbindet. Frau G. verknüpft die Biokartoffeln explizit mit dem Bauernhof, von dem sie kommt, mit der Erinnerung, wie Kartoffeln auf diesem Bauernhof schmeckten, mit ihrer Schwägerin, die ihr immer Biokartoffeln bringt. Dadurch verknüpft sie die Biokartoffeln aber auch mit ihrer Kindheit, mit Erinnerungen an gemeinsame Essen, an Zubereitungsarten, Düfte, Geschmack, vielleicht an Kartoffelfeuer, wahrscheinlich an Vater und Mutter, an Geschwister, an Tote und Lebende, an die Schwägerin. Aber auch an Arbeitserfahrungen, Kenntnisse, an Orte, an Neuerungen im Leben

---

[26] Vgl. Christine Schaumberger: Ein feministisch-befreiungstheologischer Blick auf Modelle biographischer Konstruktion, Heidelberg 2006 (Referat in den Wochenkursen „Suchen, was verloren geht." Biographisch orientierte Krankenhaus- und Altenheimseelsorge).

(Wann hat sie zum ersten Mal eine Biokartoffel gegessen?), an Veränderungen in ihrem Leben (sie lebt ja nicht mehr auf dem Bauernhof), an Verluste und Möglichkeiten. Wenn ich auf ihre Theologie achten will, dann höre ich Frau G. selbst, wie sie ihre Worte spricht. Sie ist präsent in der Art und Weise, wie sie daliegt, wie sie mich anschaut (sehr wach, fast herausfordernd), wie sie sich artikuliert und wie sie Reaktionen und Resonanz in mir hervorruft. Mein Erstaunen, meine Gefühle, meine Gedanken von damals werden mir ebenfalls wieder präsent. Und wenn ich diesen Augenblick[27] mit ihr vergegenwärtige, höre ich das Wort „Biokartoffeln" in vielfacher Bedeutung: voll von Erinnerung, voll von Lebensfreude und Genuß, voll von Sehnsucht, voll von Verlust, voll von Trauer, voll von Freundschaft.

2.2 Theologische Orientierungen in Selbstverpflichtungen institutionalisieren

„Feministische Befreiungstheologie braucht eine Politik der Institutionalisierung, die ihren Beweggründen gerecht wird. Für feministische Befreiungstheologie kommt es darauf an, Orientierungen und Verpflichtungen, unterbrechende Erfahrungen, Erinnerungen und Erzählungen immer wieder ins Gedächtnis zu rufen, weil sie herrschenden Institutionen und Denkstilen nicht ‚plausibel' sind, sie in Methoden, Fragestellungen, Kriterien umzusetzen, Formen zu finden, die grenzenlose Ansprüche einerseits und Wahrnehmung und Beachtung des und der Geringgeschätzten andererseits zugleich reklamieren. Diese Institutionalisierungsformen sind wohl zunächst weniger die erkennbaren, abgrenzbaren, identifizierbaren Gruppen, Strukturen, Institutionen als vielmehr die Gedanken, Erinnerungen, Beweggründe der vielen Frauen."[28]

---

[27] Vgl. Peter Pulheim: Die Besonderheit von Augenblicken erkennen und würdigen, in: Ders.: Kürzere Verweildauer der PatientInnen im Krankenhaus: Konsequenzen für die Krankenhausseelsorge und die Klinische Seelsorgeausbildung, Heidelberg 2009 (Manuskriptreihe für die Heidelberger KSA-Kurse).

[28] Schaumberger: „Weiter gehen, tiefer graben", 23.

Das ist die Stärke von Christine Schaumbergers Theologie: daß sie grenzenlose Ansprüche einklagt, diese Grenzenlosigkeit aber vor allem bezieht auf die Institutionalisierung der „Gedanken, Erinnerungen, Beweggründe der vielen Frauen", das heißt vorrangig der vielen einzelnen vergessenen, unsichtbar gemachten, mit wenig Aufmerksamkeit bedachten Menschen in ihren Besonderheiten und Unverwechselbarkeiten – eine Stärke, die für die Krankenhausseelsorge besonders produktiv ist. Die **Ausrichtung auf die vielen einzelnen** heißt nicht, noch mehr PatientInnen besuchen zu wollen. Sondern eine Stärke der Krankenhausseelsorge (auch gegenüber den anderen Professionen) ist, eine/n PatientIn aufmerksam zu besuchen – und danach wieder eine/n PatientIn aufmerksam zu besuchen.

Zu diesen „vielen Frauen" gehört im Kontext des Krankenhauses auch Frau G., die ich besucht habe, die ich erinnere, deren Worte ich reflektiere, von der ich erzähle – nicht weil sie ein Vorbild für andere wäre oder weil ich eine Erfolgsgeschichte mit ihr vorweisen könnte, sondern weil sie sich selbst zum Ausdruck gebracht hat und ihre Worte gehört werden sollen.

Aber der grenzenlose Anspruch, „daß ihre eigenen Stimmen gehört werden", gilt nicht nur den Kranken, die sich verbal artikulieren und deren Worte, wenn auch oft nur mit Mühe, verstanden werden. Er gilt auch und besonders den vielen Kranken, von denen gesagt wird, sie seien „nicht ansprechbar", „schwer erreichbar", „verstummt". Wenn ich versuche, deren eigene Stimmen zu hören und „zum Tönen zu bringen"[29], erfahre ich, daß sie nicht „verstummt" sind, sondern daß sie sich mit Sprachformen zum Ausdruck bringen, die häufig gar nicht als Sprache beachtet werden und doch der Situation und den Erfahrungen, die sie zum Ausdruck bringen, angemessen sind: Seufzer, Stöhnen, einzelne, wiederholte Laute, Gemurmel, Schreien, Wimmern, Weinen, Sichklammern an

---

[29] Christine nennt Befreiungstheologie „eine Theologie, die den Schrei der Stummgemachten zum Tönen bringt". (Dies.: „Ich nehme mir meine Freiheit, damit ich nicht sterbe". Überlegungen zu einer Feministischen Theologie der Befreiung im Kontext der ‚Ersten' Welt, in: dies. / Monika Maaßen (Hg.), Handbuch Feministische Theologie, Münster 1986, 332-361. 333.)

einen Gegenstand, Sichkrümmen, Faustballen, etc.[30] Statt primär auf explizite Wörter ausgerichtet zu bleiben, ist es in der Krankenhausseelsorge notwendig, solche **Ausdrucksweisen als Sprache zu beachten**, ihre Ausdrucksstärke und Unterschiedlichkeit zu hören, ihre Spezifika genauso differenziert zu hören, wie die Wörter und Sätze der gewohnten Sprache. Gemurmel zum Beispiel kann der adäquate Ausdruck sein – um mit Wilhelm Genazino zu sprechen – „für das Untergegangene, für das Verfehlte und für das Unaussprechliche".[31]

In Anlehnung an Christine Schaumbergers Vorschlag, die grenzenlosen Ansprüche und die theologische Achtung der Geringgeschätzten in „Selbstverpflichtungen"[32] zu übersetzen, habe ich als meine Einmischung in die Diskussion der Qualität von Krankenhausseelsorge dieses Konzept der Selbstverpflichtungen als Mittel der Orientierung, der theologischen Profilierung und des Widerstands gegen unqualifizierte Fremderwartungen (unter anderem durch die anderen Fachdienste) ausgearbeitet und konkretisiert.[33] Ich habe für meine Krankenhausseelsorgepraxis Selbstverpflichtungen benannt, die unvollendet und bruchstückweise sind und zueinander in Spannung stehen. Diese Selbstverpflichtungen habe ich durch Erfahrungsreflexion mehr und mehr erprobt, überprüft, verändert, präzisiert.

Eine meiner Selbstverpflichtungen habe ich zunächst als Selbstverpflichtung zu Erinnerung und Erzählung formuliert und später präzisiert zur **Selbstverpflichtung „zu ihrem Gedächtnis"**.[34] Elisabeth Schüssler Fiorenza widmete ihre feministisch-theologi-

---

[30] Vgl. Pulheim / Schaumberger: Bekehrung von Seelsorge und Theologie zu Menschen mit „Demenz", 144.
[31] Wilhelm Genazino: Das Licht brennt ein Loch in den Tag, Reinbek 1996, 27.
[32] Vgl. Schaumberger: „Weiter gehen, tiefer graben", 23.
[33] Vgl. Peter Pulheim: Qualifizierte Krankenhausseelsorge. Theologische Orientierungen der Krankenhausseelsorge, in: Krankendienst 76 (2003) 33-40.
[34] Vgl. Peter Pulheim: Kranke, die mehr FreundInnen unter den Toten als unter den Lebenden haben. Seelsorge in der Geriatrie, in: Michael Klessmann (Hg.): Handbuch der Krankenhausseelsorge, Göttingen 1996, 128-142.

sche Rekonstruktion der frühchristlichen Frauengeschichte dem Auftrag, die Frau, die Jesus salbte, zu erinnern und gleichzeitig zu kritisieren, daß sie vergessen wurde.[35] Ich sehe es, daran anknüpfend und im Kontext Krankenhaus weiter gehend, als Aufgabe meiner Krankenhausseelsorge an, auch Frau G., von der ich hier erzähle, zu erinnern und Strukturen und Sehweisen, die sie vergessen lassen, zu kritisieren. Wie soll Frau G. in Erinnerung bleiben, solange von ihr als Frau G. berichtet wird? Auch der vollständig ausgesprochene Name macht die Erinnerung nicht leichter. Immer wenn Frau G. als „Fall" besprochen wird, wenn sie mithilfe von Diagnosen etikettiert wird („dement", appetitlos, verwirrt, „baut ab"), wenn „verwirrtes", „unverständliches", das heißt nicht der herrschenden Logik entsprechendes Verhalten, abgewertet wird, wird ihr Vergessenwerden auf der Krankenstation eingeleitet. Die Erinnerung an Frau G. würde dadurch gefördert, daß sie künftig, immer wenn auf der Krankenstation oder unter KrankenhausseelsorgerInnen von ihr erzählt wird, „Frau G., der Biokartoffeln schmecken" genannt wird. Aber auch wie sie mittlerweile auf dieser Station heißt – „die mit der Biokartoffel" – ist ein Weg des Erinnerns. Solche Namen dienen dem Erinnern, wenn sie an Besonderheiten, an überraschende Momente, an Aha-Erlebnisse, an Erfahrungen, umlernen zu müssen oder zu dürfen, an starke Gefühle anknüpfen.[36]

Diese Benennungen sind zugleich **Kritik herrschenden Denkens und herrschender Blicke**: Denn im Krankenhaus werden kranke Menschen spezialisierten und differenzierten, vergleichenden, unterscheidenden und definierenden, auf Diagnose und Behandlung zielenden Blicken, Wahrnehmungsrastern und

---

[35] Vgl. Elisabeth Schüssler Fiorenza: Zu ihrem Gedächtnis. Eine feministisch-theologische Rekonstruktion der christlichen Ursprünge, München-Mainz 1988.
[36] In den Kursen zur Theologie der Krankenhausseelsorge und zur Seelsorge mit Menschen mit „Demenz" erarbeiten Christine und ich mit den TeilnehmerInnen, wie erinnerungsfördernde Namen für einzelne PatientInnen und HeimbewohnerInnen gesucht werden. Vgl. auch Pulheim / Schaumberger: Bekehrung von Seelsorge und Theologie zu Menschen mit „Demenz", 141.

Darstellungsformen ausgesetzt, die von den Kranken Bilder und „Wahrheiten" erzeugen, die sehr oft nicht den Bildern und dem Wissen der professionell durchschauten kranken Menschen von sich selbst entsprechen. Gegenüber der Schärfe dieser im Krankenhaus herrschenden Blicke mögen die erzählenden und erinnerungseröffnenden Benennungen als naiv, unprofessionell, unwissenschaftlich abgewertet werden. Gerade dadurch, daß ich mich bemühe, nicht die Sprache der Medizin mitzusprechen, setze ich dem Anspruch der Medizin, „die Wahrheit" über PatientInnen zu wissen, andere Wahrnehmungen der kranken Menschen und den Wunsch nach dem Wahrnehmen des eigenen Erlebens von Kranken entgegen.[37] Darüber hinaus begegnen Kranke auch in der Klinik etikettierenden, bewertenden, hierarchisierenden Bezeichnungen, die das Alltagswissen und die Alltagssprache – wie „selbstverständlich" – prägen: „verwahrlost", „undiszipliniert", „unmotiviert", „läßt sich hängen" (statt müde), „depressiv" (häufig statt trauernd). Die immer neu mit großem Aufwand zu suchenden Benennungen für die Kranken sind eine Möglichkeit, selbstkritisch dafür zu werden, inwiefern auch mein eigenes Denken und Sehen von solch „selbstverständlichen" Blicken beherrscht wird, und sie mehr und mehr zu „entselbstverständlichen".

Um Bezeichnungen, die Kranke als Objekte festlegen bzw. sie abwerten, Widerstand zu leisten, ist es hilfreich, **oppositionelle Denk- und Benennstrategien** gegen herrschendes Denken[38] anzuwenden. Ich suche aus meinen Wahrnehmungen und Erfahrungen der PatientInnen und aus den Sätzen und Geschichten der PatientInnen, was den Etikettierungen widerspricht, was die beobachteten und bewerteten Verhaltensweisen anders – oft biographisch – erklärt und daher zu anderen Bewertungen führt, und welche anderen Sichtweisen es ermöglichen, die PatientInnen anders zu sehen. Ein als „dement" diagnostizierter alter Mann, von einer Krankenschwester bezeichnet als „der Patient, der unerträglich laut schreit",

---

[37] Vgl. Pulheim: Qualifizierte Krankenhausseelsorge.
[38] Vgl. Christine Schaumberger: Feministische Gegen- und Querdenkversuche, in: Dies. / Luise Schottroff: Schuld und Macht. Studien zu einer feministischen Befreiungstheologie, München 1988, 216-241.

wird dann sichtbar als „der Mann, der auf dem Kriegsschiff allein im Maschinenraum arbeiten muß". Eine als „dement" diagnostizierte alte Frau, vor der der Krankenhausseelsorger gewarnt wurde mit dem Satz „Diese Patientin schlägt immer aggressiv um sich", wird als Subjekt wahrnehmbar, wenn sie erinnert und benannt wird als „die Frau, die sich gegen den russischen Soldaten wehrt, der ihr auf der Flucht Steine nachwirft."

Die Selbstverpflichtung „zu ihrem Gedächtnis" heißt für mich als Krankenhausseelsorger, PatientInnen zu besuchen im Gedächtnis von PatientInnen, die ich früher besucht, deren Worte ich theologisch reflektiert, an die ich mich immer wieder erinnert, von denen ich immer wieder erzählt habe – mit KrankenhausseelsorgerInnen und auf den jeweiligen Stationen mit KollegInnen anderer Fachbereiche. Die Praxis solchen Erinnerns und Erzählens führte mich und andere KrankenhausseelsorgerInnen zunächst zur Ahnung, später mehr und mehr zur Erfahrung, daß dadurch in einer Situation, in der eine Gemeinschaft und ein Traditionszusammenhang, über den Schwarze Theologie verfügen kann, fehlt, dennoch **eine Möglichkeit entsteht, sich auf lebende und tote Kranke zu beziehen**, vor allem auf Tote, die wir im Sterben begleitet haben, und auf ihre Erfahrungen, Strategien, Kämpfe, Worte. In folgender Begegnung habe ich diese Ahnung zum ersten Mal einem Kranken gegenüber ausgesprochen: Ein Patient ließ mich nachts rufen. Kaum hatte ich sein Zimmer betreten, bat er in Todesangst: „Sie müssen mir jetzt sagen, wie man stirbt." Ich sagte darauf: „Das kann ich nicht, aber ich kann Ihnen von den Menschen erzählen, die hier im Krankenhaus gestorben sind und die ich begleitet habe." Den Patienten schien diese Aussicht zu überzeugen, er wurde ruhiger. Inzwischen kann ich mich bei meinen Krankenbesuchen mehr und mehr darauf verlassen: Wenn ich mich auf eine einzelne Kranke / einen einzelnen Kranken konzentriere und wahrzunehmen versuche, was sie / er braucht, wird mir von all den erinnerten Kranken diejenige oder derjenige gegenwärtig, deren / dessen Erfahrungen, Lebensstrategien, Kämpfe, Worte jetzt wichtig sind für die Kranke/ den Kranken, die / den ich gerade besuche. Wenn ich bei meinen Krankenbesuchen auf diese Weise von einer einzelnen erinnerten Patientin / einem einzelnen erinnerten Patienten erzähle, beginnen oft auch die Kranken von einem Menschen zu erzählen, den sie in der aktuellen Situation brauchen und jetzt erinnern.

„Wir könnten das Thema Institutionalisierung [auch: Institutionalisierung der Gedanken, Erinnerungen, Beweggründe der vielen Kranken, PP] verbinden mit der expliziten Frage nach der Gemeinschaft der Lebenden und Toten und nach Traditionslinien und den Wegen des Tradierens in dieser Gemeinschaft."[39]

---

[39] Christine Schaumberger: Transformation feministischer Theologie durch feministisch-theologische Reflexion des Alterns? Vortrag auf der Tagung der AG Feminismus und Kirchen: „Altern: Zukunftsfrage feministischer Theologie", Bad Soden-Salmünster 2009.

Gute Fragen stellen

Annebelle Pithan

Liebe Christine,

es gibt Sätze, die vergisst man nicht. Sie sprechen genau das aus, was Herz und Verstand begehren. Einen solchen Satz hast Du 1987 formuliert. Er lautet: „Wie kommt die behinderte, alte, schwarze Lesbe in den Blick?"[1] Dieser Satz hat mich seitdem begleitet. Er fällt mir immer wieder ein, wenn es um die Perspektive des Theologietreibens geht. Und er ist brennend aktuell – enthält er doch bereits, was heute als Intersektionalität verhandelt wird.

Der Satz ist deswegen so genial, weil er in einer Person fünf Lebensweisen konzentriert, die auf die damals so genannten Randgruppen der Gesellschaft und des Diskurses verweisen: behindert, alt, schwarz, lesbisch und Frau. Je mehr Lebensweisen eine davon in sich vereinte, desto größer der Ausschluss aus der Mehrheitsgesellschaft. Je mehr Perspektiven davon eingenommen werden, desto schwieriger der Anschluss an die herrschende Theologie.

Du hast Dich diesen Ausgrenzungen und diesen Gefühlen, die mit dem eigenen Ausschluss und der eigenen Mittäterschaft verbunden waren und sind, gestellt und versucht, sie aufzuschreiben. Eine Pioniertat! Es müsste unbedingt Dein Beitrag für

---

[1] Christine Schaumberger: „Das Recht anders zu sein, ohne dafür bestraft zu werden". Rassismus als Problem weißer feministischer Theologie, in: Dies. (Hg.): Weil wir nicht vergessen wollen ... Zu einer Feministischen Theologie im deutschen Kontext (AnFragen 1. Diskussionen Feministischer Theologie im deutschen Kontext), Münster 1987, 101-122, 110.

Vivian Ellis: Nachdenkende Komponistin

die europäische Befreiungstheologie gehoben werden. Ich hoffe, ichkann dazu demnächst einmal etwas beitragen. Solche bewegend-treffenden Sätze und wichtige Zitate gibt es noch viele in Deinen Werken.

Aus heutiger Sicht ist es kaum nachvollziehbar, wie sehr Theologie und Wissenschaft auf weißen Androzentrismus festgelegt waren. Heute hat sich vieles verändert, aber die Ausgangsfrage, wie die behinderte, alte, schwarze Lesbe in den Blick kommt, ist immer noch fruchtbar, um zu prüfen, ob sich eine partikulare Theologie als universale entwirft.

Danke, Christine!

Deine Annebelle (Pithan)

Wie möchtest Du tradiert werden?"

Eine Anfrage in der Nachfolgegemeinschaft
von Gleichgestellten

Susanne Ebeling

Auf der Tagung „Den Tanz der Weisheit weiter und weiter tanzen", die die Arbeitsgemeinschaft Feminismus und Kirchen im Oktober 2003 anlässlich des 65. Geburtstags von Elisabeth Schüssler Fiorenza veranstaltete, hat Christine Schaumberger ein Statement zur Nachfolgegemeinschaft von Gleichgestellten[1] vorgetragen. Nachfolgegemeinschaft von Gleichgestellten ist die Übertragung von Elisabeth Schüssler Fiorenzas *discipleship of equals* ins Deutsche. Diese deutschsprachige Benennung macht den Spannungsreichtum der *discipleship of equals* besonders anschaulich. Dieses Statement von Christine Schaumberger hat mich damals, auf meinem ersten AG-Wochenende, bewegt und begleitet mich seither weiter. Zum 60. Geburtstag von Christine Schaumberger möchte ich über meine eigenen Gedanken und Erfahrungen zur Nachfolgegemeinschaft von Gleichgestellten, die von diesem Statement ihren Ausgangspunkt nahmen, schreiben.

Für mich gehört dieses Statement zu meinen „heiligen Schriften". Es ist mir „heilige Schrift", weil ich in diesen Sätzen etwas erahne, was ich gar nicht ganz fassen kann, etwas, was für mein Leben als Theologin und Krankenhausseelsorgerin ungeheuer

---

[1] Vgl. Christine Schaumberger: Mühen, Kämpfe, Spannungen: Das Ringen, um die Macht zu benennen. Statement auf der Tagung „Den Tanz der Weisheit weiter und weiter tanzen. Zur Aktualität des Werkes von Elisabeth Schüssler Fiorenza" (AG Feminismus und Kirchen 24.-26.10.2003, Bensberg), abgedruckt im Rundbrief Nr. 39 (2003) der AG Feminismus und Kirchen.

wichtig, anregend, ermutigend und herausfordernd ist, aber auch beunruhigend. Es verbindet sich für mich damit eine Vision, die ich besser verstehen und der ich mich annähern möchte, aber auch die Notwendigkeit, mich zu entscheiden, immer wieder neu, und weiterzugeben.

Im „Kurs zur Theologie der Krankenhausseelsorge 2011" am Heidelberger Institut für Klinische Seelsorgeausbildung zum Thema „Tradition: LebensMittel ‚in den Wintern dieses Klimas'?" hat mich die Frage, die Christine Schaumberger allen TeilnehmerInnen zur Vorbereitung auf den Kurs geschrieben hatte: „Wie möchtest Du tradiert werden?" erneut an das Thema der Nachfolgegemeinschaft geführt.

Der Anspruch, mich in die Nachfolgegemeinschaft von Gleichgestellten einzubeziehen

In Christine Schaumbergers Statement zur Nachfolgegemeinschaft von Gleichgestellten heißt es:

„Eine Gemeinschaft von Einander-Nachfolgenden: Sie bedeutet für mich, dass jede und jeder dieser Nachfolgegemeinschaft geachtet, aber auch gefordert wird als eine, der nachgefolgt wird, und dass jede selbst den Anspruch haben und ertragen muss, als nachfolgenswert aufzutreten und geachtet zu werden. Jesus ist einer in dieser Gemeinschaft, der ebenfalls anderen nachfolgt. ... Für mich ist dieses Konzept ‚Nachfolgegemeinschaft von Gleichgestellten' gegenwärtig vor allem wichtig für das Nachdenken über die Notwendigkeit, einzelne zu erinnern, ohne die Erinnerung der anderen auszulöschen."[2]

Die Nachfolgegemeinschaft von Gleichgestellten braucht jede als eine, die nachfolgt, aber auch als eine, der nachgefolgt wird. Dieser Gedanke war mir noch nie so gekommen. Und welche Folgen hätte das? Ich habe das damals sehr stark als Anfrage gehört und gespürt, ob ich bereit bin, die Verantwortung dafür zu übernehmen, dass auch ich eine bin, der nachgefolgt wird. Und ob ich den Anspruch ertragen will und die Anstrengungen auf mich nehmen will,

---

[2] A.a.O., 3.

die damit verbunden sind, als nachfolgenswert aufzutreten und andere und mich selbst als nachfolgenswert zu achten. Hätte ich denn etwas, was nachfolgenswert wäre?
Und Jesus als einen in der Gemeinschaft, der ebenfalls anderen nachfolgt! Bis dahin habe ich bei dem Wort Nachfolgegemeinschaft immer zuerst und nur an Jesus gedacht, dem damals Frauen und Männer nachgefolgt sind und auf den sich bis heute die christlichen Gemeinschaften fast immer ausschließlich beziehen und berufen. Der Gedanke, dass Jesus einer in dieser Nachfolgegemeinschaft von Gleichgestellten ist, der selbst auch anderen der Gemeinschaft nachfolgt, hat mich irritiert und bewegt.
Christine Schaumberger schreibt: Die Nachfolgegemeinschaft von Gleichgestellten

> *„ist nicht nur Kritik an der Fixierung auf den einen, isoliert gesehenen Jesus und nicht nur Kritik an der Behauptung der Singularität seines Lebens und Leidens, die diese ‚Singularität' als exklusiv gegenüber anderen verfolgten und leidenden Menschen und hierarchisch gegenüber den Leiden anderer hingerichteter Menschen darstellt und Jesus aus der anamnetischen Solidarität der Leidenden ausschließt. Sie betont nicht nur, dass eine Christologie, die sich auf die exklusive Singularität und hierarchische Überordnung dieses einen Jesus beruft, dringend kritischer feministischer Anfragen und feministischer Ekklesialogie bedarf, sondern besteht darauf, dass diese Nachfolgegemeinschaft nicht auf die Zeit und die Gruppe der Jesusbewegung begrenzt ist."*[3]

Jesus radikal als einen von uns, als Lernenden, Bedürftigen, Leidenden, Irrenden wahrzunehmen, das bringt mir Jesus nah und macht mir Jesus fremd[4].

---

[3] A.a.O., mit einer nachträglichen Ergänzung durch C.S., 3.
[4] Ich habe Christine Schaumbergers Verständnis des Wortes „fremd" übernommen: *„‚Fremd' ist nicht ‚anders'. Ich selbst kann mir ‚fremd' sein. Was und wer mir ‚fremd' ist, kann ich nicht einordnen, stellt meine Wahrnehmungen und Erklärungen infrage, beunruhigt mich, macht mir deutlich, daß ich ‚nicht weiß und nicht verstehe', und führt dazu, daß ich versuche, nachzufühlen und mehr zu verstehen. ‚Fremd', so gebraucht und gehört, ist kein Wort, das trennt und unterscheidet (in ‚fremd' versus ‚vertraut', in ‚fremd' versus ‚nahe', in ‚Fremdes' ver-*

Und es verweist uns für die Entstehung des Reiches Gottes radikal aufeinander.

Jesus erhebt den Anspruch, erinnert zu werden. Er will nicht als Isolierter erinnert werden, und er will nicht durch und in Erinnerung isoliert werden. Er will im Zusammenhang mit einer anderen erinnert werden: der Frau, die Jesus zu seinem Begräbnis gesalbt hat. Er bindet die Erinnerung an sich selbst an die Erinnerung an diese Frau. *„Wo immer auf der ganzen Welt das Evangelium verkündet wird, da wird zu ihrem Gedächtnis erzählt werden, was sie getan hat"* (Mk 14,9). Ohne Erinnerung an sie kann er nicht erinnert werden. Merkmal der Nachfolgegemeinschaft ist: Sie ist eine Gemeinschaft „zu ihrem Gedächtnis"[5]. So wird, wenn wir zu ihrem Gedächtnis denken, fragen, arbeiten, diese namenlose Frau, die vergessen war, erinnert. Und wenn wir „zu ihrem Gedächtnis" weiter-arbeiten, werden andere vom Vergessen Bedrohte in die Erinnerung und Sichtbarkeit zurückgerufen und machen erfahrbar, was uns ohne die Erinnerung an sie fehlen würde. Christine Schaumberger sagt:

> *„,Zu ihrem Gedächtnis' Theologie zu treiben, immer wieder neu die Mühen auf sich zu nehmen, gegen das Vergessen und Übersehen der Arbeit von Frauen anzugehen, sehe ich als Zeichen dieser Nachfolgegemeinschaft von Gleichgestellten an."*[6]

Ob Christine Schaumbergers Text über die Nachfolgegemeinschaft von Gleichgestellten für mich wirklich „heilige Schrift" ist, entscheidet sich daran, ob er mir hilft, die Nachfolgegemeinschaft von Gleichgestellten ins Krankenhaus hinein fortzusetzen und

---

sus ‚Eigenes'). Sondern das Wort ‚fremd' verunsichert, schärft die Aufmerksamkeit, erweitert das Denken und Fühlen, verrückt Grenzen, läßt Verbindungsmöglichkeiten ahnen, achtet Besonderheiten und Eigenarten." (Christine Schaumberger: Transformation feministischer Theologie durch feministisch-theologische Reflexion des Alterns? Fundamentale Ansprüche – fundamentale Fragen. Vortragsskizze für die Tagung „Altern-Zukunftsfrage feministischer Theologie" der AG Feminismus und Kirchen, Bad Soden-Salmünster 2009, 3.)

[5] Vgl. Elisabeth Schüssler Fiorenza: Zu ihrem Gedächtnis. Eine feministisch-theologische Rekonstruktion der christlichen Ursprünge, München / Mainz 1988.

[6] Schaumberger: Transformation feministischer Theologie, 3.

mich selbst, auch als Krankenhausseelsorgerin, in die Nachfolgegemeinschaft von Gleichgestellten einzubeziehen. Wie ist es möglich, dass in dieser Situation der Ungleichheit von Kranken, ihren Angehörigen, den TherapeutInnen und SeelsorgerInnen eine Nachfolgegemeinschaft von Gleichgestellten entsteht? Die Gefahr im Krankenhaus ist groß, dass Menschen zu Objekten der Medizin, der Pflege und auch der Seelsorge, aber vor allem auch der Besuchsdienste und der Ethik-Kommissionen werden. „Gleichgestellte" heißt für mich im Krankenhaus zuallererst: Kranke als Subjekte zu achten und nicht als Objekte zu sehen, auch nicht als Objekte meiner Hilfe.

Die Frau, die als „verwahrlost" bezeichnet wird und die mich lehrte, die Liebe sehen zu lernen

Auf der geriatrischen Station, auf der ich arbeite, lag eine schwerkranke alte Frau, die mit ihrem Sohn zusammenwohnte, der alkoholkrank war. Sie kam „ziemlich verwahrlost" zu uns, und der angetrunkene Sohn fiel auf der Station unangenehm auf. Alle auf der Station waren sich einig, dass wir sie nicht in die „verwahrloste" Situation und zu dem „verantwortungslosen" Sohn zurückkehren lassen wollten. Sie sollte es besser haben! Viele TherapeutInnen, auch die ÄrztInnen, haben versucht sie zu überreden, woanders als zu Hause „gut untergebracht" zu werden. Aber sie blieb eigenwillig und bestand darauf, zu ihrem Sohn zurückzukehren.

Zwei Jahre später bin ich ihr im Rahmen meines Brückenseelsorgeprojekts, über das ich weiter unten noch schreiben werde, wieder begegnet. Eine Krankenschwester der Sozialstation hatte mich gefragt, ob ich eine fromme alte Frau besuchen würde, die seit ein paar Tagen, ganz entgegen ihrem üblichen Verhalten, aufgehört hätte zu beten. Da stimme doch etwas nicht!

Als ich ihr Haus betrat, erkannten wir uns sofort wieder. Der Sohn war auch da, brachte uns etwas zu trinken. Überall ums Bett standen volle Teetassen für die Mutter. Es war zu spüren, wie besorgt er war, auch wenn es „chaotisch" aussah und sie sich beklagte, dass er morgens zu lange schlafe. Er sagte: „Für meine Mutter tu ich alles. Und ich hab ihr versprochen, dass sie nie hier weg muss."

Zu Beginn der häuslichen Besuche gab es den Versuch der engagierten Hospizhelferinnen, das Haus in Ordnung zu bringen und den Sohn vom Alkohol wegzubringen. Als dieses Vorhaben kläglich und im Streit mit dem Sohn endete, entstand ein großer Druck, das Ordnungsamt einzuschalten und dieses Zusammenleben zu beenden, „zum Wohle" der schwerkranken alten Frau.

Dadurch wurde auch mir noch einmal deutlich, wie schnell es geschieht, dass aus Fürsorge andere zu Objekten gemacht und fremde, ungewohnte Lebensentwürfe abgewertet werden. Wenn ich mich bemühe, beide als Subjekte zu sehen und nach ihren Beweggründen zu fragen, kann ich erkennen und anerkennen, wie viel Liebe es zwischen den beiden gab und wie viel Bemühen. Und ich kann in der Klage der Frau über ihren Sohn, statt sie zum Anlass für den Ruf nach dem Ordnungsamt zu nehmen, den Ausdruck von Sorge und Liebe erkennen.

Wir mussten nicht sie, sondern uns verändern. Unsere Maßstäbe, die uns im Grunde über sie stellten, mussten wir überprüfen und verändern, um eine Ahnung davon zu bekommen, was den beiden wichtig ist und was sie lieben und worunter sie leiden. Die Entdeckung der Liebe durch den Anschein der Verwahrlosung hindurch hat wiederum meine Wahrnehmungsfähigkeit geschult und verändert und stärkt mich, wenn wieder eine Frau auf Station als „verwahrlost" diagnostiziert wird.

Noch ein Jahr hat die Frau bei ihrem Sohn gelebt, bis sie zu Hause gestorben ist. Sie beide haben uns, der Krankenschwester, den Hospizhelferinnen und mir, die angenommen hatten, dass es nicht geht, gezeigt, dass und wie es gehen kann.

Die Frau hatte ihre Gebete verloren. Sie brauchte unsere Besuche, damit wir gemeinsam mit ihr ihre besonderen Gebete beteten. Dies gab ihr die Sicherheit, dass sie in den Zwischenzeiten diese Gebete wieder alleine beten konnte. Sie zeigte uns, wie sie so den Tag strukturieren und das späte Aufstehen ihres Sohnes, den unregelmäßigen Tagesrhythmus, das viele Warten durchhalten konnte.

Der Sohn konnte aus Liebe zu seiner Mutter dafür sorgen, dass es in ihrem Zimmer für seine Verhältnisse sauber war, dass sie immer Getränke am Bett in Reichweite hatte, dass sie den Kirchenfunk hören konnte. Er ermöglichte, dass die Krankenschwestern, die Seelsorgerin und HelferInnen jeder Zeit Zugang zur Mutter hatten und gab damit Einblick in die „verwahrloste" Wohnung. Er kochte, wenn auch zu ganz unterschiedlichen Zeiten, für die Mutter.

Ich hatte anfänglich die Frage gestellt: Hätte ich denn etwas, was nachfolgenswert wäre? Aus dieser Umkehrerfahrung hin zu der alten kranken Frau und ihrem Sohn habe ich gelernt, dass es in der Nachfolgegemeinschaft von Gleichgestellten nicht darum geht, etwas Besonderes zu können oder zu wissen oder besonders gut zu sein, sondern ob durch meine Wahrnehmungsfähigkeit und -bereitschaft Diskriminierte und Abgewertete, wie die alte Frau und ihr alkoholkranker Sohn, als Subjekte sichtbarer und verstehbarer werden und als Befähigte und für die Nachfolgegemeinschaft Notwendige in Erscheinung treten können. Mich darum zu bemühen, macht mich nachfolgenswert, darin besteht der Anspruch, eine zu sein, der nachgefolgt wird.

In der Nachfolgegemeinschaft von Gleichgestellten weiter gehen: meine Anfänge, Entscheidungen, Wahrnehmungshilfen

Ich denke zurück: Was hat mir geholfen, mich in diese Nachfolgegemeinschaft einzubeziehen und mich immer wieder neu in diese Zusammenhänge zu stellen? Diese Gemeinschaft von Gleichgestellten hat keine vorgeschriebenen institutionalisierten Eintritts- und Aufnahmerituale oder Zugehörigkeitsmerkmale wie Kircheneintritt und Kirchensteuer einerseits und Taufe oder Firmung/Konfirmation andererseits. Sie ist eine Gemeinschaft ohne Etikettierung und Grenzziehung, sie verlangt Umkehr, Reflexion und Praxis der Solidarität – und persönliche Entscheidungen.

Wo habe ich mich angedockt, wie fing es an? Für mich war ein wichtiger Meilenstein auf meinem Weg die Entscheidung für eine **Holzfigur von Hans Steinbrenner.** Das war im Jahr 1998.[7] Ich hatte 1988 am Heidelberger Institut für Klinische Seelsorgeausbildung einen 12-Wochen-Kurs gemacht. In diesem Kurs haben wir durch Impulse von Peter Pulheim gelernt, kontextuell befreiungstheologisch im Krankenhaus zu arbeiten. (Dabei habe ich übrigens Texte von Christine Schaumberger und das Handbuch Feministische Theologie[8] kennengelernt.) Das Wahrnehmen zeitgenössischer Kunst unterstützte uns darin, unsere Wahrnehmungsfähigkeit für Kranke auszubilden.

In diesem Kurs lernte ich Arbeiten von Hans Steinbrenner kennen und begann anschließend, mich intensiv mit seinem Werk auseinanderzusetzen. Ich besuchte viele seiner Ausstellungen, und es entstand der Wunsch, mit einer Arbeit von ihm zu leben. Mich für „meine" Figur zu entscheiden und sie in die eigene Wohnung zu holen, war ein großer Schritt. Damals war ich in einer tiefen persönlichen Krise. Ohne diese Krise hätte ich vielleicht nie so deutlich wahrgenommen, dass ich da etwas von dem spüre, was Christine Schaumberger und Peter Pulheim in einer Festschrift zum 70. Geburtstag von Hans Steinbrenner geschrieben haben: dass sie Figuren von Hans Steinbrenner gekauft haben und mit ihnen leben, weil sie diese in ihrem Leben *„brauchen"*, dass ein Leben mit einer solchen Figur *„die eigenen Lebenszusammenhänge beeinflußt, sogar verändern und verwandeln kann."*[9]

Das Wagnis, mich für „meine" Figur zu entscheiden, hatte lebensentscheidende und lebensverändernde Wirkung: „Jetzt gehe ich nicht mehr hinter diese Figur zurück." Dieser Satz, den ich auch anderen mitteilte, bezog sich auf Entscheidungen in meinem

---

[7] Die Figur ist von 1992, aus Eiche, mit einer Höhe von 135 cm (Katalog: Galerie Katrin Rabus, Hans Steinbrenner. Skulpturen, Bremen 1993, darin: Figur Nr. 39).
[8] Vgl. Christine Schaumberger / Monika Maaßen (Hg.): Handbuch Feministische Theologie, Münster 1986.
[9] Peter Pulheim / Christine Schaumberger: Mit Figuren von Hans Steinbrenner leben, in: Galerie Dreiseitel (Hg.), Hans Steinbrenner zum 70. Geburtstag, Köln 1998, 25-30, 26.

persönlichen Leben, aber es war auch eine Entscheidung für meinen Weg als Theologin und Krankenhausseelsorgerin.
Durch diese Figur in der Wohnung mache ich mich sichtbar. Ich bin nicht mehr eine „heimliche" Kunstliebhaberin, sondern zeige, dass ich diese Kunst als LebensMittel brauche. Oft ergeben sich spannungsvolle, sehr konträre Diskussionen über diese Figur und meine Lebensentscheidungen, oft ernte ich (mit „meiner" Figur) Zurückweisung und auch Verletzungen. Christine Schaumberger schreibt in ihrem Teil des Textes unter der Überschrift „Die eigene Wohnung wird ungewohnt" über ihre Figur von Hans Steinbrenner in ihrer damaligen Kasseler Zweizimmer-Wohnung:

„Die Figur verlangt Aufmerksamkeit, aber erscheint nicht als ‚Gegenüber', sie blickt nicht zurück, sie antwortet nicht, es ist nicht möglich, sich in ihr wiederzufinden oder sich zu spiegeln, sie stellt nichts dar, sie verweist nicht auf etwas anderes, so daß wir durch sie hindurchblicken, sie durchschauen, ihre Bedeutung für uns suchen und sehen könnten, sie ist nicht ‚ein Fenster' zu einer anderen Welt. Sie steht da für sich selbst und als sie selbst, in ihrer Dreidimensionalität, behauptet ihre eigenen Orientierungen. Wenn sie angesehen wird, ist sie nicht auf die Betrachterin, den Betrachter ausgerichtet, sondern auf alle Richtungen des Raums. Sie macht diesen Raum zu ihrem Raum, wird, vor einer Wand stehend, zu einem Zentrum dieses Raums, setzt die BetrachterInnen in Beziehung zu ihr, sie dezentriert uns."[10]

Wie die Figur „dezentriert", erläutert Christine Schaumberger so: Die Figur, die vor einer Wand steht,

„zentriert und definiert den Raum, und zwar so, daß die Figur als ein Zentrum des Raums wirkt, auf das sich Menschen, Gegenstände und Tätigkeiten im Raum beziehen, indem sie ebenfalls zu Zentren des Raums werden und ihre eigene Bedeutung behaupten. In diesem Raum findet das Leben sehr deutlich in Spannung, Konkurrenz, Inspiration zwischen verschiedenen Zentren statt."[11]

---

[10] A.a.O., 27.
[11] A.a.O., 28.

Zurück zu „meiner" Figur. Dass die Figur da ist, erfahre ich körperlich im Raum immer wieder als eine Herausforderung, eine Zumutung, manchmal auch als eine Qual, und zugleich brauche ich sie dringend, um zu spüren, was eigentlich wichtig ist, was nicht verlorengehen darf im Alltagsstress, in den Kämpfen gegen Sparmaßnahmen im Krankenhaus, gegen die Abwertung einzelner Kranker, für meine Wahrnehmung der Kranken, im Müdewerden, in der Sehnsucht nach einem geruhsamen Leben ... Sie hilft mir, an den von mir getroffenen Entscheidungen festzuhalten, zu ihnen zurückzukehren, weiterzugehen, es neu zu versuchen. Sie hält meine Visionen wach. Ihre Anwesenheit fordert mich heraus, auch beim Schreiben dieses Textes, besonders dann, wenn ich meine, es nicht gut genug zu können. Sie hilft mir, mich über meinen Weg, meine Aufgaben, meine Berufung in der Nachfolgegemeinschaft der Gleichgestellten zu vergewissern, besonders dann, wenn der Druck zu groß wird durch Appelle, mich anzupassen, nicht so anspruchsvoll zu sein, mich und andere nicht zu überfordern. Ich brauche Menschen, die mir wichtig sind, und diese Figur, um dranzubleiben. Die Irritation durch sie erlaubt es nicht, mich einzurichten, mich einfach nur beliebt machen zu wollen. Ich weiß nicht, wie ich ohne das täglich neue Sehen „meiner" Figur meine Visionen erhalten könnte, nicht nur um mich selbst kreisen würde, den Ruf der Nachfolge „zu ihrem Gedächtnis" wach halten könnte!

Christine Schaumberger schreibt über ihre Figur von Hans Steinbrenner, die mit einer Höhe von 180 cm fast zur niedrigen Zimmerdecke reicht:

> *„Auch wir werden groß. Im Blick auf die Figur, die aufrecht steht und sich zur Zimmerdecke richtet, wirkt uns nicht das Zimmer zu niedrig (‚die Decke fällt uns auf den Kopf'), sondern wir fühlen unsere eigene Größe, die fast zur Decke reicht."*[12]

Auch „meine" Figur von Hans Steinbrenner lässt mich meine eigene Größe fühlen und auch die Größe derer, mit denen ich lebe und die mir begegnen. Sie hält meinen Erfahrungen stand, die ich jeweils gerade im Krankenhaus gemacht habe.

---

[12] A.a.O., 27.

Es gab eine weitere prägende Erfahrung in der Anfangszeit: meine Teilnahme an den **Seminaren für feministische Theologie** am Institut für Theologie und Sozialethik der Technischen Universität Darmstadt, für die Christine Schaumberger einen Lehrauftrag hatte. Seit dem Wintersemester 1999 fuhr ich dafür einmal in der Woche den weiten Weg nach Darmstadt, bis die Universität den Lehrauftrag zum Sommersemester 2005 aus finanziellen Gründen gestrichen hat. Seit dieser Zeit gibt es an der TU keine feministisch-theologischen Seminare mehr. Noch ein Semester hat Christine Schaumberger auf unseren Wunsch hin privat weiter mit uns gearbeitet – zum Thema „Behinderung als fundamentales Thema feministischer Theologie".

Es war eine kostbare, lebendige, belebende Zeit für mich, das gemeinsame Lernen in einer heterogenen Frauengruppe (bei der manchmal auch ein Mann dabei war). Es waren Frauen, die nach ihrer Berufstätigkeit oder einer intensiven Zeit für die Familie noch einmal für sich selbst lernen und sich auseinandersetzen wollten, es waren Frauen, die parallel zu Haushalt, Familie und / oder Beruf einen Begegnungs- und Reflexionsort für sich selbst suchten, und es waren Studentinnen für das Lehramt an Berufsschulen oder im Nebenfach eines Magisterstudiums – und ich, eine Krankenhausseelsorgerin, die mehr wissen wollte über eine neue Art des Theologietreibens, die mir in Heidelberg das erste Mal begegnet war und die so anders und so viel konkreter und menschlicher war als die, die ich in meinem Studium erlebt hatte. Gemeinsam war uns der Wunsch, etwas über feministische Theologie zu lernen. In diesem nicht krankenhausseelsorgespezifischen Lernkontext, in dem alle ermutigt wurden, sich mit ihren je eigenen, sehr unterschiedlichen Erfahrungen einzubringen, konnte ich ausprobieren, mich als Theologin zu artikulieren, mit meinen Erfahrungen als Krankenhausseelsorgerin. Es war ermutigend zu erleben, wie die Erfahrungen von uns allen geachtet und wertgeschätzt wurden und welche Kraft sie entfalten können, wenn sie geteilt und reflektiert werden.

Es war mein erster intensiverer Kontakt mit feministischer Theologie, und ich erinnere mich noch, dass Christine Schaumberger uns im ersten Semester mit dem Thema: „'Weiter gehen, tiefer graben'. Bewegungen und Orientierungen feministischer Befreiungstheologie" zu Beginn die Schwarze Feministin **Sojourner Truth** vorstellte und ihr Leben und ihre Texte, vor allem ihre Rede „Und bin ich keine Frau?", als „heilige Schrift" für feministische Befreiungstheologie.

Für mich war das unglaublich, wie sich diese Schwarze Frau inmitten solcher unterdrückenden, zerstörerischen, von Gewalt geprägten Lebensbedingungen ihre Würde bewahren und behaupten konnte. Sie war ja nicht nur als Schwarze Sklavin Zerstörung, Demütigung und Gewalt ausgesetzt, sondern wurde als freie Schwarze Frau auch von weißen Feministinnen diskriminiert. Woher nahm sie die Kraft, nicht zu verstummen, wie konnte sie all diese Zerstörung in Weisheit, Mut und in die Fähigkeit zu Theorie und öffentlicher Rede verwandeln, in Widerstand und politischen Kampf?

Das Leben dieser Frau hat mich unglaublich berührt und einiges in mir auf den Kopf gestellt. Dass es furchtbar und unvorstellbar ist und bleibt, was ihr zugestoßen ist, ihr und vielen Frauen ihres Volkes, dafür habe ich Wahrnehmungsmöglichkeiten und Gefühle. Aber, dass sie auch eine leidende, kluge, clevere, kämpferische, liebende, leidenschaftliche, fordernde und auf Veränderung drängende Frau ist, fordert mich ganz anders heraus. Dass sie selbst nicht nur als bedauernswerte Leidende gesehen werden will und sich auch selbst anders sieht.

Die Erfahrungen in diesen Seminaren haben mir geholfen, das, was in Heidelberg langsam begonnen hatte, zu erweitern, zu vertiefen, weiterzuführen. Vielleicht wurde es gerade durch die ganz anderen Kontexte, die nicht auf die Klinik bezogen waren, möglich, neue Wahrnehmungsraster auszubilden und Zusammenhänge herzustellen, einzelne Puzzleteile zusammenzusetzen; erstaunlicherweise gerade auch für meinen Kontext im Krankenhaus. Es fing an, dass ich bis dahin oft immer noch irritationslos gehörte „Selbstverständlichkeiten" in der Klinik, z.B. „Diese Frau jammert nur. Sie *kann* keine Schmerzen haben, sie bekommt genügend Schmerzmittel", deutlicher wahrnahm, mehr hinterfragte und mich nicht mehr so schnell einlullen ließ oder mich dagegen zur Wehr setzte, wenn versucht wurde, mich als Seelsorgerin zu missbrauchen, um Menschen an die Bedürfnisse der Klinik anzupassen. Das führte auch häufiger zu Konflikten auf Station und im therapeutischen Team. Dies hat mir manchmal sehr wehgetan und mich geängstigt, aus der Zusammenarbeit und Kollegialität herauszufallen.

Auch mir selbst wurde es häufiger möglich, gewohnte Sehweisen anzufragen, irritieren und unterbrechen zu lassen, was immer wieder zu überraschenden neuen Erkenntnissen führte (z. B. den Blick auf Behinderung durch den Gedanken zu korrigieren, dass wir alle Menschen mit Assistenzbedarf sind). Diese Zeit war für mich wie eine Anleitung, eine Einübung in den Blickwechsel, nämlich Gewohntes neu zu sehen und von denen her sehen und fragen zu lernen, die sonst nicht im Blick sind oder nur als Frauen, als Schwarze, als Alte, als Behinderte, als „Demente", als „Verwahrloste" angesehen werden.

Die Erfahrungen im Seminar in Darmstadt haben meine Freude am Lernen geweckt wie noch niemals eine Lernerfahrung zuvor. Ich erinnere mich sehr gerne an das kreative Arbeiten und auch daran, dass wir nach dem gemeinsamen Nachdenken meistens noch zusammen im Schwarz Weiß Café gesessen und bei einer Tasse Caro-Milchkaffee miteinander weitergesprochen haben.

Seit 2006 gibt es am Heidelberger Institut für Klinische Seelsorgeausbildung jedes Jahr ein **Seminar zur Theologie der Krankenhausseelsorge**. Diese Seminare gehen auf einen Vorschlag von Christine Schaumberger zurück und werden von Christine Schaumberger und Peter Pulheim geleitet. In diesen Seminaren arbeiten wir gemeinsam daran, Befreiungstheologie im Kontext des Krankenhauses zu entwickeln und – ausgehend von Sätzen der Kranken – die Theologien der Kranken wahrzunehmen. Ich habe an allen diesen Seminaren teilgenommen. Sie hatten die Themen: Theologie des Alterns; Gemeinschaft der Lebenden und Toten; Behinderung und chronische Krankheit, theologisch reflektiert; Die Macht des Wortes und das Ringen um Wörter: sprechen – beten – schweigen; Mitleiden; Tradition: LebensMittel „in den Wintern dieses Klimas"?

Angeregt durch das Seminar „Mitleiden", ist mir deutlich geworden, wie sehr **Nächstenliebe ein Akt der fortgesetzten Dezentrierung** und Neuzentrierung ist. Nächstenliebe sollte nicht gleichgesetzt werden mit dem üblichen Verständnis von einseitiger Hilfe für „hilflose Opfer" und nicht auf Taten eingeengt werden, sondern sie sollte Wahrnehmung, Achtung, Gefühle (mit) umfassen. In „Bekehrung von Seelsorge und Theologie zu Menschen mit ‚Demenz'" schreiben Christine Schaumberger und Peter Pulheim, wie Nächstenliebe, auch und gerade in Theologie und Seelsorge, „mit dem Handeln von Helfenden an Hilfsbedürftigen assoziiert"[13] wird und Menschen mit Assistenzbedarf zu Objekten macht. Dagegen schlagen sie eine Umkehr des Verständnisses von Nächstenliebe vor. Über Menschen, die in der Klinik als „schwer erreichbar" oder „verstummt" bezeichnet werden und auf einen der Benennversuche von SeelsorgerInnen reagieren, schreiben sie: *„Wir erleben es als Akt der Nächstenliebe von Menschen mit ‚Demenz', dass sie auf Benennversuche warten."*[14]

Sie sind es, die Nächstenliebe an mir üben, als Subjekte, die warten und mich ermutigen, ihnen zur Nächsten zu werden, so wie die Frau in ihrer Wohnung, von der ich erzählt habe, es mir möglich gemacht hat, ihr zur Nächsten zu werden.

In der Geschichte vom barmherzigen Samariter ist das Mitleiden der Akt, dem unter die Räuber Gefallenen zum Nächsten zu werden. Im Seminar zum Thema „Mitleiden" hat Christine Schaumberger ein Arbeitspapier über „Mitleiden als Gefühl" zur Verfügung gestellt. Sie unterscheidet darin „Mitleiden" von Gefühlen, die nur vermeintlich Mitleiden sind. Mitleiden dagegen

„enthält das Leiden der anderen als etwas vom eigenen Gefühl Unterschiedenes. Was ich fühle, hat mit dem Leiden der anderen zu tun, ist eine Reaktion auf deren Leiden, aber nicht mit deren Leiden identisch ... Mitleiden setzt ‚Fremdheit' voraus. Es ist immer das persönliche, unverwechselbare Gefühl, also

---

[13] Peter Pulheim / Christine Schaumberger: Bekehrung von Seelsorge und Theologie zu Menschen mit „Demenz", in: Theologisch-praktische Quartalschrift 159 (2011) 137-145, 144.
[14] A.a.O., 144.

auch der eigene Beitrag, der sich auf jeden Fall vom Gefühl derjenigen, mit denen ich fühle, unterscheidet."[15]

Im Wissen, dass Mitleiden Fremdheit voraussetzt, möchte ich hier von einer gerade erlebten Situation mit meiner Mutter erzählen. Ich werde zu Hause ab und zu als „Katastrophenfrau" bezeichnet, weil ich in der Sorge um andere leicht in Panik gerate, das Schlimmste befürchte, alles richtig machen will. Die reflektierte Einübung in Mitleiden als Gefühl macht es möglich, über meinen Schatten zu springen.

In den vergangenen Wochen musste meine Mutter sich nach langem Zögern und Warten einer schweren, gefährlichen Operation unterziehen. Sie bat einige Wochen vor dem Eingriff um etwas, was ich eigentlich gar nicht kann. Ausgerechnet mich bat sie darum, die Ruhe zu bewahren: „Ich brauche eine, die die Ruhe behält, wenn es losgeht." Es hat mich unglaublich viel gekostet, ihr diese Ruhe zu vermitteln und selbst nicht in Panik zu geraten. Durch die bewusste Unterscheidung meiner eigenen Ängste, die mich höchst unruhig machen würden, einerseits und meinem Mitleiden mit ihr andererseits, das mich leibhaftig spüren ließ, wie belastend sie die Unruhe anderer fühlt, war es mir möglich, für sie die Ruhe zu bewahren.[16]

Die übliche theologische Ausbildung und meine religiöse Erziehung haben mir nicht geholfen, nicht nur Empathie, sondern auch echtes Mitgefühl auszubilden. So möchte ich nach vielen Jahren Krankenhausseelsorge daran weiterarbeiten, mich dem Leiden anderer mehr aussetzen zu lernen und ihnen auf meine mir mögliche Weise darauf Resonanz zu geben.

---

[15] Christine Schaumberger: Mitleiden als Gefühl. Arbeitspapier für den Kurs zur Theologie des Krankenhausseelsorge 2010 des Instituts für Klinische Seelsorgeausbildung (KSA) Heidelberg zum Thema „Mitleiden", Heidelberg 2010.

[16] Ich bin froh darüber, dass Peter Pulheim mich im Ringen um Genauigkeit im Denken und Fühlen des Mitleidens unterstützt hat.

Hoher Anspruch der Nachfolgegemeinschaft von Gleichgestellten und meine Begrenztheit und Schwächen

Als wer gehöre ich zur Nachfolgegemeinschaft von Gleichgestellten? Anfänglich spürte ich einen starken Druck, „besonders" zu sein: perfekt solidarisch, immer das Richtige zu tun, Situationen voll erfassen und einschätzen zu können, immer die richtigen Worte zu finden ... Inzwischen denke ich, dass die Nachfolgegemeinschaft auch in der Lage sein muss, auszuhalten und mitzutragen, dass ich eine „Katastrophenfrau" bin und manchmal chaotisch in meinen Gedanken. Mich hat berührt und erstaunt, folgende Gedanken von Christine Schaumberger zur Erinnerung an Oscar Romero zu lesen: Oscar Romeros

„Bekehrung zu den Armen hat er so formuliert und gelebt, daß er – isoliert von diesen Armen als dem geschundenen Volk, aber auch als seinen theologischen Lehrern und Lehrerinnen – überhaupt nicht erinnert würde. Aber nicht nur seine Solidarität mit den Armen eröffnet diese anamnetische Kraft seiner Erinnerung, sondern auch die Widersprüchlichkeit und die Spannungen seiner Biographie: seine Schuldgeschichte. Denn das Wunder seiner Bekehrung zu den Armen, von der er sein Leben wahrhaft hat unterbrechen lassen, hat ja auch eine Untergeschichte. Es waren viele,

- *die mit ihm darum gerungen haben, daß er, ein sehr konservativer und ängstlicher Kirchenmann, sich zu den Armen bekehrt,*
- *die nicht aufgehört haben, ihn zu kritisieren und auf Armut und Unterdrückung hinzuweisen,*
- *die ihm widersprochen haben und immer wieder neu zu überzeugen und aufzurütteln versucht haben,*
- *die sich dabei selbst Risiken ausgesetzt haben und häufig Nachteile und Bestrafungen erfahren mußten.*

Ohne die Erinnerung an diese vielen verschiedenen Menschen mit ihrem Mut, ihren Mühen – und auch ihrem Leiden an Oscar Romero –, wird Oscar Romero selbst nicht erinnert."[17]

---

[17] Christine Schaumberger: Beitrag zum Rundgespräch „Was bedeutet Oscar Romero für uns heute?" mit Giancarlo Collet, Heiner Rosendahl, Josef Sayer, Christine Schaumberger, 24. März 2000; Tagung: „My-

Auch unsere schwierigen Seiten, auch dass andere unter uns leiden, berechtigt uns nicht weniger, zu dieser Nachfolgegemeinschaft der Gleichgestellten dazuzugehören und gehört zu unserer Erinnerung. Wenn das für Oscar Romero gilt, dann gilt das auch für mich.

Es geht nicht darum, ein „guter" Mensch zu sein, sondern es geht um die Option für die Armen. Es geht darum, ob und wie und von wem ich mich verändern lasse. Es gibt hohe Ansprüche in der Nachfolgegemeinschaft von Gleichgestellten, aber – oder vielleicht deshalb – in der Nachfolgegemeinschaft werden auch die Gründe erinnert, warum ich ängstlich bin. Und es gehören auch zu meiner Erinnerung all die Menschen, die mich begleitet, angefragt, korrigiert, unterstützt, bestärkt, gefordert haben, an mir manchmal verzweifelt sind – auch die Erinnerung, wie ich dabei mitgemacht habe, die alte kranke Frau und ihren Sohn als „verwahrlost" zu bezeichnen, und wie ich von beiden bekehrt worden bin.

Über die Notwendigkeit, gescheiterte, verhinderte Projekte zu erinnern

„Durch diese Konzentration auf bestehende Großinstitutionen und auf neu zu schaffende, auf Sichtbarkeit, breite Wirksamkeit, öffentliches Interesse zielende Institutionen drohen die vielen feministischen Diskussionen, Kämpfe, Erfahrungen, Konzepte, Projekte und gewachsenen oder selbstgeschaffenen Strukturen an vielen Orten abgelöst und ‚mit der Zeit' vergessen zu werden. Diese, gerade wenn sie als einflusslos übersehen werden oder als überholt, erfolglos, nicht durchsetzbar erscheinen, zu erinnern, zu kritisieren und von ihnen aus weiter zu gehen, ist aber eine notwendige und unabdingbare Aufgabe."[18]

---

thos Romero? Symposium zum 20. Todestags des Märtyrer-Bischofs", 24.-25.3.2000, Katholische Akademie „Die Wolfsburg", Mülheim / Ruhr.

[18] Christine Schaumberger: „Weiter gehen, tiefer graben". Akt des Überlebens und notwendig unabschließbare Transformation: Institutionalisierung feministischer Theologie, in: Andrea Eickmeier / Jutta Flatters (Hg.), Vermessen! Globale Visionen – konkrete Schritte. Wegmarken

Die Klinik institutionalisiert PatientInnen als Objekte. Ich versuche PatientInnen als Subjekte zu institutionalisieren, die uns die Chance geben, ihnen zu Nächsten zu werden.

Das Projekt „Brückenseelsorge" ist ein Projekt der Krankenhausseelsorge an den Main-Taunus-Kliniken, in dem ich versucht habe, auf die sich verändernden Bedingungen, zum Beispiel die Einführung der DRGs (Diagnosis Related Groups, diagnosebezogene Fallgruppen, die in Deutschland als Fallpauschalensystem umgesetzt wurden und eine Verkürzung der Verweildauer in der Klinik zur Folge haben), die zu verschärften und neuen Notsituationen für Kranke führen, qualifiziert zu reagieren. Analog der „Brückenpflege" geht die Krankenhausseelsorge mit *einzelnen* Kranken über die Grenzen des Krankenhauses hinaus, zum Beispiel vom Krankenhaus über die Sozialstation nach Hause. Sie macht damit eine Bewegung auf die Sozialstation, das Altenheim, das Hospiz, die Gemeinde zu.

Nach einem Jahr Projektarbeit habe ich einen Bericht über dieses Projekt verfasst, in dem die Erfahrungen, die ich mit der alten Frau und ihrem Sohn innerhalb dieses Projektes gemacht habe, theologisch reflektiert wurden.[19] Nach dieser Aufbau- und Reflexionsphase wurde das Projekt vom Bistum abgebrochen und für „beendet" erklärt. Mit meinen Bemühungen, dieses Projekt als Modell zu institutionalisieren, war ich erfolglos, aber dennoch ist das Projekt nicht beendet. Im Weiter-Gehen bleibt es sichtbar und inspiriert weiter. Der Projektbericht wird im und vom Institut für Klinische Seelsorgeausbildung in Heidelberg weiter verteilt und wird dort weiter reflektiert – als „gescheitertes" Projekt. Dadurch, dass es „gescheitert" ist, wird es nicht wertlos und nicht unwichtig.

Ich selbst arbeite jetzt in der ambulanten Palliativversorgung unserer Kliniken auf der Grundlage dieses Projektes weiter. In der

---

durch den feministischen Alltag. Arbeitsbuch zu Elisabeth Schüssler Fiorenzas kritischer Befreiungstheologie, Sonderausgabe 3 zur Schlangenbrut, Münster 2003, 19-30, 21.

[19] Vgl. Susanne Ebeling: Bericht über das Projekt Brückenseelsorge, Heidelberg / Glashütten 2006.

Ausbildung und Zusammenarbeit mit den HospizhelferInnen arbeite ich immer wieder „zu ihrem Gedächtnis", dem Gedächtnis der alten Frau mit ihrem alkoholkranken Sohn.

„Vermessen!"[20] Der Anspruch, in der Nachfolgegemeinschaft von Gleichgestellten tradiert zu werden

Die Frage „Wie möchtest du tradiert werden?" habe ich zunächst gelesen als Frage, ob ich tradiert werden möchte oder nicht. Im Seminar „Tradition: LebensMittel in den ‚Wintern dieses Klimas'?" haben wir darüber nachgedacht, dass die Erinnerungen, die wir nicht preisgeben wollen, in Zusammenhang mit denen, die sie tradieren, erinnert werden. Mir ist bewusst geworden, dass die Entscheidung, mich in diese Nachfolgegemeinschaft von Gleichgestellten einzubeziehen, nach sich zieht, in diesen Zusammenhängen der Nachfolgegemeinschaft gleichgestellt erinnert zu werden. Bleibt die Frage, in Zusammenhang mit wem genau möchte ich erinnert werden?

Ich möchte tradiert werden zusammen mit Menschen, die ich liebe und mit denen ich mich auseinandersetze. Ich möchte im Zusammenhang dieser Festschrift der AG Feminismus und Kirchen zum 60. Geburtstag von Christine Schaumberger erinnert werden. Ich möchte in der Gemeinschaft der TeilnehmerInnen der Darmstädter Seminare erinnert werden. Ich möchte als eine Mitdenkerin der Heidelberger Seminare zur Theologie der Krankenhausseelsorge mit den TeilnehmerInnen und einzelnen Kranken, deren Worte wir reflektiert haben, tradiert werden. Wenn man sich an mich erinnert, möchte ich, dass man auch an Christine Schaumberger denkt – und ich hoffe, dass sie sich freut, dies als Antwort auf ihre Frage „Wie möchtest Du tradiert werden?" zu lesen. Ich möchte mit der Freundin und feministischen Befreiungstheologin Christine Schaumberger und dem Freund, Befreiungstheologen und Krankenhausseelsorger Peter Pulheim erinnert werden, deren fortwährende Anleitung zur Reflexion meiner Praxis und deren eigene uns

---

[20] Mit dieser Formulierung beziehe ich mich auf den Titel des von Jutta Flatters und Andrea Eickmeier herausgegebenen Sonderheftes.

zugänglich gemachte theologische Reflexionsarbeit in ihren Artikeln und Seminaren für mich und für andere die Voraussetzungen geschaffen haben, mich für diese Nachfolgegemeinschaft von Gleichgestellten zu entscheiden und „zu ihrem Gedächtnis" zu arbeiten.

Und ich möchte mit der alten Frau und ihrem alkoholkranken Sohn erinnert werden, denen ich im „gescheiterten" Projekt der Brückenseelsorge begegnet bin und die mich viel über die Kraft des Betens und über die Kraft der Liebe gelehrt haben. Gerade weil ich noch immer spüre, wie verunsichert und beschämt ich war, als ich wegen meines Engagements für den Verbleib der alten Frau zu Hause in den Geruch kam, die Verwahrlosung und das Alkoholproblem des Sohnes nicht ernst genug zu nehmen und selbst „etwas unsauber" zu sein. Wie mögen die alte Frau und ihr Sohn erst unter diesen Vorurteilen und unter der Scham gelitten haben?

Ich möchte mit ihnen erinnert werden, weil ohne die Erinnerung ihrer Bedeutung für mich Wichtiges von ihnen, aber auch von mir verloren geht. Wenn sie gleichgestellt werden in der Nachfolgegemeinschaft, kann auch ich erinnert werden als eine, die fähig wurde, mich zu ihnen zu bekehren.

„Den Schrei der Stummgemachten zum Tönen bringen"

Schreie in Kellern und auf Straßen hören

Günter Gödde

Toni, vor dem ich Angst hatte

Meine Kindheit verbrachte ich in einem kleinen Dorf in der Nähe von Aachen. Ich kannte praktisch alle BewohnerInnen, zumal meine Mutter ein kleines Textilgeschäft führte und viele Familien auch bei ihr einkauften. In unserem Dorf lebte ein älteres Ehepaar mit ihrem erwachsenen Sohn Toni, der geistig und körperlich behindert war. Meine Großmutter erzählte oft, wie schwierig es gerade in den Kriegsjahren, in den Jahren, als Behinderte von den Nazis ermordet wurden, für diese Familie war. Die Angst, dass Toni „abgeholt" würde, war stets präsent. Oft mussten die Eltern ihn verstecken, ohne dass Toni verstand, warum.

Wenn ich jetzt von ihm erzähle, sehe ich ihn vor mir, wie er am Arm seiner alten Mutter durch die Straßen meines Heimatdorfes zog. Toni grüßte immer alle Leute, indem er seine Kappe zog und Grußworte sagte, die für mich damals nur irgendwelche Laute waren. Als Kind machte er mir lange Zeit Angst, dieser mit seinen dunkel schwarzen Haaren und mit seinem unrasierten kurzen Bart düster wirkende Mann. Er gehörte zum „Straßenbild", und doch gehörte er nicht dazu. War er einmal allein auf der Straße, trauten wir Kinder uns nicht an ihm vorbei. Er versperrte den Durchgang, er stand im Weg, manchmal spuckte er um sich, all das wirkte für uns bedrohlich.

Als ich schon älter war, musste ich kleine Auslieferungen für meine Mutter machen und kam auch in die Familie von Toni. Die kurzen Begegnungen schafften mehr und mehr ein Vertrauen zueinander, und in dem „düster" wirkenden Mann erkannte ich einen freundlichen, aber wohl einsamen Menschen, der einfach nur Kontakt suchte. Man wusste im Dorf von seiner Geschichte, aber seine Grußworte, seine zum Kontakt einladenden Worte, wurden nur wenig gehört.

Die Kapelle im Keller. Und wie ich mich dort an Toni erinnerte

In meiner Ausbildung zum Krankenhausseelsorger am Institut für Klinische Seelsorgeausbildung in Heidelberg sprachen wir in einer Kurseinheit mit dem Leiter des Kurses Peter Pulheim in einem ersten Schritt über unsere eigenen Krankheitserfahrungen, um sie als Befähigung und auch Schwierigkeit für Krankenhausseelsorge zu analysieren. Dabei erzählte ich, dass bei uns im Dorf, wenn jemand in einer schwierigen Situation war, ein „geflügeltes Wort" über meine Mutter war: „Da muss ich mal dat Hedwig fragen." Wir sprachen darüber, dass durch die Erinnerung an dieses Wort Arbeit und Kompetenz meiner Mutter in Erinnerung kommen und gleichzeitig auch die Nöte vieler Menschen im Dorf.

In diesem Kurs habe ich Christine Schaumberger kennengelernt, als Referentin bei einigen Arbeitseinheiten und durch Texte. Inzwischen durften wir uns besser kennen lernen. Ihre Formulierung „Den Schrei der Stummgemachten zum Tönen bringen"[1] war einer der Leitgedanken des Kurses und hieß für uns konkret: Kranke, ihre Erfahrungen und ihre Ausdrucksweisen wahrnehmen und ihnen Resonanz geben. Um Kranke so wahrnehmen zu lernen, haben wir uns mit der Wahrnehmung zeitgenössischer Kunst auseinandergesetzt. Wie Peter Pulheim über „Wahrnehmen lernen in und durch Auseinandersetzung mit zeitgenössischer Kunst" schrieb, geht es darum,

---

[1] Christine Schaumberger: „Ich nehme mir meine Freiheit, damit ich nicht sterbe". Überlegungen zu einer Feministischen Theologie der Befreiung im Kontext der „Ersten" Welt, in: dies. / Monika Maaßen (Hg.), Handbuch Feministische Theologie, Münster 1986, 332-361, 333.

„geläufige Formen der Wahrnehmung zu kritisieren und Wahrnehmungsmöglichkeiten zu erneuern und zu erweitern ..., Blicke zu verlernen, die darauf abzielen, zu durchschauen und zu verstehen."[2]

In einer der ersten Einheiten des Kurses gingen wir zusammen in die Kapelle des Instituts, das sich in der Weststadt Heidelbergs in einem Mietwohnhaus aus der Gründerzeit befindet. Einer der Kellerräume dieses Hauses wurde in eine Kapelle umgewandelt.

Ich erinnere mich noch genau: Ich steige die Treppe auf ausgetretenen Stufen in den Keller hinunter und gelange in einen Kellergang mit vielen Türen. Kein einladender Weg, irgendwie beklemmend. Beim Betreten der Kapelle stocke ich. Ein Raum öffnet sich mir, den ich so nicht vermutet habe. Ein Gewölbekeller mit Wänden aus Quadersteinen gemauert und in diesem Raum, leicht aus der Mitte versetzt, eine dunkle Skulptur aus schwarz eingefärbtem Holz. Auch wenn ich von Peter Pulheim darauf vorbereitet wurde, diese Skulptur nicht als menschliche Figur sehen zu wollen: Die Holzskulptur in der Kapelle im Keller erinnert mich sofort an Toni aus meinem Heimatdorf.

Beim Betreten der Kapelle kommt mir die Skulptur – kommt mir Toni – gleichsam entgegen, fast erschlagend, im Weg stehend! Ich sehe Toni am Arm seiner Mutter auf den Straßen meiner Kindheit. Längst ist er verstorben, hier wird er mir präsent.

In dieser Skulptur, einer Arbeit des Bildhauers und Malers Hans Steinbrenner[3], erkenne ich den behinderten, kranken, ausgegrenzten Menschen. Er stellt sich mir in den Weg.

Dieses Gefühl, einem leidenden Menschen aus dem Weg gehen zu wollen, kenne ich aus meiner Kindheit. Aber es überfällt mich

---

[2] Peter Pulheim: Theologisches Konzept der Krankenhausseelsorgeausbildung, Heidelberg 2010, 7.
[3] Hans Steinbrenner, Figur 1966, Eichenholz, Höhe 182 cm. Die Kapelle mit dieser Figur von Hans Steinbrenner ist abgebildet in: Peter Pulheim / Christine Schaumberger: Mit Figuren von Hans Steinbrenner leben, in: Galerie Dreiseitel (Hg.): Hans Steinbrenner zum 70. Geburtstag, Köln 1998, 25-30, 30.

auch heute manchmal in meinem Alltag als Klinikseelsorger: Kranke Menschen, deren Schmerzen mir Angst machen, deren Leiden mich überwältigt, deren Schreie zu hören ich kaum ertragen kann.

„Der Keller: Ort des Erinnerns"

Christine Schaumberger hielt zur Einweihung der Kapelle einen Vortrag zum Thema „Der Keller: Ort des Erinnerns. Die Steine: Quellen des Wahrnehmens", in dem sie sagte:

> „Diese Kapelle im Keller, dieser Gang nach unten in den Keller ist eine Erinnerung daran, dass diese wenig einladenden Wege zu verborgenen und entlegenen Orten von Theologinnen und Theologen, die sich verpflichtet haben, gerade die Leidenden, Vergessenen, Toten wahrzunehmen und zu erinnern, gesucht werden müssen, dass die vergessenen und versteckten Toten erinnert und besucht werden müssen."[4]

In Kellern wird abgelegt, was nicht mehr gebraucht wird. – Auch in den Kellern der Kliniken? In die Keller der Kliniken werden die Toten gebracht. Das weiß ein Klinikseelsorger. Die Kapelle im Keller des Instituts erinnert mich an meinen Auftrag und Ort als Klinikseelsorger.

Der Keller ist Ort der Vergessenen, Ort der Leidenden und der Toten. Sie wahrzunehmen, an sie zu erinnern, ist unsere Aufgabe. So werden die Keller der Kliniken zu Orten der Klinikseelsorge, Ausgangspunkte unseres Handelns. Ich habe es mir angewöhnt, „mein Krankenhaus" durch den Keller zu betreten. Jeden Tag komme ich so an dem Raum vorbei, wohin die Verstorbenen gebracht werden.

In mir werden Erinnerungen wach von meinen Besuchen der Vernichtungslager in Auschwitz, Dachau und Mauthausen. Dort wurde in den dunklen, nassen Kellern gefoltert und gemordet. Ich erinnere mich noch genau an den Geruch in den Kellern von Auschwitz. Wenn ich davon berichte, steigt mir der Geruch wieder

---

[4] Christine Schaumberger: Der Keller: Ort des Erinnerns. Die Steine: Quellen des Wahrnehmens. Rede zur Einweihung der Kapelle des Instituts für Klinische Seelsorgeausbildung, Heidelberg, am 5. Juli 1998.

in die Nase, und ich bekomme das gleiche beklemmende Gefühl wie damals. In Kellern wird auch heute noch gelitten und gehofft, gebetet und geschrien.

Die Kapelle im Keller des Heidelberger Instituts wurde zur Erinnerung an Hadamar errichtet und gestaltet,

> „der psychiatrischen Klinik, in der von 1940 bis 1945 Menschen, die als schädlich oder belastend für die sogenannte Gesundheit des deutschen Volks etikettiert wurden, ermordet wurden. In den Jahren 1940 und 1941 wurden sie im Keller dieser Klinik mit Kohlenmonoxid vergiftet. Sie wurden in Bussen von anderen psychiatrischen Kliniken in diese Klinik gefahren, begleitet von Schwestern und Pflegern. Dann wurden sie von Ärzten angeblich untersucht, sie mussten in den Keller hinunter gehen in einen Raum, der angeblich der Duschraum war. In diesem Raum wurden sie mit dem Giftgas umgebracht. Diese Morde wurden verleugnet, die Angehörigen bekamen die Nachricht, die Kranken seien an einer Krankheit gestorben. Wer in Hadamar in diesen Keller geht, geht den Weg nach, den diese Menschen, die ermordet wurden, zu gehen gezwungen wurden. Ich bin darüber erschrocken, wie sehr der schmale, unauffällige Eingang, die Kellertür, die Treppe nach unten dem Kellereingang und der Treppe zur Kapelle hier in Heidelberg ähneln. Und ich war entsetzt zu sehen, daß auch die Gaskammer eine Deckenwölbung hat – wie der Heidelberger Kapellenkeller."[5]

Keller haben etwas Widersprüchliches. Sie sind auf der einen Seite Orte, die Menschen bergen, Schutz bieten, und auf der anderen Seite Orte, die Menschen verbergen und wegsperren, in denen Menschen gequält und ermordet werden. Ich scheue mich zunächst, Erfahrungen aus meiner Kindheit in diesem Zusammenhang zu erwähnen. Ich habe jedoch im Kurs gelernt, Ängste, Schmerzen, Gewalterfahrungen, die harmlos scheinen und von vielen geteilt werden, nicht zu bagatellisieren, sondern danach zu fragen, ob und wie sie in Zusammenhang stehen mit Gewalt, Missbrauch, Vernichtung und ob und wie sie befähigen, sich in Leidende einzufühlen. Als Kinder wurden wir in den Keller gesperrt, wenn wir etwas ausgefressen hatten. Ich hatte unendliche Angst –

---

[5] Ebd.

schrecklich. Beim Spiel war er aber auch ein gutes Versteck – aufregend. Wenn ich mich mit Kellern als Orten der Gewalt auseinandersetze, dann sehe ich auch die Straßen meines Heimatortes, aber auch die Keller, Gebäude, Straßen jedes Ortes als Orte von Gewalt und Leiden. Dann darf auch Toni auf den Straßen im Weg stehen, und ich erkenne ihn als Menschen mit seinen eigenen Ausdrucksweisen. Dann beginnen die Straßen meines Heimatdorfes seine Geschichte zu erzählen, zu erinnern, zu ermahnen.

Wenn ich an die Toten denke, sie einklage, dann können auch alle anderen leben: die Kranken, die Menschen mit Behinderungen, alte Menschen, Menschen mit „Demenz".

Gefährlich-befreiende Erinnerung in Kellern und auf Straßen suchen

Die Kapelle im Keller ist so gestaltet, dass die Selbstverpflichtung der Krankenhausseelsorge zu gefährlich-befreiender Erinnerung konkret bewusst wird. Mit dieser Selbstverpflichtung

„greifen wir die Benennung ‚gefährliche Erinnerung' auf, die Johann Baptist Metz als fundamentale Kategorie politischer Theologie formuliert und ausgearbeitet hat."[6]

Im bereits erwähnten Vortrag von Christine Schaumberger zur Einweihung der Kapelle heißt es:

„Solche Erinnerung wird den Traditionen und Gewissheiten, die als maßgebend betrachtet werden, gefährlich. Sie verwandelt Theologie, Weltanschauung und Alltagswissen. Sie ist eine Form der Solidarität mit den Toten und Vergessenen. Gefährliche Erinnerung steht in Widerstreit zu geläufigen Weisen des Sich-Erinnerns: Sie wehrt sich gegen ‚verklärende Erinnerung'. Sie sieht vergangene Leiden und Zerstörungen, Verschweigen und Vergessen nicht als ‚vergangen und vorbei' an und findet sich nicht damit ab. Sie sucht die Erinnerung der Toten, ihrer Lebensbedingungen und Erfahrungen, ihrer Visionen und Mühen, ihrer Wirksamkeit und ihrer Zerstörung, ihrer Macht und

---

[6] Programm des Heidelberger Instituts für Klinische Seelsorgeausbildung, 1.

ihrer Leiden. Sie erfordert Kritik des Vergessens, auch des Vergessens und der Zerstörung von Erinnerung durch christliche Kirchen und ihre Traditionen. ... Gefährliche Erinnerung muss, weil sie verborgen und verleugnet wird, gesucht werden: in den verborgenen Räumen der Privathäuser, den Kellerräumen der Kliniken, an den übersehenen Orten des Leidens; in den Verstecken struktureller und individueller Gewalt."[7]

Ich möchte ergänzen: Gefährliche Erinnerung muss gesucht werden auf den Straßen unserer Dörfer und Städte, damit meine Erinnerung an Toni am Arm seiner Mutter nicht zur Idylle verkommt!

In diesen Tagen und Wochen versammeln sich Jugendliche und Arbeitslose auf den Straßen vieler europäischer Großstädte. Sie stehen wie Toni im Weg, in Madrid, in London und Berlin, auch im Ruhrgebiet. Sie machen auf ihre ausweglose Situation aufmerksam. Wie bei Toni und seinen Begrüßungsworten damals kommt es darauf an, sie mit ihren Ausdrucksweisen des Protests zu hören. In Spanien ist jeder zweite Jugendliche ohne Erwerbsarbeit! Im Blick auf die Situation der Jugendlichen in vielen Ländern Europas und auf die Situation der Kranken im Krankenhaus – und im Wissen um die Gefahr, dass die vorrangige Solidarität mit jüngeren und leistungsfähigeren Menschen die Toten, die alten Menschen, die Kranken oft erneut vergisst – eröffnet sich mir eine Vision, die, was Christine Schaumberger als Aufgabe von Theologie und Krankenhausseelsorge formuliert –„den Schrei der Stummgemachten zum Tönen zu bringen" – , auf beide bezieht: Jugendliche und Arbeitslose, auf der Straße nach Leben und Sinn suchend, oft stumm gemacht, und stummgemachte Kranke im Krankenhaus.

---

[7] Schaumberger: Der Keller: Ort des Erinnerns.

Und wir: Zuschauer, immer, überall,
dem allen zugewandt und nie hinaus!
Uns überfüllts. Wir ordnens. Es zerfällt.
Wir ordnens wieder und zerfallen selbst.

Rainer Maria Rilke
(aus der 8. Duineser Elegie)

*Christine Schaumkopf
mit herzlichen Grüßen
zum 25. März 2011
Andreas Bend.*

Wahrnehmung und Begleitung „dementer" Menschen aus seelsorglicher Sicht

Eva-Maria Wallisch und Elisabeth Stepanek

1. Gruß an unsere Freundin und Lehrerin Christine Schaumberger

Liebe Christine, wir freuen uns sehr, dir die herzlichsten Glückwünsche zu deinem 60. Geburtstag übermitteln zu dürfen. Als wir in den letzten Wochen im Kreise unserer ARGE Altenpastoral oder auch im Gespräch mit Studienwochen-TeilnehmerInnen davon erzählten, dass du im März einen besonderen Geburtstag gefeiert hast und wir eingeladen sind, einen Beitrag zu deiner Festschrift zu leisten, hörten wir von allen Seiten die Bitte, dich ganz herzlich zu grüßen. Also: Von allen österreichischen FreundInnen und KolleginnInnen alles, alles Gute an dich!

Kennengelernt haben wir uns im Rahmen der österreichischen Studienwochen Altenpastoral, für die du und dein Mann Peter Pulheim als ReferentInnen zu den Themen *„Biographisch orientierte Pastoral mit alten Menschen"* und *„Seelsorgliche Begleitung von ‚dementen' Menschen"* einen ganz entscheidenden und wichtigen Anteil übernommen habt.

Eva-Maria Wallisch schreibt: Seit meiner Klinischen Seelsorgeausbildung, zwölf intensive Wochen im *Institut für KSA* in der Heidelberger Gaisbergstraße in den Jahren 1995 und 1996, fühle ich mich euch eng verbunden. Mein Weg als Seelsorgerin mit kranken und alten Menschen, aber auch meine Arbeit als Referentin für Altenpastoral ist stark von dieser Zeit geprägt. Du, liebe Christine, bist mir seit meiner Studienzeit als feministische Befreiungstheologin und als Autorin bekannt. Einige deiner Texte haben auch meine

Ausbildung in Heidelberg bereichert. So war meine Freude groß, als du und dein Mann auf meine Anfrage hin, bei unseren *Studienwochen Altenpastoral* mitzuarbeiten, zugesagt habt und ich dich in Salzburg im Juni 2008 endlich persönlich kennenlernen durfte.

Elisabeth Stepanek schreibt: Auch ich verbinde dich, liebe Christine, sofort mit Büchern. Als wir uns bei einer Studienwoche kennenlernten, schrieb ich gerade die Abschlussarbeit zum Lehrgang *Interdisziplinärer Gerontologie* zum Thema: „Sie wollen nicht zur Last fallen. Menschen im vierten Lebensalter in einer individualistisch und rational geprägten Leistungsgesellschaft". Meine Abschlussarbeits-Begleitung konnte mir nicht ausreichend zur Seite stehen. Dir jedoch habe ich – in einem Pausengespräch nur – mein Anliegen geschildert und am Abend bist du mit einer ganzen Liste an Literaturvorschlägen dagestanden, sodass einer ernsthaften Recherche nichts mehr im Wege stand.

Für uns, die wir uns von Beruf wegen und aus Interesse viel mit dem Thema „Altern" und „Alter" auseinandersetzen, ist es natürlich auch interessant, das eigene Älterwerden zu erleben und zu interpretieren. Wir erleben es als besondere Chance, uns mit einer Lebensphase zu beschäftigen, anzufreunden und gleichsam einzuüben, die immer mehr auf uns selbst zukommt. Wenn wir uns das Thema „Altern" mit seinen vielfältigen Aspekten vertraut machen, können Ängste und Unsicherheiten neu wahrgenommen und gedeutet werden, und es gelingt uns auch an unseren „halbrunden" und „runden" Geburtstagen, mit Neugier und Vertrauen in die Zukunft zu blicken.

Diese Neugier auf das Leben; liebevolle Behutsamkeit mit dir und den Deinen; gute und interessante Entwicklungsmöglichkeiten und Begegnungen für deine Zukunft, sei es für deine Arbeit oder ganz privat; viele glückliche Momente und den Segen unseres befreienden und begleitenden Gottes wünschen wir dir, liebe Christine, weiterhin von ganzem Herzen.

2. Das österreichische Ausbildungskonzept für hauptamtliche Alten- und PflegeheimseelsorgerInnen – die Studienwochen Altenpastoral

Die *ARGE Altenpastoral Österreich und Südtirol*, die Arbeitsgemeinschaft aller diözesanen ReferentInnen für Altenpastoral, hat in den Jahren 2006 und 2007 ein neues Ausbildungskonzept für die Aus- und Weiterbildung der hauptamtlichen SeelsorgerInnen in den Senioren- und Pflegeheimen erstellt.

Wir haben sechs *Studienwochen Altenpastoral* entwickelt, die im Zeitraum 2007 bis 2011 mit qualifizierten ReferentInnen aus dem deutschsprachigen Raum erstmals angeboten und mit großem Interesse angenommen wurden. Wichtiger Kooperationspartner ist seit 2009 das Bildungszentrum St. Benedikt in Seitenstetten / Niederösterreich geworden. Die Teilnahme an einer Studienwoche wird jeweils schriftlich bestätigt. Wer den Nachweis über die Teilnahme an allen Studienwochen erbringt, erhält von den Fachstellen der jeweiligen Diözesen ein Zertifikat, das die fachspezifische Qualifikation als SeelsorgerIn in der Altenpastoral bestätigt.

Die im Anschluss genannten Inhalte aus dem Ausbildungsfolder geben einen ersten kurzen Überblick über die einzelnen Studienwochen. Jede Studienwoche wird mit weiteren inhaltlichen Informationen gesondert ausgeschrieben und von den diözesanen Fachstellen für Altenpastoral beworben. Da wir uns in Punkt 3 dieses Artikels auf die Studienwoche *„Seelsorgliche Begleitung von ‚dementen' Menschen"* beziehen, sollen hier die Inhalte dieser Studienwoche – so wie sie für die Einzelausschreibung mit Christine Schaumberger und Peter Pulheim erarbeitet wurden – komplett wiedergegeben werden.

Die Studienwochen Altenpastoral – Themen und Inhalte:

- *Altenpastoral in einer postmodernen Welt*
  Altern – gesellschaftliche Herausforderung für Gegenwart und Zukunft

Drittes und viertes Lebensalter: verschiedene
Lebensformen – verschiedene Handlungsfelder
Vom alternden Glauben und vom Glauben im Alter
- *Biographisch orientierte Pastoral mit alten Menschen*
Biographiearbeit als Lebens- und Glaubenshilfe
Biographische Erinnerungen als Zugang zu alten, kranken Menschen
Möglichkeiten, Relevanz und Grenzen der Biographiearbeit für Theologie und Pastoral
- *Seelsorgliche Begleitung von „dementen" Menschen*
Seelsorgliche und theologische Wahrnehmung im Vergleich zu medizinischen, psychologischen, pflegerischen Blickweisen auf „Demenz"
Die Wunde der Vergesslichkeit. Erinnern, Vergessen und „Demenz"
Die Bruchstücke des Lebens achten. Zum Wert des Gescheiterten, Zerstörten, Nichtgelebten
In unterschiedlichen Zeiten leben. „Demenz" und Zeiterfahrungen
Kranke, die mehr FreundInnen unter den Toten als unter den Lebenden haben. Immer wieder neu über die Gemeinschaft der Lebenden und Toten nachdenken
Die Sinne neu beleben. Die religiöse Bedeutung konkreter Sinneswahrnehmungen
Ekel, Inkontinenz, Peinliches. Den verschwiegenen Themen des Alterns Ausdruck geben
Körperempfindungen (z.B. Müdigkeit, Schmerzen, Juckreiz, Unruhe) und die Mühen des gelebten und ungelebten Lebens
- *Die Pfarrgemeinde – lebensfördernde Umgebung im Alter?*
Leitlinien gemeindlicher Altenpastoral
Pastoral mit Menschen im dritten und vierten Lebensalter
Kreativwerkstatt: Zeitgemäße Altenpastoral

- *Geronto-psychiatrische Erkrankungen*
  Ethische und rechtliche Fragen im Kontext Alter
  „Demenz", Depression, Parkinson
  Medizinische und pflegeethische Fragen
  „Wirtschaftsfaktor" alter Mensch – Spannungsfeld
  zwischen Wirtschaft und Ethik
- *Selbstreflexion*
  Ich und meine Vorstellungen über das Alter(n)
  Wie sehe ich mich und wie werde ich (als MitarbeiterIn)
  gesehen?
  Wo sehe ich meine Stärken als SeelsorgerIn? Wo sehe ich
  meine Schwächen?
- (*Trauer- und Sterbebegleitung*
  Diese Inhalte werden nicht durch eine eigene
  Studienwoche von uns abgedeckt. BewerberInnen und
  MitarbeiterInnen im Bereich Altenpastoral sind auf
  vergleichbare Angebote hingewiesen, die für die
  Ausbildung anerkannt werden.)

Schon im ersten Ausbildungszyklus war das Interesse besonders an der Studienwoche „Seelsorgliche Begleitung von ‚dementen' Menschen" enorm. Um unsere Wartelisten „abzuarbeiten", waren Christine Schaumberger und Peter Pulheim bereit, öfter den Weg nach Niederösterreich anzutreten.

Das starke Interesse am Thema „Demenz" spiegelt die sich verändernde Situation in der Altenheim-Seelsorge wieder. Die Altenheime werden zunehmend zu Pflegeheimen, BewohnerInnen werden erst ab immer höheren Pflegestufen aufgenommen, SeelsorgerInnen wie therapeutische MitarbeiterInnen stehen täglich mehr und mehr mit „dementen" Menschen in Kontakt. Gleichzeitig teilen viele KollegInnen die Erfahrung der Unsicherheit und Ohnmacht im Umgang mit „dementen" Menschen. Medizinische und pflegerische Konzepte zur Bewältigung des Themas werden kritisch hinterfragt und scheinen für ein seelsorgliches Konzept unzureichend oder sogar völlig ungeeignet, da sie den Blick oft v.a. auf die Defizite lenken und „demente" Menschen zu Objekten machen, die medizinisch „behandelt" werden müssen. Die gesellschaftliche Diskussion schließlich dämonisiert Demenz als neue Geißel der Menschheit. Sie schürt die Angst vor der Aussicht vieler, in einer demographisch alternden Gesellschaft völlig hilflos und entscheidungsunfähig und somit für unsere „Leistungs- und Machbarkeitsgesellschaft" „wertlos" zu werden.

Mit Christine Schaumberger und Peter Pulheim konnten wir eine neue Blickweise auf das Thema „Demenz" erarbeiten, die sich aus einem befreiungstheologischen Ansatz heraus entwickelt. Als SeelsorgerInnen, die sich der Befreiungstheologie verpflichtet fühlen, sprechen wir über „demente" Menschen nicht wie über Objekte, sondern wir sind an ihnen als Subjekte mit einzigartigen Fähigkeiten und Lebenserfahrungen interessiert. Wir selbst sind aufgefordert, uns unserer „dementen Momente" bewusst zu werden, uns in die Situation „dementer" Menschen einzufühlen und gleichsam einzuüben und wahrzunehmen, was uns „demente" Menschen zu sagen haben – auch und gerade, wenn die sprachlichen Möglichkeiten immer mehr schwinden.

3. Wahrnehmung und Begleitung „dementer" Menschen aus seelsorglicher Sicht

Im Folgenden werden wir uns dem Thema „Demenz" und Seelsorge unter verschiedenen Stichworten und Fragestellungen widmen, die uns, ausgehend von der gemeinsamen Arbeit mit Christine Schaumberger und Peter Pulheim, wichtig geworden sind: Elisabeth Stepanek wird die aktuelle Debatte über „Demenz" und die Zumutung, die im Begriff „Demenz" steckt, aufgreifen. Eva-Maria Wallisch wird beschreiben, wie wir uns das Thema „Demenz" vertraut machen können, wie wir von „dementen" Menschen erzählen und an sie erinnern und wie „demente" Menschen auf besondere Art „die Gemeinschaft der Lebenden und Toten" erfahren können. Elisabeth Stepanek wird über die „Wunde der Vergesslichkeit" und über die besondere Fähigkeit von „dementen" Menschen schreiben, in verschiedenen Zeiten zu leben. Für eine bessere Lesbarkeit wurden die biographischen Erfahrungen der AutorInnen (im Text mit „ich" gekennzeichnet) im Schriftbild unterschiedlich markiert: die von *Eva-Maria Wallisch* sind kursiv gestellt, die von Elisabeth Stepanek nicht-kursiv.

Der Freitod von Gunter Sachs oder Die „Demenz" und die Angst

„Demenz" ist zu einem Schreckenswort geworden, sie ist eine Krankheit, vor der sich Menschen oftmals mehr fürchten als vor dem Tod. Die Selbsttötung von Gunter Sachs im Mai 2011 ist ein Indiz dafür. Im Abschiedsbrief von Gunter Sachs ist zu lesen:
„Der Verlust der geistigen Kontrolle über mein Leben wäre ein würdeloser Zustand, dem ich mich entschlossen habe, entschieden entgegen zu treten."[1] In den Medien wurde diese Entscheidung als mutiges Vermächtnis und Gunter Sachs als das Vorbild gefeiert, das unserer Gesellschaft das Leben lehrt.[2]

Diese Einstellung verwundert nicht, denn allein der Begriff „Demenz" besagt, dass Menschen mit „Demenz" Geist und Verstand verloren haben. Mit dieser Zuschreibung wird eindeutig und ausschließlich ein Defizit benannt. Das Wort „Demenz" kommt aus dem Lateinischen; *mens, mentis* bedeutet so viel wie „Seele, Gedanke, Verstand, Gesinnung, Denkvermögen und Geist im Sinne des Intellektes".[3] Die lateinische Präposition im Ablativ *de* kann mit „abnehmend" oder „weg" übersetzt werden. Das lateinische Wort *dementia* wird mit „Dummheit, Irrsinn, Schwachsinn, Tollheit, Torheit, Unverstand, Verrücktheit und Wahnsinn" übersetzt.[4] Wenn ich dies schreibe, höre ich, wie Christine Schaumberger auf die Ungeheuerlichkeit dieser Bezeichnung hinweist. *Eva Maria*

---

[1] Text des Abschiedsbriefes vgl. z.B. http://www.n-tv.de/panorama/Gunter-Sachs-ist-tot-article3278436.html (letzter Zugriff am 21.2.2014).
[2] Vgl. ARD, Hart aber fair. Das Erste (2011). Der Text der Sendung ist leider nicht mehr in Internet abrufbar.
[3] Vgl. Deutsch-Latein-Wörterbuch dict.cc, URL: http://dela.dict.cc/?s=mens (letzter Zugriff am 21.2.2014).
[4] Vgl. Deutsch-Latein-Wörterbuch dict.cc, URL: http://dela.dict.cc/?s=dementia (letzter Zugriff am 21.2.2014).

Wallisch und ich schließen uns dieser Meinung an und schreiben das Wort „Demenz" deshalb unter Anführungszeichen.

Freilich, die Angst der betroffenen Menschen müssen wir sehr ernst nehmen. In Europa gibt es vier, fünf Alzheimer-AktivistInnen, die, selbst von „Demenz" betroffen, sich für einen adäquaten Umgang der Gesellschaft mit dieser Krankheit einsetzen. Helga Rohra aus München ist eine von ihnen, Christine Bryden kommt aus Australien und Richard Taylor aus Amerika. Taylor beispielsweise schreibt: „Als ich den Satz hörte: ‚Sie haben eine früh einsetzende Demenz, vermutlich vom Alzheimer-Typ', war da etwas in mir, das zu Weinen begann, noch bevor ich tatsächlich weinte? Und das womöglich noch immer weint"[5]. Über die Angst schreibt Taylor in erschütternder Weise weiter:

„Die Diagnose hat eine Nebenwirkung, die in keiner Packungsbeilage genannt wird. Es ist die Angst! Wir haben alle Angst: Ehepartnerin, Angehörige, Freundinnen und Freunde, ich selbstverständlich auch. Die Angst hat unsere Herzen, unser Denken und unsere Gefühle kontaminiert. Angst ist schlimmer als Krebs, weil wir sie nicht rausschneiden können. Wir können sie nicht durch Bestrahlungen beseitigen. Wir weinen, wüten, trauern und wir fürchten uns – alles Folgen der Angst, die durch unsere Körper kreist […] Die Verkündigung der Diagnose geht mit einer gewaltigen Angstinjektion einher, die ein dem Empfänger bislang unbekanntes Volumen hat. Sichere Menschen werden ängstlich. Ängstliche Menschen fühlen sich zutiefst erschüttert. Zutiefst erschütterte Menschen haben das Gefühl, zusammenzubrechen […] – die Liste meiner Ängste könnte ein Gigabyte einer Festplatte füllen […]."[6]

Auch oder gerade weil wir in der Seelsorge Menschen mit so unbeschreiblicher Angst begleiten, muss die Frage erlaubt sein, woher die Angst kommt. Abgesehen von der Angst, die mit jedem schweren Krankheitsverlauf einhergeht, sind wir mit Christine Schaumberger der Meinung, dass beim Thema „Demenz" Angst gesellschaftlich geschürt wird.

---

[5] Richard Taylor: Alzheimer und Ich. „Leben mit Dr. Alzheimer im Kopf", Bern 2008, 115.
[6] A.a.O., 102f.

Aus dem *Ersten österreichischen Demenzbericht* aus dem Jahr 2009 geht hervor, dass im Jahr 2050 jede/r zwölfte ÖsterreicherIn von „Demenz" betroffen sein könnte. In elf Jahren werden 32 Personen im erwerbsfähigen Alter einer Person mit „Demenz" gegenüberstehen, im Jahr 2050 werden dies nur mehr 15 Personen sein.[7] Sprache, Zahlen und Statistiken schaffen Wirklichkeiten, auch wenn wir nicht wissen, ob diese Prognose tatsächlich eintreten wird. Wer möchte schon gerne zur Last fallen und, so fragen wir weiter, wer möchte zu den im Schnitt 15 Erwerbstätigen gehören, die einem Menschen mit „Demenz" gegenüberstehen? Mit Zahlenmaterial wird zudem suggeriert, dass wir uns das Leben mit Menschen mit „Demenz" in Zukunft nicht mehr leisten können.

Aber nicht nur Zahlen, auch Worte schaffen Wirklichkeit. Wenn wir in herkömmlichen Magazinen Reportagen über „Demenz" lesen, können wir leicht den Eindruck gewinnen: Das Leben mit „Demenz" ist kein Leben mehr, sondern nur ein Vegetieren, ein Sumpf des Vergessens, ein Leben mit einer Krankheit, die schlechter ist als der Tod.

Den Graben zwischen „dement" und „nicht-dement", zwischen „gesund" und „krank" überbrücken

Die Wirkmächtigkeit von Statistiken, wie sie Elisabeth Stepanek dargestellt hat, beschreiben auch die Autoren Dammann und Gronemeyer: Wir leben in einer demographisch alternden Gesellschaft (gestiegene Lebenserwartung in den letzten 100 Jahren um 30 Jahre), Krankheiten wie die „Alzheimer-Demenz" nehmen zu, bald, so die Prognose, wird jede Familie davon betroffen sein.[8]

Die gängige Reaktion auf diese Nachrichten ist also ein Erstarren in Angst; wenn schon darüber reden, dann wie über ein Problem von anderen, das „gelöst" gehört – medizinisch, gesellschaftlich,

---

[7] Vgl. in derStandard: Demenzbericht offenbart einige Mankos. URL: http://derstandard.at/?url=/?id=1240297773540 am 26.4.2009, o.S. (letzter Zugriff am 21.2.2014).

[8] Vgl. Rüdiger Dammann / Reimer Gronemeyer: Ist Altern eine Krankheit? Wie wir die gesellschaftlichen Herausforderungen der Demenz bewältigen, Frankfurt am Main 2009, 10.

finanziell. Auf keinen Fall wollen wir die Thematik an uns selbst heranlassen, „Demenz" als Möglichkeit für unser eigenes Leben denken.

Doch wenn wir genauer hinschauen, ist der scheinbar tiefe Graben zwischen „dement" und „nicht-dement", zwischen „krank" und „gesund" überbrückbar. Der österreichische Schriftsteller Arno Geiger erzählt in berührender Weise seine Geschichte mit seinem „dementen" Vater, dem er sich im Laufe der Zeit immer mehr solidarisch fühlt:

> „Alzheimer ist eine Krankheit, die, wie jeder bedeutende Gegenstand, auch Aussagen über anderes als nur über sich selbst macht. Menschliche Eigenschaften und gesellschaftliche Befindlichkeiten spiegeln sich in dieser Krankheit wie in einem Vergrößerungsglas. Für uns alle ist die Welt verwirrend, und wenn man es nüchtern betrachtet, besteht der Unterschied zwischen einem Gesunden und einem Kranken vor allem im Ausmaß der Fähigkeit, das Verwirrende an der Oberfläche zu kaschieren. Darunter tobt das Chaos. Auch für einen einigermaßen Gesunden ist die Ordnung im Kopf nur eine Fiktion des Verstandes. Uns Gesunden öffnet die Alzheimerkrankheit die Augen dafür, wie komplex die Fähigkeiten sind, die es braucht, um den Alltag zu meistern. Gleichzeitig ist Alzheimer ein Sinnbild für den Zustand unserer Gesellschaft. Der Überblick ist verlorengegangen, das verfügbare Wissen nicht mehr überschaubar, pausenlose Neuerungen erzeugen Orientierungsprobleme und Zukunftsängste."[9]

Das Leben der postmodernen Menschen ist von Ablenkung geprägt, wir werden bombardiert von Mails und SMS und Anrufen, wir zappen uns durch Fernsehkanäle und surfen durchs Internet, wir müssen permanent wählen und entscheiden und fühlen uns dabei immer mehr orientierungslos, unsere Konzentrationsfähigkeit lässt nach, und das bereits im Volksschulalter.

„Dieses Abschweifen, die Tatsache, dass die Aufmerksamkeitsspanne des modernen, surfenden Menschen immer kürzer wird, ist inzwischen durch zahlreiche medizinisch-psychologische Studien bestätigt worden. Es wurde als Syndrom beschrie-

---

[9] Arno Geiger: Der alte König in seinem Exil, München 2011, 57f.

ben, für das man daraufhin tatsächlich den Terminus „Digitale Demenz" eingeführt hat."[10]

Wenn wir genau hinschauen, kennen wir alle sogenannte „Demenz"-Erfahrungen. Uns fällt der Name einer bekannten Person nicht ein, wir erkennen eine ehemals vertraute Umgebung nicht wieder, wir haben Probleme der Wortfindung, wir fühlen uns orientierungslos inmitten überflutender Möglichkeiten.

Diese „Demenz"-Erfahrungen können wir auf Distanz zu uns halten, indem wir sie mit Erklärungen verharmlosen, die jedem einleuchten und die unsere Peinlichkeit schnell überspielen. Oder wir können diese Erfahrungen als eigene „Demenz"-Erfahrungen wahrnehmen und ernst nehmen, die damit verbundenen Gefühle reflektieren und erinnern und uns so mit den Erfahrungen „dementer" Menschen solidarisch erklären.

Ich erinnere mich an eine Zugfahrt von Linz in meinen Heimatort nahe Salzburg: Ich kam von einem Ausbildungsseminar mit Altenheim- und KrankenhausseelsorgerInnen und war schon voller Vorfreude auf meine Familie zu Hause. Am Umsteigebahnhof Vöcklabruck nahm ich also das Handy, um meinem Mann meine Ankunft mitzuteilen und stieg telefonierend in den Anschlusszug. An der nächsten Station stutzte ich bei einem Blick aus dem Fenster. Ich glaubte mich zu erinnern, dass die Station nach Vöcklabruck Timelkam hieß, und nun stand auf dem Bahnsteigschild groß „Timelkam – Gampern". Ich hatte mich von meiner Verwirrung noch nicht erholt, da nahm der Zug schon wieder Fahrt auf. In der nächsten Station, die mir völlig fremd war, wurde mir endgültig klar, dass ich im falschen Zug saß. Gerade noch schaffte ich es, mitsamt meinem Gepäck den Zug zu verlassen. Ein freundlicher Bahnhofsvorsteher, dem ich mein Missgeschick erzählte, bestellte mir ein Taxi, das mich zurück nach Vöcklabruck brachte. Der junge Taxifahrer tröstete mich damit, dass er solche Fahrten öfter mache, weil in Vöcklabruck zwei Züge innerhalb weniger Minuten vom gleichen Bahnsteig abfahren würden und es da schon mal vorkomme, dass jemand falsch einsteigt.

---

[10] Dammann / Gronemeyer: Ist Altern eine Krankheit?, 85.

Ich kann diese Erfahrung nun vorschnell abtun, als logische Folge meiner Müdigkeit nach dem Seminar oder meiner Ablenkung durch das Telefonat oder als Folge eines „dummen" Fahrplans und sie so, mitsamt meinen damit verbundenen Gefühlen, mit einem Schulterzucken oder Grinsen abhaken.

Diese Erfahrung als eigene „Demenz"-Erfahrung wahrnehmen, heißt, anders darüber zu sprechen. Ich kann über meine Erfahrung der Verwirrung angesichts des mir fremden Namens am Bahnsteigschild sprechen und über mein Gefühl der Hilflosigkeit und Orientierungslosigkeit, als ich den Zug verließ und nicht wusste, wo ich bin und wie es weitergeht. Ich kann mein Gefühl der Peinlichkeit erinnern, als ich den Bahnhofsvorsteher um Hilfe bat, und ich kann mir vorstellen, wie sich dieses Gefühl der Scham gesteigert hätte, wenn mein Gegenüber nur ein wenig weniger freundlich mit mir umgegangen wäre und mich hätte spüren lassen, wie „verwirrt" ich in seinen Augen sei.

Wenn wir als SeelsorgerInnen anders über unsere „Demenz"-Erfahrungen sprechen lernen, nähern wir uns den Erfahrungen „dementer" Menschen an. Wir lernen wahrzunehmen, wie anstrengend es ist, orientierungslos und auf Hilfe angewiesen zu sein. Wir erleben, dass die Grenze zwischen „dement" und „nicht-dement", zwischen scheinbar „gesund" und „krank" zu bröckeln beginnt. Gleichzeitig beginnen wir zu ahnen, wie groß die Not und das Leiden, die permanente Anstrengung und Überforderung von „dementen" Menschen sind. Wir nehmen ernst, wie sehr Menschen leiden, die sich nicht beheimatet fühlen und immerzu auf der Suche nach dem Bekannten und Vertrauten sind.

„Ich bereite mich bereits auf meine eigene „Demenz" vor!"

Am Beginn der Studienwoche mit Christine Schaumberger und Peter Pulheim wurden wir mit der Aussage konfrontiert: „Ich bereite mich bereits auf meine eigene Demenz vor." Dieser Satz ließ uns innehalten, weil wir spürten, dass er das herrschende Denken und Reden über „Demenz" sofort radikal in Frage stellte.

Es geht nicht nur um ein Sich-vertraut-Machen mit der Situation „dementer" Menschen, sondern auch um konkrete Schritte der Vorbereitung auf die eigene „Demenz":
Der Schriftsteller Wilhelm Genazino sucht nach einem Weg, dem Verlust seines Gedächtnisses entgegenzuwirken, indem er ihm wichtige Erinnerungen des Lebens mündlich und schriftlich an seine Freunde verteilt, mit der Bitte, ihn zu erinnern, wenn er es eines Tages selbst nicht mehr kann.[11]

Sein Buch macht Lust, den eigenen Erinnerungen auf die Spur zu kommen und zu überlegen, was es denn ist, woran ich erinnert werden will, wenn ich als „demente" Frau keinen Zugang zu Teilen meiner Biographie mehr habe. Ich erlebe, dass es nicht nur die sogenannten großen Momente meines Lebens sind, sondern gerade die kleinen Details, an die erinnert, sich für mich ganze Welten eröffnen: Der Duft von Vanille und Gebäck wie im „Küchenkastel" meiner Großmutter, der mich in vergangene Sommerferien in der Steiermark versetzt, in die Liebe und Geborgenheit, die ich als Kind dort erfahren durfte. Der Klang eines Saxophons, der mich mit der Lebensfreude und Energie verbindet, die ich heute beim Musizieren erlebe. Ein Urlaubsfoto von der kroatischen Mittelmeerküste, es zeigt blühenden Ginster und das blaue Meer, das mich eintauchen lässt in die Freiheit und Weite vergangener Reisen, in die Wärme der Sonne, in die Empfindung von Gelassenheit und Glück.

Eines Tages mit allen Sinnen erinnert zu werden, das wünschen wir für uns selbst. Aufgabe der Seelsorge ist es, die Sinne zu schärfen und nachzufragen, woran Menschen erinnert werden wollen, welche Facetten aus ihrem Leben es sind, die ihre Sinne beleben. Ein Duft oder der Blick in einen Garten kann Verbindungen herstellen, die über das Jetzt und Heute hinausgehen. Es gilt, offene Ohren und offene Augen dafür zu haben.

---

[11] Vgl. Wilhelm Genazino, Das Licht brennt ein Loch in den Tag, 4. Aufl., Reinbek 2005.

Erinnern und Erzählen:
Menschen mit „Demenz" in ihrer Einzigartigkeit

Die jüdisch-christliche Religion steht in der Tradition einer Erinnerungs- und Erzählgemeinschaft. Wir erinnern unseren Weg mit Gott als jüdisches und christliches Volk, wir erinnern einen lebendigen und begleitenden Gott in unseren biblischen Texten, der die Verlorenen sucht und den Leidenden nahekommt. Wir erinnern in unseren liturgischen Festen an die Verbindung zwischen Gott und Mensch. Jede christliche Eucharistiefeier erinnert an die Worte Jesu beim letzten Abendmahl und an seinen Tod und seine Auferstehung.

Wenn wir unsere Tradition als Erinnerungs- und Erzählgemeinschaft ernst nehmen, müssen wir gerade nach den Menschen fragen, die bedroht sind, verloren zu gehen und vergessen zu werden. Wir müssen sie fragen, wie sie erinnert werden wollen, und wir haben uns zu fragen, wie wir von ihnen erzählen wollen.

„Welche Bedeutung die Kirche Menschen mit ‚Demenz' zuerkennt, zeigt, wie ernst sie ihren Auftrag als Erinnerungs- und Erzählgemeinschaft nimmt. Menschen mit ‚Demenz' sind in zweifacher Hinsicht vom Vergessen bedroht: Sie werden marginalisiert und ‚unsichtbar', und sie verlieren mehr und mehr ihr Gedächtnis und ihre Erinnerungen. Die Kirche steht daher in der Pflicht, dafür zu sorgen, dass diese Menschen, ihre Erfahrungen und Erinnerungen nicht verloren gehen. Wenn Menschen mit ‚Demenz' und ihre Erfahrungen in den Gemeinden und theologischen Texten fehlen, dann steht Kirche als Erinnerungs- und Erzählgemeinschaft auf dem Spiel."[12]

In unserer Studienwoche zum Thema „Demenz" haben wir uns eingeübt in ein Erzählen von „dementen" Menschen, das sie uns in ihrer Einzigartigkeit und Weisheit nahe bringt. Uns ist es wichtig geworden, „demente" Menschen mit Namen zu benennen, weil das die Erinnerung an sie erleichtert. Wir haben versucht, uns ihre jeweils typische Ausdrucksweise zu vergegenwärtigen oder die Kör-

---

[12] Peter Pulheim / Christine Schaumberger: Bekehrung von Seelsorge und Theologie zu Menschen mit „Demenz", in: Theologisch-Praktische Quartalschrift, 159, H. 2 / 2011, 137f.

perhaltung, in der sie uns begegnet sind. Wir haben uns überlegt, was wir von ihnen wissen und wie wir den anderen davon erzählen wollen, und wir haben erlebt, wie viel „demente" Menschen uns zu sagen haben.

Eine Patientin möchte ich an dieser Stelle in Erinnerung rufen, der ich als Seelsorgerin im Krankenhaus begegnet bin und die mich tief beeindruckt hat. Sie war eine alte, zerbrechlich aussehende Frau und wurde, da sie sterbend war und durch ihre Unruhe die Zimmergenossinnen störte, auf der internen Station in ein Einzelzimmer gebracht. Im Verlauf der Woche zeigte sich, dass diese geschwächte und als verwirrt geltende Frau die ganze Station in Aufruhr versetzen konnte. Sobald sie nämlich alleine im Zimmer war, fing sie an lauthals „Hilfe, Hilfe!" zu rufen. Ihre Schreie waren am ganzen Gang zu hören, die Not der Patientin erschütterte Pflegepersonal wie BesucherInnen. Nur wenn jemand an ihr Bett und mit ihr in Kontakt trat, beruhigte sich die Sterbende, und die Hilferufe verstummten. Das Stationsteam, das sich nach Kräften bemühte, so oft als möglich bei dieser Patientin zu sein, holte Seelsorge und Hospizdienst zur Hilfe. Ich erinnere mich an die Frau, wie sie gekrümmt im Bett lag, ein Bettgitter vor Augen, das sie vor dem Herausfallen schützen sollte und gleichzeitig ihren Bewegungsspielraum einschränkte. Ich erinnere mich an die Kraft ihrer Schreie. Ich denke an ihren festen Händedruck und ihren freundlichen Blick, an ihre Zufriedenheit, die andauerte, solange ich bei ihr saß. Sobald ich mich von ihr verabschiedet hatte und das Zimmer wieder verließ, setzte sie ihr lautes Schreien fort.

Da ich den Namen dieser Frau nicht mehr kenne, nenne ich sie in meiner Erinnerung „die rufende Frau" oder die „Ruferin". Ich weiß nichts von ihrem Leben, außer dass sie anschrie gegen ihre Ohnmacht, Einsamkeit und Angst. Sie ergab sich nicht in ihre Situation, sterbend alleine in einer fremden Umgebung zu sein, sondern wehrte sich mit aller Kraft dagegen. In dieser Kraft, in diesem Schreien erinnert sie mich an den biblischen „blinden Bartimäus" (Mk 10,46-52), der brüllt und sich von den vielen, die Ruhe fordern, nicht beirren lässt, bis er endlich sein Ziel erreicht, Jesus begegnet und Heilung erfährt.

Wenn wir von „der rufenden Frau" nur als von der „dementen" oder „verwirrten" alten Frau sprechen würden, die möglichst schnell und effektiv beruhigt werden muss, sei es durch Besuche der Seelsorgerin oder durch Medikamente, würden wir sie und ihre Botschaft nicht ernst nehmen. Wenn wir ihr Rufen nur als Ausdruck ihrer „Verwirrung" interpretieren würden, ginge der Blick auf ihr Leiden und ihre Verzweiflung verloren. Ihr Schreien ist für uns ebenso wichtig wie ihre Ruhe. Sie zeigt uns, dass es wichtig ist, laut aufzuschreien, wenn die Einsamkeit unerträglich wird. Sie lehrt uns, die eigenen Gefühle ernst zu nehmen und deutlich zu äußern, wenn die Angst uns niederdrückt. Sie weist uns auf die Unmenschlichkeit einer Gesellschaft hin, die alte und sterbende Menschen der Einsamkeit überlässt. Sie macht die Not der Schwestern und Pfleger der internen Station deutlich, die unter Zeitdruck arbeiten müssen und trotzdem vor dem Leiden der PatientInnen ihren Blick nicht verschließen wollen. Sie erzählt von der Sehnsucht nach menschlicher Nähe inmitten von Chaos und Angst. Und sie schärft unseren Blick für die Menschen, die nicht mehr schreien können und deshalb übersehen und vergessen werden.

Es ist schwer, an Menschen mit „Demenz" zu erinnern, da sie sich selbst schwer erinnern können und wir oft wenig von ihnen wissen. Auch ist unsere sich verändernde und beschleunigende Welt immer mehr von einer „allgemeinen Erinnerungslosigkeit" gekennzeichnet.

„Die Informationsgesellschaft entzieht dem Erinnern den Boden, weil das sich unaufhörlich anhäufende Neue alles Alte verschüttet und die explodierenden Datenmengen in immer neue Dateien abgespeichert werden. Derart ‚gesichert', zieht die elektronische Abraumhalde aber zugleich einen weiteren Vorhang vor das Erinnern, das nun quasi überflüssig wird, weil man meint, alles jederzeit und von jedem Ort aus abrufen zu können."[13]

Doch gerade das macht es notwendig, unsere kirchliche Erinnerungs- und Erzähltradition ernst zu nehmen und gegen das Vergessen und für den Wert unserer Erinnerungen anzukämpfen.

---

[13] Dammann / Gronemeyer: Ist Altern eine Krankheit?, 83.

Wir leben in einer Gemeinschaft der Lebenden und Toten

Meine Mutter – sie litt während der letzten 15 Jahre ihres Lebens an Parkinson – ist im März 2010, wenige Wochen nach einem schweren Schlaganfall, verstorben. Für ihr Gedenkbild haben wir bewusst einen Spruch des hl. Augustinus ausgewählt, weil er uns die Gemeinschaft mit meiner Mutter, über den Tod hinaus, vermittelt: „Unsere Toten sind nicht abwesend, sondern nur unsichtbar. Sie schauen mit ihren Augen voller Licht in unsere Augen voller Trauer."

Die Gemeinschaft der Lebenden und Toten ist eine wichtige Vorstellung unserer Bibel und unseres christlichen Glaubens. Jesus sagt uns nach seinem Tod und seiner Auferstehung zu: „Seid gewiss: Ich bin bei euch alle Tage, bis zum Ende der Welt"[14] (Mt 28,20). Wir gedenken der Heiligen und Seligen und dürfen auf deren Fürsprache vertrauen. Christine Schaumberger und Peter Pulheim haben uns in der Studienwoche ein Altarbild von Johann Zick mit dem Titel „Sieben Zufluchten" nahe gebracht. Die Vorstellung von den „sieben Zufluchten", in der Volksfrömmigkeit entstanden, erlaubt uns auch Zuflucht zu den Toten im Fegefeuer zu nehmen. In der Liturgie Lateinamerikas antwortet das Volk, wenn die Toten aufgerufen werden: „*präsente* – sie sind da".

Diese Gemeinschaft der Lebenden und Toten kann von „dementen" Menschen ganz real, ganz handfest erlebt werden. Manchmal sprechen sie davon, dass sie ihre Verstorbenen im Raum wahrnehmen. Peter Pulheim, so hat er uns erzählt, wurde von einer Patientin gebeten: „Gehen Sie etwas zur Seite; wenn Sie hier stehen, kann ich doch meinen Mann nicht sehen." Und er schaut dorthin, wo sie ihren Mann wahrnimmt, bevor er zur Seite geht und sich für seine Unaufmerksamkeit entschuldigt. Auch wenn der Seelsorger den Mann der Patientin nicht sieht, so kann er doch spüren, dass er da ist. Und er kann sich auf die Liebesgeschichte dieses Paares einstellen.

---

[14] Die Bibelzitate entstammen der Ausgabe der Katholische Bibelanstalt: Die Bibel. Einheitsübersetzung Altes und Neues Testament, Stuttgart/ Freiburg 1980.

Meine Großmutter sah vor ihrem Tod ihren verstorbenen Mann im Zimmer und war getröstet von dem Wissen, dass er sie im Sterben abholen werde. Mein Vater erzählte – er war beunruhigt, dies könnte auf eine beginnende „Demenz" hindeuten – dass meine Mutter in der Zeit vor ihrem Schlaganfall Menschen im Wohnzimmer wahrgenommen hatte. „Wo soll ich mich hinsetzen, das Sofa ist schon besetzt?" oder „Kommen die anderen auch mit hinüber zum Essen?" waren ihre Aussagen.

Als SeelsorgerInnen nehmen wir die Gemeinschaft der Lebenden und Toten und die besondere Fähigkeit „dementer" Menschen, ihre Verstorbenen sichtbar wahrzunehmen, sehr ernst. Wir dürfen nachfragen, wen sie bei sich sehen und was diese Menschen für sie bedeuten. Wir müssen vermitteln, dass wir ihre Nähe zu den Verstorbenen für wahr halten, auch wenn wir diese Nähe (noch) nicht in ihrer ganzen Konsequenz sichtbar erfahren können. Wir dürfen nicht so tun, als würden wir ihre Verstorbenen ebenfalls sehen, wenn es nicht stimmt, aber es muss uns bewusst sein, dass beide Realitäten, unsere und die „dementer" Menschen, Gültigkeit haben.

Menschen, die von ihrem Zuhause ins Alten- oder Pflegeheim gezogen sind, können wir dabei unterstützen, dass ihre Toten, die in der Erinnerung noch fest mit der vergangenen Wohnung verbunden sind, auch zu ihnen ins Heim finden. Indem wir zum Beispiel nachfragen „Was würde Ihr Mann jetzt dazu sagen?", können wir ihn ins Hier und Jetzt holen und vielleicht auch Veränderung ermöglichen. Allerdings müssen wir die Gefahr erkennen, dass Wahrnehmungen von „dementen" Menschen im System Medizin psychiatrisiert werden. Wie schnell wird die „demente" Frau, die ihre Toten sieht, als depressiv eingestuft und auf die Psychiatrie abgeschoben!

Wir alle erleben, dass mit zunehmendem Alter unsere „FreundInnen im Himmel" zahlreicher werden und das Fehlen der Toten immer stärker schmerzt. Aber wir können uns in ein Erinnern an unsere Toten einüben, das sie uns nahekommen lässt. Wir spüren, welch großen Trost es bedeutet, die Toten anwesend zu wissen, und gleichzeitig fühlen wir die Trauer, weil der Verstorbene jetzt ein Anderer ist. In unserer Erinnerungsarbeit dürfen wir die Toten nicht nur ans Leben gebunden sehen, wir müssen ihnen die Chance geben, sich im Angesicht Gottes zu verändern.

Meine Mutter ist mir in einem Traum, wenige Monate nach ihrem Tod, noch einmal begegnet. Sie war ganz verändert, die Müdigkeit und Gebeugtheit als Folge ihrer Parkinsonerkrankung und ihre leise Stimme hatten sich gewandelt. Aufrecht und mit kräftiger Stimme sprach sie wie eine Gelehrte. Sie erschien mir als Frau, aber ich sah auch männliche Attribute an ihr. Sie war mir sowohl sehr nah als auch fern. Meiner Mutter im Traum noch einmal zu begegnen und zu spüren, dass es ihr gut ging, dass sie sich gleichsam im Angesicht Gottes gewandelt hatte, freute mich sehr. Zugleich war da die grenzenlose Trauer, sie war ja auch eine Andere geworden und hatte sich entfernt und ließ sich nicht festhalten.

Der Evangelist Johannes beschreibt auf beeindruckende Weise die Begegnung von Maria Magdalena und Jesus am leeren Grab (Joh 20,11-18). Maria Magdalena erkennt Jesus, den sie zunächst für den Gärtner hält, erst, als er sie beim Namen nennt. Denn er ist ein Anderer geworden, und er lässt sich nicht mehr festhalten. Wie sehr muss das Glück über die Begegnung mit Jesus und zugleich die Trauer über die neue Distanz Maria bewegt haben.

Die Wunde der Vergesslichkeit, die Suche nach Verlorenem und die Müdigkeit

In unserem Sprachgebrauch ist es üblich, wenn uns etwas partout nicht einfallen will, die Redewendungen „Ich glaub, ich werde auch schon ‚dement'" oder „‚Demenz' lässt grüßen" anzuwenden. Doch was wissen wir schon vom Vergessen der Menschen mit „Demenz"? Taylor schreibt, dass er wütend wird, wenn Leute, die sich über die Ungeheuerlichkeit der „Demenz" nicht im Klaren und persönlich nicht davon betroffen sind, Witze über die „Demenz" machen.[15]

Man sieht Menschen mit „Demenz" die Wunde der Vergesslichkeit an. Sie wirken unruhig und angestrengt, die ständige Suche erschöpft und macht unendlich müde. Vor allem in der ersten Zeit

---

[15] Vgl. Taylor: Alzheimer und Ich, 182.

der „Demenz" ist das Vergessen von Schamgefühl und dem Empfinden von Peinlichkeit geprägt. Rückzug und Resignation, aber auch Wut und Aggression können eine Reaktion auf das Vergessen sein, weil die Suchenden mit der Situation des Vergessens überfordert sind.

Menschen, die vergessen, verbreiten Angst. Denn
„Demenz verwandelt in geradezu beklemmend-mysteriöser Weise die Stärken der modernen Gesellschaft in ihr Gegenteil – ihre Milliarden-Bits-Speicher in Gedächtnisschwäche, ihre exzessive Individualisierung in Persönlichkeitsverlust. In der Demenz kehren die Glaubenssätze der Moderne (Flexibilität! Beschleunigung! Autonomie!) als Karikatur wieder."[16]

Das Vergessen ist aber eine existenzielle Grunderfahrung. Gerade die Generation der Informationsgesellschaft hat gelernt, nur die Information zu speichern, die von Nutzen ist. Die Informationsflut, mit der wir darüber hinaus zugeschüttet werden, kommt höchstens in den ersten Speicher des Gehirns und wird nach wenigen Sekunden oder Minuten aus dem Speicher geworfen. Der Ausruf „Wie konnte ich das nur vergessen!" weist darauf hin, dass wir sogar Dinge oder Menschen vergessen, die uns wertvoll und wichtig geworden sind. Auch Jesus hat gewusst, dass seine Jünger vom Vergessen bedroht sind, deshalb hat er sie vor der Heimkehr zu seinem Vater mit den Worten getröstet: „Der Beistand aber, der Heilige Geist, den der Vater in meinem Namen senden wird, der wird euch alles lehren und euch an alles erinnern, was ich euch gesagt habe" (Joh 14,26).

Menschen zu trösten und zudem zu suchen, was verloren geht (vgl. Lk 15,4-6), sind Haltungen, um die SeelsorgerInnen bemüht sind. Ja, es ist sogar unsere vordringliche Pflicht, zuerst jene zu suchen, die vom Vergessen bedroht und in Gefahr sind, aus der Solidarität der Gemeinschaft hinauszufallen. Der Wunsch, nicht vergessen zu werden, ist groß, so auch bei Arno Geigers Vater:

---

[16] Vgl. Peter Wißmann / Reimer Gronemeyer: Demenz und Zivilgesellschaft – eine Streitschrift, Frankfurt am Main 2008, 81f.

„Ich weiß nicht, wie es weitergeht./ Ich kümmere mich um alles./ Mich dürft ihr nicht vergessen. Das wäre ungerecht./ Das tun wir nicht./ Du, aber ganz so leicht ist das nicht!/ Ganz bestimmt, dich vergessen wir auf keinen Fall."[17]

In Pflegeheimen können Angestellte ein Lied von dem Unvermögen singen, alle Menschen, die im Haus gelebt haben, in Erinnerung zu behalten. Pflegeheime sind aber auch durch die vielen BewohnerInnen mit „Demenz" Häuser, die vom Vergessen besonders bedroht sind.

Orte, an denen die Menschen gewohnt haben, die Namen, mit denen sie dort angesprochen wurden und die mit den Orten verbundenen biographischen Ereignisse scheinen mir ein Ausgangspunkt der Erinnerung zu sein. Das gemeinsame Durchblättern von Alben, ein „Gang" durch die Namensbiographie und wichtige Ereignisse des Lebens, die mit diesen Orten verbunden sind (Eltern, Geschwister, Eheschließung, Geburt der Kinder ...) dienen der Erinnerung und stiften Identität.

Wer Trost spenden möchte, kann zudem ohne Worte bei einem Menschen mit „Demenz" verweilen, die Hand halten, vielleicht gemeinsam lachen, weinen oder auch singen. Als tröstlich kann die Feier des Gottesdienstes empfunden werden, das Hören auf das Evangelium, das Singen alter Kirchenlieder, aber auch das Singen von Volksliedern, die die Sehnsucht nach Heimat und Identität ansprechen. Menschen mit „Demenz" sind übrigens ausgezeichnete SängerInnen, die von alt vertrauten Liedern alle Strophen auswendig können. Der schönste Chor, den ich je gehört habe, war in einem Pflegeheim zu Hause. Mehrstimmig gesungene Weihnachtslieder, nicht zuvor geprobt, schon gar nicht durch Stimmbildung kultiviert, aber aus vollem, weichem Herzen gesungen, haben mich in die Atmosphäre der Vorweihnachtszeit hineingenommen.

In der Tradition der Volkskirche gibt es den „Christus auf der Rast". Die Mystik, die Leiden Jesu darzustellen, die nicht in der Schrift erwähnt werden, entstand im Mittelalter. Dazu gehören Darstellungen von Christus im Kerker, Christus auf der Rast und dem toten Jesus, den Maria in den Armen hält (Pietà). In der Ba-

---

[17] Geiger: Der alte König, 127.

rockzeit wurden diese Bilder und Motive von den Jesuiten und Franziskanern für die Gegenreformation wieder aufgegriffen. Mit Christine Schaumberger und Peter Pulheim haben wir ein solches Bild vom „Christus auf der Rast" meditiert, auf dem der müde, gemarterte Jesus auf einem Stein sitzend ein wenig ausruht, bevor er zur Hinrichtung geführt wird. Menschen mit „Demenz" können sich in Jesus wiederfinden, können in den Leidensweg Jesu hineingenommen werden und von ihm, der auch die Müdigkeit kennt, getröstet und aufgerichtet werden. Mich hat dieses Bild in einer tiefen Schicht meines Herzens angesprochen, weil ich zu diesem Zeitpunkt schon miterlebt hatte, wie müde meine alten Eltern geworden waren.

Auch der „Besuch" einer Kirche, die stille, heilige und erhabene Atmosphäre, die Menschen ohne „Demenz" oft gar nicht mehr auffällt, der Geruch von Weihrauch, der sich in den Kirchenbänken abgesetzt hat, kann an den sonntäglichen Kirchenbesuch in jüngeren Jahren erinnern und Trost schenken. In althergebrachten Gebeten finden gläubige Menschen oftmals Halt und Geborgenheit. Die Feier von Ritualen, wie das Zeichnen des Kreuzes auf die Stirne und das Gedenken der Verstorbenen des Heimes zu Allerseelen oder die Fürbitten beim Gottesdienst können Menschen mit „Demenz" erinnern und trösten.

Von der Fähigkeit, in unterschiedlichen Zeiten zu leben

An dieser Stelle möchte ich an die verstorbene Frau Karoline erinnern, die stets mit dem Daumen im Mund, in embryonaler Stellung im Bett lag. Ich durfte ihr zu Mittag mehrmals das Essen eingeben. Frau Karoline hat ausnahmslos mit großem Appetit gegessen und dabei wiederholend mit zittriger Stimme das Wort „Muatta" gerufen. Als ich mich einmal von ihr verabschiedete, nahm ich ihre Hand in meine beiden Hände und sagte: „Tschüss, Frau Karoline." Da richtete sie sich so gut es ihr möglich war auf, ihre Augen wurden ganz groß, und dann kam zuerst ein Atemzug und danach mit fester und lauter Stimme: „Tschüss". Seitdem ist sie für mich Frau Karoline, die Moderne.

Bei Menschen mit „Demenz" kommt uns die Fähigkeit, in verschiedenen Zeiten zu leben, ein wenig eigenartig vor. Frau Karoline, die Moderne, beispielsweise kann vielleicht besser verstanden werden, wenn man über dieses Leben in unterschiedlichen Zeiten Bescheid weiß. Das vermeintliche Rufen nach der Mutter kann auch bedeuten, dass Frau Karoline, die Moderne, sich beim Essen an ihre Mutter erinnerte, die ja die erste Person war, die ihr Nahrung gab. Vielleicht wurde sie beim Eingeben des Essens ganz einfach an eine vertrauensvolle Zeit erinnert, in der sie Zuwendung und Geborgenheit erfuhr. Um besser verstanden zu werden, möchte ich nochmals Taylor zitieren, der schreibt:

> „Wenn ich sie (die Angehörigen, Anm. Stepanek) beispielsweise mit „Mama" oder „Papa" anspreche, verwechsle ich sie möglicherweise nicht mit meiner Mutter oder meinem Vater; ich weiß, dass sie gestorben sind. Vielleicht denke ich an die mit meinen Eltern verbundenen Empfindungen und ihr Verhalten. Mir fehlen diese Gefühle; ich brauche sie. Es ist einfach so, dass ich solche Empfindungen so eng mit Vater und Mutter verbinde, dass meine Worte auswechselbar werden, wenn ich von ihnen spreche. Ich nehme mir nicht die Zeit, um zwischen den Personen und den Empfindungen zu unterscheiden, ich kann oder will es nicht."[18]

Was bei Frau Karoline, der Modernen, wie ein Hilferuf nach der Mutter klang, könnte genauso gut das Empfinden von Grundvertrauen sein. Weil Emotionen in der „Demenz" eine größere Rolle als Kognition spielen, ist es unbedeutend, ob sie Mutter oder Frau Stepanek zu mir sagt, ihr Anliegen ist es, ein Gefühl auszudrücken.

Dieses Leben in unterschiedlichen Zeiten ist aber durchaus eine Erfahrung, die auch Menschen ohne „Demenz" kennen. Christine Schaumberger erzählte, wenn sie vor StudentInnen spricht, fühlt sie sich manchmal in ihre eigene Studienzeit zurückversetzt und findet keinen großen Unterschied zwischen damals und heute. Allerdings kann sie sich mühelos in das Heute zurückholen.

Als ich einmal an einem herrlichen Frühlingstag mit meinen Neffen und Nichten eine Radtour machte, war ich von deren Energie

---

[18] Taylor: Alzheimer und Ich, 135.

und Lebenslust so angesteckt, dass ich für eine Zeit lang glaubte, mit den Jugendlichen aus der Pfarre Krieglach unterwegs zu sein. In meinen ersten zehn Jahren als Pastoralassistentin habe ich mit den Jugendlichen der Pfarre viele Radtouren und andere sportliche Aktivitäten unternommen. Nichts konnte uns bremsen, nichts unsere Lebenslust mindern, nichts unsere Unbeschwertheit nehmen. Für einen kurzen Zeitpunkt glaubte ich also, statt mit meinen Neffen und Nichten mit der Kath. Jugend unterwegs zu sein. Mit dem Gefühl der Lebenslust war ich in früheren Zeiten. In die Gegenwart wurde ich auch durch ein Gefühl geholt, nämlich dem, nicht mithalten zu können und zu wenig Luft zu bekommen. An diesen Beispielen wird vielleicht auch die besondere Befähigung der Menschen mit „Demenz" deutlich. Ihre besondere Stärke liegt in der intensiven und ausgeprägten Wahrnehmung von Emotionen, sie sind Meister und Meisterinnen, Atmosphäre und Gefühle, die in der Luft liegen, wahrzunehmen und auszudrücken.

Es gibt aber noch eine zweite Möglichkeit, sich dieses Leben in unterschiedlichen Zeiten vorzustellen. In bedrohlichen Extremsituationen sucht der Mensch ähnliche Situationen seines Lebens auf, um dort Ressourcen, die zur Überwindung der Krisensituation gebraucht werden, zu finden. In bedrohlichen Situationen, wie beispielsweise einer schweren Krankheit, wandern Menschen gedanklich in die Vergangenheit, um dort Strategien zu finden, die damals geholfen haben, das Leben zu bewältigen. Auch hier werden „Gefühlssituationen" aufgesucht. Ein Herzkranker, der im Bett liegt und schwitzt, geht mit seinen Gedanken vielleicht ins Büro und erarbeitet die Bilanz – eine Arbeit, bei der er ebenfalls immer geschwitzt hat – und findet physisch im Bett liegend, gedanklich aber im Büro verweilend, eine bewährte Überlebensstrategie.

Diese gedankliche Zeitreise wird meist durch Sinneswahrnehmungen ausgelöst. Während der Studienwoche mit Christine Schaumberger und Peter Pulheim haben wir uns den Film „Kuppke" angesehen. Kuppke, ein schwer kranker Patient, wandert bei verschiedenen Sinneseindrücken, wenn er beispielsweise vom Licht am Untersuchungstisch geblendet wird, in die Vergangenheit. Die Lampe am Untersuchungstisch, das blendende Licht, führt ihn in eine Nacht, die er in früheren Zeiten erlebte, in der er auf der Flucht, mit einer Taschenlampe bewaffnet, in einem See untertauchte und so sein Leben retten konnte. So kommt es, dass wir von einem Bewohner im Pflegeheim oder einer Patientin im Krankenhaus den Eindruck gewinnen können, dass diese/r abwesend sei. In Wirklichkeit ist er oder sie aber höchst konzentriert und sucht in vergangenen Situationen nach (Über)Lebensstrategien.[19]

Es gibt noch einen dritten Zugang, wie wir das Leben der Menschen mit „Demenz" in unterschiedlichen Zeiten nachvollziehen können. An die Zeit vor dem 20. Lebensjahr erinnern Menschen sich besonders gut, weil sie da viele Dinge zum ersten Mal gemacht haben. Handlungen dieser Zeit sind deshalb so gut gespeichert, weil man sich beim Erlernen dieser Handlungen sehr intensiv und mit vielen Sinnen der neuen Aufgabe gewidmet hat. Somit wird es verständlich, dass sich Menschen mit „Demenz" oftmals in der Zeit bis zum 20. Lebensjahr „aufhalten".

Mit einem Gespräch, das Arno Geiger mit seinem Vater führte, soll dieses Kapitel über die Zeit schließen:

„Wie geht es dir, Papa? Also, ich muss sagen, es geht mir gut. Allerdings unter Anführungszeichen, denn ich bin nicht imstande, es zu beurteilen. Was denkst du über das Vergehen der Zeit? Das Vergehen der Zeit? Ob sie schnell vergeht oder langsam, ist mir eigentlich egal. Ich bin in diesen Dingen nicht anspruchsvoll."[20]

4. Abschluss und Ausblick

In den *Studienwochen Altenpastoral* konnten wir eine neue Blickweise und seelsorgliche Praxis in der Wahrnehmung und Begleitung „dementer" Menschen entwickeln. Dass dieser Weg in der Seelsorge von einem befreiungstheologischen Ansatz untermauert

---

[19] Eine Arbeitshilfe zum Film „Kuppke" von Christine Schaumberger und Peter Pulheim ist im Internet erhältlich unter dem Link: www.materialserver.filmwerk.de/arbeitshilfen/kuppke_ah.pdf (letzter Zugriff am 21.2.2014).

[20] Geiger: Der alte König, 17.

wurde und beschrieben werden kann, verdanken wir der Arbeit mit Christine Schaumberger. Als SeelsorgerInnen in der Alten- oder Krankenpastoral wenden wir uns Menschen in Krisenzeiten ihres Lebens zu, wir blicken dabei vor allem auf diejenigen, die von der herrschenden Leistungs- und Machbarkeitsgesellschaft marginalisiert und vergessen werden. Unsere besondere Aufmerksamkeit gilt den „dementen" Menschen, da sie in doppelter Weise vom Vergessen bedroht sind. Uns ist es wichtig geworden, dass wir „demente" Menschen als Personen mit ihren Lebensgeschichten, Erfahrungen und Fähigkeiten wahrnehmen und dass wir uns nicht dem herrschenden Reden *über* „Demente" und dem Blick auf die Defizite anschließen.

Uns hat das Thema Seelsorge und „Demenz" nicht mehr losgelassen, wir haben weiter gelesen, weiter gedacht und diskutiert und uns von Menschen mit „Demenz" weiter betreffen und auch beschenken lassen.

An einigen Themen, denen in der Studienwoche aus Zeitgründen nicht genug Platz eingeräumt werden konnte, möchten wir weiterarbeiten: der Wert des Gescheiterten, Zerstörten und Nichtgelebten in einer Lebensbiographie; den verschwiegenen Themen des Alters (wie Ekel, Inkontinenz oder Peinlichkeit) Ausdruck geben; Seelsorge mit Angehörigen „dementer" Menschen. Ein Aufbaukurs ist mittlerweile für Oktober 2016 in Seitenstetten geplant. Wir freuen uns, zu diesen Themen mit Christine Schaumberger und Peter Pulheim ins Gespräch zu kommen.

Teil II
Versuche des Verlernens, Begreifens und Benennens

Die Zeichnung von Hans Steinbrenner auf dem Umschlag dieses Buches

Peter Pulheim

Die Zeichnung von Hans Steinbrenner von 2006[1], die auf dem Buchumschlag abgebildet ist, hat Christine Schaumberger zu ihrem 60. Geburtstag von FreundInnen geschenkt bekommen (siehe Abbildung auf Seite 124).

Während ich diesen Text schreibe, blicke ich auf die Zeichnung im Original. Sie ist komponiert aus sechs Feldern in sechs Helligkeitsstufen, in sechs Größen, in sechs verschiedenen geometrischen, rechtwinkligen Formen: drei Eckfeldern und drei Rechtecken. (Als Eckfeld bezeichne ich die Flächen, die „um die Ecke gehen", das heißt aus zwei Rechtecken bestehen und einen rechten Winkel bilden.)

Schon als ich die Zeichnung das erste Mal kennenlernte, auch beim wiederholten Anschauen und auch jetzt lädt sie meine Augen ein, zwischen den einzelnen helleren Rechtecken und dunkleren Eckfeldern zu wandern. Beginne ich meine Wanderung durch die Zeichnung zum Beispiel mit dem Betrachten der dunkelsten Fläche, des Eckfeldes auf der linken Seite unten, bewegt sich nach einiger Zeit mein Blick hinüber in das etwas hellere Eckfeld in der Mitte der rechten Seite, und ich nehme mir Zeit zum Betrachten dieser Fläche. Wenn ich auf die Grenze zwischen beiden Feldern sehe, wird mir deutlich, daß diese Grenze nicht durch eine Grenzziehung hergestellt wurde, sie zeigt sich nicht als scheidende oder

---

[1] Hans Steinbrenner (1928 – 2008), Federzeichnung, 2006, Tusche auf Papier, 24 x 16,5 cm, Fotographie: Ingeborg Leopoldine Klinger.

spaltende Linie oder als Zwischenraum, sie ist kein identifizierbares Element der Zeichnung, sondern sie entsteht in meiner Wahrnehmung durch die Verschiedenheit der Flächen. Weil ich verschiedene Flächen mit verschiedenen Formen voneinander unterscheiden kann, bin ich versucht, anzunehmen, ohne diese Annahme zu überprüfen, daß zwischen diesen Flächen eine Grenzlinie besteht. Meine Augen wandern nun eine Zeitlang über dieses Feld in der Mitte der rechten Seite, und dann nehme ich mir Zeit für das wiederum etwas hellere Rechteck auf der rechten Seite unten. Auch wenn diese Fläche kleiner ist als die beiden bisherigen, wandern meine Augen lange auf, in und durch dieses Feld. Dann richten sich die Augen wie von selbst auf die drei Eckfelder, die gut zwei Drittel der Zeichnung füllen, und ich betrachte, wie sie zusammenhängen. Ich freue mich daran, wie zwei Eckfelder nebeneinander liegen und ineinandergreifen und das dritte – je nach Sichtweise – auf beiden aufbaut, an beide angrenzt, den Zusammenhang beider Flächen erweitert. Ich sehe mir die Formen dieser drei Eckfelder an: in ihrer Verschiedenheit, Ähnlichkeit, ihren Ausrichtungen und wie sie zueinander komponiert sind. Nun wandern meine Augen weiter in das lichteste rechteckige Feld im oberen Drittel des Blattes, danach in das Rechteck oben links, dann wieder in die rechteckige Fläche unten rechts.

Jedesmal bin ich frei zu wählen, welchen Weg durch die Zeichnung ich einschlage. Diese Freiheit beim Betrachten wird dadurch ermöglicht, daß Hans Steinbrenner so zeichnet und komponiert, daß keine der Flächen Dominanz beansprucht. Nicht die Größe der Flächen bestimmt mein Augenmerk, auch nicht Helligkeit oder Dunkelheit. Immer wieder überrascht mich, wie die einzelnen Flächen – obwohl sie sich in ihrer Größe unterscheiden – die gleiche Gewichtung dadurch erhalten, daß die kleinste Fläche am hellsten ist, die dunkelste am größten und sich bei den anderen Flächen Größe und Helligkeit entsprechend zueinander verhalten. Ich bevorzuge bei meiner Augenwanderung ebenso keine einzelne Fläche und vernachlässige keine Fläche, gerne und beinahe sehnsüchtig wandere ich von den helleren Flächen zu den dunkleren und umgekehrt.

Ich sehe nun, daß die einzelne Fläche nicht gebildet wird durch Umrißlinien, die sie ja abgrenzen würden, sondern durch Striche, die sie ausfüllen und aufspannen, sich zu unterschiedlich dichten Netzen, Geweben, Gittern zusammenfügen, diese an den Rändern der Zeichnung sogar ausfransen lassen. Wenn ich die drei Rechtecke vergleiche – das Rechteck links oben, das Rechteck rechts oben und das Rechteck rechts unten –, sehe ich in diesen unterschiedlichen Rechtecken unterschiedlich dicht gesetzte Striche: schräge Striche in beide Richtungen und in verschiedenen Winkeln, die sich mit waagrecht und senkrecht gezeichneten Strichen überkreuzen. Je heller die Fläche, desto leichter ist es für mich, einzelne Striche, ihre Länge, ihre Stärke, ihren Verlauf, die Differenziertheit ihrer Zeichnung anzusehen. Ich bemerke, daß die Helligkeitsabstufungen der Flächen abhängig sind von der Dichte, das heißt der Anzahl der Striche in ihrem Inneren. Die Helligkeit der Fläche hat ihren Grund im Papier, das durch die Lücken zwischen den Strichen hell durchscheint, der Grad der Helligkeit hängt von Größe und Zahl der freigebliebenen Stellen ab. Je dunkler die Fläche, desto schwieriger und anstrengender wird es, einzelne Striche zu erkennen. Fast entsteht der Eindruck, als sei die dunkelste Fläche ohne Strichzwischenräume, lichtundurchlässig. Doch dann werden helle Punkte in der dunklen Fläche sichtbar. Der Zeichner Hans Steinbrenner gibt dem Grund, dem Papier, auf das er zeichnet, visuelle Wirksamkeit. Er läßt in jeder Fläche den Blick frei auf das helle Blatt Papier, auch in der dunkelsten, dichtesten Fläche werden leergelassene Stellen des Papiers sichtbar. Die sechs Helligkeitsstufen lassen die sechs mit derselben schwarzen Tusche gezeichneten Flächen in sechs verschiedenen Schwarztönen – sogar in sechs schwarzen Farben – erscheinen. Ich freue mich daran, wie vielfarbig eine sogenannte Nichtfarbe wie Schwarz sein kann.

Ich habe beschrieben, inwiefern mir die Komposition beim Betrachten Freiheit läßt. Diese Freiheit kann ich auskosten, wenn ich ihr Resonanz gebe: wenn ich meine Wanderungen durch die Komposition und über die einzelnen Flächen immer wieder neu beginne, ohne meine Augen an einmal „bewährte" Wege durch die Zeichnung zu gewöhnen, vor allem ohne die Zeichnung mit den

Augen „in den Griff nehmen", ohne sie „durchschauen" zu wollen. Welche Anstrengung, Konzentration, Hingabe, Zeit, unermüdliche Mühen das Zeichnen der vielen, vielen kleinen, differenziert gesetzten Tuschestriche mit der Feder erfordert, ahne ich und kann ich sehen, wenn ich beim Betrachten darauf eingestellt bin, dies wahrnehmen zu wollen. Diese enorme Arbeit des bei dieser Zeichnung 78jährigen Hans Steinbrenner kann ich dann wahrnehmen und würdigen, wenn ich bereit bin, beim Betrachten meinerseits Anstrengung, Konzentration, Zeit aufzuwenden. Die Imaginationskraft und belebende Energie, die den Künstler Hans Steinbrenner zu dieser Zeichnung inspiriert hat, kann wiederum in mir wirksam werden, wenn ich beim Betrachten der Zeichnung mein eigenes Sehen bewußt erfahre, verändere und überdenke und durch meine Seherfahrungen mit dieser Zeichnung immer neu sehen lernen will für mein Leben und Arbeiten. Christine schreibt in ihrem Text „Seherfahrungen mit monochromen Bildern und ihre Relevanz für theologische Rede vom Sehend-werden":

„Sehen ist Arbeit, voller Mühen, Überraschungen, Einsichten. Jedes Sehen hat Einfluß auf künftiges Sehen. Keine Sehweise allein ist ‚die richtige'. Aber es gibt Sehweisen, die einem Bild [einer Zeichnung, P.P.] nicht angemessen sind."[2]

---

[2] Christine Schaumberger: Seherfahrungen mit monochromen Bildern und ihre Relevanz für theologische Rede vom Sehend-werden. Arbeitspapier für die Kurse zur Theologie der Krankenhausseelsorge, Heidelberg 2009.

Kirchenfrauen und radikaler Feminismus
Workshop auf der Konziliaren Versammlung
Frankfurt am Main, 18-22.10. 2012

Elisabeth Schüssler Fiorenza

Liebe Christine,
dieser kleine Beitrag zu Deiner Festschrift will an unsere Zusammenarbeit in den letzten 30 Jahren nicht nur bei diesem Workshop, sondern bei vielen anderen Projekten, erinnern. Ich denke besonders an unsere Zusammenarbeit bei der Übersetzung von *In Memory of Her* im Frankfurter Bahnhofsviertel und an die Vorbereitungen für die Kongresse und Tagungen der *AG Feminismus und Kirchen*. Wie immer zuvor, so auch bei diesem Workshop habe ich Deine Wortschmiedekunst bewundert, Deine sorgfältige Vorbereitung geschätzt, und in jeder Hinsicht viel von Dir gelernt. Vielen Dank für Alles!

Meine Diskussionsgrundlage muss im Kontext des Workshops auf der Konziliaren Versammlung in Frankfurt gesehen werden. Du hast nicht nur vorher mein Deutsch verbessert und den Inhalt durch Deine Fragen geklärt, sondern bist auch früher angereist, um die Agenda zu diskutieren, den Ort der Veranstaltung feministisch zu gestalten, um dann die TeilnehmerInnen zu begrüßen, die Gruppen zu organisieren und die Forumsdiskussion zu leiten. Das Engagement und Feedback der TeilnehmerInnen war so positiv, weil Du die wichtigsten Fragen und Einsichten kundig herauskristallisiert und entstehende Konflikte ausgeglichen hast . Nochmals herzlichen Dank für all Deine Arbeit für unseren Workshop! Ich hoffe, dass der folgende Text Dir etwas Freude macht!

Diskussionsgrundlage

Ich habe das Thema „Ordensfrauen und radikaler Feminismus" etwas abgeändert und mehr inklusiv formuliert, um die Diskussion auf alle Kirchen*Frauen* auszuweiten. Im folgenden möchte ich in 4 Schritten vorgehen: Ich beginne mit einem Blick auf die U. S Ordens*Frauen* und den Zensurversuch des Vatikans (I.), diskutiere dann kurz mein Verständnis von feministischer The*logie (II.), untersuche danach die Rhetorik von „Gleichwertigkeit und Verschiedenheit" (III.), und situiere schließlich die Rhetorik des Vatikans im Kontext der Anerkennung der Menschenrechte durch das Konzil (IV.)

I. Amerikanische OrdensFrauen und der Vatikan

Am 18. April 2012 hat die vatikanische Glaubenskongregation den Dachverband katholischer Ordens*Frauen* (LCWR, Leadership Conference of Women Religious) mit 57 000 Mitgliedern auf Grund „ernsthafter doktrinärer Probleme" kritisiert und sein eigenständiges Beschlussfassungs- und Organisationsrecht in Frage gestellt. Die Kongregation für die Glaubenslehre hat den Frauen deshalb befohlen, sich der Kommission und Kontrolle der US-amerikanischen Bischofskonferenz, die im Namen Roms handelt, zu unterstellen. Dies ist ein gezielter Schritt, den Einfluss feministischer The*logie und Spiritualität unter den Ordens*frauen* zu schwächen.

Die LCWR wird dafür gepriesen, dass die Schwestern viel für soziale Gerechtigkeit im Sinne der kirchlichen Sozialarbeit geleistet haben, aber beschuldigt, dass sie geschwiegen haben über das Recht auf Leben von der Empfängnis bis zum natürlichen Tod und dass weithin Familienleben und menschliche Sexualität nicht Teil ihrer Agenda sind, d. h. sie haben sich nicht klar in der Diskussion gegen gleichgeschlechtliche Ehe und Homosexualität ausgesprochen.

Auch werden die Ordens*frauen* gerügt, dass ihre öffentlichen Verlautbarungen oft nicht mit denen der US-amerikanischen

Bischofskonferenz übereinstimmen oder diesen sogar widersprechen. Schließlich wird den Ordensleiterinnen ein „Vorherrschen gewisser radikal-feministischer Themen, die mit dem katholischen Glauben unvereinbar sind" vorgeworfen. Die Ordens*frauen* sind also in Schwierigkeiten, nicht weil sie feministische Anliegen öffentlich vertreten haben, sondern weil sie die Opposition der Männerkirche gegen das Priestertum der Frau, Geburtenkontrolle, Schwangerschaftsabbruch oder gleichgeschlechtliche Ehe nicht öffentlich unterstützt sondern mit Schweigen übergangen haben.

Diese Anklage des Radikalfeminismus ist etwas ironisch, weil die LCWR als Organisation sich nie öffentlich als feministisch bekannt hat, und der Dachverband die individuellen Ordensmitglieder, die feministisch handeln, nicht kontrollieren kann. Dies scheint das Hauptproblem zu sein, das die Vatikanische Herrenkirche als Kapitalverbrechen der LCWR zu unterbinden sucht. Die Intervention der Glaubenkongregation sucht einzuschärfen, dass Kirchen*frauen*, die sich feministisch engagieren, nicht radikalfeministisch, d.h. feministisch-befreiungstheologisch, sondern nur vatikanisch feministisch sprechen und handeln dürfen.

Neben LCWR wurde auch Network, eine von Schwestern gegründete politische Lobby, ausdrücklich zensiert, obwohl die Organisation nicht Teil von LCWR, sondern ein öffentlich eingetragenes Unternehmen und daher kirchlich-institutionell unabhängig ist. Beide Organisationen haben auf die Zensur der Glaubenskongregation verschieden reagiert, wohl weil sie rechtlich verschiedene Strukturen haben. LCWR sucht den Dialog mit der Hierarchie, während Network seine politische Arbeit ungebrochen fortsetzt. Die Leiterin von Network, Schwester Simone Campbell, hat auf der nationalen Parteikonferenz der Demokraten gesprochen, obwohl die Bischöfe die Obama-Regierung beschuldigen, einen Religionskrieg zu führen, weil sie den Kirchen keine Diskriminierungsfreiheit zugesteht. Network hat auch die Aktion "Nuns on the Bus" (Nonnen im Omnibus) organisiert, um im Wahlkampf die Not der armen und arbeitslosen Menschen sichtbar zu machen, so dass in der Presse mokant von der Mercedes-Kirche der Bischöfe und der Omnibus-Kirche der Nonnen gesprochen wird. Obwohl Network kein Mitglied der Women Church Convergence (des Zusammenschlusses katholischer, feministischer Organisationen) ist, verstehen sie ihre politische Arbeit ganz deutlich als befreiungsthe*logisch-feministisch bestimmt.

II. Feministische The*logie

Ich habe diese Beispiel aus meinem US-Kontext so breit dargestellt, nicht nur, weil es Licht auf die prekäre Situation wirft, in der sich alle Kirchen*Frauen*, nicht nur Ordens*frauen*, die sich feministisch einsetzen, vorfinden, sondern auch um den Versuch des Vatikans, feministische The*logie zu definieren in den Blick zu bekommen. Deshalb möchte ich im nächsten Schritt untersuchen, was ich unter feministisch verstehe, um dann von diesem Gesichtspunkt her zu untersuchen, wie der Vatikan den von Papst Johannes Paul II. theoretisierten und von Ratzingers Glaubenskongregation propagierten „Neuen Feminismus" versteht.

Aber bevor ich dies tue, möchte ich Sie bitten, sich Ihrer NachbarIn zuzuwenden und sich darüber mit ihr auszutauschen, wie Sie *Feminismus* verstehen und ob und warum Sie selbst Feministin sind oder nicht sind. [Murmelphase]

Es gibt viele verschiedene feministisch- the*logische Ansätze. Meine Definition von Feminismus ist eine "bumpersticker-" – eine Autoaufkleber-Definition, die besagt "Feminism is the radical notion that wo/men are people": „Feminismus ist die radikale Überzeugung, dass *Frauen* people, Volk, sind. Aber da in Deutschland Volk rassistisch besetzt ist, übersetze ich "people" gewöhnlich mit „*VollbürgerInnen*", die das Recht und die Pflicht haben, ihr eigenes Leben und das Wohl ihrer Kinder zu bestimmen.

Wie aus dieser Definition von Feminismus hervorgeht, ist mein theoretischer Ansatz daher ein radikal demokratischer Ansatz. Anspruch der Demokratie ist es, dass alle in einem Staate oder Gemeinwesen Lebenden auf Grund von Geburt oder Einbürgerung BürgerInnen sind. Heute im Zuge der Globalisierung und der Kommunikationsmöglichkeiten, die die ganze Welt miteinander verbinden, wird es daher wichtig ein radikal-demokratisches Weltethos zu artikulieren. Mein Verständnis von *Feminismus* muss in diesem gesellschaftlich-politischen Kontext verstanden werden.

Obwohl ich schon 1964 ein Buch über die Mitarbeit der Frau in der Heilssorge der Kirche veröffentlicht hatte, lernte ich mich erst im Kontext der amerikanischen *Frauen*bewegung in Gesellschaft und Religion in den 70er Jahren als The*login zu verstehen, die The*logie im Interesse von *Frauen* artikuliert und nicht einfach die „Tradition der Väter", auch nicht die der progressiven Konzilsväter, weiterschreibt – Feministische Theo*logInnen, die in der Universität arbeiten, haben meines Erachtens die Aufgabe, die Erfahrungen, Fragen und das Denken von *Frauen* und anderen Untermenschen zum Zentrum the*logischer Wissenschaft zu machen. Kirchlich feministische Arbeit, die the*logische *Frauen*bildung anstrebt, muss immer wieder fragen, ob die the*logischen Ansätze, die sie vermittelt, das Wohlsein von armen *Frauen* im Blick hat, oder deren Selbstentfremdung religiös-the*logisch-spirituell fortschreibt.

Feministische The*logie begann für mich entscheidend als "Doing The*logy" – als „The*logie tun". Wir alle können und müssen „The*logie tun". Feministische The*logie braucht immer „zwei Füße" oder Standorte: einen in der Universität und den religösen Institutionen und den anderen in der *Frauen*bewegung. Deshalb verstehe ich mich hier nicht so sehr als Referentin sondern als Mit-Arbeiterin, die mit Ihnen „The*logie tut". Was wir hier zu „Feminismus" erarbeiten hängt von jeder Einzelnen (Ich gebrauche hier wie immer das Femininum und nicht das Maskulinum als inklusiv), von uns allen ab. Ich biete Ihnen nur eine feministische Möglichkeit des Miteinander-Denkens und Zurategehens an.

Für mich wurzelt feministische The*logie in der Erkenntnis, dass durch die Jahrhunderte hinweg und in vielen Ländern und Kirchen bis heute noch, *Frauen* von the*logischer Wissenschaft und kirchlichem Lehramt ausgeschlossen waren und vielfach immer noch sind. Dieser Ausschluss von *Frauen* schreibt die Unterdrückung, Selbstentfremdung und Ausbeutung von *Frauen*, besonders von armen *Frauen*, fort und ist ein himmelschreiendes Unrecht. Zu gleicher Zeit wurzelt feministische Theologie aber auch in der Erkenntnis, dass durch die Jahrhunderte hinweg *Frauen* und andere Untermenschen auf ihre Rechte bestanden und für ihre religiöse Anerkennung gekämpft haben.

III. Die Rhetorik des „Neuen" Päpstlichen Feminismus: Gleichwertigkeit in Verschiedenheit

Virginia Woolf hat schon früh darauf hingewiesen, dass die Bibliotheken voll von Büchern mit Theorien über „die Frau" sind, die von Männern unter dem Ausschluss von *Frauen* verfasst worden sind. Dies ist auch in der The*logie des Vatikans zum „Neuen Feminismus" der Fall, das heißt, The*logie wird als Ideologie artikuliert, die das kirchliche und traditionelle gesellschaftliche *Frauen*bild wie auch die Unterdrückung von *Frauen* religiös legitimiert.

Der päpstliche Feminismus, der die Gleichwertigkeit der Frau in Verschiedenheit betont, muss im Kontext der Entwicklung des modernen demokratischen und feministischen Menschenverständnisses gesehen werden: Gleichwertigkeit eines jeden Menschen ist radikal-demokratisch gegeben mit ihrem Geborensein. Die Selbstbestimmung des Menschen macht ihre Würde aus. Das radikaldemokratische Ethos besteht darauf: Nur, wo der unbedingte Schutz der Menschenwürde und Rechte gewährleistet wird, kann von einem gleichberechtigten und freiheitlichen Gemeinwesen gesprochen werden.

In monarchischen, aristokratischen oder hierarchischen Gesellschaften bedeutete Würde gewöhnlich traditionell hohen Rang, gesellschaftliches Ansehen und Respekt für die Stellung einer Person, die dem erblichen Adel oder den staatlichen und kirchlichen Würdenträgern zukam. Ebenbürtigkeit ist nicht denkbar, da Menschen durch ihre Geburt standesmäßig bestimmt sind.

Mit dem Abschaffen der Monarchie und dem Aufkommen der Demokratie werden Ebenbürtigkeit und gleiche bürgerliche Rechte theoretisch vorausgesetzt, aber praktisch den meisten Menschen vorenthalten, weil die früheren Herrschaftsstrukturen ökonomisch und politisch fortgeschrieben werden. Ebenbürtigkeit beruht theoretisch auf der Annahme, dass ein Wesen sich nur in Freiheit selbst bestimmen kann, wenn es mit Vernunft begabt ist. Wie schon bei Aristoteles wurde eine solche Vernunftbegabung aber vielen Menschen auf Grund ihrer Natur – als SklavInnen, Wilden, Weibern – abgesprochen.

Daher bleiben Aussagen und Theorien über *den Menschen* in Wirklichkeit Theorien über den Herrn. Wesen und Würde „der Frau" wurde durch die Jahrhunderte hinweg entweder als minderwertig definiert oder als das ewig Weibliche glorifiziert. Hinzu kommt: Theorien über *den Menschen* und über *die Frau* sind nicht gleich für alle *Frauen* und alle Männer, da sowohl Männer wie *Frauen* nicht nur durch ihr Geschlecht, sondern auch durch Heterosexismus, Rassismus, Klassenvorurteil, und Kolonialismus bestimmt werden. Nicht nur Gender, sondern auch Rasse, Klasse und Nation werden schon vor der Geburt zur Identität und durch verinnerlichte Unterdrückungs-strukturen bestimmt.

Seit der Aufklärung wird daher die Menschenwürde immer mehr als ein abstrakter, sittlicher **wesentlicher** Wert verstanden. Die Würde wohnt jedem Menschen prinzipiell inne. Zu gleicher Zeit aber werden Theorien entwickelt, die die Menschenwürde bestimmten Gruppen, wie Weibern, Eingeborenen oder SklavInnen absprechen. Die Emanzipationsbewegungen der letzten 300 Jahre haben daher für die Gleichrangigkeit und Selbstbestimmungsmacht aller gekämpft. Achtung und Respekt sind Grundbegriffe der demokratischen Moral, in der es um die Rechte und Würde der Menschen geht. Die letzten 300 Jahre oder mehr sind deshalb vom Ringen entmenschlichter Gruppen um Anerkennung ihrer Ebenbürtigkeit und Rechte bestimmt.

Die einschneidende Wende im öffentlich-demokratischen Diskurs Deutschlands kam erst nach dem Sieg über den Nationalsozialismus und mit dem Kampf gegen den westlichen abendländischen Kolonialismus. Gemäß der *Allgemeinen Erklärung der Menschenrechte vom 10. Dezember 1948* sind alle Menschen frei und gleich an Würde und Rechten geboren. Sie sind mit Vernunft und Gewissen begabt und sollen einander „im Geiste der Brüderlichkeit" begegnen. Menschenrechte sind allumfassende Rechte, die angeblich für alle Menschen – basierend auf ihrem Menschsein – gelten.

Dieser Anspruch auf gleiche Rechte für alle ist im Gebot der Nichtdiskriminierung verankert.

Die Menschenrechte werden zwar für alle Menschen als gleich geltend proklamiert, doch werden die ihnen zugrundeliegende Würde und Rechte für *Frauen* und Männer verschieden definiert, wenn sich auf ihr *Wesen bezogen wird*. Während in der Antike und im Mittelalter *Frauen* als minderwertige Menschen verstanden wurden, wird „das Wesen der Frau" mit dem Aufkommen der Demokratie in der Moderne idealisiert. Eine solche Idealisierung der Frau kommt z.B. in dem Gedicht Friedrich Schillers, *Würde der Frauen,* zum Ausdruck. Die Frau hat die Funktion, aus ihrer guten Natur heraus den schlechten Mann zu zähmen und auszugleichen. Die Frau scheint aber nicht von dieser Beziehung zu profitieren. Es darf jedoch nicht übersehen werden, dass dieses Idealbild und diese Theorie zum „Wesen der Frau" nicht auf alle *Frauen* zu trifft, sondern nur auf die weiße europäische Frau. Die „weiße Dame", die die Wilden zivilisiert, ist im 19. Jahrhundert, und die weiße bürgerliche Frau im 20. Jahrhundert damit gemeint.

Nach Artikel 1, Absatz 1 des Grundgesetzes ist die Würde des Menschen unantastbar. Sie wird als unveränderliches axiomatisches Grundrecht angesehen. Vielfach wird heute vergessen, dass auch in der Bundesrepublik Deutschland bis 1977 laut BGB *Frauen* ihre Ehemänner um Erlaubnis fragen mussten – zumindest theoretisch–, wenn sie einer beruflichen Tätigkeit nachgehen wollten. Bis 1958 konnte ein Ehemann das Dienstverhältnis seiner Frau fristlos kündigen. In Bayern mussten Lehrerinnen noch in den 1950er Jahren im Sinne des Lehrerinnenzölibats ihren Beruf aufgeben, wenn sie heirateten. Und erst mit dem Gesetz über die Gleichberechtigung von Mann und Frau, das am 3. Mai 1957 verabschiedet wurde und am 1. Juli 1958 in Kraft trat, hatte der Mann nicht mehr das Letztentscheidungsrecht in allen Eheangelegenheiten. Bis dahin verwaltete der Mann das von seiner Frau in die Ehe eingebrachte Vermögen und verfügte allein über die daraus erwachsenen Zinsen und auch über das Geld aus einer Erwerbstätigkeit der Ehefrau.

Erst in den 1970er Jahren fasste die UNO den Beschluss, von 1976-1985 *die UNO Dekade für Frauen: Gleichberechtigung, Entwicklung und Frieden* zu proklamieren, die 1979 in der Annahme des Übereinkommens zur Beseitigung jeder Form der Diskriminierung von *Frauen* (CEDAW = The Convention on the Elimination of All Forms of Discrimination against Women) gipfelte, ein Übereinkommen, das als wichtigstes Menschenrechtsinstrument für den Schutz und die Förderung der Menschenrechte von *Frauen* gedient hat.

Besonders *Frauen* der sogenannten Zwei-Drittel-Welt haben darauf hingewiesen, dass die Menschenrechte als Männerrechte formuliert wurden und Brüderlichkeit nicht nur metaphorisch gemeint war. Dies wird durch die Sprache weitergeschrieben. Wir sprechen z.B. durchgehend von dem Menschen und seinen Rechten. Doch gelang es der internationalen *Frauen*bewegung mit dem Slogan „*Frauen*rechte sind Menschenrechte" das Stigma zu beseitigen, dass *Frauen* soziale Sonderfälle und ihre Rechte damit Sonderrechte seien. Damit veränderte sie das Selbstverständnis von *Frauen* ebenso wie ihre gesellschaftliche Wahrnehmung. Das Selbstverständnis als Rechtssubjekt veränderte übrigens auch die feministischen, politischen Handlungskonzepte: Es geht nicht mehr um das Bitten um Hilfe, sondern um das Pochen auf die politische Einlösung von Rechtsansprüchen und die Forderung nach Partizipation beim Aushandeln gesellschaftlicher Bedingungen und politischer Strategien.[1] Dieses Pochen ist aber nicht nur auf die Gesellschaft beschränkt, sondern ist auch in den Kirchen zu finden.

IV. Das Konzil. die Menschenrechte, und der Vatikan

Dies ist der feministisch-politische Kontext, in dem die „Neue Feminismus"-Rhetorik des Vatikans verstanden werden muss. Es wird nicht mehr mit Aistoteles und Thomas von Aquin argumentiert, dass die Frau inferior ist, sondern mit der Romantik betont, dass Frau und Mann wesentlich verschieden sind und sich deshalb ergänzen. Doch wird dies nicht mehr so sehr, wie früher, für die

---

[1] Vgl. Christa Wichterich: Die Globalisierte Frau, Hamburg 1998, 245.

Gesellschaft, sondern nur für die hierarchische Männerstruktur der Kirche, die als weiblich bestimmt wird, eingeschärft.

Das Konzil und die *Frauen*bewegung in den Kirchen hat the*logisch Menschenrechte und Menschenwürde mit Verweis auf Genesis 1, der Ebenbildlichkeit der Menschen mit G*tt, begründet. Insofern als alle Menschen Geschöpfe G*ttes sind, werden ihnen in gleicher Weise Menschenrechte und Menschenwürde religiös zugesprochen. Der Mensch ist das Bild der/des lebendigen G*ttes, die/der durch ihre/seine absolute Gerechtigkeit und Liebe die Würde aller Menschen unantastbar macht.

Bis zum II. Vatikanum wurde kirchlich-amtlich argumentiert, dass die Menschenrechte, besonders das Recht auf Religionsfreiheit, nicht nur zum Recht des christlichen Glaubens, sondern auch zum allgemeinen Naturrecht in Widerspruch stehen. In einer Liste von Verurteilungen führt z.B. Papst Pius IX. an vorderster Stelle die Gewissens- und Religionsfreiheit an. Es darf dabei nicht vergessen werden, dass bis ins 20. Jahrhundert hinein lehramtlich die Demokratie abgelehnt wurde. Heute wird immer noch darauf bestanden, dass die Kirche keine demokratische, sondern eine hierarchische Gemeinschaft ist. Der Vatikan sucht daher die demokratischen Elemente, die vom II. Vatikanum in die Kirche eingeführt wurden, wieder so weit wie möglich rückgängig zu machen. Die Vatikanische „Theologie der Frau" muss in diesem anti-demokratischen kirchlichen Kontext gesehen werden.

Während der Frau bis ins 20. Jahrhundert hinein vielfach die Ebenbildlichkeit Gottes abgesprochen wurde, wird in den letzten 50 Jahren nach dem Konzil die besondere Natur der Frau päpstlicherseits betont. Das Wesen der Frau besteht danach in leiblicher oder geistlicher Mutterschaft. In seinem apostolischen Schreiben *Mulieris Dignitatem* betont Papst Johannes Paul II. *die Würde der Frau*. Doch wird die Würde des *Mannes* nicht speziell bedacht und definiert, sondern unter der Würde des *Menschen* subsumiert und ein wesentlicher Unterschied zwischen Mann und Frau konstruiert. Damit wird Maskulinität und Heterosexualität als Ebenbildlichkeit Gottes fortgeschrieben. Maria wird als das Vorbild der Frau schlechthin dargestellt: Wie Maria ist die Ordensfrau Jungfrau und (geistliche) Mutter zugleich. Das „Wesen der Frau" besteht in der liebevollen Hingabe an den Mann oder an Christus, der auf Männlichkeit reduziert wird.

Das päpstliche *Schreiben an die Bischöfe der katholischen Kirche über die Zusammenarbeit von Mann und Frau in der Kirche und in der Welt*, das von Kardinal Ratzinger, dem jetzigen Papst, verfasst wurde und 2004 erschien, betont die Verschiedenheit und Dualität der Geschlechter. Das Problem wird darin gesehen, dass in der Auseinandersetzung mit der *Frauen*frage eine feministische Richtung den Zustand der Unterordnung der Frau betont, „um eine Haltung des Protestes hervorzurufen. So macht sich die Frau, um wirklich Frau zu sein, zum Gegner des Mannes." Aus dieser ersten feministischen Tendenz ergibt sich nach dem Schreiben eine zweite: „Um jegliche Überlegenheit des einen oder anderen Geschlechts zu vermeiden, neigt man dazu, ihre Unterschiede zu beseitigen und als bloße Auswirkungen einer historisch-kulturellen Gegebenheit zu betrachten. Bei dieser Einebnung wird die leibliche Verschiedenheit, *Geschlecht genannt*, auf ein Minimum reduziert, während die streng kulturelle Dimension, *Gender* genannt, in höchstem Maß herausgestrichen und für vorrangig gehalten wird." Dies führt zu einer Infragestellung der heterosexuellen Familie und bedeutet die Gleichstellung der Homosexualität mit ihr.

Angesichts dieser radikal-feministischen Denkströmungen betont der Vatikan die *aktive Zusammenarbeit* von Mann und Frau bei ausdrücklicher Anerkennung ihrer *Verschiedenheit*. Diese wesentliche Verschiedenheit hat die Frau in Familie, Gesellschaft und Kirche zu realisieren: Deshalb kann die Frau keine kirchlichen Ämter ausüben, weil das Amt durch Christus männlich bestimmt ist. Da die grundlegend verschiedene weibliche Wesenheit durch heterosexuelle Mutterschaft definiert wird, kann die Frau nicht bestimmen, ob und wieviele Kinder sie gebären will. Der Mann bleibt der volle Mensch, die Frau ist die Andere in einem Denkrahmen von Heterosexualität.

Die kirchlich gebundene *Frauen*bewegung hat sich nach dem Konzil stark für die klerikalen Rechtsansprüche von *Frauen* eingesetzt, aber nicht mutig für das Recht aller *Frauen* auf Selbstbestimmung gekämpft. Das Verstehen von *Frauen* als kirchliche Rechtssubjekte wurde nur als gleiches Recht auf klerikalen Status, aber nicht als das Recht aller *Frauen* zu leiblicher und geistlicher Selbstbestimmung durch die kirchliche *Frauen*bewegung the*logisch ausbuchstabiert. Dieses Verlangen nach klerikaler Gleichberechtigung wiederum wurde vom Vatikan mit der Theologie von Weiblichkeit als wesentlicher Differenz gekontert, die darauf besteht, dass aufgrund dieser Wesensdifferenz *Frauen* Christus nicht als Amtsträgerinnen repräsentieren können. Der Kampf der Herrenkirche gegen Geburtenkontrolle und Schwangerschaftsabbruch eskalierte im letzten Jahrzehnt so sehr, dass er weithin zum einzigen Kriterium von Katholischsein gemacht wird. Kurzum, vatikanische Kirchenpolitik formuliert die „Theologie der Frau" so aus, dass *Frauen* das Recht auf Selbstbestimmung und kirchliches Amt verweigert wird.

Das Ergenbis dieser klerikalen Politik ist eine Zweiteilung der Kirche in eine klerikale Männerkirche und eine Kirche der armen *Frauen*. Der neueste Streit des Vatikans mit den amerikanischen Ordens*Frauen* hat diesen kirchlichen Machtdualismus öffentlich gemacht. Die Schwestern werden von der Herrenkirche des radikalen Feminismus angeklagt, weil sie sich nicht gegen Geburtenkontrolle, *Frauen*ordination oder gleichgeschlechtliche Ehe öffentlich ausgesprochen haben.

Um das Recht von *Frauen*, Kirche zu bestimmen und nicht nur von klerikaler Männerkirche bestimmt zu werden, anzumelden, habe ich den Bild-Begriff ekklesia der *Frauen*, der sowohl *Frauen*-Kongress wie auch *Frauen*-Kirche bedeutet, in die feministische Diskussion eingeführt. Damit wollte ich die Rede von Kirche, die Männerkirche meint, oder Kirche und Frau oft ungewollt dualistisch gegenüberstellt, wie z.B. im Motto „Die Kirche und die *Frauen*", überwinden. So lange Kirche, die Kirche von oben wie die von unten, sich als kyriarchal bestimmte Herrenkirche versteht und realisiert, ist es notwendig, den Begriff Ekklesia/Kirche mit dem Wort „*Frauen*" zu qualifizieren, wenn wir von Kirche als der Nachfolgegemeinschaft von Gleichgestellten und Gleichrangigen sprechen wollen. Der Begriff *ekklesia der Frauen* meldet damit an, dass

Frauen als kirchliche VollbürgerInnen das Recht und die Macht haben, ihre eigene Erfahrung und ihr Leben religiös-theologisch zu artikulieren und ihr Gemeinwohl und das ihrer Kinder zu bestimmen.

Fragen zur Gruppendiskussion

- Wer ist Kirche z.B. in der Redewendung von „die Kirche hat Vollmacht" oder „die Kirche der armen *Frauen*"? Mit welcher Kirche identifizieren Sie sich? Warum, warum nicht?
- Welche Erfahrungen haben Sie mit Kirche und kirchlicher *Frauen*bewegung gemacht? Gibt es noch eine feministische Bewegung in den Kirchen?
- Welche Funktion hat die Rede vom „Wesen" der Frau? Wie unterscheidet sie sich vom radikal-feministischen Verständnis der Frau?
- Wie würden Sie sich eine Kirche vorstellen, die nicht mehr als hierarchisch-klerikale Herrenkirche verstanden ist? Was sagt Ihnen die Bezeichnung *Frauen*kirche oder *ekklēsia der Frauen*?

„ihre Stimmen deutlich zu hören"

Postkolonial-feministische Kritik als Herausforderung an hiesige feministische Theologien

Eske Wollrad

„Bei der Frauenbefreiungsbewegung geht es im Grunde um einen Familienstreit zwischen Weißen Frauen und Weißen Männern. Und es ist grundsätzlich nicht gut, sich in Familienzwistigkeiten einzumischen. Wenn sich die Wogen geglättet haben, werden doch immer Außenseiter_innen aufs Korn genommen."[1]

Die afrikanisch-amerikanische Juristin Ida Lewis betonte schon vor vielen Jahren, dass die Begriffe „Frauenbefreiung" und „Feminismus" unauflöslich mit Weißer Vorherrschaft verbunden und dass die „Frauen", die so leidenschaftlich für Frauenbefreiung eintraten, mehrfach privilegiert waren und – von Ausnahmen abgesehen – nicht daran dachten, sich gleichermaßen gegen Rassismus und kapitalistische Ausbeutung zu engagieren. Diese Dimensionen von Gewalterfahrung blieben jenen vorbehalten, die als „Sonderfälle" galten, welche die Geschlechterfrage komplizieren, weil sie neben dem „Frausein" noch andere Bürden tragen. Weiße mehrfach privilegierte feministische Theologinnen haben die Stimmen dieser Frauen lange ignoriert oder ihre Theorien als exotisches Dekor für

---

[1] Ida Lewis, zitiert nach Paula Giddings: When and Where I Enter. The Impact of Black Women on Race and Sex in America, New York 1988, 309.
Eingedenk der Mannigfaltigkeit der Geschlechter verwende ich den Unterstrich, der Raum geben soll für all jene zwischen dualen Geschlechterzuschreibungen.

Eigenes vernutzt[2]. Kein Wunder, dass der afrikanisch-amerikanischen Theologin Jaquelyn Grant zufolge der Begriff „Schwarzer Feminismus" einen Widerspruch in sich darstellt, denn Feminismus ist ihrer Auffassung nach per se rassistisch[3]. Auch die im November 2009 gegründete *Gemeinschaft der indigenen Theologinnen Südamerikas* (Communidad de Teólogas Indígenas de Abya Yala – COTIAY) vermeidet – trotz dezidiert frauenidentifizierter Inhalte – bewusst den Begriff „feministisch".

Dass Weiße feministische Befreiungstheologie und Antirassismus keinen Widerspruch darstellen müssen, dokumentiert der Ansatz der Weißen deutschen Theologin Christine Schaumberger. Sie hat – als die hiesige feministische Theologie noch in den Kinderschuhen steckte – Komplexitäten von Frauenerfahrungen wahrgenommen und theologisch auf eine Weise reflektiert, die heute „intersektional" genannt wird.

Intersektionalität bezeichnet eine Ansatz, der verschiedene Gewaltformen wie Rassismus, Klassenherrschaft, Ableismus (die Gewalt, die von der Gesellschaft behinderte Menschen erfahren), Sexismus etc. als miteinander verschmolzene und sich gegenseitig hervorbringende versteht. Die Theorie der Intersektionalität kritisiert ein Verständnis, demzufolge bestimmte Herrschaftsdimensionen additiv betrachtet werden können (jemand wird an einem Ort diskriminiert, weil sie eine Frau ist und an einem anderen Ort, weil sie Schwarz ist), sondern die Dimensionen wirken gleichzeitig und zusammen. Den Begriff „Intersectionality" prägte die afrikanisch-amerikanische Juristin Kimberlé Crenshaw Anfang der 1980er Jahre. Ihr Ausgangspunkt waren US-amerikanische Antidiskriminierungsgesetze: Solche, die auf den Abbau von Rassendiskriminierung zielten, hatten vor allem Schwarze Männer im Blick, andere, die Sexismus bekämpfen sollten, bezogen sich vor allem auf Weiße Frauen. Crenshaw kritisierte diese Ausblendung Schwarzer Frauen

---

[2] Vgl. Eske Wollrad: Wildniserfahrung, Gütersloh 1999, 186-203. Insbesondere Audre Lordes Essay über den Nutzen der Erotik wurde wieder und immer wieder nichtend als Bestätigung Weißer feministischer Ansätze eingesetzt.

[3] Jaquelyn Grant: White Women's Christ and Black Women's Jesus. Feminist Christology and Womanist Response, Atlanta 1989, 201.

und schuf die Metapher der Kreuzung („intersection"), auf der zwei Straßen (Geschlecht und „Rasse") aufeinander treffen. Dort befinden sich Schwarze Frauen. Wichtig ist in diesem Zusammenhang, dass Crenshaw Geschlecht nicht als wichtigere oder zentralere Kategorie versteht, sondern als ebenso bedeutsam wie „Rasse".
Christine Schaumbergers Theologie verweigert kategoriale Engführungen ebenso wie Phantasmen des Feministischen als symphonischen Gleichklang. Ihr Denken ist geprägt von der Unterbrechung, der Bereitschaft, sich von genichteten Geschichten[4] ins Wort fallen zu lassen in dem Wissen, dass Theologie dann zu ihrem Proprium findet, wenn sie lernt zu stottern.

MachtRäume, Zeit und Sprache

„Macht hat sich immer das Recht angemaßt, ihre anderen zu markieren, während sie selbst ohne Markierung auskommt. Innerhalb einer Ökonomie der Bewegung stellt das dominante Selbst, das ‚universelle Subjekt', sich selbst immer als flexibel, forschend, ‚farblos' und in seinen Bewegungen ungebunden dar, während jene, die in der Randzone der Nicht-Bewegung gefangen sind, als ‚farbig', als authentisch dargestellt werden – das heißt, als ohne weiteres lokalisierbar und traditionsgebunden."[5]

Im westlichen hegemonialen Diskurs hat Macht immer bedeutet, die Sprache zu kontrollieren, Definitionsmacht auszuüben und beweglich zu sein. Die „Anderen", „Fremden" blieben stumm, fixiert auf ihren ange*stamm*ten Ort, der unter allen Umständen eines war: weit weit fort. Postkoloniale Theorie- und Kulturproduktionen bringen diese geanderten Stimmen ans Wort, sie verschieben und unterlaufen ZeitRäume und Geografien. Der

---

[4] Den Begriff der „Nichtung" Schwarzer Geschichte und Gegenwart entnehme ich dem Ansatz der Schwarzen Historikern Nicola Lauré al-Samarai.

[5] Trinh Min-Ha: Über zulässige Grenzen. Die Politik der Identität und Differenz, in: Brigitte Fuchs / Gabriele Habinger (Hg.): Rassismen und Feminismen. Differenzen, Machtverhältnisse und Solidarität zwischen Frauen, Wien 1996, 148-160, 157.

Schwarzen Historikerin Nicola Lauré al-Samarai zufolge lassen sich postkoloniale Theorie- und Kulturproduktionen als Landkarten lesen,

> „in denen Geschichten und Geografien längst ineinander fallen: Hier mündet der Rhein in den Golf von Genua und die Elbe in den Bosporus; hier werden die ostfriesischen Inseln vom Pazifik umspült; hier kann man vom Erzgebirge aus über das Mekong-Delta blicken; hier ist der Atlantik nicht breiter als die Spree. Die Gesichter der Menschen am Ufer sind klar zu erkennen, ihre Stimmen deutlich zu hören."[6]

Der Traum von den Fernen, die weit weg an entfernten Ufern wohnen und deren Stimmen unhörbar sind, ist geplatzt, denn ihre Interventionen repräsentieren postkoloniale Heim-Suchungen in den Herzen der Metropolen. „Die Gesichter der Menschen am Ufer sind klar zu erkennen, ihre Stimmen deutlich zu hören." Zu ihnen gehören Migrant_innen und Schwarze Deutsche, die in hegemonialen Vorstellungswelten immer als gerade erst Eingetroffene und bestimmt zügig Auszuwandernde imaginiert werden, deren Anwesenheiten jedoch in einem historischen Kontinuum stehen, welches zur Herausbildung eines spezifischen Wissens geführt hat. Dieses Wissen bricht sich mehr und mehr Bahn in öffentliche Räume, irritiert Selbstverständlichkeiten und fordert eine kritische Auseinandersetzung mit gewaltvollen Normativitäten ein.

Zu den gewaltvollen Normativitäten zählt auch die Sprache. Ich verwende die Begriffe *Menschen of Color / Schwarze Menschen* und *Weiße Menschen*. *Menschen of Color* bezieht sich laut Kien Nghi Ha, Nicola Lauré al-Samarai und Sheila Mysorekar auf jene Individuen und Gruppen, die „die gemeinsame, in vielen Variationen auftretende und *ungleich* erlebte Erfahrung [teilen], aufgrund körperlicher und kultureller Fremdzuschreibungen der Weißen Dominanzgesellschaft als ‚anders' und ‚unzugehörig' definiert zu

---

[6] Kien Nghi Ha / Nicola Lauré al-Samarai / Sheila Mysorekar: Einleitung, in: Dies. (Hg.): re/visionen. Postkoloniale Perspektiven von People of Color auf Rassismus, Kulturpolitik und Widerstand in Deutschland, Münster 2007, 9-21, 21.

werden."⁷ *Weiße Menschen* bezeichnet alle jene Menschen, die sich nicht mit Rassismus auseinandersetzen müssen.

Dieser Beitrag vermittelt einen Einblick in postkoloniale feministische Theorien und Theologien und fragt danach, was diese für das Theologietreiben in unserem Kontext bedeuten (können).

Postkoloniale feministische Kritik

Postkoloniale feministische Kritik setzt voraus, dass Kolonialismus für das Feminismusverständnis grundlegend ist. Doch was bedeutet „postkolonial"?

Am 30.9.2009 war in der Zeitung zu lesen: „Tsunami auf Samoa fordert viele Menschenleben – Präsident Barack Obama ruft den Notstand aus". Was hat Obama mit Samoa zu tun? Ein Teil der USA liegt gewissermaßen dort, nämlich „Amerikanisch Samoa". Die Vorstellung, die koloniale Konstellation (die abhängige Kolonie dort und das „Mutterland" hier) sei Vergangenheit, ist so weit verbreitet wie falsch. Es gibt etliche Länder, die gegenwärtig einen mehr oder minder kolonialen Status haben, meist weitgehende Autonomie in der Innenpolitik, aber Abhängigkeit bezüglich der Außen-, Wirtschafts- und Sicherheitspolitik. Zu ihnen gehören Britisch Gibraltar, die Falklandinseln/las Malvinas, Französisch Guyana, die Kanarischen Inseln, Grönland, Neufundland, die Französischen Antillen, Martinique, Réunion, US Puerto Rico, Samoa, das Spanische Ceuta sowie die Virgin Islands.

Der Begriff „*post*kolonial" wird meist als temporaler Begriff verstanden: *nach* der formellen Abschaffung des Kolonialismus. Andere ziehen den Begriff „neokolonial" vor, da sich auch formell unabhängige Nationen noch immer im Würgegriff des westlichen Imperialismus befinden.

Der Begriff „postkolonial" besitzt jedoch noch weitere Dimensionen, die sich auf Herrschaftskritik bezieht: Postkolonialismus bezeichnet eine kritische politische Analysekategorie, die die politischen, kulturellen und diskursiven Aspekte des unabgeschlossenen und in Deutschland verdrängten Kolonial-

---

⁷ A.a.O., 12.

diskurses sichtbar macht.[8] Anders gesagt: Postkolonialismus kritisiert das „Fehlen einer kontinuierlichen und vor allem kritischen Aufarbeitung der deutschen Kolonialherrschaft"[9] und legt offen, in welchem Maß der deutsche Kolonialismus dazu beitrug, ‚Rasse' als grundlegendes Ordnungsprinzip gesellschaftlicher Beziehungen zu etablieren. Dabei ist eine wesentliche Erkenntnis postkolonialer Theorie, dass die koloniale Kondition sowohl Metropole als auch Kolonie umfasste, das heißt koloniale Wissens- und Wahrheitsproduktionen nie allein außerhalb der imperialen Metropolen stattfanden. Vielmehr handelt es sich um eine kontinuierliche Wechselwirkung: Imaginationen über Dienende und Bediente schrieben sich in die Kulturen der Kolonialisierten ein, reisten in die Kolonialmetropolen, wurden dort rezipiert, modifiziert und fanden ihren Weg zurück.[10]

Postkolonialismus als herrschaftskritischer Diskurs setzt voraus, dass Echos dieser Wissens- und Wahrheitsproduktion, dieser spezifisch kolonialrassistischen Gewalt heute gegenwärtig und wahrnehmbar sind, also Alltag, Denken, Politik und Kultur zutiefst prägen. Ferner gilt, dass

„der postkoloniale Diskurs ein politisches Projekt ist, der nicht ohne die selbstreflexive Auseinandersetzung mit den multiplen Facetten gegenwärtiger Machtdimensionen gedacht werden kann."[11]

Dieser Blick auf die multiplen Facetten gegenwärtiger Machtdimensionen prägt postkoloniale feministische Theorie. Sie kritisiert die universalisierende Rede von „der Frau" und damit die Vorstel-

---

[8] Kien Nghi Ha: Ethnizität und Migration, Münster 1999, 84.
[9] Nicola Lauré al-Samarai: Unwegsame Erinnerungen: Auto/biographische Zeugnisse von Schwarzen Deutschen aus der BRD und der DDR, in: Marianne Bechhaus-Gerst / Reinhardt Klein-Arendt (Hg.): AfrikanerInnen in Deutschland und Schwarze Deutsche – Geschichte und Gegenwart, Münster 2004, 197-210, 199.
[10] Stuart Hall: Wann war der „Postkolonialismus"? Denken an der Grenze, in: Elisabeth Bronfen / Benjamin Marius / Therese Steffen (Hg.): Hybride Kulturen. Beiträge zur anglo-amerikanischen Multikulturalismusdebatte, Tübingen 1997, 219-246, 226.
[11] Kien Nghi Ha: Ethnizität und Migration reloaded. Kulturelle Identität, Differenz und Hybridität im postkolonialen Diskurs, Berlin 2004, 69.

lung, die Kategorie „Geschlecht" habe Vorrang vor anderen Kategorien wie zum Beispiel Klasse und zugeschriebene „Rasse". Folglich bedient sich postkoloniale feministische Theorie eines intersektionalen Ansatzes und definiert verschiedene Machtachsen als verkreuzt, miteinander verwoben oder verknotet.

Zu den Klassikern postkolonialer feministischer Theoriebildung gehören unter anderem der Essay von Audre Lorde „The Master's Tools Will Never Dismantle the Master's House"[12] und der von Chandra Talpade Mohanty „Under Western Eyes: Feminist Scholarship and Colonial Discourses"[13]. Im deutschsprachigen Raum zählen unter anderem die Gedichte der afrodeutschen Poetin und Aktivistin May Ayim zu den Klassikern[14].

Es haben sich sechs Eckpfeiler postkolonialer feministischer Kritik herauskristallisiert, die Encarnación Gutiérrez Rodríguez wie folgt definiert:

„Kolonialismus / Postkolonialismus und Geschlecht, die Auseinandersetzung mit Weißsein, die Redefinition des ‚Dritten Welt'-Subjekts, Sexualität und sexuelle Rechte und feministische Kritik am Orientalismus sowie Geschlecht und Post/ Koloniale Raumbeziehungen."[15]

Der zweite Pfeiler postkolonialer feministischer Kritik fordert unter anderem die Problematisierung der Normativität von Weißsein, da der westliche Feminismus oftmals die zugeschriebene „Rasse" ausschließlich als etwas definierte, was Schwarze Frauen bzw. Frauen of Color „haben". Weißsein blieb hier die Leerstelle, seine machtvollen Implikationen wurden ignoriert und damit die

---

[12] Dt.: Du kannst nicht das Haus des Herren mit dem Handwerkszeug des Herren abreißen, in: Audre Lorde / Adrienne Rich: Macht und Sinnlichkeit. Ausgewählte Texte (hg. von Dagmar Schultz), Berlin, 4. Aufl. 1993, 199-212.
[13] In: Reina Lewis, Sara Mills (Hg.): Feminist Postcolonial Theory. A Reader, New York 2003, 49-74.
[14] May Ayim: blues in schwarz weiß, Berlin 1995; May Ayim: Grenzenlos und unverschämt, Berlin 1997.
[15] Encarnación Gutiérrez Rodríguez: Postkolonialismus: Subjektivität, Rassismus und Geschlecht, in: Ruth Becker/ Beate Kortendieck (Hg:): Handbuch Frauen- und Geschlechterforschung. Theorien, Methoden, Empirie, Wiesbaden, 3. erw. Aufl. 2010, 274-282, 279.

eigen Weiße Privilegierung unsichtbar.[16] Ein weiterer Aspekt ist die postkoloniale feministische Kritik an Konstruktionen des „Orients", der „orientalischen Frau", deren Schleier die Phantasien Weißer westlicher Männer seit Jahrhunderten beflügelt. Aktuelle Debatten um das Kopftuch und die vermeintliche Befreiung der unterdrückten islamischen Frau sind Gegenstand gegenwärtiger postkolonial-feministischer Analysen.

Auffällig ist bei diesen sechs Punkten, dass Religion – und insbesondere das hegemoniale Christentum, in dessen Namen kolonial-expansive Plünderungen und Genozide ausgeführt wurden – kaum Erwähnung findet. Dies kritisieren unter anderem auch die Theologin Kwok Pui-lan und die Anglistin Laura Donaldson in ihrem Buch *Postcolonialsm, Feminism & Religious Discourse*. Dabei gibt es eine breit gefächerte postkoloniale feministisch-theologische Diskussion, die hier nur skizzenartig angedeutet werden kann.

Postkoloniale feministische Theologien

Unter dem Begriff der „Dritte Welt-Theologien" wurden und werden zum Teil noch die postkolonial-theologischen Ansätze von Frauen aus Asien, Lateinamerika, Ozeanien und Afrika wie indigener Nationen in den USA, Kanada und Australien gefasst. Die meisten dieser theologischen Forschungsarbeiten sind nicht ins Deutsche übersetzt; die offizielle Begründung bundesdeutscher theologischer Verlage lautet oftmals, ihre Inhalte seien zu partikular und kontextspezifisch.

Ein Schwerpunkt der theologischen Rezeption postkolonialer Theorien liegt auf der Interpretation biblischer Texte und ihrer Auslegungstraditionen. Ein Aspekt in diesem Zusammenhang ist die Relation von Bibel und dem Land.

Musa Dube, Professorin für Religious Studies an der Botswana University, schreibt in ihrem Buch *Postcolonial Feminist Interpretation of the Bible*:

---

[16] Vgl. Eske Wollrad: Weißsein im Widerspruch. Feministische Perspektiven auf Rassismus, Kultur und Religion, Königsteinn / Taunus 2005.

„Als der weiße Mann in unser Land kam, hatte er die Bibel und wir hatten das Land. Der weiße Mann sagte zu uns: ‚Lasset uns beten.' Nach dem Gebet hatte der weiße Mann das Land, und wir hatten die Bibel."[17]

Für postkoloniale biblische Hermeneutik ist die Geographie, das Land, von zentraler Bedeutung.

„Die postkoloniale Landschaft ist mit den Farben des westlichen Imperialismus gezeichnet und beschreibt einschließende Geschichten ungleicher Geografien, ungleicher Rassen, ungleicher Machtverteilung, dem Leugnen von Differenz und dem Zum-Schweigen-bringen von Frauen. [...] Die postkoloniale Landschaft ist noch immer von vielen kollaborativen Diener_innen geprägt, die weiterhin, bewusst oder unbewusst, die Dominanz des Westens und die kulturelle Unterdrückung und Ausbeutung nicht-westlicher Kulturen und Ökonomien verteidigen. Auch westliche Feminismen waren in dieser Eigenschaft dienlich."[18]

Der biblische Referenzpunkt für die postkoloniale Landschaft ist Kanaan. Es ist das gelobte Land, welches den Israelitinnen und Israeliten von Gott verheißen ist, „ein schönes, weites Land, [...] ein Land, wo Milch und Honig fließen" (Ex 3,8). Das Land ist allerdings bereits bewohnt, es gehört den Kanaaniter_innen, Hethiter_innen, Amoriter_innen, Pheresiter_innen, Hewiter_innen und Jebusiter_innen. Ihr Schicksal ist beschlossene Sache: Vernichtung

---

[17] Alle Übersetzungen aus dem Englischen stammen von mir. In den Fußnoten findet sich jeweils das Original.
Dube: „When the white man came to our country he had the Bible and we had the land. The white man said to us: ‚let us pray'. After the prayer, the white man had the land and we had the Bible." Musa W. Dube: Postcolonial Feminist Interpretation of the Bible, St. Louis 2000, 3.

[18] "The postcolonial landscape is drawn with the colors of Western imperialism, depicting inclusive histories of unequal geographies, unequal races, unequal distribution of power, denial of difference, and silencing of women. [...] the postcolonial landscape is still marked by many collaborative servants who continue to assert, consciously or unconsciously, the dominance of the West and the cultural suppression and exploitation of non-Western cultures and economies. Western feminisms have also served in this capacity." A.a.O., 20-21.

oder Unterwerfung. Im Josuabuch wird von Abschlachtungen ganzer Bevölkerungen berichtet: „nichts, was atmete, ließen sie übrig" (Jos 11, 14[19]) Die Alternative ist Unterwerfung. Bezüglich der Ureinwohner_innen heißt es in Jos 9,21f.:

> „Sollen sie leben, aber sie sollen Holz hacken oder sammeln und Wasser tragen für die ganze Gemeinschaft ... [23] Ihr werdet nie damit aufhören können, als Sklavin oder Sklave zu leben."

Kwok Pui-lan schreibt dazu:

> „Die Verurteilung von Kulturen, Religionen und Völkern in Kanaan kann als ein Vorläufer der Diskriminierung aller Völker gesehen werden, die die Glaubensüberzeugungen von Juden oder Christen nicht teilen. Die Kanaanäer wurden als Götzenanbeter_innen, als promisk und als solche dargestellt, die sich auf einem niedrigeren moralischen Niveau befinden."[20]

Eine von ihnen ist Rahab. Rahab, die „Hure" (hebr.: zona) oder „die Ungebundene", nimmt die Spione Israels bei sich auf, und als der König von Jericho sie auffordert, die Männer herauszugeben, versteckt sie sie und behauptet, die Männer hätten die Stadt bereits verlassen. Zu den Spionen sagt sie (Jos 2,9): „Ich weiß es ja: Adonaj hat euch das Land gegeben und euer Schrecken hat uns überfallen; alle, die dieses Land bewohnen, vergehen vor euch." Sie bekennt sich zu Adonaj, hilft den israelitischen Spionen und fordert im Gegenzug, ihre Familie und sie selbst am Leben zu lassen. So geschieht es auch. Alle Bewohner_innen Jerichos werden getötet, Rahab und ihre Familie wohnen fortan inmitten Israels (Jos 6,25).

Musa Dube schreibt: „Rahab erinnert uns an unsere eigenen Geschichten – Geschichten geschrieben über uns, nicht für uns,

---

[19] Alle Bibelzitate stammen aus der Übersetzung *Bibel in gerechter Sprache*, hg. von Ulrike Bail et al., 3. Aufl., Gütersloh 2007.

[20] „The condemnation of cultures, religions, and peoples of Canaan can be seen as a forerunner of discrimination against all peoples who do not share the beliefs of Jews or Christians. The Canaanites were portrayed as worshipping idols, as promiscuous, and as having lower moral standards." Kwok Pui-lan, Racism and Ethnocentrism in Feminist Biblical Interpretation, in: Elisabeth Schüssler-Fiorenza: Searching the Scriptures, New York 1994, 101-115, 108.

Geschichten, die zu lesen ein Alptraum ist."[21] A nightmare to read. Die Figur Rahab ist der Alptraum, die ultimative koloniale Fantasie von der totalen Unterwerfung unter die koloniale Macht. Dube zufolge repräsentiert Rahab das zu kolonisierende Land[22], welches sich selbst freiwillig der Macht Adonajs unterwirft.

Dieses Motiv der Selbstunterwerfung, der Heraushebung der eigenen vorgeblichen Minderwertigkeit existiert in kolonialer Literatur seit Jahrhunderten, beispielsweise im Roman *Robinson Crusoe* von Daniel Defoe aus dem Jahr 1719. Der sogenannte „Wilde", den Robinson „Freitag" nennt, wirft sich zweimal vor ihm nieder und setzt Robinsons Fuß in seinen Nacken. In diesem Szenario spielt Gewalt keine Rolle, denn die Unterwerfung wird nicht erzwungen, sondern erfolgt freiwillig.[23]

Ebenso erkennt Rahab die Macht Adonajs an, noch bevor das Volk Israel seine Überlegenheit unter Beweis stellt. Sie entwertet damit ihre eigenen religiösen und kulturellen Traditionen und verrät ihre Gemeinschaft an den Feind.

Wie interpretieren westliche feministische Theologinnen diese Geschichte? Zunächst debattieren sie über die Frage, ob Rahab eine Hure, die Betreiberin einer Gastwirtschaft oder schlicht ungebunden war. Wie aber wird ihr Handeln beurteilt? Sabine Bieberstein zufolge handelt Rahab klug, „und es gelingt ihr durch eine List, die Bedroher ihrer Gäste wegzuschicken und so ihre

---

[21] „Rahab reminds us of our own stories – stories written about us, not for us, stories that are a nightmare to read." Dube: Postcolonial Feminist Interpretation, 80.
[22] A.a.O., 77.
[23] Bis heute ist dieses Motiv bekannt, u.a. in der Trilogie *Pippi Langstrumpf*. In Taka-Tuka-Land werfen sich die Schwarzen Kinder ebenfalls zweimal ganz von allein vor den Weißen in den Sand; vgl. Eske Wollrad: Kolonialrassistische Stereotype und Weiße Dominanz in der Pippi Langstrumpf-Trilogie, in: Wolfgang Benz (Hg.): Vorurteile in der Kinder- und Jugendliteratur (Reihe Positionen, Perspektiven, Diagnosen, Band 5), Berlin 2010, 63-77.

Schützlinge zu retten."[24] Kerstin Ulrich meint, an Rahab würde beispielhaft deutlich,

„welche Bedeutung in diesem Krieg der Gehorsam gegenüber JHWH hat: Leben ist denjenigen möglich, die vom Bekenntnis zu JHWH her handeln, der Tod droht denjenigen, die sich nicht an die Gebote JHWHs halten."[25]

Die Diskrepanz könnte nicht deutlicher sein: Hier die ungebundene Frau, die ihre Schützlinge rettet, dort die koloniale Konstruktion der indigenen Frau, die ihre Gemeinschaft verrät und sich freiwillig unterwirft.

Die postkoloniale feministisch-theologische Kritik bezieht sich nicht nur auf das Erste, sondern nicht minder auf das Zweite Testament. Dube zufolge ist die gesamte Bibel ist nicht nur patriarchal, sondern auch imperialistisch[26], Kwok Pui-Lan kritisiert das ausschließende christliche Verständnis von Wahrheit, Offenbarung, der Bibel und Christus und die Mission als umfassende Zerstörung indigener Religionen und Kulturen. Im Fadenkreuz der Kritik steht die Selbstverständlichkeit, mit der christliche Mission indigene Traditionen als minderwertig bezeichnete. Mercy Amba Oduyoye schreibt in diesem Zusammenhang: „Das arrogante Christentum, das aus Europa nach Afrika kam, sah in der Spiritualität afrikanischer Kulturen nichts als Götzendienst."[27] Christliche Mission machte aus den Ahnen Dämonen[28], von denen die Indigenen

---

[24] Sabine Bieberstein: Gegen alte Gebundenheiten das tun, was frau für richtig hält. Rahab, in: Angelika Meissner (Hg.): Und sie tanzen aus der Reihe. Frauen im Alten Testament, 2. Aufl., Stuttgart 1995, 61-77, 68.

[25] Kerstin Ulrich: Das Buch Josua, in: Luise Schottroff et al. (Hg.): Kompendium feministische Bibelauslegung, 2., korr. Aufl., Gütersloh 1999, 80-89, 85.

[26] Dube: Postcolonial Feminist Interpretation, 198.

[27] "The arrogant Christianity that arrived in Africa from Europe saw, in the spirituality of African cultures, nothing but idolatry." Mercy Amba Oduyoye: Introducing African Women's Theology, Cleveland 2001, 28.

[28] Musa W. Dube: Postcoloniality, Feminist Spaces and Religion, in: Laura E. Donaldson / Kwok Pui-lan (Hg.): Postcolonialism, Feminism & Religious Discourse, New York / London 2002, 100-120, 113.

angeblich befreit werden müssten, und postulierte deren vermeintliche Erlösungsbedürftigkeit, die die christliche Mission legitimierte.

Diese Vorstellungen sind kein Schnee von gestern: Am 13. Mai 2007 erklärte Papst Benedikt XVI. bei der Eröffnung der lateinamerikanischen Bischofskonferenz im brasilianischen Aparecida, den Ureinwohnern sei durch die Verkündung des Evangeliums keine fremde Kultur aufgezwungen worden. Die Indigenen hätten die Christianisierung vielmehr „still herbeigesehnt". Er meinte auch, die katholische Kirche habe die Ureinwohner erlöst.

Musa Dube kritisiert, dass auch Weiße westliche feministische Theologien den Dualismus von *dem* Gott versus *den* Göttern, von der heiligen Gemeinschaft versus Baals Reich fortschreiben und nicht-christliche Traditionen abwerten.[29] Ein Haftpunkt für diese Kritik sind feministische Auslegungen der Geschichte der kanaanäischen Frau (Mt 15, 21ff. / Mk 7,24) als mutiger Heidin, die mit Jesus diskutiert und ihn überzeugt. Postkoloniale feministische Theologie problematisiert die Vorstellung von Heidenmission als befreiend.

Herausforderungen für hiesige feministische Theologien: das Land, die Vermischung, das Rhizom

Das Land

„Das Ende war, daß die Herero von den siegreichen Deutschen verfolgt und in eine wasserlose Wüste gejagt wurden, wo ihrer noch mehr umkamen, als vorher in den Gefechten. Da erlosch das heilige Feuer auf allen Opferaltären im ganzen Lande. [...] So ging der Mittelpunkt des Heidentums zugrunde, und die Heiden hatten hernach nichts mehr, um das sie sich scharen konnten. [...] Ihre Selbstständigkeit haben sie eingebüßt, ihre sozialen Sitten und Gesetzte haben ihre einstige Bedeutung verloren; von einem Hererotum kann man nicht mehr reden. Sogar die Sprache ihrer Besieger müssen sie annehmen. Selbst die Heiden gestehen jetzt, daß ihre Ahnen, auf welche sie

---

[29] Dube: Postcolonial Feminist Interpretation, 30-31.

vertrauten, ohnmächtig sind und sie betrogen haben. Sind sie nun aber zu Knechten der Deutschen gemacht, so sind sie dafür frei geworden von der früheren beständigen Angst vor den Ahnen, Gespenstern und Zauberern [...]."[30]

Dies schrieb Frau Missionar Hedwig Irle (so bezeichnete sie sich selbst) im Jahr 1911 voller Zufriedenheit, denn nun seien die wenigen Überlebenden des Krieges im so genannten „Deutsch-Südwestafrika" offen für den Empfang des Christentums.[31]

Meines Erachtens besteht eine Herausforderung für unser feministisch-theologisches Arbeiten hier darin, sogenannte „Landnahmen" *unserer* Geschichte zu erinnern, uns zu vergegenwärtigen, wie und wo Deutschland als Kolonialmacht wirkte, welche Rolle die christliche Mission dabei spielte und wie Weiße deutsche Frauen in koloniale Gewalt involviert waren. Der Genozid an ca. 80.000 Herero im heutigen Namibia ist eines der kolonialen Traumata, welche unsere Rede von Gott heimsuchen sollte. Die Heimsuchungen sind jene Echos einer Vergangenheit, die sich weigert, Geschichte zu werden.

Diese notwendige Erinnerungsarbeit dient dazu, mit den Echos dieser Traumata umgehen zu lernen. Der postkoloniale Schriftsteller Homi Bhabha schreibt:

„Erinnerung ist niemals schlicht ein Akt der Introspektion oder der Retrospektion. Es ist ein schmerzvolles re-membering, ein Wieder-Zusammenfügen einer zerstückelten Vergangenheit, um dem Trauma der Gegenwart Sinn zu verleihen."[32]

Dieses Wieder-Zusammenfügen setzt voraus, dass sich feministische Theologie bewusst ist, dass die Echos der Vergangenheit auch das eigene Theologietreiben prägen. Katja Heidemanns schreibt, feministische Missiologie setzt eine Reflexion auf ihre postkoloniale

---

[30] Hedwig Irle: Unsere schwarzen Landsleute in Deutsch-Südwestafrika, Gütersloh 1911, 74f.
[31] A.a.O., 161.
[32] "Remembering is never quite an act of introspection or retrospection. It is a painful re-membering, a putting together of the dismembered past to make sense of the trauma of the present." Homi Bhabha: Remembering Fanon: Self, Psyche, and the Colonial Condition, in: Barbara Kruger / Phil Mariani (Hg.): Remaking History, Seattle 1989, 131-148, 142.

Identität voraus.[33] Dies gilt m.E. auch für feministische Theologien im Allgemeinen. Mit anderen Worten: Eine Herausforderung für uns hier bedeutet zu erkennen und zu reflektieren, dass unsere Theologien per se postkolonial sind, ob wir sie als solche positionieren oder nicht. Das beredte Schweigen der meisten feministischen Theologien zur deutschen Kolonialgeschichte und ihren theologischen Implikationen ist Ausdruck eben dieser Tatsache.

Hybridität

Eine epistemologische Herausforderung bildet das Konzept der Hybridität. Musa Dube betont, dass in afrikanischen feministischen Theologien

"das Christentum und indigene Religionen [...] nicht als widerstreitende Gegensätze gesehen werden, sondern als Traditionen, die sich gegenseitig bereichern. Auf diese Weise wird Hybridität eine dekolonisierende feministische Strategie."[34]

Der Begriff „hybrid" bedeutet laut Duden „gemischt, von zweierlei Herkunft, aus Verschiedenem zusammengesetzt; durch Kreuzung, Mischung entstanden" und wird in postkolonialer Theorie auf Identitäten bezogen: Der Begriff hybrider Identitäten konstituiert sich im Gegensatz zu essentialistischen Diskursen, die Identität als homogen, rein und invariabel entwerfen, und besetzt das Provisorische sowie Heterogenität, Instabilität, Ambivalenz und Variabilität positiv.

In postkolonialen feministischen Theologien wird nun Hybridität auf Religion bezogen, zum einen analytisch, indem untersucht wird, in welchem Maß das vermeintlich homogene westliche Christentum hybrid ist, also vermischt mit nicht-christlichen

---

[33] Katja Heidemanns: Schritte auf dem Weg zu einer feministischen Missiologie, in: Heike Walz / Christine Lienemann-Perrin / Doris Strahm (Hg.): Als hätten sie uns neu erfunden. Beobachtungen zu Fremdheit und Geschlecht, Luzern 2003, 81-97, 84.

[34] "Christianity and indigenous religions are [...] not seen as competing opposites but as mutual traditions that enrich each other. In doing so, hybridity becomes a decolonizing feminist strategy." Dube: Feminist Spaces, 117.

Vorstellungen und Traditionen. Zum anderen perspektivisch, indem gefragt wird, auf welche Weise sich Christentum und indigene Religionen bereichern (können).

Das Rhizom

Eine weitere epistemologische Herausforderung bildet das Konzept des Rhizoms. Es steht im Gegensatz zur Vorstellung einer kulturellen oder religiösen Wurzel, die vertikal im Boden verankert ist und für sich steht. Das Rhizom läuft auf andere Wurzeln zu, verknäuelt sich mit ihnen. Der karibische Dichter und Schriftsteller Eduard Glissant wählt für seine Vorstellung des Rhizomatischen als Bild die Antillen, bestehend aus vielen voneinander getrennten Inseln, die jedoch unter der Wasseroberfläche miteinander verbunden sind.

„Wurzeln unter dem Meeresspiegel: das heißt abdriftig, nicht mit einem einzigen Pfahl in den Boden gepflanzt, sondern sich in einem Netz von Verzweigungen nach allen Seiten des Universums ausbreitend"[35].

Dieses Netz von Verzweigungen verdeutlicht, dass Geografien, Regionen und Länder miteinander verbunden sind ebenso wie die Menschen, die sie bewohnen. Auf der analytischen Ebene bezieht sich diese Verzweigung auf die tatsächliche Verbindung, zum Beispiel hinsichtlich von Naturkatastrophen, die keine Ländergrenzen kennen. Die perspektivische Ebene betont die Verbundenheit allen Seins; Mercy Amba Oduyoye spricht von „Inter-relatedness"[36], Musa Dube von befreiender Interdependenz, dem „Miteinander-Verbundensein von Beziehungen, welches die Würde aller Dinge und Menschen anerkennt und bejaht."[37] Diese Verbundenheit be-

---

[35] Edouard Glissant: Zersplitterte Welten. Der Diskurs der Antillen, Heidelberg 1986, 90.
[36] Oduyoye: Introducing, 46.
[37] „Interconnectedness of relationships that recognize and affirm the dignity of all things and people involved", Dube: Postcolonial Feminist Interpretation, 186.

zieht sich auf Kontinente, Geschlechter, „Rassen", Kulturen, sowie politische und ökonomische Systeme.

Aus dieser faktisch existenten Verbundenheit folgt meines Erachtens die Dringlichkeit von Dialogen zwischen Theologinnen *verschiedener und gleichzeitig miteinander verknäuelter* Kontexte. Sie können das Entstehen hybrider, rhizomatischer Ansätze fördern, die einander beständig ins Wort fallen, unfertig bleiben, notwendig kakophonisch sind und sich offen halten für Interventionen. In diesen Theologien fielen Geschichten und Geografien tatsächlich ineinander:

> „Hier mündet der Rhein in den Golf von Genua und die Elbe in den Bosporus; hier werden die ostfriesischen Inseln vom Pazifik umspült; hier kann man vom Erzgebirge aus über das Mekong-Delta blicken; hier ist der Atlantik nicht breiter als die Spree. Die Gesichter der Menschen am Ufer sind klar zu erkennen, ihre Stimmen deutlich zu hören."[38]

---

[38] Lauré al-Samarai: Unwegsame Erinnerungen, 199.

Ein Stück vom Kuchen ...
oder: (k)eine neue Bescheidenheit

Ludger Weckel

An einer Außenmauer der alten Gewerbeimmobilie in Münster, in der unter anderem seit zehn Jahren auch die Räume des Instituts für Theologie und Politik liegen, steht seit Anfang der 80er Jahre der Spruch: „We don't want one cake, we want the whole fucking bakery". Er wurde über die Jahrzehnte nicht entfernt, gehört heute selbstverständlich zum Gebäudebild, wird aber auch kaum noch wahrgenommen, und ich vermute, dass die meisten Menschen, die heute daran vorbei gehen, nicht wissen, was damit gemeint war und ist. In den 70er und 80er Jahren war dies ein Satz, ein Motto, um das Menschen, die links und/oder alternativ engagiert waren, kaum herumkamen. Wer in Sozialen Bewegungen aktiv war, in Opposition zur bürgerlich-kapitalistisch-patriarchalen Gesellschaft stand, wusste, was gemeint war. Der Satz stand auf Wänden, Brücken oder Flugblättern und thematisierte eine wichtige, wenn nicht zentrale strategische Frage: Geht es um Teilnahme ohne Veränderung der Struktur (ein Stück vom Kuchen) oder um grundsätzliche Veränderung des Systems (die Übernahme des ganzen Ladens)? Das Postulat des Satzes lautet(e): Wir wollen nicht durch Teilhabe an dieser Gesellschaft vom System kooptiert werden, sondern wir wollen in einer anderen Gesellschaft leben.

Catharina Halkes, feministische Theologin der ersten Stunde, hat den Satz für die feministische Theologie etwas abgewandelt. Sie sprach davon, dass es den Frauen nicht um „ein Stück vom Kuchen" ginge, sondern darum, sich einen „anderen Kuchen" zu backen. Dieses Bild impliziert gegenüber dem Satz an der Mauer einige Veränderungen: Erstens geht es nicht mehr um die Bäckerei und zweitens thematisiert sie die Arbeit: Wer eine Bäckerei übernehmen will, sagt noch nichts darüber, wer danach welche Arbeit tun soll. Wer „sich" einen Kuchen backen will, tut dies sehr wohl, obwohl dies im Fall einer feministischen Position schon wieder mit der Gefahr des Missverstehens verbunden ist, dass die (Back- bzw. Küchen-)Arbeit Frauensache ist.

Foto: Ludger Weckel, Münster

Der Satz vom Kuchen und der Bäckerei hat heute keine Konjunktur, weil sich in den vergangenen 20 Jahren mehrheitlich eine Mentalität der „Bescheidenheit" breit gemacht hat, die froh ist, wenn sie sich ein Stück vom Kuchen ergattern kann. Von der Bäckerei ist heute nur noch die Rede, wenn es darum geht, als BäckerIn im Rahmen einer „Existenzgründung" unternehmerische „Selbstständigkeit" zu erlangen, was eine mögliche Form ist, die früheren Forderungen so zu transformieren, dass sie zum herrschenden postmodernen, bio-kapitalistischen Gesellschaftssystem[1] passen: Man kann so zu einem Stück Kuchen kommen.

---

[1] Thomas Seibert: Krise und Ereignis. 27 Thesen zum Kommunismus, Hamburg 2009, betont mit dem Zusatz „Bio" die Tatsache, dass der heutige Kapitalismus nicht mehr nur die Arbeit den Verwertungsinteressen des Kapitals unterwirft, sondern das ganze Leben.

Theologe

Ich schreibe als männlicher, weißer, deutscher, katholischer (Befreiungs-)Theologe, promoviert in Missionswissenschaft, Laie, verheiratet. Ich arbeite als Theologe, kann es mir leisten als solcher zu arbeiten, obwohl ich weder innerhalb der Institution Kirche noch in einer Universität oder Hochschule ein Stelle habe. Ich kann und darf es mir leisten, als Theologe weitgehend unbezahlt zu arbeiten, weil meine Partnerin durch ihr Gehalt meinen Lebensunterhalt mitfinanziert. Das ist einerseits komfortabel, andererseits auf eine andere Art auch anstrengend, weil ich einer ständigen „Selbstkontrolle" unterworfen bin, ob ich diese geschenkte Freiheit angemessen nutze.

Ich gehöre zu einer Generation von Laientheologen, die Anfang der 80er Jahre hoffnungsvoll mit dem Berufsziel Laientheologe/ Pastoralreferent ins Theologiestudium gestartet ist, um nach wenigen Semestern – bei mir war es nicht mal eins – festzustellen, dass die kirchlichen Arbeitsverhältnisse und -strukturen nicht besonders attraktiv sind und die kirchlichen Amtsträger (Kleriker) die theologisch ausgebildeten Laien (Frauen und Männer) nicht als MitarbeiterInnen für „ihre" Kirche haben wollen, zumindest nicht als selbstbewusste theologische MitarbeiterInnen. Vor dieser Situation stehend, gab es verschiedene Lösungsstrategien: Ich habe weiter – ohne konkretes Berufsziel – Theologie studiert, weil mir die Breite des Studiums gefiel, ich Spaß an der Theologie hatte und in einer gewerkschaftlich orientierten Fachschaftsinitiative eingebunden war, die meinen politisch-theologischen Horizont enorm erweitert hat. Und ich habe über die wenigen befreiungstheologischen Lernangebote am theologischen Fachbereich die lateinamerikanische Theologie kennen gelernt, die mir ein neues Verstehen der Frohen Botschaft eröffnete, das mir die christlich-jüdische Tradition ganz neu erschlossen hat. Andere Mitstudierende haben die Theologie verlassen, einige schon während des Studiums (Studienabbruch), andere erst später, nach Studienabschluss, wobei diese sich in sehr unterschiedlicher „Nähe" zur Theologie positioniert haben: LehrerInnen oder JournalistInnen sind näher dran geblieben, während andere der Theologie mehr oder weniger ganz den Rücken gekehrt haben, als Freiberufler arbeiten, in der Erwachsenenbildung, im Beratungssektor oder als Coach.

Und was ist aus denen geworden, die an der Theologie festgehalten haben und nicht in den kirchlichen Dienst gegangen sind? Einige haben nach langen Durststrecken, vielen Zeitarbeitsverträgen, Familienzeiten, nach vielen Jahren in Forschungsprojekten inzwischen (!) die langersehnte Uni-Professur bekommen. (Der evangelische Theologe Ernst Lange sagte einmal, dass er u.a. sehr unter dem von seinem Vater ererbten Ehrgeiz gelitten habe, der in dem Satz gipfelte: Das Leben fängt mit der Professur erst an.)

Theologische Existenz

Nach dem theologischen Diplom habe ich drei Jahre in einer kleinen entwicklungspolitischen Nichtregierungsorganisation gearbeitet, „endlich Praxis" (!) nach dem langen Studium. Aber schon bald fehlte mir in der ganzen Orga-Arbeit die theologische Reflexion. Also folgte die Endscheidung, eine theologische Promotion zu beginnen. Zeitgleich gab es mit FreundInnen und KollegInnen die Idee, eine eigene Arbeitsstruktur aufzubauen: das Institut für Theologie und Politik (ITP).

Dahinter standen zwei Anliegen: Erstens wollten wir Reflexionsräume schaffen, in denen politisch-theologisch darüber nachgedacht und gearbeitet werden kann, was in Hilfswerken und in der Universitätstheologie wenig Platz hat: Solidarität und Gerechtigkeit weltweit als Eigenschaften des angebrochenen Gottesreiches in einer durch und durch zerrissenen Welt zu thematisieren. In einer ersten Selbstdarstellung des ITP heißt es:

> „Verankert in der Solidaritätsbewegung, wissen wir, dass die Forderung nach weltweiter Gerechtigkeit in diesen Zeiten nur Gehör finden kann, wenn Wege der Praxis gefunden werden, die den Problemen unserer Gesellschaft nicht ausweichen. Deshalb geht es uns um: eine Neuorientierung und die Entwicklung von Handlungsstrategien, in die die Träger politischer Veränderung hier, deren Motivation für internationalistisches, solidari-

sches Handeln und Aktions- und Politikformen einbezogen werden. ‚Theologie von unten', die sich in den Dienst engagierter Praxis von ChristInnen stellt (auch im Blick darauf, dass man im ‚linken Milieu' der Theologie nicht viel zutraut)."

Und es hieß weiter, dass das ITP unter dem Anspruch steht, ökumenisch und interdisziplinär zu sein und geschlechterspezifisch unter Berücksichtigung der von Frauen formulierten Kritik an patriarchal dominierten Wissenschafts- und Politikkonzepten zu arbeiten.

Zweitens sollte es auch darum gehen, Arbeitsplätze für Theologinnen und Theologen zu schaffen, die jenseits bürgerlicher Kirchenstrukturen oder akademischer Universitätstheologie theoretisch und praktisch arbeiten können und wollen.

Während sich das erste Anliegen, die inhaltliche Seite, über die Jahre bis heute ziemlich konsequent durchgetragen hat, auch wenn es durchaus thematische Entwicklungen und Veränderungen in der Strategie gegeben hat, hat es beim zweiten Anliegen, „Arbeitsplätze schaffen", deutliche Verschiebungen gegeben. Steckte in der Planungs- und Aufbauphase noch der „große Wurf" in den Köpfen – wir wollten auf Dauer zehn bezahlte Stellen schaffen, damit wir kooperativ und interdisziplinär arbeiten können –, wurde daraus schnell ein Pragmatismus, der lautete: Wir fangen schon mal ohne bezahlte Stellen an, sonst kommen wir gar nicht aus dem Planungsstadium heraus. Und aus diesem Aufbruch ist dann eine „neue Möglichkeit" und ein „Modell" entstanden: Wenn man / frau nicht die Geldmengen für bezahlte Stellen auftreiben muss, spart man / frau sich auch den Aufwand der Geldbeschaffung und der Abrechnung, außerdem gibt es keine „Geldgeber", die für ihre „Gabe" eine Gegenleistung einfordern oder besser: Es setzt sich in den Köpfen der von der Geldgabe Abhängenden nicht so schnell die „Schere" fest, die in vorauseilendem Gehorsam vor jeder Äußerung die Interessen der Geber mitdenkt.

Das Institut für Theologie und Politik gibt es nun seit 18 Jahren, und es hat nur ganz wenige Phasen gegeben, in denen MitarbeiterInnen übergangsweise für einige Wochenstunden bezahlt werden konnten und bezahlt wurden, damit sie davon leben konnten. Dieses Modell der unbezahlten theologischen Arbeit setzt voraus, dass diejenigen, die im ITP mitarbeiten, eigene Quellen der Lebensfinanzierung mitbringen, entweder über Partner oder Partnerinnen oder durch bezahlte (Teilzeit-)Jobs in anderen Bereichen.

Dieses Modell ist nicht neu, schon gar nicht in der Institution Kirche. Die Orden sind in der Regel auf dieses Modell gebaut, und in den meisten Kirchengemeinden geht ebenfalls nicht viel, wenn sich nicht unbezahlte MitarbeiterInnen engagieren. Aber unabhängig von den bestehenden Institutionen eine weitere prekäre Einrichtung schaffen?

Die Gründung und der Aufbau des Instituts sind seinerzeit von einem Kreis von Menschen aus Theologie und Kirche kritisch-solidarisch begleitet worden. Christine Schaumberger merkte 1993 in einem Hearing über die Aufbaupläne positiv an, dass die Absicht deutlich sei, auch Arbeitsstellen zu schaffen, und riet zu einer Quotierung in Bezug auf Frauen und LateinamerikanerInnen. Wie schon gesagt: Zu bezahlten Stellen ist es nicht gekommen, eine offizielle Quotierung gibt es auch nicht. Kritisch meinte Christine Schaumberger damals, das Projekt sei in seiner Planung feministisch unterbelichtet, in seinen Aufgaben zu breit formuliert; es sei zu wenig konkret gefasst, wer im hiesigen Kontext in Deutschland die Basis, die Träger und die Adressaten des Projekts seien; außerdem sei die Frage der Konkurrenzen und Bezüge zu anderen Organisationen und Institutionen zu wenig reflektiert. Das Wichtigste aber: Die persönliche Betroffenheit sei (theologisch) deutlicher zu benennen.[39] Wir haben es ernst genommen und daran gearbeitet ...

---

[39] Christine Schaumberger: Art. Erfahrung, in: Elisabeth Gössmann u.a. (Hg.), Wörterbuch der Feministischen Theologie, Gütersloh 1991, 73-78, 76: „Während politische Theologie und lateinamerikanische Theologie der Befreiung den Klassenverrat der bürgerlichen Subjekte von Theologie und ihren Ortswechsel hin zu den Armen und Unterdrückten voraussetzen, gehen feministische Theologinnen von eigenen Unterdrückungs-, Kampf- und Befreiungserfahrungen aus und setzen sie mit den Erfahrungen anderer Frauen in Beziehung. Über die bloße Anerkenntnis hinaus, dass Wissenschaft stets beeinflusst ist von Strukturen, Erfahrungen und Interessen, wird nun die bewusste und überprüfbare Thematisierung und Reflexion der eigenen Situation und persönlichen

Strategie

Die Schaffung selbstständiger Arbeitszusammenhänge – hinzufügen könnte man: in „Selbstausbeutung" – ist in gewisser Weise eine (verspätete) Fortsetzung zweier unterschiedlicher Strategien Sozialer bzw. alternativer Bewegungen in den 70er und 80er Jahren. Zum einen gab es damals Alternativbetriebe, Arbeitskollektive. Und es gab die Strategie der Selbstseparation in der Frauenbewegung: autonome Frauengruppen, die für sich einen (männer-)herrschaftsfreien Raum schufen, um sich in diesem Rückzugsgebiet die Kraft – heute würde man von „Empowerment" sprechen – zu holen, mit der frau die alltäglichen Grabenkämpfe der patriarchalen Gesellschaft zu bestehen versuchte: Frau hoffte auf die Umgestaltung der Gesellschaft, und zwar durch die Änderung der Subjekte und der Strukturen.[2]

Der Aufbau des Institut für Theologie und Politik ist – rückblickend – vielleicht als eine Mischung aus beidem zu verstehen, als selbstverwalteter Betrieb und zugleich als Selbstseparation von Theologinnen und Theologen aus herrschenden Kirchen- und Theologieverhältnissen, um von Außen einen klareren, kritischeren Blick zu behalten und sich gemeinsam für die Auseinandersetzungen zu stärken. Das Projekt ITP war in den 90er Jahren aber schon „ungleichzeitig": Die meisten der Alternativbetriebe waren Anfang der 90er Jahre bereits geschlossen oder in gewinnorientierte Wirtschaftsbetriebe überführt. Und die Strategie der autonomen Frauengruppen war vielerorts bereits vom „Marsch in die Institutionen" abgelöst: Es ging vielfach bereits mehr um Gleichstellung und

---

Betroffenheit als Feministische Theologien zu einem methodischen Postulat [...]".

[2] Vgl. Christine Schaumberger: Organisierte Hoffnungen, in: Tiemo R. Peters (Hg.): Theologisch-politische Protokolle, Mainz / München 1981, 71-93, 82ff. (Im Abschnitt „Die Strategie der kleinen Schritte" geht es um die politische Durchsetzbarkeit der Wünsche nach Veränderung, und sie verteidigt den „notwendigen Zusammenhang zwischen persönlicher und politischer Veränderung", weist aber gleichzeitig einen Versuch der Aufspaltung in „Linke", die „nur" die Eigentumsverhältnisse ändern wollen, und „Alternative", die nur an Symptomen, nicht an den Ursachen arbeiten, zurück.)

Gleichstellungsbeauftragte, in der Theologie um Genderbewusstsein und um die Frauenquote an Theologischen Fakultäten.[3]

Christine Schaumberger hat in ihren Reflexionen über patriarchale Verhältnisse und Frauenbefreiung immer wieder ein „Drittes" ins Spiel gebracht, den Rassismus und die Befreiungskämpfe der Schwarzen in den USA: „Kolonisierung" durch Sexismus und Rassismus ähneln sich in Mechanismen und Auswirkungen.[4] Entsprechend gebe es, so Christine Schaumberger damals, Parallelen zwischen Situationsanalyse, Bewusstsein und Zielen der feministischen und der schwarzen Bewegung:

> „Auch die Anfänge der nordamerikanischen, d. h. aber auch der bundesrepublikanischen Frauenbewegung hängen sachlich und zeitlich mit den amerikanischen schwarzen Befreiungsbewegungen zusammen; nicht nur in der ersten Phase beider Bewegungen, in der es um das Wahlrecht für Frauen und Schwarze ging, also um Emanzipation innerhalb der gesellschaftlich vorgegebenen Strukturen, sondern auch in der zweiten Phase, in der Phase des schwarzen Bewußtseins und des neuen Feminismus, in der es um die Vision einer neuen Gesellschaft geht."[5]

---

[3] Zu dieser Einebnung, Kooptation und Anpassung von „Anderem" habe ich eine wertvolle Beobachtung gefunden bei Reinhild Traitler-Espíritu: Welche Einheit war gemeint?, in: Kuno Füssel, Michael Ramminger (Hg.): Zwischen Medellín und Paris. 1968 und die Theologie, Luzern / Münster 2009, 38-51, 50: „Differenz (Verschiedenheit) ist zu einer folkloristischen Kategorie, zur Diversität (Vielfalt) geworden, die das ökonomisierte Einheitsprojekt autorisiert und gleichzeitig verschleiert, welche Interessen dahinter stehen: Diversität bezeichnet nicht primär verschiedene Möglichkeiten von Weltverständnis und Weltgestaltung, sondern unterschiedliche Weisen des Ästhetischen, der Gestaltung des individuellen Lebensraums."

[4] Christine Schaumberger: Die „Frauenseite": Heiligkeit statt Hausarbeit, in: Peters: Theologisch-politische Protokolle, 244-264, 253: „Es geht mir nicht darum, nachzuweisen, daß es Frauen ‚genauso schlechtgeht' wie Schwarzen – obwohl die Situation von Schwarzen und Frauen gleichermaßen als kolonisiert analysiert werden kann und die Mechanismen und Auswirkungen von Rassismus und Sexismus ähnlich sind."

[5] Ebd.

Dies kann und muss heute noch einmal aktualisiert werden: Auch zum Ende dieser zweiten Phase – oder befinden wir uns bereits in einer dritten? – zeigen sich erstaunliche Parallelen: Nach dem Ende der „freiwilligen und bewussten Separation" und dem Marsch „in die Institutionen" finden wir heute: Ein Schwarzer ist US-Präsident, der aber – entgegen manch euphorischer Erwartung während des Wahlkampfes – nicht die Grundstrukturen der US-amerikanischen Gesellschaft und (Welt-)Politik umwälzt, sondern im Großen und Ganzen die bisherige Politik weiterführt. Und wir haben eine Bundeskanzlerin, was durchaus auch als Erfolg der Frauenbewegung gesehen werden kann – wer hätte dies in den 70er Jahren für möglich gehalten? Aber auch dies ist nur ein Stück vom (alten) Kuchen, kein neuer, und schon gar nicht die ganze Bäckerei. Die Forderung nach einer neuen Gesellschaft ist zur „Durch-Genderisierung" unserer Gesellschaft mutiert, die sich vor allem in der Forderung nach „Gleichstellungsbeauftragten" konkretisiert hat.

In der Theologie geschah ein ähnlicher Marsch durch die Institutionen: Die autonomen Arbeitsstellen für Feministische Theologie wurden anerkannt, Stellen für Beauftragte für Feministische Theologie geschaffen, diese in der Regel in die bestehenden Strukturen der Universitätstheologie eingebunden oder die Feministische Theologie zur „Querschnittsaufgabe" für alle theologischen Disziplinen erklärt. Immerhin darf und muss man aber anerkennen: Die Feministische Theologie war – bei aller notwendigen Kritik – wesentlich erfolgreicher als die Befreiungstheologie. Die Zahl der – genderbewussten – Frauen an Theologischen Fakultäten ist während der vergangenen 30 Jahre deutlich angestiegen. Dies hat sicherlich auch Einfluss auf die Inhalte. Die Zahl der befreiungstheologisch zumindest sensiblen TheologInnen ist an deutschsprachigen theologischen Fakultäten seit den 80er Jahren dagegen eher zurückgegangen. Ist dies so, weil die Beharrungskräfte des Bestehenden in diesem Punkt größer waren? Oder weil die entsprechenden TheologInnen – also auch ich – sich zu wenig auf den Marsch in die Institutionen eingelassen haben?

Es bleibt die Einsicht:

> „Theologische Strategie ist also nicht eine – nachgeordnete oder auch theologieferne – Frage der praktischen Anwendung bzw. politischen Umsetzung von Theologie, sondern eine fundamentale Frage der Theologie selbst."[40]

Theologie

> „Indem [...] immer mehr Frauen beginnen, sich selbst und sich gegenseitig als religiöse Subjekte zu erkennen und – ausgehend von ihren Erfahrungen – ihre eigenen theologischen Fragen zu stellen, werden nun Erfahrungen und Lebensbereiche ins Zentrum des Theologietreibens gestellt, die üblicherweise als nicht existent, als banal, als Privatsache angesehen wurden: Gewalt gegen Frauen, Armut und Ausbeutung von Frauen, Erfahrungen von Frauen mit Körperlichkeit und Sexualität, die Marginalisierung und Ausbeutung von Frauen in einer patriarchalen Kirche, Wissenschaft und Gesellschaft, die Last der nicht enden wollenden Frauen-Hausarbeit usw."[7]

Ausgangspunkt dieser (feministischen) Theologie ist die Erfahrung von Frauen, im Besonderen die in der Frauenbewegung artikulierten und reflektierten Erfahrungen („die Frauenbewegung als Ort Feministischer Theologie!"[8]).

Es geht um die Frage nach dem Ort oder Ausgangspunkt theologischer Reflexion – bis heute ist dies eine zentrale Frage in der Arbeit des Instituts für Theologie und Politik: Wir sagen weiter: Der „Ort befreiungstheologischer Reflexion" ist der Widerstand (von

---

[40] Christine Schaumberger: „Weiter gehen, tiefer graben". Akt des Überlebens und notwendig unabschließbare Transformation: Institutionalisierung feministischer Theologie, in: Andrea Eickmeier / Jutta Flatters (Hg.): Vermessen! Globale Visionen – konkrete Schritte. Wegmarken durch den feministischen Alltag, Sonderheft 3 zur Schlangenbrut, Münster 2003, 19-30, 24.

[7] Schaumberger: Art. Erfahrung, 76.

[8] A.a.O., 77.

Christinnen und Christen) gegen Kernernergie und Atommülltransporte[9], ist in der Blockade des G8-Gipfels etc.[10]

Diese Formulierung eines methodischen Ausgangspunktes, vor allen Dingen aber das Postulat, dass dieses Vorgehen Theologie ist, bleibt nicht unwidersprochen. Ein Disput während des Kongresses „Crossroads. Christentümer in Bewegungen und Begegnungen" im November 2009 im Anschluss an einen Vortrag der brasilianischen feministischen Theologin Nancy Cardoso[11] förderte genau diese Problematik an die Oberfläche, und zwar innerhalb einer theologischen Fakultät. Nancy Cardoso, methodistische Pastorin aus Brasilien, arbeitet dort vor allem mit Frauen der Landlosenbewegung zusammen. In deren Konflikten geht es um Landbesetzungen, um Kämpfe gegen Großgrundbesitzer und Agro-Industrie, aber auch um solidarisches Handeln, Zusammenhalt, Liebe. Sie formulierte ihre Perspektive auf „Theologie" und grenzte diese deutlich – sowohl im Inhalt als auch in der Form – gegen etablierte westeuropäische Universitätstheologie ab. Dies stieß selbst bei gutwilligen und aufgeklärten Mitgliedern der katholischen Fakultät in Münster eher auf Unverständnis. Entsprechend kam die durchaus ernst gemeinte Rückfrage, ob wir mit solchen Thesen an einer Katholischen Fakultät richtig seien. In den „Untertönen" wurde für sensible Ohren die Frage hörbar, ob diese Themen und Inhalte noch zur Theologie gehören bzw. ob dies nicht an anderer Stelle als auf einem theologischen oder missionswissenschaftlichen Kongress zu diskutieren wäre. Nancy Cardoso antwortete darauf sehr deutlich,

---

[9] Vgl. die theologischen Reflexionen von TheologInnen über die Beteiligung am „Schottern" gegen die Castortransporte nach Gorleben im November 2010: Selina Moll / Johannes Krug / Lukas Pellio: Schottern mit Amos, in: Publik Forum Nr. 1 vom 14.1.2011, 20f.

[10] Vgl. die theologischen Reflexionen über die Beteiligung von ChristInnen an den Blockaden des G8-Gipfels in Heiligendamm im Juni 2007 unter dem Motto „Die Todsünden der G8", www.itpol.de/?p=175 und www.itpol.de/?p=220 (05.04.2012).

[11] Beiträge zum Kongress sind dokumentiert in Arnd Bünker u.a. (Hg.): Gerechtigkeit und Pfingsten. Viele Christentümer und die Aufgabe einer Missionswissenschaft, Ostfildern 2010. Dort auch der Beitrag von Nancy Cardoso Pereira: Papier ist geduldig ... die Geschichte nicht, a.a.O., 167-182.

aber extrem knapp mit der kurzen Aussage: „Was ich mache, ist Theologie!".

Für einen kurzen Moment standen sich „verschiedene Welten" verständnislos gegenüber: Die Sorge um die Theologie und ihre Abgrenzung auf der einen Seite und die alltägliche, die frustrierende Erfahrung von kontextuell arbeitenden TheologInnen, dass ihre Theologie ständig der skeptischen Anfrage ausgesetzt ist, ob dies überhaupt „richtige Theologie" sei, auf der anderen Seite.[12]

Es geht in dem Konflikt um den „Ort" der Theologie: Von wo aus, aus welcher Perspektive formuliere ich? Die lateinamerikanische Theologie der Befreiung betont genauso wie die feministische Befreiungstheologie die Bedeutung dieses erkenntnistheoretischen Ortes bzw. der erkenntnistheoretischen Perspektive der Theologie. Es geht um den Ausgangspunkt unseres Denkens: Je nachdem, ob wir die Migrationsfrage aus der Perspektive der Menschen betrachten, die sich auf den Weg machen, (besseres) Leben zu suchen, und dabei der Todesgefahr ausgesetzt werden, oder ob wir sie aus der Perspektive derjenigen, die aus Angst vor den unser (gutes) Leben gefährdenden „kommenden Massen" einen tödlichen Schutzzaun um Europa errichten, ergeben sich komplett unterschiedliche Bilder. Man kommt zu unterschiedlichen Ergebnissen, auch in der Theologie, wenn man denn akzeptiert, dass dies ein Thema der Theologie ist. Was ist Sünde? Was ist Gerechtigkeit des Gottesreiches? Was ist das zugesagte „Leben in Fülle"? Der Ausgangspunkt unseres Denkens, der Standort, die Perspektive ist mitentscheidend für die Ergebnisse des Denkens.

Die Befreiungstheologie sagt, dass die Wirklichkeit der „Ausgangspunkt", der Standort der Theologie ist, während die Erzählungen der Bibel, die Offenbarungen Gottes, der „Orientierungs-

---

[12] Vgl. Christine Schaumberger: Den Hunger nach Brot und Rosen teilen und nähren. Auf dem Weg zu einer kritisch-feministischen Theologie der Frauenarbeit, in: Concilium 23 (1987), 511-517, 512: „Wenn feministische Theologinnen der Frauenarbeit und der Frauenarmut keine theologische Relevanz beimessen, dann ändert die feministische Kritik an Männertheologie nichts daran, daß sie deren Definition, was ‚eigentliche' Theologie ist, übernehmen und in dem von der kritisierten Theologie vorgegebenen Rahmen bleiben."

punkt" sind. Theologie ist Reflexion der Wirklichkeit, der christlichen Praxis im Lichte des Evangeliums, der frohen Botschaft von der (kommenden) Gottesherrschaft, die so ganz anders sein wird als die herrschende Wirklichkeit. Entsprechend haben lateinamerikanische TheologInnen formuliert, dass es in der Theologie darum gehe, die „Realität auf den theologischen Begriff zu bringen".

Warum die „kontextuellen Theologien" für die offizielle Theologie problematisch sind, wurde vor wenigen Jahren durch einen Beitrag von Clodovis Boff sehr deutlich, einem brasilianischen Theologen, der lange als Befreiungstheologe galt, sich neuerdings aber sehr kritisch mit den sogenannten „Genitiv-Theologien", wie der Theologie *der Befreiung*, auseinandersetzt. Er unterscheidet verschiedene theologische Ebenen: Er spricht von der Theologie der Befreiung als einer zweiten Theologie, die eine erste Theologie voraussetzt.[13] Warum? Ohne dass er dies explizit ausformuliert, wird deutlich, dass es ihm um die Frage universaler Gültigkeit und Reichweite geht. Kontextuelle, politische, befreiungstheologische, feministische Theologien haben, weil sie von der Wirklichkeit ausgehen, unterschiedliche „Orte". Wie ist, so Boffs Sorge (und ähnlich Ratzingers), angesichts dieser Unterschiedlichkeiten das große Ganze zu sichern? Die Lösung von Clodovis Boff lautet: All diese „Genitiv-Theologien" sind solche zweiter Ordnung, ihre Unterschiedlichkeit beruht auf weltlichen Dingen. Diese Theologien zweiter Ordnung setzen eine übergeordnete, übergeschichtliche „Theologie 1" voraus, in der es um das Identische, um Gott, Christus, Schöpfung, Erlösung geht. Boff erklärt aber nicht, wie diese beiden theologischen Ebenen oder Momente genau aufeinander bezogen sind, wie sie sich gegenseitig bedingen und aufeinander einwirken. Wie können wir als Menschen von Gott, Christus und Erlösung sprechen, ohne dies auf menschliche, geschichtliche, kontextuelle Weise zu tun?

---

[13] Vgl. Clodovis Boff: Theologie der Befreiung und die Rückkehr zu ihren Fundamenten, in: Ludger Weckel (Hg.): Die Armen und ihr Ort in der Theologie, Münster 2008, 20-49 (www.itpol.de/?p=267, 05.04.2012).

Disziplin

Aus dem Denkmodell der verschiedenen Ebenen von Clodovis Boff wird ein Weiteres deutlich: Die von ihm so genannten Theologien zweiter Ordnung werden als „Theologien" nicht ernst genommen. Weil man mit solchen Theologien nicht so richtig etwas anzufangen weiß, sie unbequem, zu politisch sind, werden sie entweder in Kirche und Theologie nicht beachtet oder in die exotische Ecke sogenannter „kontextueller Theologen" geschoben. „Kontextuell" wird dann verstanden als „spezifisch regional" (Lateinamerika, Afrika, Indien) oder von/für „spezifische Adressaten" (Frauen, Indios, Afrobrasilianer, Schwarze etc.), was gleichbedeutend ist mit „universal irrelevant".

Der Anspruch der kontextuellen Theologien ist und war von Anfang an ein anderer. Für die Theologie der Befreiung hat Gustavo Gutiérrez schon 1972 formuliert, dass diese Theologie „einen Beitrag für das Leben und die Reflexion der universalen christlichen Gemeinde"[14] leisten will. Und in der Feministischen Theologie wird unter dem Stichwort „Androzentrismus" die eurozentrische, rassistische Perspektive der herrschenden Theologie der Kritik unterworfen, und zwar durchaus mit einem allgemeinen, d.h. universalen Anspruch.

Christine Schaumberger hat diesen Anspruch kontextueller Theologie vor 25 Jahren als Herausforderung formuliert, die, soweit ich sehe, bisher nicht realisiert wurde:

> „Die Erarbeitung, Erprobung und Weiterentwicklung von Modellen und Methoden befreiender Theologie ist gegenwärtig eine der drängendsten Aufgaben sowohl der Theologie der Befreiung als auch der Feministischen Theologie. Beide lassen sich als oppositionelle Theologien beschreiben. Sie stehen im Widerspruch zu einer Theologie und einer durch diese Theologie gestützten Ordnung, die als be‚herr'schende und ‚allgegenwärtig' in allen Dimensionen und auf allen Ebenen des Lebens erfahren wird, und wollen deren Dominanz aufbrechen. Daher verstehen sie sich als kritische Theologie, die das ‚herr'schafts-

---

[14] Gustavo Gutiérrez: Theologie der Befreiung, 9. Aufl., Mainz / München 1986, 20.

stützende dominante Denken, seine Grundlagen und Implikationen analysieren und grundsätzlich in Frage stellen will, aber auch als affirmative Theologie, die sich die theologischen Wurzeln und Grundlagen als befreiendes Erbe aneignet, [...] und als innovative Theologie, die sich befreit von der Allgegenwart der ‚Herr'schaft und neue Wege, Theologie zu treiben, sucht [...]."[15]

Damit bin ich im Zentrum der aktuellen Wissenschaftsdiskussion über Universalität und Partikularität angekommen, zugleich aber auch im Zentrum der Diskussion über das Selbstverständnis von Theologie und über die (Selbst-)Strukturierung und Einteilung von Theologie in Sektionen und Disziplinen, mit der auch die feministische Theologie beim „Marsch durch die Institutionen" zu kämpfen hat.[16] Kontextuelle Theologien liegen quer zur bestehenden Vierfalt der theologischen Sektionen (biblisch, historisch, praktisch, systematisch) und der Disziplinen und Lehrstühle. Theologinnen, die sich in die Institutionen begeben, werden in der Regel über kurz oder lang in dieses System „eingepasst". So aktualisiert das Wort „Disziplin" seine Mehrdeutigkeit.

Leben

Eine Kirche die nicht dient, dient zu nichts. Das gilt auch für die Theologie. Was aber ist der spezifische Dienst der Theologie? Sie reflektiert die Praxis der Kirchen, der Christinnen und Christen; deren Praxis ist die Verbreitung der Frohen Botschaft, dass das

---

[15] Christine Schaumberger: „Ich nehme mir meine Freiheit, damit ich nicht sterbe." Überlegungen zu einer feministischen Theologie der Befreiung im Kontext der ‚Ersten' Welt, in: Dies. / Monika Maaßen (Hg.): Handbuch Feministische Theologie, Münster 1986, 332-361, 347.

[16] Schaumberger: „Weiter gehen, tiefer graben", 22: „Stützt sich feministische Theologie in den etablierten Institutionen auf die durch die feministische Bewegung als ihrer ‚wissenschaftlichen Gemeinschaft' erarbeiteten feministischen Strukturen? Oder stützt sie sich doch auf die Strukturen der Normaltheologie – auf ihre Fächereinteilungen, auf ihre Qualifikationskriterien, auf ihre Definitionen, wer zur wissenschaftlichen Gemeinschaft gehört und wer nicht – und wird oder bleibt Teil der Normalwissenschaft?"

Gottesreich und seine Gerechtigkeit nahe sind, dass die Hungernden zu essen haben, die Unterdrückten befreit und die Traurigen getröstet werden.

Damit stellt sich die Frage nach den Formen von Kirche-Sein und Kirche-Werden. Während des Seminars „Religion, Christentum und kapitalistische Gesellschaft. Versuch einer Ortsbestimmung" des Institut für Theologie und Politik im Jahr 2008 in Vallendar hat Christine Schaumberger darüber gesprochen, wie visionäre Formen des Kircheseins als „Zeichen und Instrument des Hereinbrechens des Reiches Gottes in die Geschichte der Menschen" konkrete Gestalt annehmen können. Sie bezog sich dabei auf Erfahrungen der „Women's church" in den USA. Konstitutiv für eine solche Gemeindebildung von unten seien vier wesentliche Elemente: gemeinsames Lernen, gemeinsames Feiern (Liturgie), Engagement in sozialen und politischen Projekten und die Kollektivierung der Arbeit und des Zusammenlebens. Diese konstitutiven Elemente seien aber weniger in den Zentren einer Gesellschaft zu finden, sondern in den Widerständigkeiten und Selbstorganisationen der Marginalisierten. Die „gefährliche Erinnerung" – gefährlich für die bestehende Ordnung – sei mehr als nur Aufgabengebiet für feministisch-theologische Praxis, von den gesellschaftlich „vergessenen Orten" könnten vielmehr Zeichen der Hoffnung und Impulse des Aufbruchs für die Entstehung von Gesellschaft transformierenden Gemeinschaften jenseits kirchlicher Strukturen ausgehen.

An anderer Stelle machte Christine Schaumberger deutlich, dass die spezifischen Orte der Theologie auch kritisches Korrektiv sind:

> „Einen aufmerksamen Blick auf Arbeit und Armut von Frauen benötigt feministische Theologie auch als Korrektiv gegen die Gefahr, auf Frauen eine ähnliche Wirkung auszuüben wie die heute in der bürgerlichen Gesellschaft herrschende Theologie."[41]

Theologie darf weder „Opium" sein, das die Menschen in eine andere Welt entführt, noch Valium, das sie über ihre Unter-

---

[41] Schaumberger: Den Hunger nach Brot und Rosen teilen, 515.

drückung hinwegtröstet. (Feministische) Theologie muss Mittel zum Leben, „Lebensmittel" sein, sie muss

> „sowohl das materielle Überleben ermöglichen als auch dazu motivieren, die Zerstörung von Leben(smöglichkeiten), der Frauen durch ihre Arbeit fürs Patriarchat zuarbeiten, zu unterbrechen; sie muß den Hunger nach einem befreiten und heilen Leben und die Sehnsucht nach der Möglichkeit, gerecht und lebensspendend zu arbeiten, wecken."[42]

Aus diesen „neuen Blickwinkeln" (Blick aus der Perspektive der unsichtbaren und ärmsten Frauen und ihrer Arbeitssituation, Blick auf die Sozialgeschichte der Frauenarbeit, Instrumentarium feministischer sozialwissenschaftlicher und geschichtlicher Analyse der Frauenarbeit, Erinnerung und Neuentwurf von Visionen befreiter und befreiender Arbeit, Teilnahme an aktiver feministisch-politischer Arbeit), so Christine Schaumberger damals in Eingrenzung der Fragestellung auf die Feministische Theologie,

> „steht eine feministische Revision der gesamten Theologie an, die bei den banalen Dingen des Arbeitsalltagslebens von Frauen ansetzen muß, weil hier die herrschende Religion am massivsten Frauenunterdrückung in den von Frauen im bürgerlichen Kontext erlernten und erwarteten Haltungen bewirkt."[19]

Das gilt auch heute. Es geht um mehr als um ein Stück Kuchen.

---

[42] Ebd.
[19] A.a.O., 516.

Was ich nicht loswerde

Dorothee Wilhelm

Christine Schaumberger hat mir Löwenzahnsamen in die Haare geblasen. Die kleinen Fallschirme halten sich dort, manchmal fällt einer herunter und schlägt in irgendeiner Situation Wurzeln, oft, wenn's mir gar nicht passt. Die Samenfäden sind Worte. Sie kleben an mir. Nachdem ich sie einmal gehört habe, gelingt es mir nicht, sie abzuschütteln. Sie bleiben mir im Ohr.
    Warum eigentlich? Ich denke, weil viele Worte von Christine Schaumberger Schlüsselsätze bilden, Schlüssel zu Fragen, die dringend gestellt werden sollten.

TheologInnen kennen viele Antworten auf Fragen, die niemand stellt – so ein gebräuchlicher Kalauer. Christine Schaumbergers Theologie ist anders. Sie hat Antworten auf Fragen, die niemand so genau zu stellen gewusst hat, bevor diese Antwort gegeben wurde. Die Frage wird durch die Antwort erst bewusst: Die erste Antwort, die ich zitiere, ist selbst eine Frage – und dennoch eine Antwort auf eine noch zu stellende Frage:
    „Wie kommt die behinderte, alte, schwarze Lesbe in den Blick?"[1] heisst die Antwort. Die Frage dazu? Sie könnte lauten:
    „Was bedeutet feministische Ethik politisch konkret?"
    oder „An welchem historischen und politischen Koordinatensystem misst sich Ethik in befreiungstheologischer Perspektive?"

---

[1] Christine Schaumberger: „Das Recht anders zu sein, ohne dafür bestraft zu werden". Rassismus als Problem weißer feministischer Theologie, in: Dies. (Hg.): Weil wir nicht vergessen wollen ... Zu einer Feministischen Theologie im deutschen Kontext (AnFragen 1. Diskussionen Feministischer Theologie im deutschen Kontext), Münster 1987, 101-122, 110.

Eine andere Antwort:
„Das Recht, anders zu sein, ohne dafür bestraft zu werden!"
Mögliche Fragen, denen sie gilt:
„Was wäre denn eine Vision feministischer Befreiungstheologie?"
„Was versprechen sich Feministinnen davon, die vielfältigen Differenzen unter Frauen ernst zu nehmen?"

„Es geht um jede Minute unseres Lebens!"
Mögliche Fragen:
„In welcher Dimension unseres Lebens kann feministische Befreiungstheologie gründen? In der Arbeit? In den Beziehungen? In den Gewaltverhältnissen? In unseren historischen und religiösen Bezügen?"
oder: „Wieviel Lebenszeit soll ich meiner Vision zur Verfügung stellen?"

Ich möchte mir diese Worte manchmal aus den Haaren schütteln, weil sie mich in eine Halbdistanz bringen. Sie erzeugen eine Halbdistanz zwischen mir und Projekten, zwischen mir und Programmen und Vereinigungen:

> „Der Ruf nach **Weiter-Gehen und Tiefer-Graben** [...] fordert zum Misstrauen gegenüber allen eingenommenen und begehrten festen Orten heraus – seien sie zugewiesen, ‚eingeräumt' oder erkämpft; seien sie selbst-gesucht, selbst-erfunden und -geschaffen. [...] Das **Weiter-Gehen** verlangt Unentwegtheit, die Weigerung, sich anzupassen, den Willen, den eigenen Visionen und Fragen zu folgen, verlangt die Anstrengung, die eigenen Ansprüche zu radikalisieren, statt sie als illusorisch oder naiv aufzugeben. (Ein Beispiel eines solchen feministischen Anspruchs ist der Slogan: ‚Keine ist befreit, wenn nicht jede befreit ist.')"[2]

---

[2] Christine Schaumberger: „Weiter gehen, tiefer graben". Akt des Überlebens und notwendig unabschließbare Transformation: Institutionalisierung feministischer Theologie. In: Andrea Eickmeier / Jutta Flatters (Hg.), Vermessen! Globale Visionen – konkrete Schritte. Wegmarken durch den feministischen Alltag. Arbeitsbuch zu Elisabeth Schüssler

Christine Schaumbergers Theologie bringt mich nicht einfach in Distanz, sondern in Halbdistanz. Das, was ich mit anderen versuche, in anderer Leute politischer Aktion erlebe, geht mich etwas an. Ich kann und will mich nicht fremd stellen. Endgültig identifizieren kann ich mich auch nicht. Denn Christine Schaumbergers Theologie verweist mich auf Gerechtigkeit als Suchbegriff, der nicht in einem einzelnen Programm oder Projekt eingelöst werden kann. Die alte, schwarze, behinderte Lesbe ist ja keine abschliessende Verkörperung sich überkreuzender und potenzierender Unterdrückungsverhältnisse. Wir können nicht wissen, wer sich noch zu Wort melden wird.

Christine Schaumbergers Theologie bringt mich in Halbdistanz, nicht einfach in Distanz zu dem, was jeweils möglich und nötig ist. Sie arrangiert sich keineswegs in komfortabler Hoffnungslosigkeit, der nur die reine Negation als politisch korrekt genug gilt. Ihre Halbdistanz-Dynamik entsteht aus Zorn, Ungeduld und Mitgefühl. Zorn, Ungeduld und Mitgefühl gelten konkreten Verhältnissen mit konkreten Menschen darin. Deshalb ist es lebensnotwendig, Teilbefreiungen anzuerkennen und zu feiern:

„Eine erfolgreiche politische Aktion, eine gelungene Alphabetisierung, der Gewinn eines Rechtsstreits, die Wiedergewinnung der Freiheit von Gefangenen – in all ihrer Vorläufigkeit und Ambivalenz werden sie bereits als Erfahrung der Befreiung gefeiert. […]
Die Kunst, Befreiungen auch als solche zu feiern, muß ich erst noch lernen. Weil ich Bewegungen auf Befreiung hin stets im Blick auf ‚die umfassende Befreiung' relativiere und Sexismus tatsächlich eine derart strukturell verankerte Sünde ist, daß wir an allen Ecken und Enden kämpfen müssen, übersehe ich vielleicht bereits gelungene Teilbefreiungen. Doch jede Anstrengung für Frauenbefreiung rettet ein Stück meiner Lebendigkeit, ‚damit ich nicht sterbe', ist eine stets neue Aktualisierung der Selbstbehauptung: ‚ich bin'. Daß ich als Feministische Theologin ‚das Wort ergreife', ist für mich eine solche Teilbefreiung.

Fiorenzas kritischer Befreiungstheologie, Sonderausgabe 3 zur Schlangenbrut, Münster 2003, 19-30, 20. – Gern würde ich Männer und Kinder in die Vision einbeziehen. Oder sind sie mitgemeint?

Oder ich erinnere mich an Erlebnisse mit von ihren Ehemännern geschlagenen Frauen, für die der Auszug ins Frauenhaus, auch wenn sie sich dadurch finanzielle Nachteile und einen schlechten Ruf in der Verwandtschaft eingehandelt haben, der wesentliche Schritt zur Selbstachtung war. Vielleicht sollten wir öfter unsere feministisch-theologischen Befreiungen feiern und uns erinnern, ‚wovon' wir uns bereits gelöst haben und noch lösen müssen, statt stets um die Frage zu kreisen: ‚Befreiung wozu?'
Allerdings sollte das Feiern der Teilbefreiungen nicht dazu führen, daß wir auf den errungenen Erfolgen ‚sitzen bleiben'."[3]

Der wichtigste Löwenzahnsame, der zu seiner Weiterverbreitung mich als Wirtin genutzt hat, ist dieser:

„Kontextuelle feministische Theologie ist ein Prozeß. Die Ansprüche der Kontextualisierung verlangen fortwährendes Neuorientieren und Weiter-gehen. Für eine feministische Befreiungstheologie, die sich u.a. in der westdeutschen feministischen Bewegung kontextualisieren will, ist es notwendig, immer wieder neue Entwicklungen in den Frauenbewegungen zu reflektieren, aber auch Erfahrungen mit Resignation, Vergeßlichkeit, Ausblendungen wahrzunehmen und die Anfänge und Impulse der Frauenbewegung in Erinnerung zu rufen."[4]

Ich lese: Wir wissen nicht, wer sich noch zu Wort melden wird mit eigenen, bisher unsichtbaren Unterdrückungserfahrungen und Befreiungsvisionen. Der Prozess ist tendenziell unabschliessbar. Er muss offen gehalten werden, wenn wir nicht riskieren wollen, morgen jemand anderes mitzumeinen, zu kolonialisieren, zum Verstummen zu bringen.

---

[3] Christine Schaumberger, „Ich nehme mir meine Freiheit, damit ich nicht sterbe." Überlegungen zu einer Feministischen Theologie der Befreiung im Kontext der ‚Ersten' Welt. In: Dies. / Monika Maaßen (Hg.): Handbuch Feministische Theologie, Münster 2. durchges. Auflage 1988, 345-346.

[4] Christine Schaumberger, „Es geht um jede Minute unseres Lebens!". Auf dem Weg einer kontextuellen feministischen Befreiungstheologie, in: Renate Jost / Ursula Kubera (Hg.): Befreiung hat viele Farben. Feministische Theologie als kontextuelle Befreiungstheologie, Gütersloh 1991, 21.

Den Unterschied zwischen feministischer Theologie und feministischer Befreiungstheologie entnehme ich Christine Schaumbergers gesammelten Werken, in denen sie praktiziert, was sie predigt: Sie zitiert andere Frauen, in vielen Überschriften und allen Texten, stellt Texte anderer Frauen ins Licht, speziell Texte von ANDEREN anderen Frauen – von Audre Lorde und Adrienne Rich, von Sojourner Truth, von Bernice Johnson Reagon, von Barbara Smith.

Schaumberger definiert: „Feministische Befreiungstheologie bezieht sich auf die Überlebens-, Widerstands- und Befreiungskämpfe von Frauen."[5]

Feministische Befreiungstheologie fragt sich selbst: Auf welche Frauen beziehen wir uns? Welche werden in unserem aktuellen Diskurs heimlich oder unheimlich mitgemeint und unsichtbar gemacht? Wer sind „wir"? Grundsätzlich wäre jede feministische Theologie eine Befreiungstheologie, gewiss. Die Differenzierung wird dennoch nötig, da unter der Hand und zu spät bemerkt doch allzu oft eine heimliche Normalfrau installiert wird, weiss, jung, mittelständisch, nicht behindert, einheimisch ... Speziell die Frage nach der Klassenlage geht, so will mir scheinen, schnell verloren, wenn ‚wir' (wer schon wieder?) von ‚Frauen' sprechen. Wenn feministische Befreiungstheologie fragt, welche Frauen und Männer und Kinder jetzt ausgeschlossen sind, im Befreiungsprozess nicht vorkommen, jedenfalls nicht in ihrem eigenen Namen – dann ist es unabweisbar deutlich, dass der Prozess der Befreiung offen gehalten, immer wieder geöffnet werden muss.

Keine von uns bleibt verschont von unbequemen Fragen, auch Selbsthinterfragung: Wo profitiere ich von bestehenden Gewaltverhältnissen? Wer bleibt durch meine Ignoranz draussen?

Während der Antijudaismusdebatte in der feministischen Theologie[6] war Christine Schaumberger sehr engagiert, hatte bereits eine

---

[5] A.a.O., 18.
[6] Vgl. für eine Übersicht: Leonore Siegele-Wenschkewitz (Hg.): Verdrängte Vergangenheit, die uns bedrängt. Feministische Theologie in der Verantwortung für die Geschichte, München 1988; Schlangenbrut. Streitschrift für feministisch und religiös interessierte Frauen. Vierteljährliche Nachrichten aus Paradies und Fegefeuer, Hefte 16-18,

profunde Auseinandersetzung mit der Theologie nach Auschwitz und eine ebensolche mit dem Werk von Adrienne Rich hinter sich. So wurde sie nicht aus heiterem Himmel von den Vorwürfen jüdischer feministischer Theologinnen, wie zum Beispiel Susannah Heschel und Judith Plaskow, getroffen, wir christlichen feministischen Theologinnen würden den ererbten christlichen Antijudaismus unverändert weitertragen: einerseits aus schierer Ignoranz, andererseits, weil wir das Judentum als Negativfolie benutzten, um durch die verzerrte Kontrastierung den einen oder anderen Bestandteil aus dem Christentum vom Patriarchatsvorwurf zu retten, verkürzt gesagt: die Hebräische Bibel und das Judentum seien derart patriarchal, dass die griechische Bibel und das Christentum doch gar nicht so schlecht aussähen.[7]

Ich dagegen wurde kalt erwischt. Ein Exempel für die fortwährende Bewusstwerdung im feministisch-befreiungstheologischen Prozess – folgende Geschichte war die Axt für das gefrorene Meer in mir[8]:

Katharina von Kellenbach beschrieb[9], wie sie an einem Second-Generation-Kongress teilnahm, von Leuten also, deren Eltern Holocaustüberlebende waren. Ihre Sitznachbarin fragte sie: „Are you second generation, too?" Und sie antwortete: „No, I'm german." Katharina von Kellenbach schildert mit drastischen Wor-

---

1987; Artikel und Leserinnenbriefe; Weil wir nicht vergessen wollen ... AnFragen 1: Diskussionen Feministischer Theologie zu einer Feministischen Theologie im deutschen Kontext, hg. von Christine Schaumberger, Münster 1987.

[7] Vgl. Christine Schaumberger / Luise Schottroff: Schuld und Macht. Studien zu einer feministischen Befreiungstheologie, München 1988; Judith Plaskow: Blaming the Jews for the Birth of Patriarchy, in: Evelyn Torton Beck (ed.): Nice jewish girls. A Lesbian Anthology, Boston 1982.

[8] Nach Franz Kafka die Funktion jeden Buches. Brief an Otto Pollak 1904, in: Franz Kafka: Briefe 1902 – 1924, hrsg. v. Max Brod, Frankfurt am Main 1975, 28 .

[9] Katharina von Kellenbach: Plädoyer für die Überwindung von Androzentrismus und christlichem Triumphalismus, in: Leonore Siegele-Wenschkewitz (Hg.): Verdrängte Vergangenheit, die uns bedrängt, München 1988, 116-146.

ten, wie ihr die Ungeheuerlichkeit ihrer Antwort bewusst wurde, dass sie nicht zur zweiten Generation gehöre – als Tochter der TäterInnen fühlte sie sich nicht als deren nächste Generation. Das blieb den Kindern der Opfer vorbehalten.

Mir blieb die Luft weg – das hätte *ich* antworten können, das hätte *meine* Geschichte sein können. So hart kann der Blick in den Spiegel die Betrachterin treffen, besonders in der Dynamik feministisch-theologischer Befreiungsvisionen. Aua. Keine ist unbefleckt. Christine übrigens auch nicht:

So liest sie in einem Beitrag[10] die Bibelstelle „Blinde sehen, Lahme gehen, Aussätzige werden rein, Taube hören, Tote werden auferweckt, und den Armen wird Frohe Botschaft verkündet" (Mt 11,5) wie folgt:

„Diese Befreiung von Krankheit, Tod und Armut wird nicht als ‚rein' spirituelle Befreiung verstanden [...]. Diese angekündigte Befreiung wird wörtlich, konkret und leibhaftig aus dem Bibeltext ‚herausbuchstabiert': Befreiung als geschichtliches und gesellschaftliches Ereignis, als Befreiung von dem, was ein ganzes, heiles menschliches Leben, ein ‚Leben in Fülle' verhindert."[11]

Im selben Text versteht sie die Geschichte von der verkrümmten Frau (Lk 13,10-17) als

„Schlüsseltext [...], mit dem sich viele Frauen verschiedenster Lebenssituationen identifizieren können – sowohl in Hinblick auf die Erfahrung des jahrelangen Gekrümmtseins als auch in Hinblick auf das ‚Aufrichten' [...]."[12]

Als Rollstuhlfahrerin bin ich in diesen Beispielen nicht Subjekt. Mein Körper ist nicht gut und schön und ganz, so wie er ist, sondern muss zum Status der Normalen (der Normalfrau?) emporgeheilt werden. Die eigenständige Lebensmöglichkeit, die Leben mit Behinderung im Spektrum menschlicher Möglichkeiten darstellt, wird geleugnet. Mein Körper befindet sich in diesem Bild in einem

---

[10] Schaumberger: „Ich nehme mir meine Freiheit, damit ich nicht sterbe.", 334.
[11] Ebd.
[12] A.a.O., 335.

Zustand, der subito zu überwinden ist. Weil Frauen mit Behinderungen einiges von dem sind, was nicht behinderte Feministinnen fürchten wie der Teufel das Weihwasser: zum Beispiel Autonomieverlust? Oder eingeschränkt naturnahe Lebensweise?

Christine Schaumberger hat diese Beispiele nicht erfunden, sondern vorgefunden – es sind ja sogar biblische Zitate. Ähnlich wie vor der Antijudaismusdebatte war auch bezüglich Behinderung unser Horizont zu eng, wer denn „wir" wären oder „die Frauen" – wer ausgeschlossen, unsichtbar, kolonisiert bleibt. Oder als Metapher für Defizite herhalten muss.

Christine Schaumberger war auch nicht die einzige feministische Theologin, die anderer Leute Lebenswirklichkeiten zu Abziehbildern gemacht hat, statt die eigene Lebens- und Körpererfahrung zu benutzen. Schon gar nicht war sie die einzige Theologie treibende Person. Es gibt bis heute nicht wenige TheologInnen, die sich schwer tun, Behinderung nicht generell mit Leiden und Unerlöstheit gleichzusetzen.

Es ist meines Erachtens übrigens nicht weiter tragisch, dass Christine Schaumberger und viele andere diese ausgrenzenden Fehler gemacht haben. Solche Fehler gehören zum Prozess der Bewusstwerdung – bei allen. Zentral ist, was ein Mensch tut, nachdem sie gemerkt hat, dass sie einen Fehler gemacht hat. Dieser Erkenntnisweg tut zwar meistens jemand anderem weh, scheint aber unvermeidlich zu sein, wenn wir die Spirale feministisch-befreiungstheologischer Bewusstwerdung weiterdrehen wollen. Christine Schaumberger würde gewiss heute anders über Behinderung schreiben.

Das Werkzeug zur Kritik an ihr kann ich übrigens bei ihr selbst beziehen:

> „Indem *die* Theologie allgemein von *dem Menschen* spricht, und *die menschliche Rede* von Gott reflektiert, deklariert sie eine ganz bestimmte Gruppe von Menschen als Norm des Menschseins: Männer weißer Hautfarbe, westeuropäischer Herkunft, mit bürgerlichem Klassenhintergrund, christlicher Religion. [...] Für Menschen, die von dieser Norm abweichen, wird eine theologische Sprache, die durch Verschweigen des Kon-

texts Universalitätsanspruch erhebt, zum ‚Instrument der Unterdrückung' in den Händen der Mächtigen."[13]

In dieser Aufzählung fehlt als Adjektiv des Normmenschen „nicht behindert", ebenso aber „einheimisch", „heterosexuell" und noch vieles mehr, von dem ich einiges in meiner Ignoranz wahrscheinlich nicht bemerke. Dass ich die Denkbewegung, die ich von Christine Schaumberger gelernt habe, verwende, um Christine Schaumberger zu kritisieren, gehört zur Dynamik der Befreiung seit der Französischen Revolution – damals wollten sie auch nur weisse französische Männer befreien und konnten nicht ahnen, dass sich eines Tages kolonisierte Völker, Frauen dort und hier und jetzt sogar Leute mit Behinderungen auf ihre Grundwerte beziehen würden.

Ich wiederhole: Keine Fehler zu machen, ist öde. Interessant ist, was nach dem Erkennen von Fehlern geschieht. „Immer weiter gehen, immer tiefer graben" – so zitiert Schaumberger Adrienne Rich. „Immer weiter gehen, immer tiefer graben"[14] geht nach meiner Lesart genau so: einander ermutigen, einander kritisieren, selbst dazu lernen, arbeiten an der neuen Welt, in politischen Aktionen Erfahrungen sammeln, schreckliche Fehler machen, wieder Mut schöpfen, weitermachen, das dynamische, veränderliche Ziel nicht aus den Augen verlieren: Keine ist befreit, so lange nicht jede befreit ist.

Es liegt nahe, im Weiter-Gehen und Tiefer-Graben Sehnsucht nach Antworten von Christine Schaumberger auf neue Fragen zu entwickeln, nach gewohnt poetischen Antworten, nach nicht gewöhnbar scharfen.

Christine, wie kommen die Sans-Papiers-Frauen zu Wort?

Was ist zu tun für die Kinder, denen wir Müll für mehrere 10.000 Jahre hinterlassen?

Wie werden die Menschen mit geistiger oder psychischer Behinderung dazu kommen, das Potenzial ihres einzigen Lebens auszu-

---

[13] A.a.O., 335-336.
[14] Vgl. Anm. 1.

schöpfen, während sie in Institutionen leben, die ihnen ihre Freiheit weitgehend vorenthalten?

Welchen Platz haben Tiere und Pflanzen in unseren Hoffnungen und Visionen?
Wo wird die Saat einer neuen Welt sichtbar?
Welche Samen werden aufgehen?

Danke für alle (Puste-) Blumen, Christine!

Gott in Gestalt der Schechina:
Berührungspunkt politischer und
geschlechtersensibler Theologien?

Aurica Nutt

Bereits 1988 hat Christine Schaumberger in ihrem Aufsatz „Das Verschleiern, Vertrösten, Vergessen unterbrechen: Zur Relevanz politischer Theologie für feministische Theologie" die Gemeinsamkeiten und gegenseitigen Herausforderung beider Ansätze thematisiert. Anlässlich von Christines 60. Geburtstag nehme ich eine erneute Lektüre dieses Aufsatzes vor, frage nach seiner Aktualität und untersuche, ob die Vorstellung von Gott in Gestalt der Schechina und die damit verbundenen Implikationen einen Berührungspunkt politischer und feministischer / geschlechtersensibler Theologien darstellen können.

1. Mein persönlich-theologischer Bezug zu Christine

Persönlich habe ich Christine Schaumberger während meines Theologiestudiums, das im Wintersemester 1993/94 in Münster begann, nie getroffen, aber ihre Texte waren mir relativ früh bekannt und stellten wichtige Wegweiser dar. Denn da ich mich sowohl für politische als auch für feministische Theologie interessierte, erstere aber feministische Fragen nicht einbezog, zeigte Christine erhellende Verbindungslinien auf. Diese versuchte ich in meiner Diplomarbeit von 2001 über die Feministin und Holocaust-Überlebende Ruth Klüger nachzuzeichnen: „Erinnerung verbindet uns, Erinnerung trennt uns." Eine feministisch-theologische Lektüre von Ruth Klügers „weiter leben"[1].

Auch meine Dissertation, mit der ich 2002 in den Niederlanden begann, verstehe ich als sowohl politisch-theologisches als auch feministisches bzw. geschlechtersensibles Projekt. Sie wurde 2010 unter dem Titel „Gott, Geschlecht und Leiden" veröffentlicht.[2] Einige zentrale Thesen meiner Arbeit möchte ich hier vorstellen und die Frage reflektieren: Gott in Gestalt der *Schechina* – Berührungspunkt politischer und geschlechtersensibler Theologien?

2. Christines Text „Das Verschleiern, Vertrösten, Vergessen unterbrechen"

Einer der wichtigsten Texte, ein regelrechter „Leitstern" für mein Studium ist Christines Aufsatz „Das Verschleiern, Vertrösten, Vergessen unterbrechen"[3]. Er stammt aus dem Jahr 1988, ist also schon über 20 Jahre alt. Christine Schaumberger studierte in Regensburg und begann dann ein Promotionsstudium bei Johann Baptist Metz in Münster. Sie war von politischer Theologie fasziniert und inspiriert, vermisste aber den lebendigen Austausch mit feministischer Befreiungstheologie, darum verfasste sie vermutlich diesen Text.

Was sind die zentralen Anliegen der so genannten Neuen Politischen Theologie und inwiefern sind sie aus Schaumbergers Sicht

---

[1] Die wichtigsten Erkenntnisse und einige weiterführende Überlegungen sind veröffentlicht: Aurica Nutt: „Wie kann ich euch vom Aufatmen abhalten?" Eine feministisch-theologische Lektüre von Ruth Klügers „weiter leben", in: Desiree Berendsen u.a. (Hg.): Proeven van Vrouwenstudies Theologie Deel VIII, Zoetermeer 2005, 148-163. Vgl. auch Aurica Nutt: Rezension zu: Ruth Klüger, Unterwegs verloren, in: Schlangenbrut 104 (2009), 45.

[2] Aurica Nutt: Gott, Geschlecht und Leiden. Die feministische Theologie Elizabeth A. Johnsons im Vergleich mit den Theologien David Tracys und Mary Dalys (Theologische Frauenforschung in Europa 24), Berlin 2010.

[3] Christine Schaumberger: Das Verschleiern, Vertrösten, Vergessen unterbrechen: Zur Relevanz politischer Theologie für feministische Theologie, in: Marie-Theres Wacker (Hg.), Der Gott der Männer und die Frauen (Theologie zur Zeit 2), Düsseldorf 1988, 126-161.

relevant für eine feministische Theologie? Schaumberger beschreibt die Kriterien praxisrelevanter Theologien und damit Gemeinsamkeiten beider Ansätze:

„Irritierbarkeit und Berührbarkeit durch die Leiden der Unterdrückten und Opfer, Wahrnehmungsfähigkeit für Unsichtbargemachte, Empörung über Ungerechtigkeit, Parteilichkeit für die Unterdrücktesten und Unsichtbarsten, Option und Befreiungspraxis für kirchlich-gesellschaftliche Veränderung".[4]

Als wichtigstes Manko politischer Theologie sieht Schaumberger dabei die mangelnde Einsicht, dass für Frauen die Frage nach Subjektwerdung auf andere Weise gestellt werden muss als für Männer und dass „Unsichtbarmachung" für Frauen vor allem in der Geschichte eine andere Dramatik besitzt als für Männer (wobei das Geschlecht selbstverständlich nicht der einzige Grund sein kann, von der Nachwelt vergessen zu werden, sondern z. B. auch Armut).

Als wichtigste Herausforderung feministischer Theologie durch politische Theologie sieht Schaumberger die Aufmerksamkeit für das Leiden der „anderen", für „fremdes Leid", das nicht ausschließlich die eigenen Erfahrungen in den Mittelpunkt stellt. Sie zeigt dies an drei zentralen Kategorien politischer Theologie auf:

1. Erinnerung: Es geht Metz um eine Hoffnung für die Lebenden und die Toten, d.h. um eine Hoffnung, welche die „Verlierer der Geschichte" mit einschließt. Er spricht von „gefährlicher Erinnerung". Schaumberger plädiert für ein Unterbrechen des Vergessens, wie der Titel ihres Aufsatzes andeutet.
2. Erzählung: Dass es um die „konkrete geschichtlich-gesellschaftliche Situation von Menschen geht", bedeutet auch, dass Theologie versucht, neue sprachliche Formen wie die Narration zu finden bzw. (inspiriert von der Bibel) wiederzuentdecken – im Gegensatz zu ausgefeilten Theorien, die meinen, die Realität insgesamt „systematisieren" und beschreiben zu können. Schaumberger will das „Verschleiern unterbrechen".
3. Solidarität: Metz spricht von „jener solidarischen Hoffnung auf den Gott der Lebenden und der Toten, der alle Menschen

---

[4] Schaumberger: Das Verschleiern, 138.

ins Subjektsein vor sein Angesicht ruft". Schaumberger schreibt gegen das „Vertrösten".

Ich möchte aber den Schwerpunkt weniger auf die Frage legen, *wie* Theologie getrieben werden sollte, sondern vielmehr andeuten, was diese Postulate für den Bereich der Gottesrede bedeuten, und zwar in doppelter Hinsicht, nämlich zum einen in Bezug auf das Geschlecht Gottes – Schaumberger schreibt dazu: „Ist ‚der' Gott der Lebenden und Toten ‚ein' männlich gedachter Gott, ‚ein' Gott, in ‚dem' das Männliche vergöttlicht wird?"[5] – und zum anderen, was die Leidempfindlichkeit Gottes betrifft: Haben die Leiden der Menschen Auswirkungen auf Gott, gerade wenn wir die Shoah in den Blick nehmen, von der die politische Theologie, aber auch die feministische Theologie in Deutschland grundlegend geprägt ist?

3. Gott in Gestalt der Schechina

Auf der Suche nach einem Gottesbild, das diese beiden Aspekte berücksichtigt, bin ich im Zuge meiner Dissertation auf die jüdische Vorstellung von Gott in Gestalt der *Schechina* gestoßen. Mithilfe eines Kunstwerks von Anselm Kiefer (siehe unten) möchte ich einige Kennzeichen dieser Figur erläutern und außerdem auf zwei Theologinnen verweisen, die mit der Vorstellung der *Schechina* arbeiten.

Die Vorstellung der *Schechina* als Bezeichnung für Gottes „Einwohnung" oder Gegenwart auf Erden entsteht im rabbinischen Judentum d.h. nach Zerstörung des Zweiten Tempels. Dort ist sie aber nichts anderes als der männliche Gott der Hebräischen Bibel. Im Buch *Bahir* („es leuchtet" nach Hiob 37,21), das im 12. Jahrhundert in Südfrankreich auftaucht und einer Spielart der jüdischen Mystik, der Kabbala, zuzurechnen ist, ist das anders.

„Die Schechina ist die weibliche Kraft Gottes [...]. Sie überbrückt die himmlischen und irdischen Sphären nicht nur, weil sie an der Grenze zwischen Gottheit und menschlicher Welt an-

---

[5] Schaumberger: Das Verschleiern, 132.

gesiedelt, sondern vor allem, weil sie Gottes Verkörperung in der Welt ist."[6]

Gott ist und bleibt in der Kabbala eine/r, aber besitzt ein reiches inneres Leben, das sich in Potenzen, Energien und Emanationen (hebr. *sefirot*) entfaltet. Die *Schechina* ist die zehnte und ausdrücklich als weibliches Prinzip formuliert.

Der Künstler Anselm Kiefer hat eine Skulptur geschaffen, die den Namen „*Schechina*" trägt und in der er Elemente der Kabbala verarbeitet (siehe Abbildung S. 190): Auf einer weiblichen Figur bzw. einem Brautkleid ist der so genannte „Baum" der Kabbala mit den 10 *sefirot* befestigt, von denen die unterste die *Schechina* ist. Sie steht für die Gegenwart gottes in der Welt, ist Gottes „Verkörperung" und „Sendbotin" in der Welt.

„An der Schwelle zur irdischen Welt stehend, gibt die Schechina die in ihr versammelten göttlichen Kräfte an diese Welt ab und richtet sie gleichzeitig wieder nach oben."[7]

Sie ist Mittlerin zwischen Gott und Mensch, Himmel und Erde, ermöglicht Gottes Gegenwart unter den Menschen und hilft Israel, Zugang zu Gott zu gewinnen und die Tora zu erfüllen. „Wenn Israel sündigt, leidet auch die Schechina, wenn es Gottes Willen tut, geht es ihr gut"[8]. Dadurch dass die Schechina in Israel Wohnung genommen hat, hat sie Israels Schicksal zu ihrem eigenen gemacht: Sie ist verantwortlich für Israel und Israel für sie. Nur durch sie hat Israel Zugang zu Gott, sie ist der Schlüssel zu beiden Welten:

„Ohne sie wäre die himmlische Welt unvollständig, und die irdische Welt würde weder existieren, noch könnte sie den Weg zu ihrem Schöpfer zurückfinden."[9]

Wie können nun die Glassplitter auf dem Gewand der Kiefer-Skulptur gedeutet werden?

---

[6] Peter Schäfer: Weibliche Gottesbilder im Judentum und Christentum, Frankfurt am Main / Leipzig 2008, 179.
[7] A.a.O., 170.
[8] A.a.O., 177.
[9] A.a.O., 180.

„Schechina", 2000 - © Anselm Kiefer, courtesy Galerie Thaddaeus Ropac Paris · Salzburg
Foto: Boualem Moudjaoui

„Israels Erfüllung der Tora führt zur Vereinigung – oder besser *Wiedervereinigung* – des natürlichen Lichts mit dem Urlicht, der mündlichen Tora mit der schriftlichen Tora [...]."[10]

Und wie ist es zu verstehen, dass Kiefer lediglich das Kleid als leere Hülle verwendet und keinen Körper, kein Gesicht darstellt? Vielleicht soll dies ein Hinweis auf das Bilderverbot sein oder darauf, dass die *Schechina* verschiedenste Gestalten annimmt.

4. Die Schechina *bei Melissa Raphael und Elizabeth Johnson*

Die englische jüdische Theologin Raphael hat in ihrem Buch „The Female Face of God in Auschwitz. A Jewish Feminist Theology of the Holocaust" erstmals eine Theologie formuliert, die sich aus jüdischer *und* feministischer Perspektive mit der Frage nach Gott in Auschwitz auseinandersetzt. Im Gegensatz zu Positionen, die von der Abwesenheit Gottes während des Massenmords an den Jüdinnen und Juden Europas ausgehen, schlägt Raphael eine andere Sichtweise vor: In autobiographischen Texten von Auschwitz-Überlebenden entdeckte sie, dass viele Frauen für andere Frauen sorgten, soweit es unter den menschenunwürdigen Umständen möglich war. Diese Handlungen interpretiert Raphael als Bilder für Gottes Anwesenheit im Leiden dieser Jüdinnen und bezieht sich damit auf die *Schechina*. Demnach wäre der Prozess der Erlösung der Welt in Auschwitz nicht außer Kraft gesetzt gewesen, sondern *trotz Auschwitz* weitergegangen.[11]

---

[10] A.a.O., 179.

[11] Am Ende des Buchs schildert sie die Präsenz der Schechina in einem Midrasch, der traditionellen jüdischen Form der Schriftauslegung. Diese Erzählung stellt eine Veranschaulichung von Raphaels ‚Thealogie' des ‚weiblichen Gesichts Gottes in Auschwitz' dar: Melissa Raphael: The Female Face of God in Auschwitz. A Jewish Feminist Theology of the Holocaust (Religion and Gender 2), London / New York 2003, 161-165. Eine deutsche, gekürzte Übersetzung bietet: Melissa Raphael: Die Prinzessin und die Stadt des Todes, in: Schlangenbrut 89 (2005), 37f. Mit ihrem Ansatz ist Melissa Raphael als einzige Autor*in* in dem umfangreichen Sammelband „Wrestling with God. Jewish Theological Responses During and After the Holocaust" (hg. v. Steven T. Katz, Gershon Greenberg, Shlomo Biederman, New York 2007) vertreten.

Die römisch-katholische Ordensfrau Elizabeth Ann Johnson ist Professorin an der Jesuiten-Universität Fordham in New York City und hat mehrere Monographien aus feministisch-theologischer Perspektive verfasst, darunter „She Who Is. The Mystery of God in Feminist Theological Discourse" von 1992 – „a blockbuster, theologically speaking"[12]. Das Buch wurde als umfassender Entwurf feministischer Gotteslehre vielfach diskutiert und mit Preisen ausgezeichnet sowie in mehrere Sprachen übersetzt.[13] Es ist auch das einzige Werk Johnsons, das ins Deutsche übersetzt wurde und 1994 mit dem „Ich bin die ich bin. Wenn Frauen Gott sagen"[14] erschien.

Elizabeth Johnson will als feministische Befreiungstheologin die christliche Tradition und den modernen Feminismus miteinander versöhnen, was allerdings grundlegende Veränderungen in Kirche und Theologie erfordert. Johnson formuliert klassische Bilder von Gott, den Heiligen und Maria neu und transformiert sie mit Hilfe der Geschlechterperspektive. Das Ergebnis ist eine Kombination der Dreifaltigkeit mit der biblischen Figur der Weisheit, die Johnson mit weiblichen Namen versieht: ‚She Who Is' (Sie, die ist) und ‚She Who Dwells Within' (Sie, die einwohnt). Diese Namen leitet Johnson aus Ex 3,14 ab, jener bekannten Szene, in der Mose bei

---

[12] Angela Bonavoglia: Good Catholic Girls. How Women Are Leading the Fight to Change the Church, New York 2005, 188.

[13] „The number of book reviews was rather large for a theology-book, something like fifty or more, some in very pastoral newspapers and some in really serious journals. Out of that whole range, there were two negative reviews – and one was by a woman." Nutt: Gott, 215f. Den Anstoß zum Schreiben von „Ich bin die ich bin" gaben erhebliche Zweifel an der Glaubwürdigkeit christlicher Tradition und Theologie, aber diese Zweifel verschwanden während des Schreibens, wie Johnson im Rückblick erläutert: „Because I myself am still in the church, so it becomes important to see, ‚can it work? Or' – I had that question when I started *She Who Is* – ‚or in my own integrity, must I leave?' I know many, many women who've gone down that road and I felt that one could stay and push for reform and find all these resources and make these arguments and so on. But I wasn't sure when I began the book whether that would fail or not." Nutt, Gott, 217.

[14] Elisabeth Johnson: Ich bin die ich bin. Wenn Frauen Gott sagen, Düsseldorf 1994.

seiner Berufung die Gottheit nach ihrem Namen fragt. Und „einwohnen", „*schakan*" ist die hebr. Wurzel, aus der auch „*Schechina*" stammt.

Johnson befasst sich intensiv mit dem Thema „Leiden" und versteht ihre Bilder eines bei den Leidenden anwesenden und mit ihnen mitleidenden Gottes als Reaktion darauf. Sie verwendet den Namen der *Schechina* in dem Teil ihres Buchs „Ich bin die ich bin", der sich mit menschlichem Leid beschäftigt – und der Vorstellung, dass Gott sich für dieses Leid womöglich nicht interessiert. Diese Frage nach dem Verhältnis Gottes zum menschlichen Leiden ist der „Testfall"[15] der Theologie Johnsons. Sie erklärt dieses Interesse mit einer persönlichen Erfahrung: Ihr Vater starb 1959 nach einem Unfall an seinen schweren Verletzungen, und alle Gebete der Familie und der Pfarrgemeinde konnten das nicht verhindern.

„Ich habe das nie überwunden. Es zerschlug alle Annahmen in meinem Herzen eines jungen Mädchens über Gottes Liebe, Macht und Verlässlichkeit. ‚Er' kam nicht, um die Gerechten zu retten. Darum kreiste die zentrale Frage in meinem Verstand und Geist immer um Gott und Leiden, mein eigens und das anderer Menschen."[16]

Diese persönliche Erfahrung und die theologischen Überlegungen, die Johnson – wie viele andere Theologinnen und Theologen – seitdem angestellt haben, führen dazu, dass sie sich von der traditionellen Vorstellung eines leidensunfähigen Gottes distanziert und dagegen die Vorstellung eines mitleidenden und anwesenden

---

[15] „Bei der Suche nach einer Sprache über Gott, die der Erfahrung von Frauen entspricht, […] wird die klassische Eigenschaft der Leidensunfähigkeit Gottes ein Testfall für die Neuinterpretation sein." Johnson: Ich bin die ich bin, 331.
„With regard to the related question of divine suffering, my own thinking has undergone a transformation in recent years due to contact with the massive public suffering caused by the injustice of poverty and violence." Elizabeth A. Johnson: Review Symposium: She Who Is, Author's Response, in: Horizons 20 (1993), 339-344, 344.

[16] Elizabeth A. Johnson: Review Symposium: Friends of God and Prophets, Author's Response, in: Horizons 26 (1999), 127-135, 133. Übersetzung: Aurica Nutt.

Gottes setzt: ‚She Who Dwells Within', ‚Sie die einwohnt', ein Gott, der / die zum einen weiblich ist und zum anderen die Menschen mitfühlend begleitet.

Johnson sucht und findet in der jüdisch-christlichen Tradition eine Gottesvorstellung, die ihrer Ansicht nach menschlichen Erfahrungen angemessen ist. Das entscheidende Kriterium ist hier, dass diese Vorstellungen menschlichen *Leidens*erfahrungen angemessen sein muss. Wie viele andere TheologInnnen, feministische und andere, glaubt Johnson an die Empathie und Gegenwart Gottes, ‚die' mit den Leidenden mitleidet und im Leiden anwesend ist. Deshalb reaktualisiert Johnson den Gottesnamen ‚She-Who-Dwells-Within', ‚Sie die einwohnt', *Schechina*.

„Durch anhaltenden [...] Gebrauch in den mittelalterlichen kabbalistischen Schriften vertraut gemacht, ist schekina ein Begriff mit weiblicher Resonanz, der das biblische Verständnis des Gottesgeistes weiterträgt. Er deutet nicht einfach eine weibliche Seite Gottes an, sondern Gott als Sie-die-einwohnt, als göttliche Gegenwart in mitfühlendem Engagement mit der konfliktbeladenen Welt und im Kampf als Quelle der Lebendigkeit und des Trostes."[17]

„She Who Dwells Within" / „Sie die einwohnt" ist eigentlich der Name der *Schechina*, aber Johnson verwendet ihn auch für „den" Hl. Geist. Damit will sie nicht sagen, dass im Judentum vom christlichen Hl. Geist die Rede ist, aber dass beide Vorstellungen eine vergleichbare Funktion erfüllen: Gott im Staub mit den Menschen die leiden, das sagt mehr über einen Gott als wenn „er" Himmel und Erde beherrscht. Im Christentum hilft eine trinitarische

---

[17] Johnson, Ich bin die ich bin, 123. Zu aktuellen jüdisch-feministischen Interpretationen vgl. Lynn Gottlieb: She Who Dwells Within. A Feminist Vision of a Renewed Judaism, San Francisco 1995 sowie Stefanie Knauß: Drachenfrau und Geistfeuer. Neue Metaphern für Gott in der jüdischen feministischen Theologie und Praxis (Pontes 11), Münster 2002, 83-93 und 123. Die Schreibweisen von Schechina/Schekinah/Shekinah sind innerhalb des Deutschen bzw. Englischen verschieden.

Theologie, diese Nähe Gottes zu den Menschen auszudrücken, aber im Judentum ist es die *Schechina*.[18]

Warum bringt Johnson „*Schechina*" nun ausgerechnet im letzten Kapitel ihres Buchs „She Who Is" ein, warum in dem Kapitel, in dem vom mitleidenden Gott die Rede ist? Sie begründet es mit der Beobachtung, dass es in jüdischen Texten oft um Anfechtungen (*troubles*) und um Leiden geht, um harte Zeiten und Wandern durch die Wüste. Also sind es jüdische AutorInnen, die die *Schechina* einbringen, wenn es um Leiden geht, und Johnson übernimmt diese Perspektive.[19]

Auch die „Bibel in gerechter Sprache" arbeitet mit der *Schechina* und bietet sie in einigen biblischen Büchern als möglichen Namen für Gott an. Zugleich betonen die HerausgeberInnen, dass Gott weder männlich noch weiblich ist:

> „Obwohl von Gott grammatisch überwiegend männlich geredet wird, gibt es eine Fülle von Signalen und eindeutigen Formulierungen, dass Gott jenseits der Geschlechterpolarität steht. [...] Die meisten Leserinnen und Leser der Bibel haben sich daran gewöhnt, zwar grundsätzlich und abstrakt zu wissen, dass Gott nicht männlich ist, sich aber Gott gleichzeitig in inneren und äußeren Bildern männlich vorzustellen."[20]

---

[18] Vgl. dazu: Maria Theresia Zeidler: Elohim, SheHe in Love with Life. Überlegungen zur Konstellation zwischen Schekhinah und Heiligem Geist in der Kabbalah des Buches Sohar und der christlichen Pneumatologie, Münster 2003.

[19] Peter Schäfer meint, „daß die Rolle und Funktion der christlichen Maria jener der jüdischen Schechina im Bahir sehr nahekommt." Schäfer: Weibliche Gottesbilder, 27. Zur Neuinterpretation Marias durch Johnson vgl.: Elizabeth A. Johnson, Truly Our Sister. A Theology of Mary in the Communion of Saints, New York 2003. Johnson plädiert dafür, die Vergöttlichung Marias zu revidieren und die Maria traditionell zugesprochenen göttlichen Eigenschaften wie z. B. das Mitleiden wieder als Eigenschaften Gottes selbst zu interpretieren.

[20] Ulrike Bail u.a. (Hg.): Die Bibel in gerechter Sprache, Gütersloh 2006, 10.

5. Berührungspunkt politischer und geschlechtersensibler Theologien?

Zurück zu Schaumbergers Aufsatz: Die Frage nach dem Geschlecht Gottes ist bis heute nicht in politischer Theologie reflektiert worden, aber es gab eine Debatte um die Leidens(un)fähigkeit Gottes.

Dass Gott leidet, bedeutet meines Eerachtens keineswegs die *Ohnmacht* Gottes. Metz, der das Thema Leiden vehement in die Theologie eingebracht hat, spricht sich allerdings immer gegen die Vorstellung eines (mit)leidenden Gottes aus, weil seiner Überzeugung nach ein mitleidender Gott nicht retten kann.

„Ich habe [...] in meinem theologischen Leben nie die Möglichkeit gesehen, der Provokation der christlichen Hoffnung auf Gott durch die Erfahrung der Abgründigkeit der Leidensgeschichte der Welt, seiner Welt, dadurch zu begegnen, dass ich das Leid in Gott selbst verlegte, dass ich vom leidenden Gott, vom Leiden in Gott sprach."[21]

Metz vermutet,

„dass bei der heute geradezu euphorischen Rede vom leidenden Gott so etwas wie eine postmoderne Ästhetisierung des Leidens durchschlägt, das seine Negativität unterschätzt oder schlichtweg vergisst. [...] Wer [...] die Gottesferne in der Ohnmacht der menschlichen Leidenserfahrungen dadurch überbrücken will, dass er Gott selbst leiden lässt, mit-leiden lässt, schafft nicht etwa rettende Nähe, sondern verdoppelt nur das verheißungslose Leid in der Welt."[22]

---

[21] Johann Baptist Metz: Memoria passionis. Ein provozierendes Gedächtnis in pluralistischer Gesellschaft. In Zusammenarbeit mit Johann Reikerstorfer, Freiburg i. Br. 2006, 104.

[22] A.a.O., 105. Metz scheint hier vor allem die Theologie Moltmanns vor Augen zu haben, wenn er von seinen Vorbehalten gegenüber „einem Leiden ‚in' Gott, von einem Leiden ‚zwischen' Gott und Gott" spricht. Johann Baptist Metz / Tiemo Rainer Peters: Wenn ich Gott sage ... , in: Bertil Langenohl / Christian Große Rüschkamp, Wozu Theologie? Anstiftungen aus der praktischen Fundamentaltheologie von Tiemo Rainer Peters (Religion – Geschichte – Gesellschaft 32), Münster 2005, 59-75, 66.

Demgegenüber votiert Tiemo Peters *dafür*, „in Gott ein Leiden-Können anzunehmen"[23]. Dies entspreche der Glaubenserfahrung Israels, die sich in der Figur der Schechina zeigt:

„Zwischen Diesseits und Jenseits besteht kein Bruch, zwischen Gott und Mensch keine unüberbrückbare Kluft."[24] Metz hingegen argumentiert: „Ich habe so vielleicht immer eine *beunruhigende* Frage zu viel, die Rede vom leidenden Gott hat da aber, nach meinem Empfinden, eine *beruhigende* Antwort zu viel."[25]

Im Hintergrund dieser Diskussion ist ein Denken zu vermuten, das Transzendenz und Immanenz Gottes als Widerspruch denkt – eine in feministischen Theologien schon seit langem diskutierte und stark relativierte Spannung. So hält etwa die leider bereits verstorbene niederländische Theologin Kune Biezeveld fest:

„When considering the meaning of God in everyday life, we cannot give up this idea of the need for liberation. As long as oppression, violence and injustice are a reality in many people's daily lives, looking for the meaning of God within life cannot neglect them."[26]

An dieser Stelle breche ich ab. Meine Absicht war es nicht, die *Schechina* als ultimative Lösung aller Fragen zu präsentieren, aber doch, etwas genauer zu betrachten, welche Gottesrede zu einer politisch engagierten feministischen bzw. geschlechtersensiblen Theologie passen könnte.

---

[23] A.a.O., 69.
[24] A.a.O., 70f.
[25] A.a.O., 74. Kursivsetzung im Original.
[26] Kune Biezeveld: The Need for Another World. Women's Everyday Life and the Embrace of Pain, in: Maaike de Haardt / Anne-Marie Korte (Hg.): Common Bodies. Everyday Practices, Gender and Religion (Theologische Frauneforschung in Europa 6), Münster 2002, 99. Biezeveld diskutiert hier Reflexionen von Maaike de Haardt und Delores Williams. Vgl. auch die Diskussion von ‚liberation' versus ‚survival' in feministischen und womanistischen Theologien z. B. in: Flora Keshgegian: Suffering, in: Letty M. Russel / J. Shannon Clarkson: Dictionary of Feminist Theologies, Louisville 1996, 278-280.

Liebe Christine,

nachträglich alles Gute zum 60. Geburtstag und danke für alle wertvollen theologischen Impulse und „Leuchtfeuer"!
Herzliche Grüße,

Aurica

Schwierige Kunst als Lebensmittel

Regula Grünenfelder

„Das Wichtigste ist, dass ich mit solcher ‚schwieriger' Kunst Erfahrungen mit Wahrnehmungen mache, mit dem Wechsel vom ersten Eindruck und vielen weiteren, mit dem Ahnen, mit den Auswirkungen auf das weitere Sehen ... und dass ich lerne, wie beherrscht und begrenzt meine Wahrnehmungen sind und wie mühsam es ist, genau wahrzunehmen."
(Christine Schaumberger in einer Mail vom Juni, 2010)

Es ging um Weisheit. Ich schrieb an einem feministisch-theologischen Artikel und steckte im Kapitel über weisheitliche Kunst fest. Bilder aus der Antike von Maat-Chokhma-Sophia bis zu zeitgenössischen Illustrationen irritierten mich. Weisheit ist ja nicht zum Zuschauen und Bewundern da, ist kein heiles Gegenstück zu dieser Welt voll Gewalt. Ich hatte Weisheit als Vision und als Realisierungen gerechter Lebensverhältnisse beschrieben, als Personifizierung und Praxis solidarischen Handelns[1]: Weisheit in der Lebensrealität, der wir nicht entfliehen können. Gibt es, war meine Frage an Christine Schaumberger, weisheitliche Kunst? Kunst, die hilft, mit der Verzweiflung über die Welt, wie sie ist, zu leben und sich für menschliche Verhältnisse einzusetzen?

Christine Schaumberger beschrieb ihr Verständnis von Kunst als Lebensmittel, Kunst, die nicht abbildet und illustriert, sondern Aufmerksamkeit fordert. Kunst, die nicht bestätigt, sondern die eigenen Grundlagen stets neu erschüttert. Für mich war ihr Bezug zur

---

[1] V.a. mit den Werken von Elisabeth Schüssler Fiorenza. S. u.a.: Gerecht ist das Wort der Weisheit. Historisch-politische Kontexte feministischer Bibelinterpretation, Luzern 2008.; Weisheitswege. Eine Einführung in feministische Bibelinterpretation, Stuttgart 2005.

Kunst neu und ich erkannte etwas davon, wie sich diese leidenschaftliche Forscherin und Lehrerin aussetzt und ihre Wahrnehmungen schärft. Ihre Texte sind wiederum Lebensmittel, weil sie mit der ‚schwierigen Kunst' übt, wovon sie schreibt: „eine dauernde strukturelle Öffnung auf Infragestellung und Unterbrechung durch marginalisierte Personen und Sichtweisen, die die eigenen Grundlagen stets neu erschüttert."[2]

Zusammen mit ihrem Mann Peter Pulheim hat Christine Schaumberger in der Festschrift für den Bildhauer Hans Steinbrenner beschrieben, wie sie ‚schwierige Kunst' zum Leben und Arbeiten brauchen. Dieser Artikel wird hoffentlich bald in den gesammelten Werken von Christine Schaumberger zugänglich sein![3]

Zu deinem Geburtstag, Christine, möchte ich diesem Wahrnehmen durch ‚schwierige Kunst' nachgehen, weil es so sehr zu dir gehört und deine Texte prägt, aus denen ich Kraft schöpfe gegen Verzweiflung und zum Handeln für menschliche Verhältnisse.

Mit Figuren von Hans Steinbrenner leben

Christine Schaumberger und Peter Pulheim geben in der Festschrift zum siebzigsten Geburtstag von Hans Steinbrenner Einblick, warum und wie sie mit den Skulpturen des Bildhauers leben: Abstrakte gestapelte Quader in einer engen Mietwohnung. Sie haben die Figuren in ihren privaten Lebensraum geholt, weil sie diese nötig haben:

„Hans Steinbrenner [schafft] in seinen Skulpturen Visionen einer menschlichen Welt Sichtbarkeit (...), indem er mit Rechtecken, Quadern [arbeitet] – den containerförmigen Elementen der als unmenschlich erfahrenen und kritisierten Welt, die wir

---

[2] Christine Schaumberger: Weiter gehen, tiefer graben. Akt des Überlebens und notwendig unabschließbare Transformation: Institutionalisierung feministischer Theologie, in: Vermessen! Globale Visionen – konkrete Schritte, Schlangenbrut spezial, Münster 2003, 19-30, 23f.

[3] Peter Pulheim und Christine Schaumberger: Mit Figuren von Hans Steinbrenner leben, in: Helmut Dreiseitel (Hg.): Hans Steinbrenner zum 70. Geburtstag, Festschrift, Köln 1998.

als Lebensrealität vorfinden, der wir nicht entfliehen können, die wir analysieren und verwandeln müssen ..."[4]

Besonders ist nun, dass mit diesen Figuren in der Wohnung keine Beruhigung eintritt. Die Visionen einer menschlichen Welt erhalten eine Sichtbarkeit, die nicht zum Anschauen einlädt, sondern Raum schaffen, „in dem durch die Figur von Hans Steinbrenner die Unmenschlichkeit und die Transformation und Vermenschlichung sichtbar werden können."[5]

‚Schwierige Kunst' fordert und schafft Präsenz, Dasein mit dem, was ist: „Die Figur verlangt Aufmerksamkeit, aber erscheint nicht als ‚Gegenüber', sie blickt nicht zurück, sie antwortet nicht, es ist nicht möglich, sich in ihr wiederzufinden oder sich zu spiegeln, sie stellt nichts dar, sie verweist nicht auf etwas anderes, so dass wir durch sie hindurch blicken, sie durchschauen, ihre Bedeutung für uns suchen und sehen könnten, sie ist nicht ‚ein Fenster' zu einer anderen Welt."

Christine Schaumberger und Peter Pulheim beschreiben, wie die Skulptur, wenn der Blick sie zufällig streift, jedes Mal neu die Kraft hat zu unterbrechen: Gedankengänge, Mühsal der Arbeit am Text, Ärger über verlorene Zeit beim Ausfüllen der Steuererklärung. Die Figur bricht immer wieder Ohnmacht und Trivialisierungen, Christine und Peter lassen sich immer wieder unterbrechen:

„Sie steht da für sich selbst und als sie selbst, in ihrer Dreidimensionalität, behauptet ihre eigenen Orientierungen. Wenn sie angesehen wird, ist sie nicht auf die Betrachterin, den Betrachter ausgerichtet, sondern auf alle Richtungen des Raums. Sie macht diesen Raum zu ihrem Raum, wird, vor einer Wand stehend, zu einem Zentrum dieses Raums, setzt die BetrachterInnen in Beziehung zu ihr, sie dezentriert uns. Die Figur definiert und zentriert den Raum, und zwar so, dass die Figur als ein Zentrum des Raums wirkt, auf das sich Menschen, Gegenstände und Tätigkeiten in diesem Raum beziehen, indem

---

[4] A. a. O., 28.
[5] A. a. O., 27. Die Figur von Christine Schaumberger ist am Ende des Artikels (S. 204) in einer Fotographie des Künstlers abgebildet. Ich danke Anne Steinbrenner herzlich, die sie für Christines Buch aufbereitet und zur Verfügung gestellt hat.

sie ebenfalls zu Zentren des Raums werden und ihre Bedeutung behaupten. In diesem Raum findet das Leben sehr deutlich in Spannung, Konkurrenz, Inspiration zwischen verschiedenen Zentren statt."[6]

Wahrnehmungen von verschiedenen Zentren und verschiedener Zentren werden möglich, ihre Beziehungen und Spannungen, Bezüge, Einzelnes, Alternativen werden wahrnehmbar, nicht an der als unmenschlich kritisierten Realität vorbei durchs Fenster in eine andere Welt, sondern in der Welt, der wir nicht entfliehen können.

Wahrnehmen und Handeln

Die beiden berichten, wie ihr Leben mit ‚schwieriger Kunst' dazu führt, dass sie ihre Figuren anderswo vermissen, dass sie Orte wahrnehmen, wo solche Skulpturen dringend gebraucht würden. Peter arbeitet in geriatrischen Kliniken und auch Christine bezieht sich auf seine Erfahrungen aufgrund ihrer Liebes- und Werkgemeinschaft. So vermissen sie die Skulpturen, „die Visionen einer menschlichen Welt Sichtbarkeit geben" in den Treppenhäusern dieser Einrichtungen. Ihr Beispiel: Treppensteigen ist Therapie. Da mühen sich alte Menschen, während das Personal und BesucherInnen leichtfüssig an ihnen vorbei strömen. Meistens können die alten Menschen nicht einmal einen freundlichen Gruss erwidern, weil die Grüssenden schon längst vorbei gelaufen sind, bis sie zurück grüssen können.

Das Zusammenleben mit den Skulpturen lässt nicht nur vermissen, sondern auch sehen: Peter Pulheim und Christine Schaumberger erkennen auf den Treppabsätzen Stühle, die Ähnliches bewirken wie ‚schwierige Kunst'. Jemand stellt einen Stuhl hin, wo er nicht vorgesehen ist. Und auch wenn er wieder weggeräumt wird, bald steht er wieder da und schärft die Wahrnehmung für die Menschen, für ihr Seufzen:

„Solange der Blick darauf konzentriert ist, wie lange, wie schnell, wie erfolgreich das Treppensteigen gelingt, wird das Seufzen überhört als – gewohntes – Begleitgeräusch des Treppensteigens, und der therapeutischen Übungen. Der Stuhl, der

---
[6] A. a. O., 27f.

auf dem Treppenabsatz nicht vorgesehen ist und hier steht, unterbricht Lauf, Zeit, Hektik, Richtung der endlos weitergehenden Treppe. Der Anblick dieses Stuhls kann helfen, das Seufzen alter Menschen wahrzunehmen als Ausdruck ihrer Mühen und Anstrengungen."[7]

Dass der Stuhl fehlt, muss erst jemand sehen, und dies kann so leicht übersehen werden, weil so viel fehlt. Hinter jedem Stuhl gibt es einen Menschen, der das Fehlen bemerkt hat und dem Impuls gefolgt ist, etwas zu ändern, eine Person, die den Stuhl irgendwo entwendet und hingestellt hat, die das Seufzen gehört und darauf eine Antwort gegeben hat.

Mir geht es so im Engagement für Flüchtlinge. Es fehlt so viel, weltweit und in der Schweiz, an Brot, Frieden, Medizin, Solidarität, Mitgefühl. Es ist zum Verzweifeln. Und dann ist da dieser Flüchtling, der seine Zeit und ganze Energie für andere Flüchtlinge einsetzt; eine Familie, der wir helfen können; ein Flüchtlingszentrum, in dem durch das Zusammenwirken vieler verschiedener Personen Willkür und Gewalt eingedämmt werden können. Dies sind lauter Aktionen, die nicht vorgesehen sind, die aus einer Wahrnehmung entstehen und einer Bereitschaft, sie immer wieder durch neue Wahrnehmungen erschüttern zu lassen.

Wer beginnt, Stühle zu sehen und hinzustellen, bekommt einen Blick für Stühle und für Menschen, die sie an ungewöhnlichen Orten platzieren, sieht Menschen, die Platz nehmen und sich erheben, sucht nach Geschichten von Menschen, die Stühle hinstellen und Menschen, die sich setzen. Die Stühle und ihre Menschen helfen gegen die Verzweiflung und ermutigen zum Einsatz für menschliche Verhältnisse.

‚Schwierige Kunst' ist eine Chance, dies zu üben und die Wahrnehmung zu schärfen. Inzwischen steht eine Figur von Hans Steinbrenner im Park der Orthopädie der Heidelberger Unikliniken. Außerdem befindet sich eine Figur in der Kapelle im Keller des KSA-Instituts (s. Artikel von Susanne Ebeling, S. 66-85). Ich vermisse sie sehr in den kahlen Flüchtlingszentren, die das Bundesamt für Migration in steigender Anzahl einrichtet.

---

[7] A. a. O., 29.

„Glaubt an Gott und glaubt an mich"
aus der Eucharistiefeier zur Trauung
von Christine Schaumberger und Peter Pulheim
am 25. Juni 1994, Wien – Schottenkirche

Johann Baptist Metz

Aus den Eingangsworten

Als ich mit Christine Schaumberger über den Ort der Trauung sprach, war sie sofort dafür, in die „Unterkirche", also in die alte Krypta zu gehen. Und ich auch.

Warum eigentlich feiern wir so gern in alten Mauern? Warum flanieren wir so gern durch alte Städte? Warum zitieren wir gern alte Geschichten, schauen uns alte Bilder an ...? Ist das nur modische, quasi postmoderne Nostalgie? Nur entspannter, unterhaltsamer Umgang mit Vergangenheiten? Oder meldet sich hier nicht doch etwas anderes, eine heimliche Sorge, ein Gespür dafür, dass wir uns selbst abhanden kommen könnten, wenn wir nur noch aus unseren Experimenten und nicht mehr aus unserem Gedächtnis leben?

Wie immer: Ihr beide folgt heute einem alten Brauch und einem Ritus aus ferner Zeit, und ihr wollt davon nicht nur einen festlichen, sondern auch einen ernsten Gebrauch machen. So verbindet ihr Euren Weg und Eure Erfahrungen mit einem Gedächtnis, mit dem Gottesgedächtnis der biblischen und kirchlichen Überlieferung. Und wir sind bei Euch und mit Euch in dieser um die Eucharistie versammelten Erinnerungs- und Erzählgemeinschaft, mit der das Christentum einmal begann ...

Aus der Predigt

Was wir bei Eurer Trauung heute feiern, ist ja nicht eigentlich der Anfang, sondern eher die Besiegelung gemeinsamer Erfahrungen und gemeinsamer Wege. Und die Grenzen des Verstehens, das Umgehen mit Enttäuschungen, der Hauch von Fremdheit in aller Vertrautheit sind Euch gewiss nicht unbekannt. Wir verständigen uns also nicht in einer üblichen Hochzeitslyrik.

Wir feiern aber auch nicht mit einer Art Krisenlyrik. Schaut man auf unsere Situation, so möchte man schnell sagen: „So viel Krise war noch nie." Ehekrise, Familienkrise, Gesellschaftskrise, Tradierungskrise, Kirchenkrise usw. Zudem gibt es in meinen Augen eine unterirdische Krise, aus der sich alle Krisensymptome in unserer gegenwärtigen Situation speisen. Ich nenne sie „Gotteskrise", eine epochale Krise, die man nicht in geschichtsloser Verallgemeinerung kleinreden darf. Vielleicht habt Ihr mir deshalb diesen Spruch aus Joh 14,1 zugedacht: Glaubt an Gott und glaubt an mich.

„Glaubt an Gott"

Seit vielen Jahren habe ich mir immer wieder eine Frage gestellt. Die lautet: Glauben wir eigentlich an Gott oder glauben wir an unser Gottesverständnis, das wir oft so schwer in Einklang bringen können mit unseren Erfahrungen? Was heißt eigentlich glauben? Wenn wir an Gott glauben, an den biblischen Gott Jesu, dann heißt unser Glaube vor allem: Wachen, Aufwachen.

Im 19. Jahrhundert gab es zwei Gestalten eines „tollen Menschen", die tief in unsere Zeit hineinragen: Der „tolle Mensch" Friedrich Nietzsches, der den „Tod Gottes" verkündet. Und der „tolle Mensch" Soeren Kierkegaards, der davon spricht, dass an Gott glauben in dieser Zeit heiße, „ver–rückt sein nach Möglichkeit".

„Euer Name ist in meine Hände geschrieben", sagt diese Möglichkeit. „Vor mir ist auch die Vergangenheit nicht sicher", sagt diese Möglichkeit. „Mein Name ist der Name einer Liebe und einer

Gerechtigkeit, die stärker sind als der Tod", sagt diese Möglichkeit – jenseits aller Denkbarkeit des Denkens, aller Darstellbarkeit in der Kunst und aller Aussagbarkeit in unseren Sprachen. Sollten wir heute, angesichts von Leid, Schuld und Tod, nicht mehr ver–rückt sein nach dieser Möglichkeit, und wäre das vielleicht unsere Krise heutzutage, die „Gotteskrise"?

„Und glaubt an mich"

Ich höre das Wort des Johannesevangeliums hier so, wie ich es aus den synoptischen Evangelien kenne: „Folgt mir nach!" Nachfolge sozusagen als zutrauliche Erprobung der „Möglichkeiten" Gottes und seines Christus. Nachfolge nicht zuletzt in der Verfolgung seines messianischen Blicks, der vorweg dem fremden Leid gilt. Und Nachfolge nochmals im Sinne eines Kontrastes: „Selig, die Trauernden", sagt Jesus in der Bergpredigt. „Selig die Vergesslichen", verkündet Nietzsche als Prophet der Postmoderne. Wo kein Gott ist, da mag das Vergessenkönnen die einzige Bedingung sein für ungestörtes Glück. Leben wir wirklich, die wir doch immer angesichts der Anderen leben, auf solches Glück hin? Was ist, wenn wir uns eines Tages nur noch mit der Waffe des Vergessens gegen das Unglück und die Leiden in der Welt wehren können? Wenn wir also unser eigenes Glück nur auf das mitleidlose Vergessen der Opfer bauen können, auf die Großveranstaltung eines kulturellen Vergessens, in der eine endlose Zeit alle Wunden heilen soll? Woher dann noch der Aufstand für unschuldig und ungerecht Leidende unter uns? Was wäre in einer Welt, in der die Vision von einer letzten großen Gerechtigkeit für alle (in der Koalition von Lebenden und Toten) endgültig erlöschen würde? ... „Selig, die hungern und dürsten nach der Gerechtigkeit."

Christine, Peter: Ihr beide wollt in und mit der Kirche arbeiten. Arbeitet daran, dass das Gedächtnis der Kirche immer durchlässig bleibt auf den, dessen sie in ihrer Liturgie gedenkt. Kümmert Euch, dass Er und seine Botschaft immer wieder zu jener gefährlich-befreienden Erinnerung werden, von der ich oft genug zu Euch gesprochen habe.

Praxis des Erinnerns

Eine theologisch-biographische Rückbesinnung

Tiemo Rainer Peters

1963 lasen wir in Walberberg, dem einstigen Generalstudium der Dominikaner, mit unbändiger Neugier *„Widerstand und Ergebung"*, Dietrich Bonhoeffers Briefe aus dem Gefängnis. Sie waren noch ganz unbekannt und galten theologisch als hochbrisant. Und wir hörten von Johann Baptist Metz, dem weit gerühmten Rahnerschüler auf dem fundamentaltheologichen Lehrstuhl in Münster. Es war etwas los in der Theologie und wir konnten mitmachen. Als ich im Wintersemester 1969 in die westfälische Metropole kam, um über Bonhoeffer zu promovieren, lehrte dort, an der Katholisch-Theologischen Fakultät, neben Metz auch der erst nach ihm berufene Karl Rahner. Beide hatten ihre Büros auf demselben Flur und bewachten, zum Missbehagen kirchlicher Kreise, den Eingang und Ausgang zur systematischen Theologie, auch bildlich gesprochen. Das hat sich bis jetzt nicht wesentlich geändert.

Was ich hier unternehme, ist weniger der Rückblick eines Nostalgikers als der eines Archäologen und gleichzeitigen Spurensuchers auf dem Gelände der wissenschaftlichen Politischen Theologie. Ich glaube nämlich, dass manches von dem Neuen, das damals in Münster theologisch erdacht, diskutiert und projektiert wurde, noch gar nicht recht ausgegraben und manches auch schon wieder verschüttet ist.

Zeitgenossenschaft

Es ging um den „Versuch einer theologischen Hermeneutik im zeitgenössischen gesellschaftlichen Kontext".[1] Was Johann Baptist Metz bewegte, hat später Max Frisch in seiner Poetikvorlesung von 1981 wunderbar einfach ausgedrückt: „wer von Politik nichts wissen will, hat seinen politischen Beitrag schon geleistet: er dient der jeweils herrschenden Partei".

Karl Rahner war ein im besten Sinne „geistlicher" Schriftsteller, zu dem man *auch* in die Vorlesung ging, Metz ein sprachmächtiger Redner, den man *auch* las. „Was willst du neue Bücher?", fragte Rahner seinen begehrlichen Freund und Kollegen, der seine Buchbestände mit Hilfe von Rahners Budget auszubauen gedachte, „lies die alten!". Aber Metz brauchte die neuen Bücher tatsächlich – und auch wir, um ihn verstehen zu können. So füllten theologisch bisher wenig beachtete Titel aus den unterschiedlichsten Wissens- und Wissenschaftsgebieten mehr und mehr die fundamentaltheologische Bibliothek, die ein völlig anderes, interdisziplinäres Gesicht erhielt. In letzter Zeit ist sie wieder in ihre einzelnen Bestandteile zerlegt und inzwischen auf die verschiedenen Sektionen verteilt worden – ein Vorgang mit symbolischer Bedeutung.

Was uns fesselte, war, dass Johann Baptist Metz die Welt in ihrem ganzen theologischen Ernst wahrnahm und die Kirche als Freiheits- und Befreiungsprojekt verstand – und als Gedächtnisraum, in einer Zeit, da die Amtskirche schon bald nach dem Konzil das Tempo der Reform gedrosselt und schließlich auch die Richtung mehr oder weniger gründlich geändert hatte. Hier war er eine Art Bollwerk, vom kirchlichen Amt nicht unbedingt geliebt, wohl aber vom Kirchenvolk, das auf Katholiken- und Kirchentagen an seinen Lippen hing. Verehrt besonders von denen, also uns, die ihre selbstverständliche Heimat im großkirchlichen Milieu vielfach verloren hatten und nach neuen Orten und Dimensionen des

---

[1] Johann Baptist Metz: „Politische Theologie" in der Diskussion, in: Helmut Peukert (Hg.): Diskussion zur „politischen Theologie", Mainz / München 1969, 267-301, 274.

Christlichen suchten. 1976 stieß auch Christine Schaumberger zu Metz' Doktorandenkreis und wollte all dies und mehr. Nur verehren wollte sie nicht.

Identifikation mit den Unterdrückten

Karl Rahner hatte versucht, das Pascal'sche „Elend" des Menschen spekulativ zu bändigen, und im Rückgang auf Thomas von Aquin ein ebenso unangreifbares wie vernünftiges Fundament für Kirche und Theologie zu errichten, jenseits der Zufälle der Geschichte und ihrer Zusammenbrüche. Johann Baptist Metz hatte erkannt, dass dies nicht ausreicht, um die menschliche Not einzudämmen und die Theologie entsprechend zu reformulieren. Schon seit seiner *„Christlichen Anthropozentrik"* von 1962 kreiste er um ein Problem, das, trotz der Nähe der Studie zu Rahner, diesem keineswegs gehörte: um das Verhältnis von griechischer Philosophie und hebräischem Geist, begreifendem und prophetisch-eschatologischem Verstehen.

Bis heute untersucht die Exegese, wie der griechische Logos das biblische Denken durchdringt. Metz fragte umgekehrt und sozusagen quer dazu, wie der Impuls des geschichtlich frei zugesprochenen Wortes der Offenbarung dem Logos eine bleibende heilsgeschichtliche Ausrichtung verleiht. Das Offenbarungswort, so die These, das sich im christlichen Denken bei Thomas von Aquin in das griechische System einträgt, stellt „die Koordinaten dieses Systems selbst um und schafft ein neues Denkgefüge".[43] Das alles fließt in den Begriff der „Erinnerung" ein. Sie, heißt es in der Rhetorik der späteren Jahre, „mobilisiert Überlieferung als [...] befreiende Potenz gegenüber der Eindimensionalität und der Sicherheit jener, ‚deren Stunde immer da ist' (Joh 7, 6)" und deren Meinung „nicht selten als heimliches Kriterium für Rationalität und Realitätssinn fungiert"[44].

---

[43] Johann Baptist Metz: Christliche Anthropozentrik, München 1962, 107.
[44] Johann Baptist Metz: Glaube in Geschichte und Gesellschaft, 5. Aufl., Mainz 1992, 95; das folgende Zitat a.a.O., 119.

Die Erinnerung sprengt den bisherigen Rahmen der systematischen Theologie. Sie ist die Vergewisserung über das, was im Kampf um Freiheit, Gerechtigkeit und Wahrheit je aufs Spiel gesetzt worden ist und verloren wäre, wenn es dem Vergessen überlassen würde. Im Anschluss an Herbert Marcuse heißt sie nun „gefährliche Erinnerung". Sie enthält als „Gedächtnis des Leidens" zugleich die Vorwegnahme „einer bestimmten Zukunft der Menschheit als einer Zukunft der Leidenden, der Hoffnungslosen, der Unterdrückten, der Beschädigten und der Nutzlosen dieser Erde".

Karl Rahner ließ sich nicht vom kritischen Rückgriff der Leidenserinnerung oder ihren Antizipationen leiten, sondern von jenem imaginären „Vorgriff" – seine Übersetzung für die „wirkende Vernunft" des „intellectus agens" bei Thomas – die immer schon die wahre Transzendenz des „absoluten Geheimnisses" erreichen können soll, egal wie widrig die Umstände sind. Heute wissen wir, dass Rahners Denken vor und in aller Thomas-Treue aus der augustinisch-franziskanischen Mystik, vor allem den ignatianischen Exerzitien lebte, die in den 1930er Jahren, wo *„Geist in Welt"* entstand, als mystische Texte neu entdeckt wurden.

Metz las Thomas ohne die zeitlose Mystik Bonaventuras, für die Gott „innerlicher als mein Innerstes" ist und versuchte die Vernunft mit dem geschichtlichen Gedächtnis zu verknüpfen. Für ihn, der bei Flossenbürg geboren und als Sechzehnjähriger in den Krieg gezogen wurde, muss in einem schwierigen, anamnetischen Prozess klar geworden sein, dass die Theologie im Sinne Kants „vernünftelnd" bleibt, wenn die Schrecken der jüngsten Vergangenheit, die alle Erfahrungen verdüstert und prekär gemacht haben, nicht in die theologische Rationalität selbst eindringen und den Diskurs der Theologie verändern. Der „kritische Weg", den Kant der Vernunft vorgeschrieben hatte, schien nun „allein noch offen" zu sein als Identifikation „mit dem Unterdrückten und Zertretenen" (Adorno).[45]

---

[45] Vgl. Theodor W. Adorno: Die beschworene Sprache, in: Ders.: Noten zur Literatur, 7. Aufl., Frankfurt am Main 1998, 536-555, 554.

Kann man, wenn schon das Erdbeben von 1755 in Lissabon „hinreichte", wie Theodor W. Adorno sarkastisch feststellte, Voltaire von der Leibniz'schen Harmonie-Ideologie zu kurieren, theologisch denken und arbeiten, ohne die Verbrechen Hitlerdeutschlands als fundamentale Anfrage wahrzunehmen? Metz hat den Holocaust vielleicht im Zuge seiner theologischen Rhetorik, aber sicher nicht hermeneutisch „privilegiert", wie manche argwöhnten, die selbst noch auf diesem Feld des Grauens für Ausgewogenheit plädierten. Es war ja gerade kraft dieses Imperativs (und nicht wegen des Proporzes) verboten, die Shoah über alle anderen Katastrophen der Menschheitsgeschichte zu stellen und dadurch abzuwerten. Jedes Unglück, jeder Schmerz ist singulär, ein „singulare tantum". Diese Erkenntnis hat weit reichende Konsequenzen für die Erinnerung des Leidens und dessen fundamental theologische Durchdringung. Hier beginnt das Begründungsproblem der „memoria passionis", von dem bisher nur feststeht, dass es ein zutiefst praktisches ist.

Vorreflexiver Raum

Seit Frühjahr 1973 arbeitete Metz an einem Bekenntnistext für die Gemeinsame Synode der Deutschen Bistümer, der 1975 unter dem Titel *„Unsere Hoffnung"* berühmt wurde. Manch einen aus dem Schülerkreis hat dieser durch und durch kirchliche Text gestört, doch ohne ihn wäre die neue Politische Theologie nichts anderes als die alte geblieben, beziehungsweise zu einer Kritischen Theorie oder politischen Ethik mit theologischem Etikett geworden. Entschieden zu wenig für ein fundamentaltheologisches Denken, das aus den Katastrophen des 20. Jahrhunderts lernen wollte und sich anschickte, an der Schwelle zum 21. wichtige Impulse für eine kritische Theologie der Kirche und des Christentums zu geben.

Es ging nicht zuletzt um die systematische Rückgewinnung der einerseits von den Traditionalisten okkupierten, andererseits von den Dialektischen Theologen um Karl Barth verabsolutierten Welt der Offenbarung, dieser Tradition gewordenen Erinnerung. Wo die Transzendentaltheologie skeptisch bleibt gegenüber den erkenntnistheoretischen Möglichkeiten biblischer Begriffe, Bilder und

Maximen für das theologische Erkennen, besann sich Metz auf sie in einer wenigstens katholischerseits noch nicht gekannten Entschlossenheit. Er vertrat keine strikte Wort- oder Offenbarungstheologie, etwa eine, die auf natürliche Theologie und damit auf Argumentation verzichtete. Gleichzeitig hat er einer bedingungslos dem Vernunftprinzip verpflichteten Theologie und auch Karl Rahner etwas zu zeigen versucht, das er weder dem Traditionalismus noch der Barth'schen Offenbarungsdialektik, sondern Ernst Bloch und der *„Dialektik der Aufklärung"* Horkheimer/Adornos verdankte: dass die biblischen Geschichten der Befreiung und der Rettung bis in den Tod nicht zur durchschauten, entmythologisierbaren Vorgeschichte der Vernunft gehören, wie die Aufklärung Lessings und eine in den Spuren Bultmanns sich bewegende liberale Theologie meinten. Sie gehören vielmehr zu ihren bleibenden, rational uneinholbaren Voraussetzungen.[46] Diesem vorreflexiven Raum will Metz den Stoff für die theologische Reflexion abtrotzen. Das ist die Herzmitte seiner bedingungslos theologischen Politischen Theologie. Deren Begründung ist dadurch nicht leichter geworden.

Es handelte sich im Synodendokument *„Unsere Hoffnung"* auftragsgemäß um einen „bekenntnishaft-werbenden" Text, wie die Sachkommission I gewünscht hatte, um die Artikulation dessen, was der Glaube der Christen verspricht und was er verlangt. Metz hat ihn jahrelang seinen Vorlesungen zugrunde gelegt. Es war für ihn wichtig, *„Unsere Hoffnung"* und die darin beanspruchten und verarbeiteten biblischen Erinnerungen fundamentaltheologisch zu schützen – damit die „memoria" gar nicht erst in den Verdacht des Biblizismus oder des Predigthaften geraten konnte, den jede Theologie fürchten muss, wie der sprichwörtliche Teufel das Weihwasser.

Entscheidend war die Frage, wie die biblische „memoria", die sich einer restlos aufgeklärten Vernunft widersetzen können soll, mit dem rationalen Denken verknüpft werden kann, ohne von ihm

---

[46] Unsere Hoffnung. Ein Beschluß der Gemeinsamen Synode der Bistümer in der Bundesrepublik Deutschland: Synodenbeschlüsse 18, o.J., 27.

verschlungen zu werden. Hier, wo es um die Größe der Vernunft und den Anspruch des Glaubens geht, liegt das eigentliche hermeneutisch-theologische Problem einer anamnetischen Politischen Theologie und ihrer „memoria-These". Es hat sich nicht erübrigt, sondern noch verschärft.

Dass „der Verstand des Menschen nur so weit reicht, wie sein Tun", hatte Franz Rosenzweig festgestellt und Dietrich Bonhoeffer war ihm gefolgt: „Ihr", mithin wir, „werdet nur denken, was ihr handelnd zu verantworten habt". Das Denken wird unvernünftig, wenn es die Verbindung mit dem „tätigen Leben" verliert. Theologie und Kirche haben mit Eifer daran gearbeitet, solche Einsichten und Prophezeiungen als falsch oder voreilig zu erweisen. Da war der Titel: „Zur Rettung des Feuers", den die „Solidaritätsschrift" für Kuno Füssel der poetischen Phantasie Annerose Kösters verdankte, selbst noch einmal wie eine subversive Erinnerung. Christine Schaumberger vertrat in ihrem Beitrag die Meinung, „dass Theologie ihre befreiende Botschaft nicht nur als Thema, nicht nur durch Politik, sondern durch ihre ganze Art und Weise verkündet".[47]

Die Schwäche der Vernunft ist ihre Stärke

Johann Baptist Metz, so zeigte sich, hat mit seiner memorialen Theologie zwischen dem katholischen Transzendentaltheologen Karl Rahner und dem protestantischen Offenbarungstheologen Karl Barth Position bezogen und seinen erinnerungsgeleiteten Ansatz gegen beide in Stellung gebracht. Allzu großes Interesse an der begründungstheologischen Arbeit besaß er zu dieser Zeit nicht. Erst in unseren Tagen, mit der Veröffentlichung seiner rekapitulierenden *„Memoria passionis"* aus dem Jahr 2006, unternahm er es, zusammen mit Johann Reikerstorfer, die Leidenserinnerung noch einmal wieder zu thematisieren und nun sogar einer transzendentalen Reflexion zu unterziehen. Soll doch die „anamnetische Vernunft", wie sie inzwischen heißt, nicht erst

---

[47] Christen für den Sozialismus (Hg.): Zur Rettung des Feuers, Münster 1981, 185.

nachträglich, sondern von vornherein mit dem Leiden vertraut, also geradezu „apriorisch" mit ihm verbunden sein.[48] Auf diese Weise wird der Brückenschlag zwischen Vernunft und Leidensgeschichte, Verstandes- und Offenbarungswelt gesucht.

Johann Baptist Metz hat sich nie als Vertreter einer selbstbezüglichen Kirche oder eines nur „geglaubten Glaubens" verstanden. Er begreift seine Politische Theologie als zeitgenössische Form der „natürlichen Theologie". Dabei hat er sich, wie Karl Rahner, gern auf die gegen Traditionalismus und Fideismus gerichtete Erklärung des Ersten Vatikanischen Konzils zur Erkennbarkeit Gottes mit den Mitteln der natürlichen Vernunft berufen. Noch heute bescheinigt er dem Konzil, „zu einem neuen und elementaren Respekt vor allen Menschen hinsichtlich der Gottessprache" angeregt zu haben.[49] Und weil die „Naturgeschichte des Menschen gewissermaßen seine Passionsgeschichte" ist[50], handele es sich hier um nichts Geringeres als eine „Menschenrechtserklärung": um die Anweisung, „bei der Rede von Gott die Autorität der Leidenden zu respektieren".

So inspirierend dieser Rekurs auf das Erste Vatikanum in Zeiten des „Zweiten" sein mag: das Konzil des 19. Jahrhunderts trägt unverkennbar apologetisch-defensive Züge, nicht nur in seinen Vorstellungen zur päpstlichen Unfehlbarkeit. Auch in seinen Erklärungen über die Offenbarung ging es ihm mehr um „Gewissheit" in Form von Sicherheit und kirchlicher Immunität als um die Verteidigung des dem 19. Jahrhundert ohnehin suspekten Gottes Israels. Jedenfalls dürfte einer dem hebräischen Denken verpflichteten „anamnetischen Vernunft" durch den Beistand dieses Konzils nicht wirklich geholfen sein. Über das, was von den Leidenden unter Qualen erfahren wurde, also über das „singulare tantum", lässt sich rational oder im Sinne der „theologia naturalis" nicht verfügen, selbst wenn es uns naturgemäß etwas angeht.

---

[48] Vgl. Johann Baptist Metz: Memoria passionis, 4. Aufl., Freiburg 2011, 218: „Dieses Leidensapriori mit seinem negativen Universalismus begründet – in der Gestalt negativer Metaphysik – den Wahrheitsanspruch der Vernunft in Zeiten des Pluralismus."
[49] Metz: Memoria passionis, 110-114.
[50] Metz: Glaube in Geschichte und Gesellschaft, 110.

Diese Unmöglichkeit, darauf kommt es an, bedeutet keinen Makel der natürlichen Vernunft, sondern offenbart ihr menschliches Maß: weder ganz zu sich selbst kommen zu können, noch den Leidenden wirklich gewachsen zu sein; erst recht nicht Gott. Die Vernunft ist schwächer, als Transzendentaltheologie und Natürliche Theologie auf je ihre Weise unterstellen. Das folgt bereits aus der Kant'schen *„Kritik der reinen Vernunft"*, deren Postulatenlehre vor Unbedingtheiten führt, die für das Denken eine zwar „notwendige, aber unlösbare Aufgabe" darstellen.[51] Könnte es sein, dass die „anamnetische Vernunft", indem sie beansprucht, mit dem Leiden vorab (apriorisch) vertraut zu sein, sich bereits als natürliche Vernunft übernommen hat und damit auch als theologische?

Erinnern und Vergessen

Das reale Leiden, das etwas ganz anderes ist und sein muss als unser Bild, unsere Vorstellung und „gewöhnliche Erinnerung" von ihm, welche Marcel Proust in seiner *„Suche nach der verlorenen Zeit"* mit dem Vergessen auf eine Stufe stellt[52] – dieses fremde und befremdende Leiden ist nicht bekannt, lediglich als Klischee. Es gehört uns nicht, niemandem, nur den Leidenden selbst. Damit wird nicht das Projekt einer erinnerungsgeleiteten Politischen Theologie in Zweifel gezogen oder gar ihr Anspruch, den Diskurs der Vernünftigen durch das Gedächtnis des Leidens irritieren zu können. Ich werde doch den Boden, auf dem ich stehe, nicht in Frage stellen!

Wir befinden uns im konzeptionellen Zentrum der Theologie von Johann Baptist Metz. Durch den Nominalismus belehrt und erschüttert vom Holocaust, sucht sie die Leidenserinnerung mit dem vernünftigen Denken dialektisch zu vermitteln – im Anschluss an Theodor W. Adorno und Walter Benjamin (und zunehmend gegen Jürgen Habermas und dessen „prozeduralen Universalismus").

---

[51] Norbert Fischer, zitiert nach Rudolf Langthaler: Gottvermissen – Eine theologische Kritik der reinen Vernunft?, Regensburg 2000, 21.
[52] Vgl. Tiemo Rainer Peters: Mehr als das Ganze. Nachdenken über Gott an den Grenzen der Moderne, 2. Aufl., Ostfildern 2010, 137ff.

Indes sprechen Adorno und Benjamin, wo sie sich dem Grauen der Geschichte oder dem realen Leiden zuwenden, stets von einem exterritorialen Bereich, der für den Verstand nicht zugänglich ist und den die Vernunft, als das andere von ihr, im eigentlichen kritischen und dialektischen Sinne zu ertragen hat, wenn sie vernünftig bleiben und ihre Grenzen nicht maßlos überschreiten will. Während die negative Dialektik Adornos diese Region schlicht als das „Von Außen" bezeichnete, sprach Benjamin bekanntlich vom Augenblick der „Gefahr" – derer, die in Not sind und an deren Seite man sein muss, ganz unmittelbar und praktisch, um Leiden erinnern und dem endgültigen Vergessen entreißen zu können. Dann hätte die „anamnetische Vernunft" aus dem Auge verloren, was der Politischen Theologie ursprünglich wie keiner anderen klar gewesen ist: dass man Leiden in seiner Singularität nicht verstehen kann, höchstens teilen.

Ich denke zurück an Zeiten, da die akademische Politische Theologie dieser solidarischen Praxis fühlbar nahe war. Etwa dort, wo sie im Dialog mit der Befreiungstheologie und im interkulturellen Kontakt mit außereuropäischen, besonders lateinamerikanischen Kirchen und Gemeinden stand. Christine Schaumberger hat an EATWOT-Konferenzen der Ecumenical Association of Third World Theologians teilgenommen und die wissenschaftlich freundschaftlichen Kontakte auch dadurch vertieft und für den deutschen Kontext fruchtbar gemacht, dass sie Referentinnen aus diesem Kreis zu ihren „Sommeruniversitäten" an der GH Kassel einlud. Ihre Themen waren „Schuld und Macht" (1987), „Patriarchatsanalyse" (1988/89) sowie „Geld regiert die Welt" (1990).

Sollte das nur die Gunst der Stunde gewesen sein oder nicht doch auch die Kraft der eigenen Wahrheit?

„Der Aufbruch einer mystisch-politischen Basiskirche kann als pfingstliches Ereignis für die Gesamtkirche bezeichnet werden. Die Theologie, die sich in diesem Aufbruch bildet und ihm Beistand leistet, steht nicht gegen die Autorität der Kirche, sondern in der Autorität des Geistes"[53]

---

[53] Johann Baptist Metz: Die Lizenz des Theologen, in: Zur Rettung des Feuers, 264-270, 266; dort auch das letzte Metz-Zitat.

– warum nicht heute wieder und hierzulande?
Waren es nicht solche Positionen, die uns und unsere fantastischen Freundinnen und Freunde aus Brasilien und Chile an der neuen Politischen Theologie faszinierten und uns bis heute nicht in Ruhe lassen; die 1979/80 schließlich dazu führten, dass wir ein Wort aus Metz' *„Zeit der Orden?"* aufgriffen und Theologie als „Protokoll" zu beschreiben versuchten, als Bericht von einer „Reise", die anspruchsvoll „Nachfolge" heißt und nicht plangenau auf einem Lehrstuhl endet?

„Die ‚Theologisch-politischen Protokolle'", schrieb Christine Schaumberger am Ende unseres Buches,

> „sind Zeichen eines Lernprozesses: Europäische Theologen fangen an, ihren Kontext und ihre Interessen zu benennen. Sie lernen, sich als Bürger, Intellektuelle, als zur Ersten Welt gehörig anzusehen und andere – die Peripherie – zu entdecken: die Kranken, die Arbeiter, die Arbeitslosen, die Kinder, die Alten, die Indianer, die Schwarzen. Ich wünsche meinen männlichen Kollegen, daß sie dabei nicht stehen bleiben. Ich wünsche ihnen, daß sie auch die Frauen entdecken und sich selbst als Männer sehen lernen, um dann nicht von Menschen und Frauen, sondern endlich von Männern und Frauen zu reden."[54]

Habe ich etwas ausgelassen? Beinahe das Wichtigste, das Seltene: dass Christine Schaumberger ihren politisch-theologischen Überzeugungen bis heute treu geblieben ist. Ich hätte es zeigen sollen! Nicht gedacht habe ich auch der vielen „primären" Theologinnen und Theologen, wie Johann Baptist Metz sie nannte, die das „praktische Fundament der christlichen Lehre" bilden, ohne sich akademisch-steil artikulieren zu müssen. Als Quintessenz meine ich trotzdem festhalten zu dürfen – und zwar sowohl für „primäre" wie „subsidiäre" Theologen: „Nur in den Reaktionen unseres Lebens kann die ganze Kraft und gleichsam die Notwendigkeit unserer Wahrheit liegen" (Paul Valéry).

---

[54] Christine Schaumberger: Die „Frauenseite": Heiligkeit statt Hausarbeit, in: Theologisch-politische Protokolle, München/ Mainz 1981, 244-264, 249; vgl. Johann Baptist Metz: Zeit der Orden? Zur Mystik und Politik der Nachfolge, Freiburg i. Brsg. 1977 u.ö., 44.

Teil III

Erfahren, Versuchen, Neugestalten

Frauen auf dem Weg der Befreiung
Feministische Frauenbildung im kirchlichen Kontext der Diözese Rottenburg-Stuttgart
Ein Erfahrungsbericht

Resi Bokmeier

Meine Begegnung mit Christine Schaumberger war erst im Jahre 1982. Die Jahre bis dahin habe ich in unterschiedlichen Kontexten gelebt und gearbeitet.

Frauenbildungsarbeit in Ghana

Von 1966 bis 1971 habe ich mit einer Kollegin ein Pastoralzentrum in Kpando/ Ghana aufgebaut und geleitet. Einer meiner Schwerpunkte war die Mitarbeit in der Catholic Women Federation, dem Frauenverband der Diözese Keta. Die verantwortlichen Frauen, mit denen ich arbeitete, waren meistens Lehrerinnen, Kleinunternehmerinnen, mit einer guten Ausbildung, einem hohen Ansehen in ihren Schulen und sonstigen Tätigkeiten. Das war die eine Seite der Medaille. Die andere Seite zeigte ein anderes Gesicht von Frauenleben: Da erlebte ich Diskriminierung, Abhängigkeiten von ihren Männern, die übliche Rollenverteilung, Sorge für die Großfamilie usw. Die Gleichberechtigung in Gesellschaft und Kirche war noch weit weg und wurde auch nicht diskutiert.

In der Fremde habe ich begonnen nachzudenken und mich gefragt, ob die Situation der Frauen hier soviel anders ist als bei uns.

Sicher war es eine andere Kultur, mit einer anderen Tradition, die patriarchalen Strukturen waren aber ziemlich ähnlich.

Zurück in Deutschland: All die Erfahrungen, das Wissen über Zusammenhänge, Abhängigkeiten, ungerechte Strukturen, aber auch Hoffnungen und Visionen machten den Einstieg in die neue Tätigkeit als Referentin für Frauenbildung und Alleinerziehendenarbeit nicht so einfach, aber doch auch herausfordernd, Neues zu denken, Neues zu versuchen.

Manchmal sind einschneidende Ereignisse notwendig, um Neues zu denken und zu tun. Es war im Jahr 1983, im Jahr der Friedensbewegung gegen den Nato-Doppelbeschluss, die Stationierung von Pershingraketen, gegen die atomare Aufrüstung in Ost und West. Die Fasten-Aktion Misereor stand in diesem Jahr unter dem Motto „Wähle das Leben – Ich will ein Mensch sein". Thema war der Schrei nach Freiheit, Gerechtigkeit, nach Menschenwürde in Südafrika. Die Würde des Menschen ist unantastbar – die Würde von Frauen ist unantastbar.

Meine Erfahrung mit Frauen in Ghana sowie diese politischen und kirchlichen Ereignisse des Jahres 1983 forderten mich geradezu heraus, im Bereich Frauenbildung auf diese Situation zu reagieren. Wie könnte so ein Konzept aussehen, sodass die Zusammenhänge klar und deutlich werden, dass die Erfahrungen, Perspektiven von Frauen zur Sprache kommen und im Vordergrund stehen?

Darüber zu schweigen, wäre nicht verantwortlich und wird uns auch nicht schützen, schreibt Audre Lorde. Welche Form könnte diese Bildungsarbeit haben?

Ein neues Konzept für die Frauenbildungsarbeit

Wir wählten den Werkstattcharakter, weil diese Form Spielraum gibt und Improvisation zulässt, sodass Einzelteile zu einem Ganzen werden können. „Frauen auf dem Weg der Befreiung – Frauen in der Ersten und Dritten Welt" war der Titel und gleichzeitig die thematische Ausrichtung der Reihe. Die erste Werkstatt 1983 mit dem Thema „Apartheid – Rassismus – Sexismus" bildeten den Anfang. Südafrika war das Land, mit dem wir uns beschäftigten. Den

Schrei nach Freiheit, Gerechtigkeit und Menschenwürde hat uns Frau Dodi Motsisi, eine schwarze Südafrikanerin im Exil in Deutschland, hautnah erfahren lassen.

Eine Reihe von Studentinnen aus Tübingen war dabei. Sie waren engagiert in Dritte-Welt-Gruppen, setzten sich mit feministischer Theologie und Theorie auseinander. Für mich war das noch ziemlich neu, aber sehr interessant und wert, mich mehr damit zu beschäftigen. Da fiel dann auch der Name Christine Schaumberger, feministische Theologin in Heidelberg. Ich wollte sie kennenlernen und sie einladen, bei der nächsten Werkstatt dabei zu sein. Zu zweit fuhren wir nach Heidelberg, trafen Christine, ich war sehr beeindruckt von ihr, sie vielleicht auch von mir. Die kommenden Werkstätten waren sehr stark von ihr geprägt, ihr Wissen, ihr methodisches Arbeiten, ihre Theologie waren wegweisend.

Ich möchte versuchen, von einigen beeindruckenden Erfahrungen, obwohl es eine lange Zeit her ist, zu schreiben. Die Begegnung mit Christine, mit feministischer Theologie veränderten mein Denken und Handeln. Das Neue, das andere, das Radikalere erfüllten mich mit Freude und Hoffnung, in dieser Kirche, in den zum Teil festgefahrenen Strukturen vielleicht doch noch etwas zu verändern und Licht in das Dunkle zu bringen. (In diesem Jahr werde ich 75 Jahre alt, leider hat sich nicht all zu viel verändert.)

„Sie richtete sich auf ..."

Die zweite Werkstatt hatte das Thema „Lateinamerika – die gekrümmte Frau". Referentinnen aus Chile und Argentinien, im Exil in Deutschland, berichteten über das Gekrümmt-Sein und Gekrümmt-Werden unter ihren diktatorischen Regierungen. Weil sie sich mit dem Gekrümmt-Sein nicht abfinden konnten, mussten sie ihre Heimat verlassen und in die Fremde gehen.

Die biblische Geschichte bei Lukas 13,10-17: Die Heilung der gekrümmten Frau ist zum Schlüsseltext unseres Arbeitens geworden. Christine hat es verstanden, uns den Text neu zu erschließen und ihn mit unserem eigenen Leben in Verbindung zu setzen. Christines Ansatz war, durch Körperübungen unsere eigenen

Verkrümmungen zu sehen und zu erleben. Wie kann ich als gekrümmte und gebeugte Frau Aug in Aug mit den andern, mit der Welt, mit den Geschehnissen sein, wenn ich nur die Sicht auf den Boden habe? Wie kann ich Einfluss nehmen, wenn ich nicht einmal Kontakt mit den Aufrechtstehenden aufnehmen kann, die Kommunikation unmöglich ist? Für die Teilnehmerinnen war es schwierig, diese gekrümmte Haltung lange zu ertragen, die Rückenschmerzen wurden immer heftiger. Auch für die Aufrechtstehenden wurde es langsam unerträglich, die Gebeugten ständig vor sich zu haben und nicht mit ihnen kommunizieren können. Die Haltung machte sie gleichzeitig unsicher, wann und wie sie Hilfe anbieten sollen: Würden die Gebeugten die Hilfe zum Aufrichten als ehrliches Angebot oder nur als mitleidiges Gehabe verstehen?

Die Frage war natürlich, wie beide Gruppen sich aus ihren Rollen befreien könnten, um den aufrechten Gang gemeinsam zu gehen.

Diese Erfahrung nahm Christine auf, um mit uns die Situation von Frauen, unsere eigene, die der anderen weltweit, zu reflektieren. Christine machte klar, dass Gekrümmt-Sein kein individuelles Schicksal, Versagen oder Schuld, sondern oft gewollt, verordnet ist. Ungerechte Strukturen, Arbeitsbedingungen, Diskriminierung, Patriarchat verhindern Befreiung, Gleichberechtigung, gleiche Teilhabe an Macht, Amt, Reichtum und Ressourcen.

Feministische Theologie als Befreiungstheologie stellt Zusammenhänge her, legt Strukturen offen, zeigt Unterdrückungsmechanismen auf. Gleichzeitig eröffnet sie Wege, den Kampf für den aufrechten Gang aufzunehmen. So wird die Geschichte der gekrümmten Frau zur Geschichte der Befreiung von Frauen, wo immer sie sind und wo immer sie leben.

„Sie arbeiten nicht vergebens ..."

Ich erinnere mich an einen zweiten Bibeltext, den wir mit Christine in einer anderen Werkstatt eindrücklich erlebten. Es ging um das Thema „Frauenarbeit – Situation in Gegenwart und Zukunft" in der Ersten und Dritten Welt. Christine hatte den Text des Propheten

Jesaja 65,19-25 gewählt, passend zum Thema. Die Vorgehensweise war sehr einfach, wurde aber zu einer besonderen Erfahrung. Wir fingen an, den Text verkehrt zu lesen:
1. Schritt: Wir lasen den Text, wie er in der Schrift steht.
2. Schritt: Auf Plakaten hatte Christine die Negativform der einzelnen Verse geschrieben; die zum Beispiel lauteten:

Vers 19: Ich will nicht jubeln über Jerusalem, ich mache aus seinen Einwohnern Feinde, man hört ständig lautes Weinen und lautes Klagen.
Vers 20: Es gibt keine Säuglinge die überleben, alle sind tot, es gibt keine Greise, alle sterben bevor sie alt werden, es gibt keine Hundertjährigen.
Vers 21: Sie müssen Häuser bauen für die anderen, sie selber haben nichts, wo sie wohnen können.
Vers 22: Die Reben, die sie pflücken sind nicht für sie, sondern für andere, die Reichen die sie genießen. Die Menschen werden alt wie Bäume, sind aber dürr und ohne Früchte.
Vers 23: Es gibt keine Auserwählten, sie schuften sich zu Tode für die anderen, sie arbeiten vergebens, sie bringen Kinder für den Tod zur Welt.
Vers 24: Sie rufen um Hilfe, aber niemand hört sie.
Vers 25: Wolf und Lamm zerfleischen sich, der Löwe frisst das Rind, die Schlange tut das Gleiche, überall nur Feindliches.

Wir gingen im Kreis und lasen die neuen Texte. Was da passiert ist, hat uns ziemlich mitgenommen. Der Text bekam eine Realität, wie wir sie jeden Tag sehen und hören. Unser Thema Situation in der Dritten Welt war uns schmerzlichst bewusst geworden. Ich spüre heute noch meine Ohnmacht, die wir alle hatten.
  Wir brauchten viel Kraft, um uns aus dieser depressiven Lage zu erheben. Nach dem Lesen des Textes, so wie er in der Bibel steht, ist uns die Kraft, sind uns die Visionen und Verheißungen sehr bewusst geworden.
  „Was meine Auserwählten mit eigenen Händen erarbeitet haben, werden sie selber verbrauchen. Sie arbeiten nicht mehr

vergebens, sie bringen nicht Kinder zur Welt für einen jähen Tod. Denn sie sind die Nachkommen der von Gott Gesegneten und ihre Sprößlinge zusammen mit ihnen" (Jes 65,22)[1].

Dieser Text wird für mich immer mit Christine verbunden sein. Noch heute, wenn ich ihn lese, steht Christine vor mir, mit ihrer Zuversicht, mit ihrem Glauben, mit ihren Visionen für eine bessere Welt für Frauen und Männer, für Brot und Rosen.

Brot zum Leben

Ich könnte die weiteren Werkstätten mit Christine beschreiben, aber das würde noch einige Seiten füllen. Einen für mich wichtigen Aspekt möchte ich aber doch noch erwähnen, der unweigerlich mit Christine verbunden ist: eine neue Sichtweise von feministischer Spiritualität, von Liturgie als Brot zum Leben.

„Wir lassen uns nicht länger abspeisen" ist die Überschrift eines Artikels von Christine im Buch „Meine Seele sieht das Land der Freiheit. Feministische Liturgien – Modelle für die Praxis", Münster 1990. Einige Stichwörter daraus:

- Erfahrungen von Frauen sichtbar werden lassen und sichtbar machen;
- Religiöse Erfahrungen und Visionen artikulieren und theologisch reflektieren;
- Feministische Christinnen auf der Suche nach einem Heil- und Lebensmittel;
- Die Erinnerungen an die heilbringende und gemeinschaftsstiftende christliche Botschaft wiederbeleben;
- Erinnerungs- und Erzählgemeinschaft;
- Weitergehen schenkt Befreiungs- und Heilserfahrung; usw.

Unsere gemeinsamen Feiern wurden zu Festen des Miteinanders, des Teilens, der Erinnerungen an unsere Schwestern und Vormütter, wurden zu Orten gegenseitiger Bestärkung, Orten des

---

[1] Bibelzitate aus: Die Bibel. Altes und Neues Testament. Einheitsübersetzung, Freiburg u.a. 1991.

Glaubens. Unsere Feiern waren keine feministischen Nischen, abgekapselt, sondern Orte, Zusammenkünfte, die Anwesenheit Gottes zu feiern, für alle sichtbar und hörbar, als Nachfolgegemeinschaft Gleichgestellter, wie Elisabeth Schüssler Fiorenza es formuliert. Unvergessene Erfahrungen, bleibend und stärkend bis zum heutigen Tag.

Liebe Christine,

dieses soll ein Geburtstagsgruß sein. Ich weiß nicht, ob Du Dich noch an all das erinnerst, was ich geschrieben habe. Vielleicht werden Deine Erinnerungen wieder lebendig, wenn Du meine liest.

Die Zusammenarbeit mit Dir wurde zur Inspiration, feministische Theologie als tiefe Glaubenserfahrungen zu erleben, als Bestärkung für den Alltag. Davon lebe ich heute noch. Du hast Kräfte in mir freigesetzt, in kirchlichen, oft nicht einfachen Strukturen feministische Bildungsarbeit gegen alle Widerstände mit Elan und Begeisterung, mit Überzeugung zu tun, trotz allem, trotzdem.

Du hast mir ein Baum-Buch zu meinem Geburtstag 1985 geschenkt. Darin fand ich einen Text aus Röm 11,18: „Nicht du trägst die Wurzel – die Wurzel trägt dich."

Ich bin überzeugt, Deine Wurzeln sind stärker geworden, haben sich weiter ausgebreitet, sind in die Tiefe gewachsen, nähren das Oben, mit starken Zweigen, die Früchte tragen, die schmecken und mit anderen teilbar sind.

Ich sage „Danke" für Deine Begleitung, Deine Nähe, Dein Wissen, das Du mit uns geteilt hast. Mit Dir konnte ich erfahren, was Rose Ausländer in einem Gedicht sagt, das ich gerne an den Schluss setzen möchte:[2]

---

[2] Rose Ausländer: Unendlich. Aus: Dies., Wieder ein Tag aus Glut und Wind. Gedichte 1980-1982. © S. Fischer Verlag GmbH, Frankfurt am Main 1986.

Unendlich

Vergiss
Deine Grenzen

Wandre aus

Das Niemandsland
Unendlich
Nimmt dich auf.

Mit Dir konnte ich auswandern und dort ankommen, wo ich vorher noch nicht war. Es war schön, für Deinen 60. Geburtstag zu schreiben. Ich wünsche Dir einfach nur alles Gute und Kraft, immer wieder auszuwandern, um neu anzukommen. In diesem Sinne grüße ich Dich,

Deine Resi

... und zwischenzeilig Verlorenes

Mirjam Elsel

So untertitelt die Künstlerin Viola Poschenrieder-Schink ihren Bilderzyklus zu ihrer Arbeit „SpielRaum". Ein Bild aus diesem Zyklus (s. Abbildung S. 130) hat mich besonders gebannt. Unleserliche handgeschriebene Fetzen, außerhalb des Rasters, verwischt und gekleckst, sind ausfransend über den Bildausschnitt verteilt. Erst auf den zweiten Blick lässt sich die Skizze eines Frauengesichtes entdecken. Aufspüren von zwischenzeilig Verlorenem, das ist das Zwischen den Zeilen lesen, das uns in der AG Feminismus und Kirchen zur Gewohnheit geworden ist und unseren Blick schärft. Es ist das am Papier zu kratzen, andere Schichten ins Licht zu bringen, sich hineinbegeben, tiefer zu graben und weiter zu gehen. Das ist nicht aufzuhören zu fragen und sich für das zu interessieren, was nicht gängigen Erfolgsmodellen entspricht und genau dort nach Gotteserfahrung zu suchen: bei Demenzkranken, im Verrückt-Sein, im Scheitern, eben dort wo die Normalität unseres Lebens liegt.

Dort setzt die Theologie Christine Schaumbergers an. Es ist die Theologie ihrer Texte, deren Anstöße meine Theologie und Praxis geprägt haben. Die Bedeutung ihrer Theologie ist für mich untrennbar verbunden mit persönlicher Begegnung im Mitnehmen und Eröffnen neuer Räume und Beziehungen. Für mich war als Studentin ein Besuch bei Christine Schaumberger in Heidelberg ein Schlüsselerlebnis. In Bamberg hatten Studentinnen Anfang der 90iger ein feministisch theologisches Seminar im Jahr erstritten und ich hatte 6 Jahre später als studentische Frauenbeauftragte die Aufgabe dieses zu organisieren. Ich fühle noch meine Aufregung und Begeisterung, als Christine Schaumberger zusagte für das

Seminar nach Bamberg zu kommen. Wir trafen uns zur Vorbereitung in Heidelberg. Es war ein wunderschöner Tag, Peter Pulheim hatte für uns gekocht - Erdbeeren in Milchschale und Spagetti mit frischem grünen Pesto. Seitdem ist dieses Gericht für mich Verheißung und ich freue mich jeden Sommer darauf. Es war für mich ein Geschenk und Eintreten in eine neue Welt – da lädt mich eine dieser ganz großen Theologinnen zu sich nach Hause ein. Die Altbauwohnung, die vielen Bücher, die Kunst nicht nur an den Wänden und die Offenheit und Interesse an meinen Ideen übten auf mich eine große Anziehungskraft aus. An das Seminar selber habe ich kaum Erinnerungen. Aber in der Vorbereitung habe ich begriffen, dass störendes Weiterfragen und der permanente Prozess, diejenigen in den Blick zu bekommen, die ausgeschlossen werden, befreiende Rede von Gott ist. Das kann anstrengend sein und ermüden, kostet hier und da die wissenschaftlich Anerkennung, schafft neue Abhängigkeiten aus ökonomischer Ungewissheit und passt nicht in die herrschenden Systeme. Es ist keine dieser schönen Theologien, die innere Kraftquellen erschließen. Aber sie ist Lebensmittel für viele. Christine Schaumbergers Texte haben eine Dichte, als ob sie ein Netz weben möchte, in dem zwischenzeilig Verlorenes hängen bleibt und Erfahrungen geborgen werden. Sie erklärt nicht was sein sollte oder soll. Stattdessen eröffnen ihre Texte Grenzüberschreitungen, Verunsicherungen, stellen Gewohntes in Frage und fordern heraus, selber immer weiter zu graben im Aufbruch zu Unbekanntem.

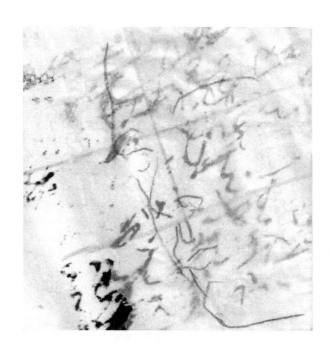

Ist der christliche Glaube der einzig wahre?

Britta Jüngst

Vorbemerkungen

Ich möchte vorausschicken: Ich möchte Ihnen keinen Vortrag[1] halten, in dem ich verschiedene wissenschaftliche Positionen zur Wahrheitsfrage miteinander ins Gespräch bringe. Die Entwicklung des philosophischen Wahrheitsdiskurses werde ich ebenfalls nicht darstellen. Manchen theologischen Denkern werde ich vielleicht Unrecht tun mit meinen Überlegungen, weil ich nicht alles über sie sage, nicht genau nachzeichne, wie und warum sie zu ihrer Position gekommen sind. Es geht mir nicht um den Bau eines theologischen Denkgebäudes zur Frage der Wahrheit im Christentum in Bezug zur Wahrheit in anderen Religionen. Ich finde es ausgesprochen wichtig, ein solches Denkgebäude zu entwerfen, verstehen Sie mich bitte nicht falsch! In Kirche und christlicher Theologie brauchen wir dringend eine breite theologische Diskussion darüber, wie Christinnen und Christen sich so verstehen, den eigenen Glauben ausdrücken und wertschätzen können, ohne andere Religionen und Glaubensweisen abzuwerten. Ich glaube, wir brauchen eine breite Diskussion darüber, damit wir uns als Christen und Christinnen nicht nur selbst besser verstehen, sondern auch mehr lieben können.

Es gibt einige solcher Denkgebäude in unterschiedlichen Reifungsgraden. Ich habe in den letzten Jahren viel gelernt von Perry

---

[1] Diesen Vortrag habe ich am 6.7.2011 im Rahmen der Vortragsreihe „Was können wir heute noch glauben?" in der Dortmunder Evangelischen Stadtkirche St. Petri gehalten. Ich habe eine erzählend-biografische Herangehensweise gewählt, die ich auch in der schriftlichen Form beibehalten habe.

Schmidt-Leukel. Er ist Professor für Systematik am Seminar für Religionswissenschaft und interkulturelle Theologie im Fachbereich Evangelische Theologie der Universität Münster, war vorher Professor für Systematik und Religionswissenschaft an der Universität Glasgow und hat dort das Centre for Inter-Faith-Studies mitbegründet. Ich empfehle Ihnen sein dickes Buch „Gott ohne Grenzen. Eine christliche und pluralistische Theologie der Religionen". Darin finden Sie ein solches Denkgebäude.

Ich werde Ihnen hier kein Gebäude bieten, sondern Ihnen von meinem Weg mit der Wahrheitsfrage erzählen. Ich gehe davon aus, dass Sie auch auf solchen Wegen unterwegs sind und Ihre Fragen und Erkenntnisse mit sich tragen. Wege sind ja nicht immer geradlinig, scheinen auch nicht immer logisch. Ich verspreche mir aber von diesem biografischen Vorgehen, dass sich hier und da unsere Denkbewegungen kreuzen, in Widerspruch geraten, parallel laufen.

Ist der christliche Glaube der einzig wahre?

Zunächst: Was bedeutet diese Frage, wenn wir sie heute stellen? Je nachdem, welches Wahrheitsverständnis wir zugrunde legen, ist dies eine brisante Frage oder eben nicht. Ich deute das, wie versprochen, nur an: der Philosoph Jürgen Habermas etwa bindet Wahrheit an einen unbegrenzten und herrschaftsfreien Diskurs. Demzufolge ist der christliche Glaube nicht der einzig wahre. Diskussionen über die Gültigkeit und Wahrheit von Religionen finden bislang immer in machtgeladenen Räumen statt. Und außerdem gibt es keinen Konsens über die Wahrheit des christlichen Glaubens. Die Postmoderne hält die Frage für belanglos und den Gedanken einer einzigen Wahrheit für einen Mythos. Begriffe wie Wichtigkeit, Notwendigkeit, Interesse seien viel entscheidender.

In der theologischen Tradition allerdings spielt die Frage nach der Wahrheit des christlichen Glaubens eine große Rolle. Gemeint ist damit die Frage, ob der christliche Glaube der einzige ist, der zum Heil führt und die Erkenntnis einer transzendenten Wirklichkeit vermittelt, an der Menschen ihr Verhalten orientieren sollten.

Also:

„Wird [...] die heilshafte Erkenntnis / Offenbarung einer transzendenten Wirklichkeit nur innerhalb des Christentums vermittelt oder auch in anderen Religionen?"[2]

Wird die Existenz einer transzendenten Wirklichkeit bejaht, dann gibt es auf diese Frage drei logische Antwortmöglichkeiten, die ich Ihnen gern vorstellen möchte: eine exklusivistische, eine inklusivistische und eine pluralistische.

Der Exklusivismus[3] geht davon aus, dass es die Vermittlung heilshafter Erkenntnis nur in einer Religion gibt, im Falls des Christentums bedeutet das, davon auszugehen, dass nicht-christliche Religionen nicht zum Heil führen. So formuliert z.B. Martin Luther im Großen Katechismus (1529):

„Sie [Heiden, Türken, Juden etc.] können von ihm [Gott, B.J.] auch weder Liebe noch etwas Gutes erhoffen; deshalb bleiben sie in ewigem Zorn und Verdammnis."

Heute wird eine solche Position vor allem von Evangelikalen und Pfingstkirchen geteilt. Ihr Ideal ist die Christianisierung der Welt.

Die zweite Position, die inklusivistische[4], nimmt an, dass nicht nur in einer einzigen Religion Wege zum Heil führen, dass allerdings eine einzige Religion alle anderen Religionen darin überbietet. So geht z.B. die katholische Lehrmeinung nach dem Zweiten Vaticanum davon aus, dass der Heilige Geist in einigen Religionen wirkt, in seiner ganzen Fülle jedoch nur in der Katholischen Kirche. Somit werden unterschiedliche Wege zum Heil anerkannt, nicht jedoch als gleichwertige angesehen. Diese Position findet sich auch im evangelischen Mainstream. 2006 hat die Evangelische Kirche in Deutschland ihr Verhältnis zum Islam beschrieben in der Handreichung „Klarheit und gut Nachbarschaft". Darin bezeichnen es die Verfasser als ein Zeichen der Geduld Gottes, dass

---

[2] Perry Schmidt-Leukel: Gott ohne Grenzen. Eine christliche und pluralistische Theologie der Religionen, Gütersloh 2005, 36.
[3] Darstellung nach Schmidt-Leukel: Gott, 96-127.
[4] Nostra aetate. Erklärung über das Verhältnis der Kirche zu den nichtchristlichen Religionen, Nr. 16; Darstellung nach Schmidt-Leukel: Gott, 128-162.

nicht-christliche Religionen Gottes Zuwendung zu den Menschen nicht mit dem Glauben an Jesus Christus verbinden.[5]

Die dritte, die pluralistische Position[6] sieht die Vermittlung heilshafter Erkenntnis in mehr als einer Religion gegeben, ohne dass eine Religion alle anderen überbieten würde. Es geht um eine gleichwertige Pluralität. Das bedeutet jedoch nicht, auf Kritik an und Diskussion mit anderen Religionen zu verzichten.

Alle drei Positionen, die exklusivistische, inklusivistische und pluralistische, lassen sich in den großen Weltreligionen finden. Die exklusivistische und inklusivistische Position, also die beiden, die von einer Überlegenheit einer Religion über die anderen ausgehen, sind also kein christliches Spezifikum.

Der Wunsch nach religiöser Überlegenheit ist immer gepaart mit der Frage nach Macht und Ohnmacht. Als das Christentum entstand als Glauben einer jüdischen Sekte, die durch den römischen Staat bedroht war, hat das Bewusstsein einer religiösen Überlegenheit dazu beigetragen, die eigene politische Ohnmacht auszuhalten. Die Gewissheit der eigenen Überlegenheit war der Ausgleich für ein schweres und bedrohtes Leben als Christin oder Christ. 380 wurde das Christentum unter Kaiser Theodosius dann Staatsreligion, weil ein mächtiger Staat nach einer mächtigen und überlegenen Religion verlangte, die ihn zu einen hilft. Da wechselte der Überlegenheitsanspruch von der Ohnmachtsseite auf die Machtseite.

Der christliche Glaube betont Liebe, Schwäche, Ohnmacht, Leiden, den Tod, also Erfahrungen, die menschliches Leben bestimmen. Das eigene aggressive Potenzial, über das wir alle ja auch verfügen, findet in der Verkündigung Jesu nur schwer ein Ventil, in der christlichen Lehre wurde es ausgeblendet. Die Vorstellung der eigenen religiösen Überlegenheit jedoch schafft die Möglichkeit, auf der theologischen Ebene Aggressionen auszudrücken, ohne sich damit auseinandersetzen zu müssen. Auf der Verhaltensebene entsprechen dann religiös motivierte Gewaltakte dieser

---

[5] Klarheit und gute Nachbarschaft. Christen und Muslime in Deutschland. Eine Handreichung des Rates der EKD (EKD Texte 86), Hannover 2006, 17.

[6] Darstellung nach Schmidt-Leukel: Gott, 163-192.

Vorstellung, über eine höhere Wahrheit zu verfügen. Dabei spielt sicher auch eine Rolle, dass Liebe, Schwäche, Ohnmacht, Leiden kulturell weiblich konnotiert sind. Traditionelle Vorstellungen von Männlichkeit, wie zum Beispiel Aggression, brauchen darum Möglichkeiten, sich ebenfalls auszudrücken.

Und schließlich dient die Überzeugung, ausschließlich die eigene Religion verfüge über die letztgültige Wahrheit, auch dazu, den wirklichen Kontakt mit anderen zu vermeiden. Wenn ich schon weiß, dass mein Glaube der einzig wahre ist – warum sollte ich mich dann ernsthaft mit anderen auseinandersetzen? Warum sollte ich mich ihren Fragen, die ja durchaus auch kritisch sein können, aussetzen?

Beim Start aus der Spur gefallen

Als ich vor etwa 30 Jahren mit meinem damaligen Freund auf einer eher intellektuell gestimmten Geburtstagsfeier eingeladen war, da hätte ich selbst die Frage, ob der christliche Glaube der einzig wahre sei, wohl eindeutig mit „Ja" beantwortet.
Wir hockten diskutierend auf dem Boden. Es ging um die ethischen Grundkonstanten, die uns in die Friedensbewegung trieben. Was ich von meiner Religionslehrerin, der wunderbaren Renate Eicker, an Sinn für den jüdischen Glauben mitbekommen hatte, all die Begegnungen unserer Schulfahrt nach Israel, die sie als erste Dortmunder Lehrerin organisiert hatte, all das, was ich an Gerechtigkeitssinn von zu Hause mitbekommen hatte, all das war wie ausgelöscht. Ich argumentierte – zwar etwas holzschnittartig, doch überzeugt –, dass das Christentum dem Judentum gegenüber schlicht die höhere Ethik habe, dass die Zehn Gebote für uns nicht mehr gelten würden, weil wir ja etwas viel Besseres zu bieten hätten: Jesus und die Nächstenliebe.

Was war passiert? Wie kam es zu diesem Verlust an Respekt anderen Religionen gegenüber zwischen meinem 19. und meinem 20. Geburtstag? Ganz einfach: Ich hatte angefangen, Theologie zu studieren und war, eben friedensbewegt, gleich in das Proseminar zur Bergpredigt gezogen. Dort lernte ich die Grundlagen der damals üblichen Textauslegung kennen. Darüber hinaus beschäftigte uns natürlich die Frage, was es bedeutet, wenn Jesus sagt: „Ihr habt gehört, dass zu den Alten gesagt ist, ihr sollt … Ich aber sage euch …". Eine der damals üblichen theologischen Meinungen verstand diese Diskussionsweise als Abgrenzung Jesu vom Judentum. So als wollte er sagen: Vergesst alles, was ihr bisher gelernt habt. Die Autorität bin jetzt ich, und ich habe eine ganz andere Meinung.

Jesus bezieht sich ja in der Bergpredigt auf einige Gebote aus der Tora, auch aus den Zehn Geboten. Ich habe aus meinem Seminar damals gelernt, dass diese Tora einschließlich der Zehn Gebote für uns Christinnen und Christen nicht mehr gelten sollte. Oder besser, dass sie schlicht überflüssig ist angesichts dessen, was wir und nur wir bekommen haben. Nämlich eine göttliche Zusage, die uns befähigt, in einer Weise zu leben, die der Konkretheit der einzelnen Gebote enthoben ist. Allein das Gebot der Gottes- und Nächstenliebe gelte für Christen (inklusive Sprache war mir damals noch fremd). Beide verstand ich natürlich als genuin christliche Gebote. „Du sollst den Herrn, deinen Gott, lieben von ganzem Herzen, von ganzer Seele, von allen Kräften und von ganzem Gemüt und deinen Nächsten wie dich selbst" (Lk 10,27). Dass beide Gebote, das der Gottesliebe und das der Nächstenliebe, aus der Hebräischen Bibel stammen, dass sie also keine neutestamentliche Erfindung sind, das haben wir damals nicht gelernt. Es ist schon kurios, dass sich das Christentum über das Judentum erhoben hat, indem es die Nächstenliebe für sich beansprucht und eben der jüdischen Überlieferung abgesprochen hat. Und übersehen hat, dass Jesus direkt aus der Hebräischen Bibel zitiert.

Die Frage nach der Wahrheit religiöser Überzeugungen hängt also oft zusammen mit Unwissen, mit Verdrängungen und dem bewussten oder unbewussten Verzerren der Religion, die gerade nicht meine eigene ist.

Ich kann mich daran erinnern, dass ich mich in dieser Geburtstagdiskussion zwar theologisch kompetent fühlte, aber dennoch unbehaglich. Trotz all meines Unwissens konnte ich mir einfach nicht vorstellen, dass ein Glaube so viel besser als ein anderer sein sollte. Es war eine Frage der Gerechtigkeit. Und sie spielt auch heute im

Gespräch der Religionen eine erhebliche Rolle. Das will ich kurz erklären.

Es geht um Gerechtigkeit zumindest in doppelter Hinsicht. Zunächst unsere eigene Gerechtigkeit im Sinne von Fairness in der Darstellung und Beurteilung der eigenen und der anderen Religion. Die Wahrheit ist dabei eng an intellektuelle Redlichkeit gebunden, und das bedeutet, dass ich nicht die positiven Seiten meiner Religion mit den negativen Teilen einer anderen Religion vergleichen darf.

Dann geht es vor allem um die Gerechtigkeit Gottes. Wer die höhere oder gar ausschließliche Wahrheit der eigenen Religion behauptet, muss ja folgende Fragen beantworten können: Was ist mit den Menschen, die einer anderen Religion anhängen? Können sie etwas dafür, dass sie zum Beispiel noch nie etwas vom christlichen Glauben gehört haben? Vielleicht, weil keine Mission sie erreicht hat? Vielleicht weil die Ethnologin, die ihren Stamm erforscht hat, selbst keine Christin war und also kein Interesse an christlicher Mission hatte? Oder weil die Missionare, die gekommen waren, nicht überzeugend waren? Können diese Menschen dafür verdammt werden? Wenn der christliche Glaube der einzig wahre wäre, warum gibt es dann überhaupt andere Religionen? Ist das eine Prüfung Gottes für die Menschen? Wenn aber, wie es insbesondere die Kirchen der Reformation betonen, der christliche Glaube ein Geschenk Gottes ist und keine menschliche Leistung, können dann Menschen dafür verantwortlich gemacht werden, wenn sie dieses Geschenk nicht bekommen haben? Ist es wirklich vorstellbar, dass Gott so ungerecht ist, dass er den einen den wahren Glauben schenkt und damit die Perspektive auf ein sinnvolles und erfülltes Leben und den anderen nicht? Und diese dann in ihren religiösen Überzeugungen im Dunkeln tappen und den wahren Sinn des Lebens verfehlen? Ich kann mir Gott so nicht vorstellen, und der biblischen Überlieferung entspricht dies auch nicht, wenn denn Gerechtigkeit und Liebe zu den hervorstechenden Eigenschaften Gottes gehören.

Am Anfang anfangen

Die Frage nach dem Verhältnis des christlichen Glaubens zu den anderen Religionen spitzte sich für mich vor allem im Gegenüber zum Judentum zu. Der Absolutheitsanspruch des christlichen Glaubens war einer der Steigbügel, der dem christlichen Antijudaismus in den Sattel half. Und damit Christen und Christinnen davon ausgehen ließ, dass das Christentum das Judentum überbieten und ablösen würde, sodass alle Gewalt, die Juden und Jüdinnen ertragen mussten – oft von Christen verursacht – als Strafe und göttlicher Zorn verstanden werden konnte, als eine Reaktion darauf, jüdisch zu bleiben und nicht zum Christentum zu konvertieren. Der christliche, theologisch begründete Antijudaismus sekundierte dem rassisch begründeten Antisemitismus mit auch fließenden Übergängen.

Kirchen und Theologen haben – abgesehen von wenigen Ausnahmen – dem nationalsozialistischen Judenverfolgungswahn nicht nur nicht standgehalten, sondern ihn mehrheitlich denkend und glaubend befördert. Da der jüdische Glaube für wertlos erachtet wurde, war es nur ein kleiner Schritt, auch die Menschen, die in ihm lebten, als wertlos anzusehen.

Kaum jemand hat damals gesehen, dass der Mord an Jüdinnen und Juden in Europa auch den christlichen Glauben und seine Wahrheit zutiefst infrage stellt. Von Helmut Gollwitzer ist eine Predigt überliefert, die er nach dem Pogrom vom 9. November 1938 gehalten hat. Gollwitzer sagte.

„Wer soll denn heute noch predigen? Wer soll denn heute noch Buße predigen? Ist uns nicht allen der Mund gestopft an diesem Tage? Können wir heute noch etwas anderes als nur schweigen? Was hat nun uns und unserem Volk und unserer Kirche all das Predigen und Predigthören genützt, die ganzen Jahre und Jahrhunderte lang, als daß wir nun da angelangt sind, wo wir heute stehen? Was muten wir Gott zu, wenn wir jetzt zu ihm kommen und singen und Bibel lesen, beten, predigen, unsere Sünden bekennen, so, als sei damit zu rechnen, daß Er noch da ist und nicht nur ein leerer Religionsbetrieb abläuft! Ekeln muß es Ihn doch vor unserer Dreistigkeit und Vermessenheit."[7]

Gebet, Bibellese, Gottesdienst, der christliche Glaube insgesamt – all das steht für Gollwitzer auf dem Spiel, und mehr noch: Gott selbst steht auf dem Spiel angesichts des Judenpogroms. Ob Gott sich nicht abwendet von diesen Christinnen und Christen und verschwindet?

Gollwitzers Schüler und mein Lehrer Friedrich-Wilhelm Marquardt hat die Unsicherheit des christlichen Glaubens nach Auschwitz beschrieben. Nichts ist geblieben, worauf wir uns berufen könnten. Weder christliches Dogma noch Neues Testament, weder rechtfertigender Glaube noch Bindung an Jesus Christus haben Christinnen und Christen davon abgehalten, sich an diesem Morden zu beteiligen, nicht geschlossen dagegen einzuschreiten.[8] Rechthaberei und Überlegenheit sind Lüge. Es geht vielmehr um das Eingestehen von Schuld, um das Aushalten der Unsicherheit, um ein Denken und Glauben aus der Umkehr.

Die Frage nach der Wahrheit des christlichen Glaubens hat sich durch die Shoah verschoben. Sie entscheidet sich nicht an der Übereinstimmung mit den biblischen Quellen, den theologischen Überlieferungen, herrschenden Lehrmeinungen, dem, was Martin Luther, die EKD oder unsere eigenen Gremien sagen. Die Wahrheit des christlichen Glaubens entscheidet sich am Tun, in der Praxis, im Einsatz dafür, dass alle gut leben können.

Mit den Namen Helmut Gollwitzer, Friedrich-Wilhelm Marquardt, Leonore Siegele-Wenschkewitz, Dorothee Sölle, Christine Schaumberger und vielen anderen mehr, die ich jetzt nicht nennen kann, ist eine Erneuerung der christlichen Theologie verbunden. Sie vollzieht sich in der Abkehr und Aufarbeitung des christlichen Antijudaismus und in der aktiven Wertschätzung und

---

[7] Helmut Gollwitzer: Predigt über Lk 3,3-14 am 16.11.1938 in Berlin-Dahlem, in: Zuspruch und Anspruch, München 1954, 367f., zitiert nach Friedrich-Wilhelm Marquardt: Von Elend und Heimsuchung der Theologie. Prolegomena zur Dogmatik, München 1988, 77.

[8] So Marquardt: Von Elend, 139.

Anerkennung des Judentums. Eine unabdingbare Voraussetzung dieser Erneuerung ist die Einsicht, dass das Christentum bestimmt nicht die einzige Religion ist, die zum Heil führt, also nicht die einzig wahre Religion. Vielmehr wird die Abhängigkeit des Christentums von jüdischen Überlieferungen betont und die Verwurzelung der neutestamentlichen Schriften in den Diskussionen innerhalb des Judentums. Um an die Bergpredigt anzuknüpfen: Die Redeweise Jesu dort entspricht genau der damals üblichen Diskussionsweise in jüdischen Gruppen. Es taucht ein Problem auf, das Problem wird anhand der biblischen Überlieferung charakterisiert, und dann wird eine Aktualisierung zur Verfügung gestellt. Auf diese Weise wurden die alten Schriften in die Jetztzeit gebracht. Jesus war und blieb Jude und verbindet Christen und Christinnen unauflöslich mit Israel, dem jüdischen Glauben, jüdischen Menschen und dem Gott, zu dem sie beten.

Auf breiterer Ebene und öffentlich wurde der christliche Antijudaismus wahrgenommen und diskutiert, als in den Anfängen feministischer Theologie in Deutschland antijüdische Stereotypen in den Schriften feministischer Theologinnen auftauchten. Die natürlich dieselben theologischen Bücher gelesen und wiedergegeben hatten wie ihre männlichen Kommilitonen. Innerhalb der feministischen Community jedoch gab es eine größere Aufmerksamkeit für menschenverachtende Traditionen, sodass es vor allem feministische Theologinnen selbst waren, die auf diese Fehlentwicklung hinwiesen. So wurde am Beispiel feministischer Theologie der christliche Antijudaismus insgesamt kritisiert.[9] Innerhalb der feministischen christlichen Theologie hat das zu einem völligen Umdenken und Umarbeiten wissenschaftlicher Werke geführt. Und ich habe mir immer gewünscht, das würde in der christlichen Theologie insgesamt Früchte tragen.

Die Kirchen haben die Abkehr vom Antijudaismus im Allgemeinen früher vollzogen als die akademische Theologie. Zwar keimen hier und da in christlich-fundamentalistischen Kreisen Ideen von

---

[9] Vgl. dazu Britta Jüngst: Auf der Seite des Todes das Leben. Auf dem Weg zu einer christlich-feministischen Theologie nach der Shoah, Gütersloh 1996.

Judenmission auf, doch gehe ich davon aus, dass unsere eher langsam arbeitenden volkskirchlichen Strukturen dagegen doch ein starkes Bollwerk bilden. Das bedeutet nicht, dass alle evangelischen Kirchen, Christinnen und Christen dem jüdischen Glauben den gleichen Wahrheitsanspruch zubilligen würden wie dem christlichen. Manche trauen sich einfach nicht, dem jüdischen Glauben einen legitimen Wahrheitsanspruch abzusprechen. Das ist nicht gut, aber immerhin etwas.

Im Gespräch mit dem Islam sieht das ganz anders aus. Auch hier kommt es darauf an, ob christliche Theologie aus einer exklusivistischen, inklusivistischen oder pluralistischen Perspektive spricht.

Aus exklusivistischer Perspektive wird der Islam nicht als eine dem Christentum gleichwertige Religion betrachtet. Im Mittelalter galt er vielen sogar als christliche Irrlehre. Es ist ja auch eine Kränkung, wenn trotz der Präsenz und Macht der Kirche sich eine neue religiöse Strömung etabliert. So hat die Kirche den Islam insgesamt negativ dargestellt. Diese Tendenz ist bis heute zu beobachten, zum Beispiel wenn nicht unterschieden wird zwischen dem Qur'an, der Lebenspraxis der meisten Musliminnen und Muslime, islamistischem Fundamentalismus und Terrorismus. Die exklusivistische Position kritisiert den Islam vor allem deshalb, weil er nicht christlich ist und Vorstellungen von Inkarnation, Trinität, Heilsbedeutung des Kreuzestodes nicht teilt.

Eine inklusivistische Perspektive sieht auch einige Gemeinsamkeiten zwischen Christentum und Islam, die eine Verständigung erleichtern, zum Beispiel den Bezug auf Abraham / Ibrahim oder die Bedeutung Jesu / Isa im Qur'an, die Vorstellung einer göttlichen Offenbarung, die Betonung der Barmherzigkeit Gottes. Allerdings beurteilt sie den Islam anhand seiner Übereinstimmungen mit dem und seiner Unterschiede zum Christentum.

In einer pluralistischen Perspektive nehmen diese Gemeinsamkeiten einen noch größeren Raum ein. Pluralistische christliche wie pluralistische islamische Interpretationen betonen, dass die grundlegenden religiösen Texte und Überlieferungen zeit- und kontextgebunden sind, die Vorstellung von der Trinität als Selbstmitteilung Gottes wie auch die Vorstellung der Offenbarung Gottes im

Qur'an. Im Blick auf Gott stellen Christentum und Islam jeweils unterschiedliche Aspekte des Göttlichen ins Zentrum. So können wir auch voneinander lernen und einander ergänzen.

Wegweiser

In den 80er Jahren wurden in der feministischen Theologie einige Debatten geführt, in denen es um Unterschiede unter Frauen ging: jüdische und christliche, lesbische und heterosexuelle, Afroamerikanerinnen und „weiße" Frauen, Ostfrauen und Westfrauen ... Diese Debatten, die anstrengend, manchmal kränkend waren, mussten geführt werden, damit nicht weiße, heterosexuelle, christliche, gebildete Mittelklassefrauen ihre theoretische und auch theologische Sicht für alle verbindlich erklärten. Es ging also um die Wahrheit. Auch da: Gibt es nur eine?

Ein wirklicher Wegweiser in dieser Zeit war die katholische Theologin Christine Schaumberger. Christine Schaumberger hat der feministischen Theologie die Bedeutung des Kontextes geschenkt. Sie hat darauf aufmerksam gemacht, dass jede Aussage und Wahrnehmung kontextgebunden ist und nicht ohne Weiteres verallgemeinerbar. Zum gegenseitigen Verstehen ist es notwendig, diese Kontexte möglichst gut zu kennen und zu beschreiben. Es

„geht darum, daß die Unterdrückten, Marginalisierten, Übersehenen in Erscheinung treten, daß sie die Möglichkeit haben, ihre Kämpfe theologisch zu interpretieren und daß ihre Stimmen gehört werden. [...] Frauen verschiedener Kontexte müssen nicht den Anschein erwecken, identisch zu sein [...], um uns zueinander in Beziehung zu setzen, uns mit unseren Unterschieden zu konfrontieren und unsere Verschiedenheit wahrzunehmen, um voneinander zu lernen und zusammenzuarbeiten."[10]

Sie merken schon an der Sprache, wie genau Christine Schaumberger formuliert. Das verlangsamt manchmal das Verstehen. Es

---

[10] Christine Schaumberger: „Es geht um jede Minute unseres Lebens!" Auf dem Weg zu einer kontextuellen feministischen Befreiungstheologie, in: Renate Jost / Ursula Kubera (Hg.): Befreiung hat viele Farben, Gütersloh 1991, 15-45, 22.

schärft aber auch den Blick. Der Kontext ist immer konkret. Und so ist auch jede Aussage, die sich als eine kontextuell gebundene versteht, immer konkret. Die Wahrheit, können wir dann mit Bertolt Brecht sagen, ist konkret und an den jeweiligen Kontext gebunden. Die Wahrheit des eigenen Glaubens ist genauso kontextuell gebunden an die je eigene Glaubensbiografie.

Christine Schaumberger betont, dass unterschiedliche Überzeugungen, auch religiöse Überzeugungen, nicht bedeuten, den Kontakt abzubrechen, sondern ihn gerade zu suchen und zwar mit dem Wunsch, gerade die zum Sprechen zu bringen, die sonst nicht viel Gehör finden. Das bedeutet dann auch, dass jede und jeder für sich selbst spricht. In der interreligiösen Arbeit ist das eine Basisvoraussetzung. Dialoge zwischen religiösen Führern sind auch deswegen schwierig, weil von ihnen erwartet wird, dass sie für alle sprechen, für alle Christinnen und Christen oder für alle Musliminnen und Muslime. Differenzen innerhalb der jeweiligen Glaubensgemeinschaft werden dadurch unsichtbar. Und dadurch fehlen uns Brücken zueinander. Interreligiöse Dialoge gehen immer dann richtig schief, wenn ein Christ dem Muslim erklärt, wie das Gottesverständnis im Islam aussieht und warum er das nicht teilen kann, und umgekehrt. Es geht vielmehr darum, dass die eigene Position in der Beziehung einen Platz findet. Christine Schaumberger hat einen großen Anteil daran, dass das im jüdisch-christlichen Dialog vor allem unter Frauen und vor allem hier in Deutschland beachtet wird.

Stehen bleiben

Das Christentum steht in einer unvergleichbaren Beziehung zum Judentum, weil es aus dem Judentum zur Zeit Jesu entstanden ist und anders als das Judentum diese Tradition weiterentwickelt hat. Was in Kirchen und christlicher Theologie an Offenheit und Wertschätzung dem Judentum gegenüber gewachsen ist, kann eine gute Basis für die Anerkennung der Wahrheit des Judentums sein, also der Anerkennung des jüdischen Weges als Weg mit Gott und Weg zum Heil.

Ich habe immer darauf gehofft und hoffe es noch, dass dieses Lernen von anderen und mit anderen auf den Umgang mit anderen Religionen übertragen wird. Doch davon sind wir im offiziellen interreligiösen Dialog noch weit entfernt. So jedenfalls nehme ich das wahr.

Als ich studiert habe. und auch danach noch, war der jüdisch-christliche Dialog viel stärker im Fokus von Theologie und Kirche als heute. Viele, die sich daran beteiligt haben, zitierten Martin Buber: „Der Mensch wird am Du zum Ich". Sie stimmten damit einer Identitätskonstruktion zu, die auf Beziehung beruht, nach der Identität flexibel und veränderbar ist, nur in Auseinandersetzung und Dialog überhaupt entsteht. Identität lebt vom Angesprochen-Sein, Gefragt-Werden, vom Austausch und der Suche nach Verstehen. Und davon, in Beziehung zu sein und gerade darin unterschiedlich. Dialog heißt dann:

> „Sich gegenseitig Raum lassen und geben, gar nicht auf die Idee kommen, ihn nehmen zu wollen, die Andersheit des Anderen zu wahren und zu wollen, ihr nicht die eigenen Konzepte und Meinungen, Vorurteile überzustülpen, dies nicht als Kränkung und Verlust zu empfinden, vielmehr als Geschenk und Gabe, Distanz zu genießen, den Bewegungen der Anderen zuzuschauen, nicht mit einem Blick, der sie einschließt, sondern offen, interessiert und erfreut, ihr Geheimnis wahrend [...]."[11]

Diese Haltung muss immer wieder eingeübt werden. Sie ist nicht selbstverständlich und auch nicht leicht, nicht in Partnerschaften, nicht im interreligiösen Gespräch, auch nicht im Gespräch mit den eigenen Glaubensgenossinnen und -genossen.

Aus dieser Haltung sind im Sarah-Hagar-Projekt, einem interreligiösen Frauenprojekt, das an verschiedenen Orten in Deutschland arbeitet, Dialogregeln entstanden. Sie fordern radikalen Respekt, empathisches Zuhören, Ehrlichkeit und die Bereitschaft, auf Vorurteile zu verzichten und sich zu verändern. Es heißt dort: „Wir wollen keinerlei Missionierung. Es gibt keine endgültigen Wahrheiten,

---

[11] Jüngst: Auf der Seite des Todes, 203.

jede Tradition hat ihren eigenen Wert, keine ist besser als eine andere."[12] Auf dieser Basis arbeiten wir auch im Ruhrgebiet in der Sarah-Hagar-Initiative.

Zwei gefährliche Kreuzungen

Spätestens jetzt muss ich einen Weg wahrnehmen, der meinen kreuzt. Weil spätestens jetzt jemand sagen müsste: Jesus hat aber gesagt: „Ich bin der Weg und die Wahrheit und das Leben; niemand kommt zum Vater denn durch mich" (Joh 14,6). In interreligiösen Dialogen ist der Dialog damit beendet. Denn die Autorität Jesu wird angeführt als Beleg dafür, dass es nur *eine* Wahrheit gibt, und zwar die des christlichen Glaubens. Doch wie gesagt, die Wahrheit ist konkret, und deshalb schauen wir uns diesen Killervers und seinen Kontext genauer an:

„Ich bin der Weg und die Wahrheit und das Leben; niemand kommt zum Vater denn durch mich": Mit diesem Vers tröstet und ermutigt Jesus seine Freundinnen und Freunde, die Angst vor der Zeit ohne ihn haben. Sie haben Angst, ihn und damit Gott zu verlieren. Das liegt nahe, wenn der Mensch, in dem man die ganze Zeit das Göttliche repräsentiert sah, stirbt. Dann stellt sich natürlich die Frage, ob es denn richtig war, ihm zu folgen. Darum betont Jesus, dass, wer ihn sieht, den Vater sieht, und dass er, Jesus, den Weg zu Gott weisen kann. In diesem Zusammenhang des Zweifels ist dieser so steile Satz zu verstehen und auch nachzuvollziehen: „Ich bin der Weg und die Wahrheit und das Leben." Es ist dem Johannesevangelium besonders wichtig, die Beziehung zwischen Jesus und Gott eng zu halten, Jesus als Gott zu verstehen. Nach dem Tod Jesu dennoch mit ihm, mit Gott, zusammenzubleiben, verlangt, diesem Weg, dieser Wahrheit, diesem Leben zu folgen. Und Jesus versichert den Jüngern und Jüngerinnen, dass sie das tun werden, auch wenn sie meinen, den Weg nicht zu kennen. Und

---

[12] Carola von Braun: Respekt und gegenseitige Anerkennung. Das interreligiöse Projekt „Sarah-Hagar", in: Doris Strahm, Manuela Kalsky (Hg.), Damit es anders wird zwischen uns. Interreligiöser Dialog aus der Sicht von Frauen, Mainz 2006, 27-42, 29.

deshalb: „Niemand kommt zum Vater denn durch mich". Im Textzusammenhang meint dies: Macht euch keine Sorgen darüber, ob euer bisheriger Weg falsch war. Ihr werdet auch nach meinem Tod durch mich in Gott sein. Ihr müsst keinen anderen Weg suchen.

Ich nehme den Trost wahr, der in diesem Vers liegt. Und ich kann die Angst derer nachempfinden, die eine solche Versicherung brauchen, weil ich die Angst, auf dem falschen Weg zu sein, natürlich kenne.

Eine zweite gefährliche Kreuzung stellt die Begegnung mit dem christlichen Bekenntnis dar. Das Apostolische Glaubensbekenntnis beschreibt den Glauben an Gott als Trinität, Dreieinigkeit von Vater, Sohn und Geist. Dieses Gottesverständnis ist ein christliches Spezifikum und wird von keiner Religion geteilt. Kein Wunder, dass Christinnen und Christen es ehren und bewahren. Es sammelt Überzeugungen derer, die uns vorausgingen, und verdient daher, mit Respekt behandelt zu werden.

Bekenntnisse dienen per se der Abgrenzung. Sie wollen Glaubensvorstellungen ausschließen, denen sich die Mehrheit einer Glaubensgemeinschaft in einer bestimmten Zeit an einem bestimmten Ort nicht anschließen kann oder will. Bekenntnisse entstehen, wenn Grenzen gezogen, wenn andere ausgeschlossen werden. Oder wenn sich Gruppierungen, die zu einer Gemeinschaft gehören, in einem bestimmten Punkt nicht einigen können. Dann enthalten Bekenntnisse Kompromissformeln, die später oft nur noch schwer nachzuvollziehen und noch schwerer zu verstehen sind. Das heißt Bekenntnisse haben einen bestimmten Kontext. Sie dienen der Kompromissfindung nach innen und der Abgrenzung nach außen.

Daher kann der Versuch einer interreligiösen Verständigung, der von den divergenten Bekenntnissen ausgeht, nur scheitern. Ich erwähne das, weil manche Theologen bei der Frage, ob der Gott des Christentums und der Gott des Islams identisch seien, beim christlichen Bekenntnis ansetzen. Dieser Ansatz trägt die Antwort „Nein" bereits in sich. Ob das gewollt ist oder nicht, überlassen wir jetzt mal der kirchenpolitischen Diskussion.

Nun denke ich, habe ich diese beiden schwierigen Wegkreuzungen überschritten, ohne sie zu überspringen, und kann mich dem Ende meines heutigen Weges zuwenden.

Freie Sicht

„Was wahr ist, streut nicht Sand in deine Augen"[13], schreibt Ingeborg Bachmann Mitte der 50er Jahre in Auflehnung gegen das Verschweigen und Verdrängen der nationalsozialistischen Gräuel. Wer Sand in den Augen hat, kann nicht klar sehen, schaut herunter, ist mit sich beschäftigt. Ingeborg Bachmann hatte große Angst davor, nicht klar sehen zu können, das eigentliche Leben zu verpassen, das eigentlich Bedeutende nicht schreiben zu können, in Unwahrheit zu sein. Für sie gleichbedeutend mit dem Tod. Was wahr ist, ist für sie nicht nur schön und leicht und einfach. Die Wahrheit wird mit Schmerzen errungen, ist nicht bequem. Sie kann nicht von einer Ideologie, von Macht in Dienst genommen werden. Im Gegenteil: Die Wahrheit durchbricht menschliche Grenzen und Abschottungen, sie „treibt Sprünge in die Wand". Die Wahrheit ist für Bachmann Freiheit, Leben jenseits des Todes. Sie schreibt: „Was wahr ist, rückt den Stein von deinem Grab." Die Wahrheit ermöglicht Freiheit und lebendiges Leben, ausgedrückt hier im Bild der Auferstehung.

Wahrheit lässt also klar sehen, ermöglicht Freiheit und dient dem Leben.

Die Theologin Ina Praetorius hat ein wunderschönes kleines Buch veröffentlicht. Es heißt „Ich glaube an Gott und so weiter. Eine Auslegung des Glaubensbekenntnisses"[14]. Sie schreibt, dieser Text hätte eines Tages von ihr ausgelegt werden wollen,

> „nicht von mir als Wissenschaftlerin oder Feministin, auch nicht von mir als weißer Mittelschichtseuropäerin oder Politaktivistin, sondern vom mir als mir. Natürlich ist, was dabei her-

---
[13] Ingeborg Bachmann: Sämtliche Gedichte, 3. Aufl., München 1990, 128.
[14] Ina Praetorius: Ich glaube an Gott und so weiter... Eine Auslegung des Glaubensbekenntnisses, Gütersloh 2011.

ausgekommen ist, keine richtige Theologie. Aber vielleicht ist es die Theologie der Zukunft, dass wir in den alten Texten keine ewiggültigen Richtigkeiten mehr suchen, sondern vergängliche Wahrheit, die uns durch die weite Welt begleitet."[15]

Ina Praetorius erzählt, wie sie das Wort „Gott" von ihrer Tante geschenkt bekam, wie es angefüllt wurde mit Musik und Erleben in ihrem liberalen Elternhaus, mit Verstörungen im Konfirmationsunterricht und Theologiestudium, mit politischem Engagement, mit Krankheit und Krisen und vor allem mit Beziehungen. Zu Ina Praetorius' persönlicher Erzählmatrix, also dem Geflecht aus Beziehungen, Wörtern, Geschichten, Traditionen, die ihr Leben ausmachen, gehört auch das Apostolische Glaubensbekenntnis. Es ist für sie überlieferte Weisheit der Vorfahrinnen und Vorfahren und zugleich dogmatischer Herrschaftstext, der zusammenfassen will, was geglaubt werden soll. Ina Praetorius liest diesen Text frei und im respektvollen Gespräch mit den Erfahrungen, die sich im Glaubensbekenntnis ausdrücken, bringt sie sie ins Gespräch mit den eigenen.

Die Wahrheit, lerne ich daraus, entsteht in diesem „Dazwischen", zwischen mir und den Texten aus meiner Tradition, die ich interpretiere, zwischen mir und zum Beispiel dem Glaubensbekenntnis, zwischen uns, wenn wir uns darüber austauschen, was „das Göttliche" für uns jeweils bedeutet. Die Wahrheit entsteht, wenn wir uns vor dem Hintergrund verschiedener religiöser Traditionen zu verständigen versuchen, was wir unter einem guten Leben verstehen und wie wir unser Leben miteinander auf dieser Erde und in unserer Stadt gestalten wollen. Wahrheit geschieht in unseren Beziehungen miteinander, im Verstehen und oft auch Aushalten von Widersprüchen, die wir nicht auflösen können. Die Wahrheit wird stärker, wenn wir uns an den Grenzen unseres jeweils eigenen Vertrauens begegnen können und wenn ich mich über den Glauben der anderen, der nicht meiner ist, freuen kann. So können wir miteinander leben in einem Vertrauen, das zwischen uns Verbindungen schafft und weit über uns hinausgeht.

---

[15] A.a.O., Vorwort.

„Gemeinsam spinnen am Netz der Befreiung!"
Überlegungen zu einer
kontextuellen feministischen Befreiungstheologie
in internationalistischer Perspektive

Sandra Lassak

In der Arbeit im Institut für Theologie und Politik (ITP) sind internationale Kooperationen, der Kontakt und Austausch mit Menschen anderer Kontexte, Engagierten aus Sozialen Bewegungen, Theologen und Theologinnen seit jeher ein wichtiger Bestandteil. In den internationalen Arbeitszusammenhängen werden nicht nur Schwierigkeiten und Konflikte deutlich im Austausch von unterschiedlichen Sichtweisen und im Ringen um gemeinsame Strategien, sondern zugleich wird dabei auch klar, dass die globalen Entwicklungen die Auseinandersetzung über und das Suchen nach transnationalen Bündnissen, die sich einsetzen für globale Gerechtigkeit, unumgänglich machen. Internationale oder transnationale Bündnisse und Kooperationen sind nicht nur für die politische Praxis, sondern auch für kontextuelle (feministisch-)theologische auf Befreiung zielende Arbeit wichtig. An der Schnittstelle von politischer Praxis und feministisch-theologischer Reflexion arbeitend haben wir uns in verschiedenen Arbeitskreisen vor allem mit Fragen von Geschlechterverhältnissen im Neoliberalismus und der Neustrukturierung von Machtverhältnissen, Prekarisierung von Arbeits- und Lebensbedingungen, Migration und den gesellschaftlichen Debatten um Gender und Geschlechterpolitiken auseinandergesetzt. Wichtig war uns dabei nicht nur die Interdisziplinarität auf theoretischer Ebene, sondern die Theoriearbeit ausgehend von sozialen Bewegungen, feministischen Gruppen, der eigenen feministischen politischen Praxis zu betreiben. Die Vernetzung mit feministischen und Frauengruppen aus anderen Kontexten, der Austausch mit ihnen, das Wahrnehmen ihrer gesellschaftskritischen Analysen sind in dieser Arbeit ein wesentliches Element.

Neoliberale kapitalistische Globalisierung und die Auswirkungen, die sie weltweit für Frauen haben, werfen für kontextuelle feministische Befreiungstheologien neue Fragen auf. Wenn es feministischer befreiender Theologie darum geht, Befreiungs- und Emanzipationsprozesse anzustoßen mit dem Ziel an einer gerechten und menschlichen Gesellschafts- und Weltordnung mitzuwirken, so ist es notwendig, die verschiedenen Realitäten und Kämpfe sowie Positionen und Gesellschaftsanalysen von Frauen miteinander ins Gespräch zu bringen, Erfahrungen auszutauschen, Differenzen und Ähnlichkeiten sowie auch existierende Machtverhältnisse innerhalb der Gruppe von Frauen[1] herauszuarbeiten und gemeinsame Visionen einer anderen möglichen Welt zu entwickeln.

Das heißt einerseits, die eigenen Perspektiven als eine unter vielen zu begreifen und zugleich die Notwendigkeit der Vermittlung der verschiedenen Erfahrungen anzuerkennen ohne bestehende Unterschiede gegeneinander auszuspielen sowie eine pauschalisierende feministische Rede von Frauen aufzudecken.

Wenn Frauen auch weltweit unterschiedliche Unterdrückungserfahrungen machen, so dürfen diese nicht voneinander isoliert betrachtet werden. Vielmehr ist es gerade angesichts kapitalistischer Globalisierung notwendig die jeweiligen kontextuellen Erfahrungen in Verbindung mit globalen Entwicklungen zu betrachten. Strukturelle Ähnlichkeiten von Situationen und Ausbeutungsmechanismen in Nord und Süd einerseits, anwachsende Ungleichheiten und Hierarchien andererseits fordern uns zur „Grenzüberschreitung" auf, das heißt über den eigenen kontextuellen „Tellerrand", Standpunkt und die eigene Perspektive

---

[1] Ein hilfreiches Instrument für diese Analyse der Mehrdimensionalität von Unterdrückungsverhältnissen hat Elisabeth Schüssler Fiorenza mit ihrem Konzept des Kyriarchats in die feministisch–theologische Forschung eingebracht.

hinauszuschauen und uns mit den Lebenswirklichkeiten der jeweils anderen auseinanderzusetzen, uns in Frage stellen zu lassen und von- und miteinander zu lernen. Feministischer Befreiungstheologie geht es sowohl darum, „Theologie aus der ‚herr-schenden' Wahrnehmung zu befreien" und die „zutiefst frauenfeindlichen, patriarchalen christlichen Kirchen"[2] zu verändern als auch kritisch die Machtstrukturen und Verstrickungszusammenhänge zwischen Frauen des globalen Nordens und Südens zu erkennen.

Feministische Theologie der Befreiung im Kontext der Ersten Welt zu treiben, geht somit nicht nur über die Grenzen binnenkirchlicher Themen und Auseinandersetzungen hinaus, sondern auch über den eigenen lokalen und spezifischen Erfahrungskontext. Das beinhaltet auch, sich der eigenen strukturellen Verflochtenheit in ökonomische, soziale und politische Zusammenhänge und der daraus resultierenden Verantwortung bewusst zu werden. Frauenbefreiung in der sogenannten „Ersten Welt" hängt eng zusammen mit Unterdrückungserfahrungen von Frauen anderer Kontexte, so dass „keine befreit ist, wenn nicht alle befreit sind"[3], wie es ein Postulat der Frauenbewegung auf den Punkt bringt.

Trotz der unterschiedlichen (Unterdrückungs-)Erfahrungen gibt es eine gemeinsame Grundorientierung und Intention feministischer Befreiungstheologien, nämlich die Stimme der Unterdrückten zur Sprache zu bringen und sich einzusetzen für „Befreiung von dem, was ein ganzes, heiles menschliches Leben, ein ‚Leben in Fülle' verhindert – nicht mehr und nicht weniger, unabhängig davon, ob dies ‚realistisch' ist, und nicht in ferner Zukunft, sondern sofort."[4] Die Auseinandersetzung mit den anderen kann zum kritischen Korrektiv der eigenen theologischen Entwürfe werden und

---

[2] Christine Schaumberger: „Ich nehme mir meine Freiheit, damit ich nicht sterbe". Überlegungen zu einer Feministischen Theologie der Befreiung im Kontext der „Ersten" Welt, in: Christine Schaumberger / Monika Maaßen (Hg.), Handbuch Feministische Theologie, 2. durchges. Aufl., Münster 1988, 349.

[3] Vgl. Vorwort, in: Renate Jost / Ursula Kubera: Befreiung hat viele Farben. Feministische Theologie als kontextuelle Befreiungstheologie, Gütersloh 1991, 7.

[4] Schaumberger: „Ich nehme mir meine Freiheit ...", 334.

so die Dynamik kontextueller feministischer Theologien als beständige Suchbewegungen aufrecht erhalten. Feministisch-theologische Befreiung geschieht durch „stets neue Annäherung an veränderte Wahrnehmung, veränderte Erfahrung, veränderte Situationen, veränderte Strukturen."[5] Nur in der Offenheit in verschiedene Richtungen zu denken und die verschiedenen Perspektiven zu berücksichtigen kann ein „Spinnennetz" entstehen, das alle Ebenen und Dimensionen des feministischen Kampfes als „unabgeschlossene spiralenförmige Bewegung"[6] durchdringt. Feministische Befreiungstheologie hierzulande ist nie ein abgeschlossenes Projekt, sondern muss eine Bewegung sein, die sich mit allen möglichen um Befreiung ringenden Bewegungen verbindet.

Diese Notwendigkeit einer kontextuellen feministischen Befreiungstheologie im Horizont weltweiter feministischer Befreiungsbewegungen begründet Christine Schaumberger in ihren beiden Beiträgen „Ich nehme mir meine Freiheit, damit ich nicht sterbe"[7] und „Es geht um jede Minute unseres Lebens!"[8]. Zugleich legt sie darin zentrale Aspekte einer feministischen Befreiungstheologie und deren Methodologie dar. Damit bietet sie ein grundlegendes Fundament und Instrumentarium, feministische Befreiungstheologie jeweils neu und in Verbindung mit den jeweiligen Kontexten auszuformulieren.

Christine Schaumbergers feministisch-befreiungstheologischer Ansatz war nicht nur eine wichtige Basis und Referenz in den genannten feministisch-theologischen und politischen Arbeitszusammenhängen, sondern war auch für meine persönliche feministisch-befreiungstheologische Verortung und Positionierung wegweisend. Neben ihren Texten waren auch die, wenn auch wenigen, Gelegenheiten der persönliche Begegnungen und Diskussionen mit Christine Schaumberger wichtige Momente, die mich inspirierten,

---

[5] Schaumberger: „Ich nehme mir meine Freiheit ...", 359.
[6] Schaumberger: „Ich nehme mir meine Freiheit ...", 361.
[7] Vgl. Schaumberger: „Ich nehme mir meine Freiheit ...", 332-373.
[8] Vgl. Christine Schaumberger: „Es geht um jede Minute unseres Lebens!" Auf dem Weg zu einer kontextuellen feministischen Befreiungstheologie, in: Renate Jost / Ursula Kubera: Befreiung hat viele Farben, 15-33.

eigene feministisch-theologische Reflexionen unter bestimmten Gesichtspunkten weiterzudenken. Dazu gehört zum Beispiel ihr Vortrag „Welche Kirche brauchen wir?", den sie auf einem im November 2008 vom ITP veranstalteten Seminar mit dem Titel „Religion, Christentum und kapitalistische Gesellschaft" anlässlich der Erinnerung an die gesellschaftlichen und theologischen Aufbrüche der 1968er Bewegungen, gehalten hat. Mit ihren Überlegungen stieß sie vertiefende Diskussionen über die „(Wieder-)Aneignung einer Definition von Kirche ausgehend von sozialen Kämpfen der Gegenwart" an, die auch uns in die Pflicht nahm, den eigenen theologischen Standort zu überprüfen. Zu diesem Zeitpunkt befand ich mich inmitten der Arbeit an meinem Dissertationsprojekt, in dem ich mich mit Protest und Widerstand von Frauen auf dem Land in Brasilien beschäftigte und die brasilianische Landfrauenbewegung aus feministisch-befreiungstheologischer Perspektive untersuchte. Christine Schaumbergers Überlegungen zur „Women's Church" in den USA, an der sie in ihrem Vortrag aufzeigte, wie visionäre Formen des Kircheseins als „Zeichen und Instrument des Hereinbrechens des Reiches Gottes in die Geschichte der Menschen" konkrete Gestalt annehmen können, gaben mir den Impuls darüber nachzudenken, inwiefern die Erfahrungen der brasilianischen Landfrauenbewegung, ihr Protest und Widerstand gegen die Unterdrückungsverhältnisse auf dem Land als eine Form gelebter (kirchlicher) Nachfolgegemeinschaft jenseits herkömmlicher Kirchenverständnisse und -strukturen interpretiert werden können.

An die oben genannten und kurz umrissenen Aspekte, die in Christine Schaumbergers Ansatz kontextueller Befreiungstheologie zentral sind, möchte ich anknüpfen und einige feministisch-theologische Überlegungen aus meiner Beschäftigung mit der Situation und dem Widerstand von Frauen auf dem Land in Brasilien vorstellen. Die Überlegungen sind ein Beispiel dafür, wie kontextuelle feministische Theologie immer wieder ausgehend von einem konkreten Kontext neu entsteht. Darüber hinaus spiegeln sie auch die

Einflüsse und Inspirationen wider, die ich aus Christine Schaumbergers feministisch-befreiungstheologischem Ansatz gewinnen konnte.

Widerstandspraxis brasilianischer Landfrauen als Ort feministischer Befreiungstheologie

Quelle und Ort feministischer Befreiungstheologie ist immer eine konkrete historische Praxis, eine Praxis, deren Ziel die Befreiung von (frauen-)unterdrückenden Strukturen ist, denn

„Theologie der Befreiung entsteht, wo Christ/inn/en Armut, Hunger, Elend, Not, Tod erleiden und als Unterdrückung, Ausbeutung, Gewalt, Ungerechtigkeit wahrnehmen, ihre Stimme erheben zum religiös motivierten Protest und aufstehen zum Kampf um umfassende Befreiung."[9]

Feministische Theologie versteht sich als Teil dieser Kämpfe und sie möchte zu (frauen-)befreienden Prozessen beitragen. Feministische Befreiungstheologinnen wissen sich den Kämpfen von Frauen verpflichtet und analysieren ausgehend von den jeweiligen Erfahrungskontexten gesellschaftliche Verhältnisse und die Unterdrückungsstrukturen, die diese besonders für Frauen produzieren unter der Frage, welchen Beitrag feministische Theologien zu einer positiven Veränderung leisten können.

Feministische Befreiungstheologie stellt sich „in kritischen Widerspruch zur ‚herr-schenden' Theologie"[10], indem sie die historische Praxis zu ihrem Ausgangspunkt macht. Diesem Praxisprimat folgend besteht der erste Schritt feministisch-befreienden Theologietreibens darin, sich an die Orte von Unterdrückung zu begeben und von dort aus die Frage nach Gott, nach Hoffnung auf Auferstehung, nach Erlösung etc. zu stellen. Der Ortswechsel hin zu denjenigen, die am Rande stehen – nicht nur gesellschaftlich, sondern auch theologisch – verändert den Blick auf die Welt und ermöglicht neue Interpretationen der biblischen Botschaft. So wird ein Paradigmenwechsel der herrschenden, universalisierenden, für alle

---

[9] Schaumberger: „Ich nehme mir meine Freiheit ...", 333.
[10] Schaumberger: „Ich nehme mir meine Freiheit ...", 335.

Zeiten gültigen Theologie vorgenommen. Kontextualisierung zielt auf „eine radikale Veränderung der Blickrichtung von Theologie – ein Blickwechsel, der neue Subjekte, neue Orte, neue Methoden, neue Sprache, neue Inhalte, neue Quellen und Traditionen und eine neue Sicht der traditionellen Quellen und Traditionen impliziert."[11]

Der Ort, von dem aus ich im Folgenden einige feministisch-(befreiungs-)theologische Überlegungen vorstellen möchte, sind die Kämpfe um Land und würdige Lebensbedingungen von Frauen in Brasilien. Dem befreiungstheologischen Dreischritt „Sehen--Urteilen-Handeln" folgend, den Christine feministisch expliziert[12], werde ich an erster Stelle den Kontext, der Ausgangspunkt der theologischen Reflexion ist, skizzieren. Auf Basis dieser Wirklichkeitsanalyse werde ich aufzeigen, wie ausgehend von einer konkreten emanzipatorischen Praxis von Frauen theologische Kategorien inhaltlich neu gefüllt werden und somit Chancen eines möglichen Paradigmenwechsels der herrschenden Theologie beinhalten.

Außerdem soll dabei auch die Relevanz von Kämpfen von Frauen und feministischer Befreiungstheologien aus dem globalen Süden für unsere Theorie und Praxis deutlich gemacht werden, in Orientierung an dem befreiungstheologischen Dreischritt.

Der Ort verändert den Blick (Sehen)

In Brasilien gehören Frauen auf dem Land mehrheitlich zu denjenigen, die besonders von Unterdrückung, Armut und Ausbeutung betroffen sind – sowohl aufgrund ihrer Zugehörigkeit zur sozialen Klasse der bäuerlichen Bevölkerung als auch aufgrund ihres Geschlechts. Die Unterdrückung von Frauen existiert sowohl innerhalb der Familien als auch auf der Ebene der Gesetze und einer Agrarpolitik, die Frauen benachteiligt oder gänzlich außen vor lässt. Gegen die mehrfache Diskriminierung haben Mitte der 1980er Jahre Frauen begonnen, sich zu organisieren und ihre Rechte einzuklagen. Aus den anfänglich regionalen Zusammen-

---

[11] Schaumberger: „Es geht um jede Minute ...", 23.
[12] Vgl. Schaumberger: „Ich nehme mir meine Freiheit ...", 349ff.

schlüssen, Initiativen und Gruppen wurde 2004 eine landesweite Bewegung der Landfrauen, Movimento de Mulheres Camponesas, kurz MMC. Darin engagieren sich Frauen aus ganz unterschiedlichen landwirtschaftlichen Sektoren, Indigene, Fischerinnen, Kokosarbeiterinnen, Kleinbäuerinnen und Saisonarbeiterinnen, Landlose und von ihren Ländereien Vertriebene. Gemeinsamer Nenner ist die Produktion von Nahrungsmitteln.

Die Frauen kämpfen um Ernährungssouveränität und um ein zu Großgrundbesitztum und Agrobusiness alternatives, das heißt ökologisches, nachhaltiges landwirtschaftliches Modell unter besonderer Berücksichtigung der Geschlechterverhältnisse. Über die im engeren Sinne auf das Land bezogenen Forderungen hinaus geht es ihnen auch um gesamtgesellschaftliche Veränderungen, die Überwindung kapitalistischer Verhältnisse und ihre verschiedenen Exklusionsmechanismen. War die Bewegung in den Anfängen noch stark getragen von kirchlichen Sektoren, basisgemeindlichen und befreiungstheologisch inspirierten, so emanzipierte sie sich im Laufe der Zeit – im Zuge des innerkirchlichen Restaurationsprozesses – immer mehr davon und radikalisierte sich in ihren feministischen und politischen Positionen.

Trotz der tendenziellen Stagnation, die in den 1990er Jahren innerhalb der sozialen Bewegungen einsetzte, konnte die Landfrauenbewegung an Stärke gewinnen. Immer mehr Frauen beteiligten sich und entwarfen gemeinsam vielfältige und kreative Aktionen des Protestes und Widerstands. Eine in der Geschichte der Landfrauenbewegung von besonderer Bedeutung und herausragende Widerstandsaktion war eine nächtliche Besetzungsaktion der Forschungslabore eines der weltweit führenden Zellulosekonzerne Aracruz, die im Zuge verschiedener Protestaktionen zum internationalen Frauentag 2006 durchgeführt wurde. An die 2000 Frauen der Bauernorganisation Via Campesina drangen in den Morgenstunden des internationalen Frauentags in die Forschungslabore des Zellulosekonzerns in der Nähe von Porto Alegre im Süden Brasiliens ein. Dort rissen sie genmanipulierte Setzlinge von Eukalyptuspflanzen aus, um damit ein Zeichen des Widerstands zu setzen gegen die alltäglich erfahrene Bedrohung der Lebensgrundlage der bäuerlichen Bevölkerung, die Zerstörung ihrer Felder durch die riesigen Eukalyptusplantagen. Diese Aneignung der natürlichen Ressourcen durch die Agroindustrie bedroht nicht nur das Leben der kleinbäuerlichen Familien, sondern die ökologischen und sozialen Auswirkungen, die Zerstörung von Ökosystemen, die Auslaugung der Böden, gefährden auch die Nahrungsmittelproduktion und damit die Ernährung der Bevölkerung insgesamt.

Die Nachricht von dieser unerwarteten nächtlichen Aktion ging um die ganze Welt.

Anhand der Protestaktion soll beispielhaft aufgezeigt werden, wie ausgehend von einer konkreten historischen Situation – den Erfahrungen armer Frauen auf dem Land in Brasilien, die geprägt sind durch die Dialektik von Unterdrückung und Befreiung – theologische Inhalte und Kategorien neu interpretiert werden.

Eine illegale Besetzung als ein Ort feministschen Theologietreibens (Urteilen)

Im Anschluss an die Befreiungstheologie, die ihren Ausgang beim historischen Jesus nimmt, dessen Leben ganz im Zeichen der Parteinahme für die Armen und Unterdrückten steht, der sie verteidigt und ihr Schicksal auf sich nimmt und sich in Konflikte begibt, die ihn schließlich ans Kreuz bringen, stellt sich die Frage:

Was bedeuten Inkarnation, Kreuz und Auferstehung sowie messianische Hoffnung, Inkarnation und folglich auch Auferstehung und Erlösung in einer Situation, die geprägt ist von Unterdrückung. Unterdrückung als Frauen, innerhalb der Familie und der Gesellschaft, Unterdrückung als soziale Klasse der Landarbeiterinnen, die mit der Zerstörung ihrer Felder durch die Agro-Industrie, mit Armut, Hunger und Krankheiten alltäglich zu kämpfen haben?

Jesu Leben und Verkündigung standen ganz im Zeichen der Parteinahme für die Armen und Unterdrückten. So wird Jesus zum Symbol der Befreiung. Er kann „die Gläubigen dazu anleiten [...], aktive Subjekte dieser Befreiung zu werden"[13], so der salvadorianische Theologe Jon Sobrino. Es geht um Befreiung von tod-

---

[13] Jon Sobrino: Christologie der Befreiung, Mainz 1998, 29.

bringender Sünde, d.h. von Strukturen der Gewalt, Unterdrückung und Marginalisierung. Orte des Widerstands gegen ein todbringendes System sind folglich Orte, an denen sich christliche Praxis bewähren muss. Orte des Widerstands, der Gesellschaftskritik sowie einer befreienden Praxis, die die Wirklichkeit verändert, sind heute vor allem in den sozialen Bewegungen zu finden. Denn in ihnen gibt es Zeichen der Hoffnung auf Umkehr und Bekehrung und damit Hoffnung auf Überwindung von Leiden und Unterdrückung. Mit der Besetzung des Zellulosekonzerns geben die Frauen ihrer Hoffnung auf Veränderung Ausdruck. Sie resignieren nicht angesichts ihrer Situation, sondern stehen auf im Bewusstsein, dass sie fähig sind, die Sünden anzuklagen, ihre Rechte und Würde einzufordern und so gemeinsam die Macht haben, sich selbst zu retten.

Dieser Einsatz für das Leben, für die Bewahrung der Schöpfung und für Gerechtigkeit, erfordert die Überschreitung von Gesetzen, von Gesetzen, die der Aufrechterhaltung des kapitalistischen Systems und seinen Unrechtsstrukturen dienen.

Diese Überschreitung hat den Frauen aber auch das „Tragen des Kreuzes" eingehandelt. Repressionen und Gewalt gegen die Frauen waren die Folgen dieser Aktion. Trotzdem kämpfen sie weiter, in der Hoffnung auf Auferstehung, in der Hoffnung darauf, dass die Mächtigen und ihre Verurteilungen durch das Gesetz nicht das letzte Wort sein werden.

In diesem Sinne wird Christus gegenwärtig im kollektiven Befreiungshandeln der Frauen, in ihrem Kampf um Würde und die Überwindung des Todes. In der Gemeinschaft erfahren sie ihre Macht und halten fest an der Hoffnung auf Veränderung, an der Hoffnung auf Auferstehung. Es ist eine Hoffnung auf Veränderungen in der Geschichte, im Hier und Jetzt.

Im Kontext der Landfrauen heißen Auferstehungserfahrungen: die Befreiung aus unterdrückerischen familiären und sozialen Strukturen, die Möglichkeit, ein Stück Land zu besitzen, um es zu bewirtschaften, Schutz vor multinationalen Konzernen und die Förderung eines landwirtschaftlichen Modells, das ihre Ernährung sichert und soziale und ökologische Gerechtigkeit durchsetzt.

Der grenzüberschreitende Widerstand der Frauen hat auch gezeigt, dass dieser in der Spannung von Kreuz und Befreiung steht. Trotz dieser Spannungen und widersprüchlicher Erfahrungen sieht die brasilianische Theologin Ivone Gebara gerade in diesem Überschreiten der bestehenden Ordnung einen Schritt, um erlösende Prozesse einzuleiten.

Um Überschreitung als Erlösung zu begreifen, muss die Perspektive derjenigen, die die Überschreitung aus Liebe zum Leben vornehmen, eingenommen werden. Das ist zugleich auch die Perspektive Jesu, der Gesetze überschritten hat im Bewusstsein, dass das größere Gesetz die Bewahrung des Lebens ist.

In der konkreten Praxis heißt dies ein Ringen um die Frage, welches Leben erhalten bleibt und wer die Entscheidung darüber trifft. Diese Auseinandersetzungen finden innerhalb ökonomischer, sozialer, politischer und religiöser Interessenskonflikte statt.

Erlösende Prozesse vollziehen sich also inmitten einer konfliktiven Wirklichkeit. Ebenso wie Christus präsent wird im gemeinschaftlichen Handeln widerständiger Frauen, so wird auch Erlösung zu einem Geschehen, das sich durch Beziehung, durch kollektive Befreiungspraxis vollzieht. Erlösung wird zu einem historisch-kontextualisierten, an der Gemeinschaft orientierten Ereignis und geschieht im Einsatz für Frieden und Gerechtigkeit immer wieder neu. Erlösung als Praxis der Überschreitung zu begreifen, bedeutet zwangsläufig, sich in gesellschaftliche Auseinandersetzungen zu begeben und Hierarchien und ungleiche Machtverhältnisse und die daraus entstehenden Mechanismen von Ausschluss und Benachteiligung zu konfrontieren. Im Widerstand gegen diese Strukturen entstehen kreative Praktiken, die die gesellschaftlichen Verhältnisse transformieren können und so heilende Beziehungen schaffen.

Am Beispiel der Kämpfe der Landfrauen ist somit deutlich geworden, wie Kreuz, Auferstehung, Erlösung in ihrer Bedeutung immer wieder neu zu kontextualisieren und zu aktualisieren sind. Das meint nicht, dass die Überzeugung einer universalen Hoffnung aufgegeben wird und dass durch die Armen per se Erlösung geschieht, sondern dass die Orte, an denen diese Hoffnung konkret wird, die Welt der Opfer, der Gekreuzigten ist und deshalb Erlösung ohne die Armen und Unterdrückten nicht möglich ist.[14]

Dieser feministisch-theologische und politische Ort zeigt zugleich auch, wie widerständige Gemeinschaften in prophetischer Weise neue Formen und Modelle kirchlicher Gemeinschaften sein können.

Gemeinschaften der Solidarität und des Widerstands

In dem eingangs erwähnten Vortrag zeigte Christine am Beispiel der US-amerikanischen Women's Church auf, wie Gemeindebildung von unten geschieht und welche vier Elemente für eine solche Gemeindebildung konstitutiv sind, nämlich gemeinsames Lernen, gemeinsames Feiern (Liturgie), Engagement in sozialen und politischen Projekten und die Kollektivierung der Arbeit und des Zusammenlebens. Die „gefährliche Erinnerung" an Widerstandsbewegungen und Selbstorganisationen der Marginalisierten ist nicht nur wesentliche Aufgabe feministisch-theologischer Praxis. Von diesen „vergessenen" Orten aus können Zeichen der Hoffnung und Impulse des Aufbruchs für die Entstehung von Gemeinschaften christlicher Spiritualität und gelebter Solidarität jenseits kirchlicher Strukturen ausgehen. Diese Aspekte lassen sich auch im Widerstand und Protest der Landfrauenbewegung aufspüren.

Schon mit der Gründung einer autonomen Frauenbewegung außerhalb der Kirchen und bestehender sozialer Landbewegungen weisen die Frauen des MMC auf die real existierenden ungleichen Partizipationsmöglichkeiten von Männern und Frauen sowohl in religiösen Institutionen als auch in emanzipatorischen politischen Zusammenhängen hin und treten ein für die Verwirklichung einer radikal-demokratischen Vision. Die Frauen arbeiten als Gleichgesinnte zusammen, interpretieren ihre Realität und nehmen ihr Schicksal selbst in die Hand. Langfristiges Ziel des MMC besteht darin, gemeinsam Herrschaftsstrukturen zu verändern und für Frauen gleiche Rechte und politische Partizipationsmöglichkeiten zu erkämpfen.

---

[14] Vgl. Jon Sobrino: Der Glaube an Jesus Christus, Ostfildern 2008, 84.

Bei der beschriebenen Widerstandsaktion der Frauen, in der sie die Erfahrung machen, dass sie gemeinsam stark sind und Macht haben, um Veränderungen zu bewirken, handelt es sich somit um eine kollektive Glaubenserfahrung von Frauen, die in ihren widerständigen Gemeinschaften in Kontinuität zu Kämpfen zahlreicher anderer Frauen stehen. Ihr gemeinsames Projekt ist der Kampf um Land und um würdige Lebensbedingungen für sich und ihre Familien. Getragen und angetrieben werden sie von der Überzeugung, gemeinsam etwas bewirken zu können. Gemeinschaftsstiftend ist zudem auch eine Form der Spiritualität, die im Brasilianischen als *mística* bezeichnet wird. *Mística* meint eine das ganze Leben durchdringende Haltung und Kraft. Dennoch wird sie in expliziten Momenten des Feierns und Gedenkens, zum Beispiel zu Beginn eines Treffens, einer Versammlung, in einer Demonstration etc. zum Ausdruck gebracht und gefeiert. Inhaltlich sind die *místicas* geprägt von Themen, die aus dem Lebenskontext der Frauen entstammen. Im Mittelpunkt dieser feministischen, von den Frauen definierten *mística* stehen die Frauen in ihrem Verhältnis zur Natur, den natürlichen Ressourcen, der Lebensgrundlage, dem Ackerbau. Es geht darum, die Beziehung bäuerlicher Frauen zur Erde, ihren Umgang mit der Natur und ihr daraus resultierendes Verständnis von Landarbeit sichtbar zu machen. Anders als nach der Logik kapitalistischer Unterwerfung und Verwertung zeichnet sich das Verhältnis der Frauen zum Land durch Sorge und Achtung aus. Texte, Lieder und Symbole, die charakteristisch sind für den Lebens- und Arbeitskontext der Frauen, wie Saatgut, Pflanzen, Früchte, landwirtschaftliche Arbeitsgeräte etc., materialisieren und visualisieren die in der jeweiligen *mística* fokussierte Thematik. Verschiedene religiöse Rituale und Aktivitäten, die Bezug nehmen auf die bäuerlichen Traditionen, wollen in diesen mystischen Momenten die Identität der Landfrauen zum Ausdruck zu bringen und ihr wieder Wertschätzung verleihen. In Texten, Gedichten und Liedern werden diese Traditionen und die bäuerliche Kultur sowie die Kämpfe der Landfrauen ebenfalls artikuliert. Die *místicas* sind integratives Moment und von zentralem gemeinschaftsstiftendem Charakter. Deshalb ist *mística* mehr als solche expliziten spirituellen Eröffnungs- oder Abschlussrituale bei den unterschiedlichsten Aktivitäten.

Mística als die Kraft, die die Bewegung zusammenhält und richtungsweisend für die Praxis ist, Werte und Überzeugungen ebenso einschließt wie Symbole, lässt einen großen Bedeutungs- und Interpretationsrahmen zu, den die Frauen entsprechend persönlicher Schwerpunkte unterschiedlich füllen. In diesem Sinne schließt sie die ganze Bandbreite von Erfahrungen des Lebens von Frauen ein, auch die nicht explizit politischen Aktionen, zum Beispiel Hausarbeit, Sorge und Erziehung der Kinder, Feldarbeit etc. Aus den gelebten und gemeinsam geteilten (spirituellen) Überzeugungen und Haltungen heraus werden das menschliche Leben orientierende ethische Richtlinien für eine kohärente alltägliche Praxis abgeleitet. Es ist die Art und Weise der Frauen, sich mit dem Leben in Beziehung zu setzen, sei es mit der Familie, den Menschen aus ihrem nahen und fernen Umfeld, mit der Erde. Sie kommt zum Ausdruck in der landwirtschaftlichen Arbeit von Frauen, ihrer Art und Weise den Boden zu bestellen, zu säen und zu pflanzen. Die Interrelationalität mit allen Lebewesen und der Natur gilt als besondere Charakteristika ihrer Spiritualität.

Mística umfasst die Lebensrealität der Frauen insgesamt und ist deshalb nicht als ein spiritueller Sonderbereich zu betrachten. Vielmehr handelt es sich um eine immanente Spiritualität und spirituelle Erfahrungen geschehen inmitten alltäglicher Überlebenskämpfe, im Protest und Widerstand, in gemeinsamer Organisierung.

Aus feministisch-befreiungstheologischer Perspektive kann die Landfrauenbewegung somit sowohl als ein diskursiver und theoretischer Raum als auch ein Ort praktischer Solidarität und politischen Handelns verstanden werden, wo Gotteserfahrung und Gemeinschaftsbildung, Feiern und miteinander Kämpfen stattfindet. Das Land wird zum wichtigen theologischen Topos, denn Land ist Lebensraum und prägt den Alltag der Frauen, es bestimmt die Sorge um ihre Familie und ist zentral in ihren Kämpfen. Land symbolisiert Hoffnung und die Vision eines guten Lebens.

Die Bewegung der Landfrauen MMC ist ein Beispiel dafür, wie Organisationen von unten, soziale Bewegungen kritische Impulse oder Zeichen der Zeit für eine Kirche sein können, sich als „Volk Gottes auf dem Weg" verstehen und ihren ursprünglichen Auftrag zu verwirklichen, indem sie die Orte aufsucht und dort Kirche wird, wo Christus gegenwärtig ist: in den Konflikten und sozialen Kämpfen der Gegenwart, unter denjenigen, die auf unterschiedlichste Weise diskriminiert und unterdrückt werden. In diesem sich Einlassen auf und betreffen lassen von der Realität geht es auch darum, an Hoffnungen teilzuhaben, fähig zu sein, sich diese Hoffnung zu eigen zu machen, bereit zu sein, sich dafür zu engagieren, auch wenn diese Solidarität mit den Opfern bedeutet, selbst zum Opfer zu werden. In diesen Situationen und ausgehend von der Perspektive der jeweils Betroffenen gilt es, christliche Hoffnungsbotschaft entgegen der allgemein verbreiteten Sprach- und Hoffnungslosigkeit neu zu formulieren.

Rück- und Anfragen an uns (Handeln)

Die vorhergehenden Ausführungen haben gezeigt, dass ausgehend von der empirischen Wirklichkeit kontextuelle Theologie sich beständig im Prozess befindet und „[d]ie Ansprüche der Kontextualisierung verlangen fortwährendes Neuorientieren und Weiter-Gehen."[15] Entsprechend der verschiedenen Kontexte und Herausforderungen entsteht somit auch ein breites Spektrum von ekklesialen Gemeinschaften. Die kontextuellen feministischen Theologien können nur aus der jeweiligen Realität entstehen und erheben nicht den Anspruch auf Allgemeingültigkeit, sondern sind aufeinander angewiesen oder in irgendeiner Weise miteinander verbunden: „Die verschiedenen kontextuellen Befreiungstheologien existieren jedoch nicht beziehungslos nebeneinander, sondern kritisieren und inspirieren sich gegenseitig."[16] Als universales Kriterium, das die kontextuell unterschiedlichen Theologien miteinander vermitteln kann, ist die Orientierung an Befreiung hin zu einer Welt der

---

[15] Schaumberger: „Es geht um jede Minute ...", 21.
[16] Schaumberger: „Ich nehme mir meine Freiheit ...", 342.

Gerechtigkeit und Solidarität und somit die Option für die Armen und Entrechteten miteinander zu teilen. Wenn folglich die sozialen Bewegungen und ihre politischen Praxen der Befreiung theologisch als Zeichen der Zeit wahrzunehmen sind, so sind die sozialen Bewegungen, die Gruppen und Menschen, die sich für Gerechtigkeit und den Aufbau einer solidarischen Weltordnung einsetzen, die Orte, an denen sich gegenwärtig ein christliches Handeln und (feministisch-)theologische Reflexion bewähren muss. Von dort aus kann feministische Befreiungstheologie als oppositionelle Theologie einen Paradigmenwechsel einleiten.

Geschichtliche Realitäten fordern Kirche und Theologie nicht nur in ihren pastoralen Absichten heraus, sondern indem sie theologisch als Orte der Gegenwart Gottes erkannt werden, geht es darum, den Standort, die Perspektive, die Optionen und Methoden theologischer Reflexion zu bestimmen. Es gilt (selbst-)kritisch zu fragen, aus welcher Perspektive Theologinnen und Theologen die Wirklichkeit betrachten, an welchen Orten sie präsent sind und von wo aus sie Theologie treiben. Geschieht dies ausgehend von der Option für die Armen und Entrechteten mit dem Ziel, die Wirklichkeit nicht nur theologisch auf den Begriff zu bringen, sondern auch verändernd in sie einzugreifen?

Als Theologinnen und Theologen, als Christinnen und Christen, als Kirche insgesamt sind wir in Treue zum Evangelium aufgefordert, uns an diese Orte von Christ- und Kirchesein zu begeben. Konkret heißt dies auch, die Grenzen der hierarchischen Strukturen einer klerikal verfassten patriarchalen Kirche und der theologischen Fakultäten und Wissenschaften zu überschreiten und so christliche Identitäten an neuen Orten – eben an den gesellschaftlichen und kirchlichen Rändern –, bewusst zu leben, sichtbar zu machen und kirchliche und theologische Neuaufbrüche zu wagen. Es bedeutet, ökumenische Bündnisse – über die Grenzen von Konfessionen und Kirchen hinaus – mit all denjenigen zu schließen, die sich weltweit für eine gerechte und geschwisterliche Welt engagieren.

Die Option für die Armen, das Engagement von Christinnen und Christen in sozialen Bewegungen in Brasilien hat eine aufrüttelnde und provokative Funktion auch für Theologie und Kirchen hier in Europa. Die Kooperation und der Austausch mit feministischen Theologinnen aus dem sogenannten Süden kann in der Frage nach dem Verhältnis von politischem Engagement und feministischer Theologie andere Perspektiven beziehungsweise ein Lernfeld eröffnen für die Entwicklung einer politisch positionierten und gesellschaftlich relevanten feministischen Theologie, die sich einmischt und Veränderungen mitbewirkt – auch (oder gerade) hier bei uns!

Ihr werdet essen und satt werden

Glückwunsch zum 60. Geburtstag

Liebe Christine Schaumberger,

wir kennen uns nicht persönlich, und doch bin ich gebeten worden, Ihnen mit einem Text von mir zum 60. Geburtstag zu gratulieren. Das tue ich sehr gerne, weil Sie für mich eine wichtige Stimme im feministisch-theologischen Gespräch sind. Das von Ihnen und Monika Maaßen 1986 herausgegebene „Handbuch Feministische Theologie" war eins der ersten feministisch-theologischen Bücher, die ich mir gekauft habe. Ich teile Ihre Entscheidung, Feminismus und Suche nach befreiender Theologie verbinden zu wollen, Ihr Insistieren auf authentischer Kommunikation und umfassender Geschwisterlichkeit. Wir gehören zur selben Generation feministischer Theologinnen (ich bin Jahrgang 1952), wir wissen, dass Befreiung mit anderen, aber nicht durch andere geschehen kann, dass wir geistig lebendig bleiben, solange wir lernen und bewusst verlernen, dass das unsere Schritte verlangsamt und dass es mühsam ist, aber ohne Alternative. In meinem Text erinnere ich an Marguerite Porete, eine eigensinnige und widerständige Begine, die 1310 auf dem Scheiterhaufen zum Schweigen gebracht wurde. Ich wünsche Ihnen und mir und allen, dass Ihr Leben weiterhin reich sei an geistiger Lebendigkeit. Glück und Segen zum Geburtstag!

Ihre
Irmgard Kampmann

„Die freie Seele, auf der die ganze heilige Kirche gegründet ist ..."

Marguerite Poretes Vision einer Kirche der Zukunft[1]

Irmgard Kampmann

Fürchte dich nicht, Ackererde, juble und freue dich.
Fürchtet euch nicht, ihr Tiere meines Feldes.
Jubelt, die ihr zum Zion gehört, freut euch über die
Ewige, euren Gott.
Ihr werdet essen, essen und satt werden.
Ihr werdet den Namen der Ewigen, eures Gottes,
preisen,
die an euch Wunderbares getan hat.
Ihr werdet erkennen, dass ich inmitten Israels bin,
ich, die Ewige, euer Gott, und keine Macht sonst.
In Ewigkeit verfällt mein Volk nicht mehr dem Elend.

Es wird geschehen,
dass ich die Geistkraft auf alles Fleisch ausgieße.
Eure Söhne und Töchter werden prophetisch reden,
eure Alten werden Träume träumen und

---

[1] Die Predigt wurde im Rahmen der Feministischen Gottesdienstreihe „Vision" in der Evangelischen Stadtkirche St. Petri in Dortmund gehalten. Sie bildete zugleich den Abschluss des Symposiums „Geschichte, Spiritualität und Theologie der Beginen" vom 27.-28.5.2011 in der St. Petri-Kirche, das St. Petri zusammen mit der Ev.-theologischen Fakultät der Ruhruniversität Bochum und dem Ev. Erwachsenenbildungswerk Westfalen-Lippe e. V., Ev. Akademie Villigst veranstaltet hat.

eure jungen Leute Visionen haben.
Auch über Sklavinnen und Sklaven
werde ich in jenen Tagen meine Geistkraft ausgießen.

Joel 2, 21-23.26-27-3,1-2, Übersetzung: Bibel in gerechter Sprache

Liebe Freundinnen und Freunde,

im Buch des Propheten Joel aus dem 4. Jahrhundert v. Chr. spricht Gott zum Volk Israel. Es wird von Naturkatastrophen heimgesucht und von Krieg bedroht. Aber es soll sich erinnern, dass seine Gottheit sich am Sinai als Barmherzigkeit gezeigt hat, und sich nicht mehr fürchten. Gott wird mitten unter den bedrängten Menschen erfahrbar werden. Die Ewige wird ihre Geistkraft ausgießen auf alle. Und dann werden diejenigen prophetisch reden und den Weg in die gute Zukunft weisen, von denen das niemand erwartet, die noch nicht oder nicht mehr, oder grundsätzlich nicht mitbestimmen: die Jugendlichen, die Alten, die Sklavinnen und Sklaven. Ein wunderbarer neuer Anfang wird so möglich werden, und das Elend wird ein Ende haben.

Was haben wir zu tun mit dieser alten Verheißung?

Auch in unserem reichen Land „kommen die Einschläge näher": Was in Japan geschah, kann auch bei uns passieren, und es sind mittlerweile auch deutsche Soldaten, die traumatisiert aus Afghanistan nach Hause kommen. Die Verschuldung steigt und die Schere zwischen Arm und Reich geht weiter auseinander. Wir ahnen, dass wir vieles überdenken und unsere Lebensweise tiefgreifend verändern müssen, aber woher nehmen wir die Kraft, die nötigen Schritte zur Umkehr zu tun? Wenn wir auf unsere Kirchen schauen, sehen wir sie weitgehend kraftlos. Woher sollen die Visionen kommen für eine Erneuerung, die uns und unseren Mitgeschöpfen das Leben rettet?

Joel hat verkündet, dass es die Kleinen und Machtlosen sein werden, auf die das Volk hören soll. Von ihren Träumen und Visionen werden die entscheidenden Impulse kommen.
Was könnte das für uns bedeuten?

Ich möchte einen Brückenschlag versuchen und über die Vision einer Begine sprechen. Beginen waren fromme Frauen des Mittelalters, die sich eine freie Lebensform geschaffen hatten, in der sie in spirituellen Wohngemeinschaften ehelos lebten, ihren Unterhalt durch Arbeit verdienten und wegen ihrer zunehmenden geistigen und religiösen Eigenständigkeit in Häresieverdacht gerieten und verfolgt wurden. Heute lebt die Beginenbewegung wieder auf, neue Beginenhöfe sind entstanden. Beginen gehörten und gehören zu den eigentlich Machtlosen, die nach Joel besonders Gehör verdienen. Sind Sie bereit, mit mir die „Probe aufs Exempel" zu machen und zu schauen, ob die visionären Gedanken, die eine Begine um 1300 entwickelt hat, uns heute bewegen können?

Manchmal brauchen wir einen „fernen Spiegel" – so die amerikanische Historikerin Barbara Tuchman – um unsere eigene Zeit und ihre Möglichkeiten schärfer sehen zu können.

Marguerite Porete, die theologisch gebildete Begine aus Nordfrankreich, deren Gedanken ich vorstellen möchte, hat ihr Buch sogar einen Spiegel genannt, den „Spiegel der einfachen Seelen". Durch ihr Buch sollten alle Menschen der Kirche, in der Welt Tätige und kontemplativ Lebende, erkennen, wie es um sie steht. Marguerite berichtet von ihrem eigenen Weg. In Form von poetischen, humorvollen Streitgesprächen zwischen Vernunft, Liebe, Seele und einigen Nebenfiguren führt sie vor, wie sie zunächst den Weg der moralischen Vervollkommnung gegangen ist, den die Kirche empfiehlt, sich aber schließlich eingesteht, dass sie Gott so nicht gefunden hat.

Sie wagt es, weiter zu denken, liest neuplatonisch beeinflusste theologische Schriften und kommt zu einem philosophischen Gottesbegriff: Gott ist das Sein selbst. Damit verbindet sie das Wort aus dem 1. Johannesbrief: „Gott ist die Liebe" und spitzt es zu: „Die Liebe ist Gott". Wenn dies Gott ist, so schlussfolgert Marguerite, kann Gott nicht fern und können wir nicht außerhalb Gottes sein.

Sie deutet und verallgemeinert ihre eigene Erfahrung und lehrt, dass wir uns selbst in Abstand zu Gott bringen, wenn wir etwas Bestimmtes unbedingt haben, wissen oder sein wollen. Denn dann richten wir eine Scheidewand auf, durch die uns die göttliche Liebe nicht mehr erreichen kann. Die göttliche Liebe will uns ganz in sich hineinnehmen und uns sich anverwandeln. Das geht nur, wenn wir sie an uns handeln lassen. Marguerite schreibt:

„So viel mehr bringt dieses Nichtwollen in Gott als das Gutwollen um Gottes willen ein. [...] Denn solange ich nichts will, spricht diese Seele, bin ich allein in Gott, ohne mich, ganz ledig. Wenn ich aber etwas will, bin ich bei mir (und nicht bei Gott)."[2]

Was kann mit diesem Nichtwollen in Gott gemeint sein? Wenn Gott das Sein selbst ist, dann begegnet mir Gott in dem, was jetzt ist, auch in mir. Das kann ich aber nur wahrnehmen, wenn ich offen bin. Meine starren Vorstellungen von dem, was ist oder was sein sollte, mein Befürchten oder Wollen verstellen mir den klaren Blick auf das, was hier und jetzt wirklich gegenwärtig ist. Wenn ich das, was ist, sein lasse, wie es jetzt ist, stehe ich in der Wirklichkeit, dann bin ich in Kontakt mit dem, was ich nicht immer schon weiß.

Ich will Gutes bewirken. Aber um zu erkennen, was denn jetzt gut wäre zu tun, muss ich den schnellen Zugriff immer wieder lassen und absichtslos gegenwärtig sein. Das jetzt Gegenwärtige wird mir von sich her zeigen, was ich tun kann oder auch was ich lassen sollte.

So entsteht durch mein Nichtwollen ein Raum, in dem sich das Unvorhergesehene ereignen kann, in dem wir uns in freier Gegenseitigkeit begegnen können.

Dieser eine Gedanke des Nichtwollens in Gott enthält für mich den Schlüssel zu einem Menschsein, das in jedem Augenblick

---

[2] Margareta Porete: Der Spiegel der einfachen Seelen. Mystik der Freiheit, hg. und übers. von Louise Gnädiger. Mit einem Vorwort von Gotthart Fuchs (Topos Taschenbücher 719), Kevelaer 2010, 94, 96.

umkehrfähig und in jedem Augenblick geschwisterlich ist. Er zeigt mir, von welchem Geist unser miteinander Umgehen beseelt sein könnte, auch, aber nicht nur in der Kirche.

Aus dem „Land der Verirrten" in das „Land der Freiheit"

Ihre Kirche nimmt Marguerite Porete wahr als die alle umfassende Gemeinschaft, in der sie selbstverständlich lebt, die jedoch von einem Ungeist durchdrungen ist: Die offizielle Kirche, sagt sie, ließe sich statt von der Liebe von Vernunft leiten, und darunter versteht Marguerite das feststellende, definierende, ausgrenzende Denken. Die Kirche weist den Menschen einen Weg zum ewigen Heil: Sie sollen die Höllenstrafen fürchten und deshalb die Gebote der Kirche befolgen. Wenn sie mehr für ihr Seelenheil nach dem Tod tun wollen, sollen sie auf die weltlichen, sinnlichen Freuden verzichten und als Ordensleute ein Leben in Armut führen. Durch Leiden aller Art können sie dem Vorbild der Passion Jesu Christi nacheifern.

Marguerite ist bis zur Erschöpfung diesem religiösen Leistungsprogramm gefolgt, unter dem sie zugleich gelitten hat, weil sie darin keinen Frieden, keine Freude gefunden hat. Schließlich hat sie sich daraus befreit und sich gerettet aus dem „Land der Verirrten" in das „Land der Freiheit".

Für die meisten von uns ist nicht mehr die Kirche der Antreiber, sondern die Arbeitswelt. Von ihr geht ein hoher Anpassungsdruck aus. Wer aufsteigen will in Wirtschaft oder Wissenschaft, muss sich, wie früher die Ordensleute, dem „Betrieb" ganz zur Verfügung stellen. Dabei verlieren wir, gerade wenn wir besonders engagiert sind, leicht das Gefühl für das menschlich Sinnvolle und Angemessene.

Wie können wir mitten im Getriebe frei bleiben? Wie können wir das wirklich Wichtige im Blick behalten? Oft fühlen wir uns klein und ohnmächtig.

Das wird den Beginen, Frauen ohne Amt und Stimme in der mittelalterlichen Stadt, auch so gegangen sein. Aber Marguerite und andere Beginen haben den Texten der Bibel getraut, die dem

Kleinen Bedeutung zusprechen. Von solchen Texten gibt es etliche, zum Beispiel das Jubellied der Hanna oder das Magnifikat der schwangeren Maria aus Nazaret, in dem sie jubelt, dass Gott die Mächtigen stürzt und die Erniedrigten erhöht, oder das Jesuswort im Lukasevangelium: „Wer das Reich Gottes nicht annimmt wie ein Kind, kann nicht hinein gelangen" (Lk 18, 17).

Marguerite Porete also kehrt einfach die gängige Sichtweise um und nennt die große, mächtige offizielle Kirche „Heilige Kirche die Kleine", die wenigen einzelnen Menschen aber, die zur Freiheit gefunden haben, „Heilige Kirche die Große". Nicht die Einzelnen verdanken sich der offiziellen Kirche, sondern diese hat nur Bestand wegen der einzelnen freien Menschen in ihr. Wie nebenbei nennt Marguerite die freie Seele „diejenige, auf der die ganze heilige Kirche gegründet ist"[3].

Wir können diese Bemerkung als närrischen Übermut empfinden. Für die Theologenkommission, die in Paris über die gelehrte Begine zu Gericht saß, sprach aus ihr ketzerischer Hochmut. Ich möchte mich von Marguerites ungewöhnlicher Sichtweise inspirieren lassen und überlegen, ob sie nicht angemessen, vielleicht sogar wegweisend ist.

Fragte ich Theologen gleich welcher Konfession, worauf die Kirche gegründet ist, so bekäme ich zur Antwort: auf die Offenbarung Gottes in Jesus Christus. Kirche ist die Versammlung der an Christus Glaubenden, die Gott selbst zusammenführt. Was garantiert, dass die Kirche bei ihrem Gang durch die Geschichte auf dem Weg Jesu Christi bleibt? In der römisch-katholischen Kirche, in der ich großgeworden bin, lautet die Antwort: vor allem das bischöfliche Leitungsamt, das in lückenloser Kette der Amtsübergabe seit der Zeit der Apostel die Treue zum Anfang garantiere. In den orthodoxen Kirchen wird die Treue zur Liturgie und zur Lehre der Kirchenväter für wesentlich gehalten. Die Kirchen der Reformation verlassen sich vor allem auf die Treuepflicht der Amtsinhaber dem Wort der Heiligen Schrift gegenüber: Wenn die Pfarrerinnen und Pfarrer sich unter das Wort der Bibel stellen und es den Gläubigen

---

[3] A.a.O., 38.

im Gottesdienst fachgerecht auslegen, wird die Kirche ihren Grund nicht verlieren. Was mir auffällt: Im Kirchenverständnis jeder Konfession sind es die leitenden Geistlichen, denen die Rolle zufällt, die Kirche zu tragen. Dem gläubigen Volk kommt eine hörende, empfangende und gehorchende Rolle zu.

Ein solches im Grunde feudales Bild von der Kirche wird auch heute noch kaum in Frage gestellt, vielleicht weil es der Bequemlichkeit der Leitenden wie der Geleiteten entgegen kommt. Marguerite Porete aber war damit ganz und gar nicht einverstanden. Was nützt der ganze Apparat an Regeln und Ritualen, wenn er mich nicht zu einer persönlichen Beziehung mit Gott führt, fragt sie. Sie will unbändig und mit allen ihren Kräften Gott lieben, aber was sie im Gottesdienst hört, verstopft ihr den Zugang. Wozu taugt es, über Gott Bescheid zu wissen und sich aus Furcht vor der Hölle zu einem tugendhaften Leben anzutreiben? Eine solche „Gotteswissenschaft", eine solche religiöse Praxis „nimmt die Spreu und lässt das Korn liegen"[4]: das kostbare, nährende Korn, das die Kirche aufbewahrt und doch kaum anschaut, das Bild der Gottheit, die überströmende Liebe ist und auf die Liebe jedes einzelnen Menschen wartet.

Dass die Kirche nicht gänzlich in die Irre geht, sagt Marguerite, verdankt sie den Menschen in ihr, die sich von einem scheinbaren Bescheidwissen nicht mehr beeindrucken lassen. Es sind die Menschen, die dem wirklichen Göttlichen in ihrem eigenen Leben begegnen wollen. Sie sind so etwas wie eine Kirche in der Kirche, das verborgene Fundament des äußeren Gebäudes. Um diese Menschen in ihrer Suche zu ermutigen, hat Marguerite ihr Buch geschrieben und liest daraus vor. Dadurch überwindet sie ihre eigene Isolation und die ihrer „Schwesterseelen". Ihre theologische und literarische Bildung, ihre Gewitztheit und ihre poetische Sprachkunst, alles setzt sie ein, um „die ganze Heilige Kirche" auf ihr Fundament aufmerksam zu machen. Sie träumt von einer Kirche, in der die Gebildeten nicht mehr klug daher reden, sondern anerkennen, dass Liebe und Vertrauen auch ihre Lehrmeister sind.

---

[4] A.a.O., 125.

In der Einleitung ihres Buches schreibt Marguerite: „Ihr Theologen und sonst wie Gebildeten, ihr werdet nicht zum Verständnis gelangen, wie scharf eure Denkfähigkeit auch sei, wenn ihr nicht demütig vorgeht, und beide, Liebe und Glauben, euch nicht die Vernunft überwinden lassen: Sie beide sind Herrinnen des Hauses."

Mit einer solchen freien, unangepassten Rede tat sich „Heilige Kirche die Kleine" schwer, zumal sie aus dem Mund einer Frau kam und die Verfasserin auch noch bekannte, dass die freie Seele „der Natur gewährt, was sie verlangt", also die natürlichen Bedürfnisse des Körpers und der Seele nicht mehr durch strenge Askese unterdrücken will, und dass der freien Seele nichts mehr liege an Bußübungen oder Sakramenten der Kirche.

Vor mehr als 700 Jahren, Ende Mai 1310, wurde Marguerite Porete als rückfällige Ketzerin verurteilt und am 1. Juni in Paris auf dem Scheiterhaufen verbrannt.

Soweit der „Spiegel der einfachen Seelen". Was sehen wir darin von uns selbst? Ich sehe darin, dass mein Mut ruhig noch weiter wachsen kann, ich sehe mein Suchen nach dem Göttlichen in meinem Leben. Ich sehe, was ich ahnte: dass es auf jede, auf jeden von uns ankommt.

Wenn die Kirche, wenn die Menschheit insgesamt getragen wird von freien einzelnen Menschen, dann ist es entscheidend, dass jede Frau, jeder Mann Fortschritte macht in der Freiheit und immer mehr eine „freie Seele" wird. Ich denke, es gibt keinen anderen Weg, auf dem die göttliche Liebe, die wir brauchen, um einander und die Welt zu heilen, uns erreichen könnte. Was uns rettet, wächst aus der inneren Quelle in jeder und jedem von uns. Nur wer die Schönheit unserer Erde mit all ihren Lebewesen liebt, wird sie respektieren und schützen. Nur wer die Menschen liebt, wird niemanden aufgeben und sich mit anderen verbünden, um Ungerechtigkeit und Unbarmherzigkeit, auch in den anonymen Strukturen unseres Zusammenlebens, zu überwinden.

Nur freie Menschen, die keine Feindbilder brauchen und ihren hohen Lebensstandard nicht verteidigen müssen wie ihr Leben, werden die Geduld für friedliche Wege haben.

Marguerite Poretes Vision von einer Kirche der Zukunft, die jetzt schon unter uns beginnt, zeigt uns eine Gemeinschaft, in der wir nichts Bestimmtes mehr voneinander wollen, sondern einander offen begegnen, in der wir einander nicht festlegen, sondern mit unserer Freiheit anstecken, eine Gemeinschaft, in der Raum ist für Experimente, für individuelle und partielle Wege, Raum für die unvorhersehbare Geistkraft, die weht, wo sie will.

Wahrhaben, was ist – wahrmachen, was sein soll

Doris Strahm

Liebe Christine,

Die feministische Theologie kommt in die Jahre – und mit ihr auch wir. Zwar gehörten wir zur zweiten, jüngeren Generation von Theologinnen, die ihre Entwicklung im deutschsprachigen Raum mitgestaltet haben. Aber inzwischen nähern auch wir uns den Golden Ages, wie Dein 60. Geburtstag zeigt. Zu diesem möchte ich Dir von Herzen alles Gute wünschen und Dir danken für all das, was Du zur Entwicklung feministischer Befreiungstheologie im Kontext der „Ersten" Welt beigetragen hast.

Wir haben uns nicht oft persönlich getroffen in all den Jahren. Aber Du warst seit den Anfängen meiner eigenen Arbeit als feministische Theologin eine wichtige theologische Bezugsgrösse für mich – und anders als etwa Elisabeth Schüssler Fiorenza, der wir beide viele Impulse für unser theologisches Denken verdanken, gehörst Du der gleichen Generation an wie ich. Obwohl wir altersmässig also Kolleginnen sind, bist Du in mancher Hinsicht auch eine wichtige Lehrmeisterin gewesen für mich. Zwar hatte ich Christina Thürmer-Rohrs Konzept der Mit-Täterinnenschaft von Frauen schon vorher gekannt, aber Du bist es gewesen, die es für mich zu einer zentralen Kategorie für die Auseinandersetzung mit dem theologischen Sündenkonzept bzw. einer desillusionierenden und ermächtigenden feministisch-theologische Rede von Sünde, Schuld und Macht entwickelt hat. Überhaupt waren es Deine feministischen Gegen- und Querdenkversuche, die mir immer wieder neu den Blick geschärft haben – auch für blinde Flecken in unserer westlichen feministischen Theologie: so etwa für den Rassismus oder den Eurozentrismus „weisser" feministischer Theologie. Und, wenn ich mich recht erinnere, warst Du eine der Ersten, die die Womanistische Theologie hierzulande bekannt gemacht und damit die Stimme von schwarzen Feministinnen in die deutschsprachige Diskussion eingebracht hat.

Dieser Blick über die Grenzen des eigenen Kontextes hinaus ist etwas, das uns verbindet. So habe auch ich mich in meiner feministisch-theologischen Arbeit mehr und mehr für die Erfahrungen und Sichtweisen von Frauen aus anderen kulturellen Kontexten interessiert und die Stimmen von Frauen aus Asien, Afrika und Lateinamerika in die hiesigen Diskussionen einzubringen versucht. In den vergangenen Jahren hat sich mein Fokus etwas verlagert: von der interkulturellen Theologie über die eigenen Religionsgrenzen hinaus zum interreligiösen Dialog. Seit einigen Jahren leite ich mit jüdischen und muslimischen Kolleginnen interreligiöse Frauen-Dialog-Projekte und letzthin habe ich mit einigen von ihnen einen Interreligiösen Think-Tank gegründet. Mit diesem wollen wir uns als Frauen Gehör verschaffen in den aktuellen Religionsdebatten in der Schweiz und mit Stellungnahmen, Argumentarien und Analysen der aufgeheizten und islamfeindlichen Stimmung in einer breiten Öffentlichkeit entgegenwirken. Auch dies scheint uns zu verbinden: dass wir unsere Theologie auch als eine politische verstehen, dass wir uns als Theologinnen einmischen wollen in aktuelle gesellschaftliche Fragen und Entwicklungen, dass wir uns für die Achtung der Menschenwürde und Gleichheit aller Menschen in unseren Gesellschaften engagieren: seien dies muslimische MitbürgerInnen, die diffamiert und als „Fremde" deklariert an den Rand gedrängt werden; seien dies demenzkranke Menschen, die es als einzigartige und unverwechselbare Subjekte wahrzunehmen und auch in der Theologie zu Wort kommen zu lassen gilt.

„Wahrhaben, was ist – wahrmachen, was sein soll": Dieser Satz von Christa Wolf begleitet mich seit vielen Jahren und drückt aus, was mich als Theologin antreibt. Ich denke, dass er auch als Motto über Deiner feministisch-befreiungstheologischen Arbeit stehen könnte. Dass wir bei diesem hohen Anspruch nicht die Lebenslust und die Freude an den kleinen Alltagsdingen verlieren und uns trotz allem, was wir an Unrechtem wahrnehmen, eine gewisse Leichtigkeit des Seins bewahren können – das wünsche ich Dir und mir.

In diesem Sinne: Ad multos annos!

Wünsche für einen interreligiösen Dialog im Alltag

Ulrike Hoppe

Liebe Christine,

mit diesem Beitrag möchte ich dich an unserer Arbeit im interreligiösen Dialog hier vor Ort in Dortmund teilhaben lassen.

Diese Textvorlage habe ich erstellt für das Gedenken zum 11.9.2001 „zehn Jahre 9/11: vertrauen – gemeinsam beten – für Frieden eintreten", zu dem christliche und muslimische Frauen am 11.9.2011 in die St. Petri-Kirche (die evangelische Stadtkirche in Dortmund, die Zentrum feministisch-theologischer Arbeit und Spiritualität ist) eingeladen haben.[1]

Es ist mir dabei wichtig gewesen, eine Sicht von unten, von vor Ort gegenwärtig werden zu lassen, die konkret gelebtem Alltag hier in Dortmund eine Stimme gibt – und die eine Gegendarstellung zur immer wieder – öffentlich behaupteten Zäsur[2] in den Beziehungen zwischen MuslimInnen und NichtmusliminInnen seit dem 11.9.2001 sein soll.

Deine Theologie ist hier – wie auch Britta Jüngst in ihrem Vortrag „Wahrheit: Ist der christliche Glaube der einzig wahre?" am

---

[1] Vgl. zu weiteren Beiträgen aus dieser Veranstaltung den Artikel: Britta Jüngst / Naciye Kamicili-Yildiz / Barbara von Bremen / Nigar Yardim: Vertrauen – Gemeinsam beten – für Frieden eintreten. Interreligiöse Feier zum Jahrestag 9/11, in: Schlangenbrut 115 (29. Jg. 2011), 5-9.

[2] Beispiele dazu sind u.a. angeführt in den Beiträgen: A.a.O., „Klage über den 11. September und seine Folgen", 6 und „Religion und Gewalt", 6f. und „11. September 2001 – Ein Tag der nicht nur die Welt, sondern auch mein Leben verändert hat", 8f.

6.7.2011 im kritischen Glaubenskurs in St. Petri ausgeführt hat – Basis gewesen: Mit deiner feministisch-theologischen Fundierung des Kontextes hast du mir und weiteren Frauen im interreligiösen Dialog deutlich gemacht, dass es immer wieder wichtig ist, sich der eigenen Perspektive, des eigenen Standortes bewusst zu sein, ggf. die Perspektive zu wechseln, um andere in ihrem Selbstverständnis wahrzunehmen, aber auch, um die Vielfalt an Kontexten und Selbstverständnissen im Diskurs auszuhalten und produktiv auszugestalten.[3]

Dies wird hier vor Ort immer wieder angestoßen und hat zur unten skizzierten Kontinuität der Beziehungen geführt – auch in schwierigen Situationen wie nach dem 11.9.2001, als alles, was mit Islam zusammenhing bzw. viele derjenigen, die mit MuslimInnen zusammenarbeiteten, sich – von außen unter Generalverdacht gestellt – erst einmal für die eigene Dialogarbeit rechtfertigen musste/n.

Für mich ist dieser Diskurs in seiner Vielfalt, bei dem um die Überwindung von Hierarchien und Machtgefälle[4] und um Begegnung auf Augenhöhe ‚gerungen' wird, die unaufgebbare Basis unseres Miteinanders und unserer gemeinsamen Arbeit.

Auch dein unermüdliches Mahnen, dafür einzutreten bisher Unerhörtem eine Stimme zu geben, ihm einen Platz in der Geschichte zu geben, es zur „gefährlichen Erinnerung" (Elisabeth Schüssler Fiorenza) werden zu lassen, war für mich Anstoß zum Schreiben dieses Textes.[5]

---

[3] Vgl. dazu auch den Artikel „Ist der christliche Glaube der einzig wahre?" von Britta Jüngst in diesem Band (S. 231-248). Näheres dazu auf der Homepage der Stadtkirche St. Petri Dortmund www.stpetrido.de.

[4] Bei der Analyse von Macht-/Hierarchiekonstellationen in (interreligiösen) Diskurssituationen sind mir die Fragen der eigenen Verortung nach dem Modell der Kyriarchatspyramide von Elisabeth Schüssler Fiorenza, hier besonders nach den Fragen der Leitfäden hilfreich gewesen. Vgl. dazu: Andrea Eickmeier: Wegmarken: Leitfäden zur Strategieanalyse, in: Andrea Eickmeier / Jutta Flatters (Hg.): Vermessen! Globale Visionen – konkrete Schritte. Wegmarken durch den feministischen Alltag. Arbeitsbuch zu Elisabeth Schüssler Fiorenzas kritischer Befreiungstheologie, 52-54.

*Gedanken zum 11.9.2001 – gemeinsam mit MuslimInnen in der
Moschee*

Eigentlich sollte es ein Nachmittag wie jeder andere mit den Kindern und Jugendlichen bei der Hausaufgabenbetreuung in der Moschee werden. Wir saßen wie gewöhnlich im großen Unterrichtsraum der alten Moschee in der Braunschweiger Straße bei Deutsch, Mathe, Englisch oder Geschichte, als plötzlich mein Handy klingelte ...

Mein Abteilungsleiter vom Wohlfahrtsverband, der als Träger diese Hausaufgabenbetreuung finanzierte, war in der Leitung und wollte wissen, ob es irgendwelche besonderen Reaktionen in der Moschee gäbe... Ich verneinte dies. Dann erzählte er mir, dass es in den USA Anschläge gegeben habe, Flugzeuge seien entführt worden und zwei davon seien in die Twin Towers geflogen worden, sodass diese nun in Flammen stünden ... Es seien schreckliche Bilder. Man gehe davon aus, dass die Attentäter einen islamistischen Hintergrund hätten...

Vor den Kindern und Jugendlichen versuchte ich zunächst, angesichts der noch unübersichtlichen Lage die Ruhe zu bewahren, doch damit war es schnell vorbei, als sich dann die Moschee zum Nachmittags- und zum Abendgebet füllte... Die Betenden hatten schon die ersten Fernsehbilder gesehen und waren fassungslos; so eine Tat sahen sie nicht durch ihre Religion zu begründen und mit so etwas wollten sie auch nicht in Verbindung gebracht werden ... Das erfuhr auch die Presse, die im Laufe des Abends vor der Moschee eintraf und Stimmungen und Meinungen einzufangen suchte ...

Während der nächsten Tage waren die Ereignisse dieses 11. September bei den Kindern und Jugendlichen in der Moschee Thema – auch angesichts der interreligiösen Trauergottesdienste der SchülerInnenvertretungen bzw. der Kontaktgruppe der Kirchen mit den

---

[5] Vgl. Christine Schaumberger, „Weiter gehen, tiefer graben". Akt des Überlebens und notwendig unabschließbare Transformation: Institutionalisierung feministischer Theologie, in: Andrea Eickmeier / Jutta Flatters (Hg.): Vermessen!, 25-27.

Moscheevereinen in St. Reinoldi (der zentralen Stadtkirche in Dortmund), die der Imam der Moschee mitgestaltete.

Es war viel Trauer, aber auch Wut zu spüren ... Trauer über die vielen Toten des Attentats, Wut, dass dies nun zum Anlass genommen werden könnte, um MuslimInnen zu diskreditieren, sie kollektiv in die Verantwortung für diese Vorfälle zu nehmen. Wir haben uns in diesen Tagen miteinander die Köpfe heiß geredet ... Doch unser Vertrauen untereinander ist geblieben ...

Gedanken zum 11.9.2011 – Rückblick nach 10 Jahren

Ich wünsche mir, dass zur Kenntnis genommen wird, dass der 11. September 2001 für die Menschen, die seit Jahren miteinander hier vor Ort in Dortmund im Dialog gearbeitet haben, **keine** Zäsur bedeutet hat. Es ist in den Jahren zuvor durch die Arbeit in den verschiedenen Dialogarbeitskreisen und durch persönliche Kontakte darüber hinaus so viel Vertrauen aufgebaut worden, dass für uns klar war, dass unsere muslimischen MitstreiterInnen keine BefürworterInnen von Gewalt sind und solche Taten rundweg ablehnen.

Dies ist auch in den gemeinsamen Veranstaltungen und Erklärungen im Anschluss an den 11. September 2001 deutlich geworden, zum Beispiel:

Bei der Diskussionsveranstaltung „Zusammenleben in der Dortmunder Nordstadt – was können ChristInnen und MuslimInnen dafür tun?", die Islamseminar und Paulus-Gemeinde am 27.9.2001 im Paulus-Gemeindehaus veranstalteten (und die bereits seit Jahresbeginn 2001 geplant war), wurde klar, dass alle in der Nordstadt[6] Lebenden und Aktive aus den verschiedenen Kirchen- und Moscheegemeinden die anstehenden Probleme sehen, die sich aus dem engen Beieinander von Menschen verschiedener Religionen und Kulturen im Stadtteil ergeben, und dass sie diese weiterhin im gemeinsamen Dialog lösen wollen. Dieser Abend wurde dazu ge-

---

[6] Dortmunder Nordstadt: multireligiös und multikulturell geprägter Stadtbezirk; ca. die Hälfte der Dortmunder Moscheen sowie zwei katholische Pfarrverbünde und eine evangelische Gemeinde (jeweils mit mehreren Predigtstätten) befinden sich dort.

nutzt, um weitere Kontakte aufzubauen und zur Gründung des Interreligiösen Friedensforums aufzurufen.

Die Gemeinsame Erklärung vom 12.10.2001 der Kontaktgruppe der Kirchen mit den Moscheevereinen in der Dortmunder Moscheebroschüre hat hier eine klare Sprache gesprochen:

- mit einer deutlichen Absage an einen Kampf der Kulturen und Religionen: „Keine der großen Weltreligionen kann solche Terroranschläge rechtfertigen. Die Attentäter von New York und Washington vertreten den Islam so wenig wie die Nazis das christliche Abendland. Es geht hier nicht um einen Kampf der Kulturen und Religionen." (Ich begrüße auch heute noch – mit 10 Jahren Abstand – die Deutlichkeit dieser Aussage!)
- mit der Forderung, dass der Primat der Politik erhalten bleiben muss, da es dauerhaften Frieden nur mit Gerechtigkeit geben kann (im Anschluss u.a. an die Rede des damaligen Bundespräsidenten Rau)
- mit den Aufforderungen
  - an die Dialogbeteiligten, die Verpflichtung zum Dialog zwischen den Religionen noch ernster zu nehmen als bisher,
  - und an die Mitglieder der religiösen Gemeinden sowie darüber hinaus an alle DortmunderInnen, Begegnung und Nachbarschaft weiter zu entwickeln.[7]

---

[7] Vgl. Erklärung der „Dortmunder Kontaktgruppe der Kirchen mit den Moscheevereinen" zur aktuellen Lage (12.10.2001), in: Moscheen in Dortmund, hg. von der Dortmunder Kontaktgruppe der Kirchen mit den Moscheevereinen, 37; diese Broschüre steht zum Download als pdf-Datei unter www.islamseminar.de (Download/Moscheen in Dortmund) zur Verfügung (letzter Zugriff: 21.2.2014).
Das Dortmunder Islamseminar ist eine Dialoginitiative, die heute von dem Islamischen Bund Dortmund e.V. (dessen Abu Bakr Moschee Zentrum arabisch- und deutschsprachiger MuslimInnen ist), den DITIB-Gemeinden (Schwerpunkt: Zentralmoschee), dem Katholischen Forum Dortmund, der Zentralmoschee des Verbandes der Islamischen Kulturzentren und den evangelischen Vereinigten Kirchenkreisen Dortmund und Lünen / Evangelisches Bildungswerk getragen wird.

Wenn ich mir ansehe, wie sich die Dialog- und Begegnungsforen (Islamseminar, St. Petri, Integration mit aufrechtem Gang – mit den dazugehörigen Arbeitskreisen, Stadtteilarbeitskreise ...) entwickelt haben, dann denke ich, dass eine Menge passiert ist ... Es gibt eine Menge Kontakte, die sich im Laufe der letzten zehn Jahre vermehrt und intensiviert haben – und gemeinsame Probleme werden angegangen bzw. gemeinsame Interessen vertreten, auch wenn viel zu tun bleibt ...!

Aber ich halte es nach wie vor für wichtig, dass wir uns nicht auseinanderdividieren lassen, wenn es darum geht, uns für eine offene multireligiöse und multikulturelle Gesellschaft einzusetzen. Meiner Ansicht nach ist es fatal, wenn unter dem Deckmantel des Schutzes vor ExtremistInnen politisch Angst geschürt wird und Freiheitsrechte eingeschränkt werden.

Dagegen gilt es die positiven Beispiele unseres Alltags immer wieder öffentlich zu machen!

Epilog: Was bleibt zu tun ?

Für die Zukunft wäre es mir wichtig, über mehr religionswissenschaftlich geprägte (Forschungs-)Projekte zur Praxis des Dialogs[8] hinaus noch genauer mit Frauen in einem feministisch-theologisch geprägten interreligiösen Diskurs Folgendes zu erarbeiten und wissenschaftlich zu fundieren:

Wie kann – aus feministisch-befreiungstheologischer Sicht – interreligiöser Dialog auf Augenhöhe vor Ort weiter entwickelt und sein Bestand – in aller Vielfalt und Wandlungsfähigkeit – gesichert werden?

Wie kann durch die (Weiter-)Entwicklung religionspluraler Ansätze die Vielfalt der Kontexte in gegenseitiger Wertschätzung (ohne Hierarchisierung von Wahrheiten) im alltäglichen Miteinander-Denken und -Handeln selbstverständlich werden?

---

[8] Wie z.B. PRODIA (unter www.kcid.de) oder Dialogos-Projekt (www.-dialogos-projekt.de)

Transformation

Ein Ausschnitt aus dem Jahr 2011,

für Christine Schaumberger und uns alle

Ina Praetorius

Kürzlich fragte mich ein Journalist, ob es denn die Feministische Theologie noch gebe. Man höre so gar nichts mehr.
Ich fragte ihn, ob er denn schon einmal ein feministisch-theologisches Buch gelesen habe. Oder ob er der Einfachheit halber auf Seinesgleichen vertraue. Also auf die Meinung anderer Journalisten, die der Einfachheit halber nicht nachfragen, sondern selber darüber entscheiden, ob man von einer Sache noch etwas hört oder nicht.

Dann sagte ich noch, es komme darauf an, was man unter Feministischer Theologie verstehen wolle. Eine Bewegung, die für Frauen überall „gleich viel" wolle, sei in einem Land, das von einer Kanzlerin regiert werde, vielleicht wirklich nicht mehr zeitgemäss. Oder zumindest nicht mehr vermittelbar. Aber die Feministische Theologie sei ja auch immer mehr gewesen als diese schlichte Forderung.

Ach so, meinte der Journalist, ja was denn?

Ich sagte ihm, dass er zum Beispiel mal ein Buch lesen könne, wenn er es wirklich wissen wolle. Es gebe da sogar ein „Wörterbuch der Feministischen Theologie". Und schon im Jahr 1986 hätten Frauen ein „Handbuch Feministische Theologie" herausgegeben, aus dem man heute noch viel lernen könne.

Ach so, meinte der Journalist, das habe er gar nicht gewusst. Was denn da drin stehe.

Da stehe drin, sagte ich, dass man, wenn man einmal verstanden habe, dass Gott kein Herr oben im Himmel ist, insgesamt und überall nicht mehr wisse, was oben und unten ist. In der Kirche nicht und in der Wirtschaft nicht, in Ehen und anderen persönlichen Beziehungen nicht und überhaupt. Und dass das sehr gut sei, auch wenn es einem manchmal schwindlig dabei werde. Und dass es jetzt darum gehe, aus den Bruchstücken der vergangenen Unordnung etwas gutes Neues zu bauen.

Ach so, meine der Journalist, dann gehe es also nicht nur darum, wer den Abwasch macht. Er helfe nämlich sogar manchmal zu Hause seiner Frau beim Putzen.

Nein, meinte ich, das ist nicht alles.

Ach so, meinte er. Vielleicht müsse er tatsächlich mal ein Buch lesen.

Ja, sagte ich, tu das.

Teil IV

„Weiter gehen, tiefer graben" – Strategien oppositioneller Theologie

„Weiter gehen, tiefer graben"

Institutionalisierung feministischer Theologie:
Akt des Überlebens und notwendig unabschließbarer Prozeß
theologischer Transformation[1]

Christine Schaumberger

Um welche Fragen geht es primär bei der Institutionalisierung feministischer Theologie: Geht es um Religion als LebensMittel, um Institutionalisierung feministischer Theologie als „Akt des Überlebens" und „theologischer Transformation"? Oder geht es um Erfolg? Bekommen also jene Forderungen Vorrang, die machbarer, konsensfähiger, durch- und umsetzbarer, plausibler scheinen, orientieren sich Institutionalisierungsprojekte an den bereitgestellten Ressourcen, Strukturen, Räumen, Geldern, Interessen, geht es letztlich um nicht mehr als um „ein weiteres Kapitel Theologiegeschichte"?[2]

---

[1] Unter dem Titel „Noch weiter gehen, noch tiefer graben. Der Zusammenhang von theoretischen Diskussionen, politischen Kämpfen und Auseinandersetzungen um Institutionalisierung der Feministischen Theologie in Deutschland" haben Andrea Eickmeier und ich den Einführungsvortrag zur Tagung der AG Feminismus und Kirchen „Schon und noch nicht. Institutionalisierung und Macht in den Arbeitsfeldern feministischer Theologinnen" (26.-28. Mai 1995 in Bendorf/Rhein) gehalten. Der folgende Text basiert auf Teilen meiner Beiträge zu diesem Vortrag und wurde leicht gekürzt abgedruckt in: Andrea Eickmeier / Jutta Flatters (Hg.): Vermessen! Globale Visionen – Konkrete Schritte. Wegmarken durch den feministischen Alltag, Arbeitsbuch zu Elisabeth Schüssler Fiorenzas kritischer Befreiungstheologie (Sonderausgabe 3 zur Zeitschrift Schlangenbrut), Münster 2003, 19-30.

[2] Ich habe Benennungen von Adrienne Rich und Elisabeth Schüssler Fiorenza übernommen: Adrienne Rich kritisiert, daß es nicht genügt,

Verlangt Institutionalisierung notwendigerweise Anpassung, Ausgrenzung, Hierarchie, Absicherung, Verankerung, Einordnung? Ich sehe den Anspruch auf eine befreiende, nährende, erinnernde, kritische Theologie – feministische Theologie als „Brot und Rosen"[3] für alle *Frauen* – nicht als „naiv" und „unrealistisch" an. Sondern umgekehrt: Insofern dieser Anspruch es not-wendig macht, feministische Theologie als unabschließbaren, Grenzziehungen und Selbstverständlichkeiten infragestellenden Prozeß theologischer Transformation zu konzipieren und weiterzuentwickeln, ist er Beweg-Grund der Institutionalisierung feministischer Theologie und Orientierung für das Nachdenken über Institutionalisierung feministischer Theologie und für die Analyse von Erfahrungen, Entwicklungen, Projekten der Institutionalisierung.

---

feministische Wissenschaft als „nur ein Kapitel Kulturgeschichte" zu betreiben, und beansprucht feministische „Re-Vision" herrschender Traditionen als „Akt des Überlebens". (Adrienne Rich: Wenn wir Toten erwachen. Schreiben als Re-Vision, in: Sara Lennox (Hg.): Auf der Suche nach den Gärten unserer Mütter. Feministische Kulturkritik aus Amerika, Darmstadt-Neuwied 1982, 33-56. 35.) Mit Bezug auf Adrienne Rich forderte Elisabeth Schüssler Fiorenza, feministische Theologie und die feministische Untersuchung der Geschichte und Traditionen des Christentums müsse mehr sein „als ein neues Kapitel Kulturgeschichte: es ist ein Akt feministischer Transformation". (Elisabeth Schüssler Fiorenza: Zu ihrem Gedächtnis. Eine feministisch-theologische Rekonstruktion der christlichen Ursprünge, München-Mainz 1988, 72.)

[3] „Brot und Rosen": Diese Formulierung gehört zu den „geflügelten Worten" feministischer Bewegungen und Theorien und wird durch das Lied „Brot und Rosen" tradiert, das vor allem zum Internationalen Frauentag am 8. März gesungen wird. Dieses Lied erinnert an den „bread and roses strike", einen Streik von Tausenden von Textilarbeiterinnen in Lawrence in Massachusetts 1912 gegen Lohnkürzungen und lebensbedrohliche Arbeitsbedingungen, bei dem auf Transparenten „Brot, aber auch Rosen" gefordert wurde.

1. Institutionalisierung feministischer Theologie als Institutionalisierung von Spannungen, Blickwechseln, Selbstinfragestellungen, Neuorientierungen

Als Leitmotiv meines Textes habe ich eine paradoxe, unmöglich scheinende Zumutung gewählt: „weiter gehen, tiefer graben":

> „Wir Frauen haben gerade erst begonnen, unsere eigenen Wahrheiten zu entdecken; viele von uns wären dankbar, wenn wir uns von dieser Anstrengung ein wenig ausruhen könnten; froh, wenn wir uns mit den Bruchstücken, die wir ausgegraben haben, einfach hinlegen und uns zufriedengeben könnten. Oft empfinde ich dies wie eine körperliche Erschöpfung. Eine wirklich lohnende Politik und wirklich lohnende Beziehungen verlangen, daß wir noch weiter gehen, noch tiefer graben."[4]

Diese Sätze schrieb Adrienne Rich in ihrem Aufsatz „Frauen und Ehre. Einige Gedanken über das Lügen". In diesem Aufsatz geht es ihr um Beziehungen von *Frauen* zu anderen *Frauen*, um die Liebesbeziehung zwischen zwei *Frauen* ebenso wie um die Beziehungen zwischen *Frauen*, die eine gemeinsame Politik verfolgen wollen. Für beide Formen von Beziehungen beschreibt Adrienne Rich, daß und wie Qualität und Tiefe der Beziehungen von der

---

[4] Adrienne Rich: Frauen und Ehre. Einige Gedanken über das Lügen, in: Audre Lorde / Adrienne Rich: Macht und Sinnlichkeit. Ausgewählte Texte von Adrienne Rich und Audre Lorde, 3., erw. Aufl., hg. v. Dagmar Schultz, Berlin 1991, 173-183. 182.
Nachdem ich für meine Vorbereitung des AG-Kongresses „Schon und noch nicht. Institutionalisierung und Macht in den Arbeitsfeldern feministischer Theologinnen" „weiter gehen, tiefer graben" als Leitmotiv ausgewählt und reflektiert hatte, wurde mir diese Formulierung eine meine weitere Arbeit begleitende wichtige Suchhilfe, speziell für Fragen der Selbst-Kontextualisierung feministischer Theologie. Meine Interpretation dieses Leitmotivs ist bereits veröffentlicht. Vgl. Christine Schaumberger: Blickwechsel. Fundamentale theologische Fragen einer sich kontextualisierenden Theologie, in: Pastoraltheologische Informationen 18 (1998) 31-52. 32-35. Ich nehme sie – leicht verändert – in diesen Text auf, weil hier ihr Entstehungskontext ist und dieses Zitat ein hilfreiches Orientierungsmittel für die Institutionalisierung feministischer Theologie ist, das nicht genug erinnert und weiter ausgelegt werden kann.

Bereitschaft der *Frauen* zu Ehrlichkeit abhängen. Sie reflektiert ein Problem, das viele feministische Gruppen belastet hat: In diesen Gruppen herrschten explizit oder implizit feministische „Selbstverständlichkeiten", z.B. verallgemeinernde Aussagen über *Frauen*, über charakteristische *Frauen*erfahrungen, über Gemeinsamkeiten von *Frauen*, über Unterschiede gegenüber Männerzusammenhängen, normierende Vorstellungen von „der" typischen Feministin, idealisierende Erwartungen an Feministinnen. Es dauert meist sehr lange, bis eine *Frau* den Anfang macht und zum Ausdruck bringt, daß diese Aussagen und Vorstellungen ihren Lebensbedingungen, Erfahrungen, Gefühlen nicht entsprechen.

Aus welchen Gründen *Frauen* ihr Unbehagen verheimlichen, ob aus Angst, sich angreifbar zu machen, aus Sorge, zu zerstören, was mühsam erkämpft ist und als Ergebnis oder Erfolg feministischer Arbeit gilt, aus Furcht, die Solidarität und Gemeinsamkeit zu schwächen, aus Geringschätzung der Bedeutung der eigenen Gedanken und Gefühle für die Gruppe, aus Angst vor Bestrafung oder einfach aus Bequemlichkeit und Desinteresse: solche Zurückhaltung schadet den Beziehungen und der Zusammenarbeit von Feministinnen. Wenn *Frauen* sich Postulaten und Aussagen unterwerfen, die den eigenen Erfahrungen, Visionen und Gefühlen widersprechen, wenn sie darauf verzichten, die eigenen Erfahrungen und Gedanken präzise zu Wort und zu Gehör zu bringen, wenn sie es unterlassen, ihre eigenen Empfindungen und Wahrnehmungen mitzuteilen, nennt Adrienne Rich diese Nichtkommunikation Lüge.

Was versteht sie dabei unter Lüge und unter Ehrlichkeit? Die Lüge bestätigt das Erwartete und Vorgegebene, sie ist bequem, sie kann auf verfügbare Aussagen zurückgreifen, auf ein für allemal gültige Erklärungen, die nicht mehr hinterfragt werden sollen und brauchen, die in Sicherheit wiegen. Wahrheit dagegen ist nicht vorgegeben und verfügbar, sondern muß in einem langwierigen und anstrengenden gemeinsamem Prozeß gefunden und verfeinert werden. Adrienne Rich schildert diesen Prozeß der Wahrheitssuche mit dem Bild eines Teppichs, der erst oberflächlich, dann immer gründlicher betrachtet wird. Aus der Distanz kann der Teppich als gemusterte Fläche gesehen werden, das Muster kann je nach Kenntnis, Erfahrung und Interesse unterschiedlich betrachtet, gelesen, interpretiert und wertgeschätzt werden, unter seiner Oberfläche aber lernen diejenigen, die sich mit Teppichknüpferei befassen, nach und nach die vielen dünnen und kurzen Fäden und die unzähligen winzigen Knoten, die Arbeit, die körperlichen Schmerzen, die Zeit der TeppichknüpferInnen sehen. „Wahrheit ist zunehmende Komplexität"[5], die durch geduldiges und genaues Wahrnehmen – indem wir zu erspüren suchen, was in und unter dem oberflächlich Sichtbaren verborgen ist – zunehmend erkennbar, ermöglicht und geschaffen wird. Die Suche nach Wahrheit ist darauf angewiesen, daß jede ihre Erfahrungen und Wirklichkeiten so genau wie möglich beschreibt und benennt. Sie ist mühsam, schmerzhaft und riskant, aber notwendig und bemächtigend: „Eine wirklich lohnende Politik und wirklich lohnende Beziehungen verlangen, daß wir noch weiter gehen, noch tiefer graben."

„Weiter gehen, tiefer graben" ist ein vieldimensionales sprachliches Bild[6], das mit mehrfachen Spannungen konfrontiert. *Frau*

---

[5] Adrienne Rich: Frauen und Ehre, 175.
[6] Der Gebrauch sprachlicher Bilder und die Auslegung von bruchstückhaft aus dem Textzusammenhang entnommenen Formulierungen sind Vorgehensweisen, die in feministischer Theologie häufig angewendet werden, die allerdings immer wieder hinterfragt und hermeneutisch und methodisch begründet und reflektiert werden müssen.
Obwohl Gleichnisse, Metaphern, sprachliche Bilder vielgebrauchte und vielreflektierte Mittel theologischen Denkens, Erkennens, Umdenkens und Lernens sind und obwohl feministische Theologien häufig mit Metaphern und sprachlichen Bildern arbeiten, werden sie dennoch in der konkreten Anwendung in theologischen Texten häufig als „Bebilderung" oder „Ausschmückung" eines auch unbebildert darstell- und vermittelbaren Gedankens gebraucht, als Veranschaulichung und Verstehenshilfe, die schnellen Konsens finden soll. Ich habe absichtlich ein Bild und Zitat gewählt, das nicht unmittelbar einleuchtet und nicht unmittelbar hilfreich erscheinen wird. Gerade Widersprüchlichkeiten, Ärgernisse, Mißverständlichkeiten dieses sprachlichen Bildes scheinen mir zur Orientierungsleistung und Ent-selbstverständlichungskraft beizutragen. Zu methodischen Fragen des Gebrauchs sprachlicher Bilder als Mittel der Ent-Selbstverständlichung und Wahrnehmung vgl. meinen Text: Paradies – Exodus – Gerangel. Zu Mustern feministisch-theologischer Patriarchatswahrnehmung und -deutung, in:

kann es unterschiedlich sehen und auf verschiedene Weise von ihm bewegt werden. Ich deute hier an, warum ich mich von diesem Bild motivieren lasse für das Nachdenken über Institutionalisierung:

In der Forderung nach **Institutionalisierung** klingt der Wunsch nach Kontinuität, Anerkennung, Verläßlichkeit, eigenen Orten mit. Sich institutionalisierende feministische Theologinnen schaffen sich eigene Orte, Strukturen, Räume, Traditionen, Wissensbestände, Qualitätsmaßstäbe. Die Analyse von Institutionalisierungserfahrungen setzt die Wahrnehmung und Anerkennung der Orte, Gemeinschaften, Bewegungen, in denen Theologie entsteht, voraus. Der Ruf nach **Weiter-Gehen und Tiefer-Graben** dagegen fordert zum Mißtrauen gegenüber allen eingenommenen und begehrten festen Orten heraus – seien sie zugewiesen, „eingeräumt" oder erkämpft; seien sie selbst-gesucht, selbst-erfunden und -geschaffen; seien es Räume, Nischen, Frauenecken, autonome Orte.

Die Bewegungen des Weiter-Gehens und Tiefer-Grabens stehen selbst zueinander in Spannung: Das **Weiter-Gehen** verlangt Unentwegtheit, die Weigerung, sich anzupassen an das Vorfindliche und Gegebene, den Willen, den eigenen Visionen und Fragen zu folgen – ohne zuvor zu wissen, wohin sie führen – , verlangt die Anstrengung, die eigenen Ansprüche zu radikalisieren, statt sie als illusorisch oder naiv aufzugeben. (Ein Beispiel eines solchen feministischen Anspruchs ist der Slogan: „Keine ist befreit, wenn nicht jede befreit ist."[7])

Reader der Projektbeiträge zur Sommeruniversität 1988 in Kassel zum Thema „Patriarchatsanalyse als Aufgabe feministischer Befreiungstheologie", Kassel 1989, 15-35, v.a. 18f. Zur feministischen Kritik und Interpretation sprachlicher Bilder der feministischen Bewegung und Theorie vgl. bereits Ruth Großmaß: Zur Orientierungsleistung von Bildern, in: Ruth Großmaß / Christiane Schmerl (Hg.): Philosophische Beiträge zur Frauenforschung, Bochum 1981, 35-50, und die Beiträge des Sammelbandes: Ruth Großmaß / Christiane Schmerl (Hg.): Leitbilder, Vexierbilder und Bildstörungen. Über die Orientierungsleistung von Bildern in der feministischen Geschlechterdebatte, Frankfurt/M. – New York 1996.

[7] Vgl. Christine Schaumberger: Blickwechsel, 31-52. 37-39.

Das **Tiefer-Graben** verlangt das Verharren an einem Ort, die Geduld, die Standhaftigkeit, die Neugier, an bekannten Orten Unbekanntes, Neues zu entdecken, die Fähigkeit, sich immer wieder und immer neu überraschen, verwundern, begeistern zu lassen, die Bereitschaft, auch unangenehme und unwillkommene Dinge auszugraben, immer wieder und immer neu zu erschrecken, der Schuld, der Trauer, der Wut, dem Schmerz zu begegnen. Bei der Arbeit des Tiefer-Grabens denke ich vor allem an Analyse, an Kritik und Selbstkritik, an Suche nach der Geschichte von *Frauen*, ihren Kämpfen, ihrer Macht und ihrer Unsichtbarkeit, an die Frage, auf welchen *Frauen* und welcher Arbeit von *Frauen* die eigene feministische Theologie gründet, an den Versuch, sich selbst darüber Rechenschaft zu geben, welche *Frauen* und welche Arbeit von *Frauen* die eigene feministische Theologie und Politik übersieht, vergißt oder mißachtet.

Das Bild des Weiter-Gehens und Tiefer-Grabens ist jedoch auch problematisch: Es kann den Leistungsdruck, der feministische Theologinnen beherrscht, die Verzweiflung, den selbstgesteckten Zielen und selbstgewählten Ansprüchen nicht gerecht zu werden, noch zusätzlich erhöhen. Ich finde es notwendig, den Wunsch nach Ruhe, die Wahrnehmung der körperlichen Erschöpfung nicht zu übergehen und gleichzeitig das Ausruhen nicht durch Kritiklosigkeit oder Anspruchsverzicht zu erkaufen. Aber das ist leichter gesagt, als getan ...

Außerdem kann das Bild des Weiter-Gehens, wenn die Spannung zum Tiefer-Graben aufgegeben wird, dazu verleiten, die weiter gehende Bewegung als Fortschritt mißzuverstehen, als lineare Bewegung, bei der *Frauen*, ihre Erkenntnisse, Kämpfe und Werke sozusagen „überholt" und zurückgelassen werden, um sie schließlich zu vergessen. Nicht Fortschritt, Hektik, Geschwindigkeit, Leistung halten feministische Theologie am Leben. Das Mißtrauen gegen herrschende Normalitäten – oder neue feministische Selbstverständlichkeiten –, die Mühen, der Gewalt dieser Normalität auf den Grund zu gehen, die Neugier und Lust, das Vergessene und Ungeahnte zu suchen, zu finden, zu ermöglichen, und die Weigerung, sich mit dem Verrat und dem Vergessen von *Frauen* und unseren

Visionen abzufinden, sind es, die feministischen Theologinnen Leben spenden: Energie, Langsamkeit, Bewegung, Erfrischung.

Weiter zu gehen und tiefer zu graben, das heißt für mich bei der Analyse des Themas „Institutionalisierung und Macht feministischer Theologie" auch, die Mühen, Kämpfe und Konflikte nicht isoliert als individuelle Probleme der unterschiedlichen Theologinnen und typische Probleme der jeweiligen Institutionen zu betrachten, sondern ihre Bedingungen und Auswirkungen im Aufeinanderwirken der institutionalisierten und sich institutionalisierenden feministischen Theologien in den Blick zu nehmen.

Die Bedingungen: die Zeit-, Legitimations-, Entscheidungszwänge, die ein gründliches Tiefer-Graben, eine sorgfältige Auseinandersetzung oft beschneiden; die angeblich einmaligen, nie wiederkehrenden Chancen, die über Projekte und Ziele (mit-)bestimmen und radikale Kritik, Infragestellung, Gründlichkeit als destruktiv erscheinen lassen.

Die Auswirkungen: Wie oft wirkt sich die Orientierung an Akzeptanz in wissenschaftlichen und kirchlichen Institutionen oder auch die Frage nach der Veröffentlichungsmöglichkeit auf Konzepte, Themenwahl, Arbeitsweisen aus. Wie stark blockiert sie das Weiter-Gehen. Wie sehr führen Erfolge oder Konflikte der Institutionalisierung dazu, daß ein bestimmtes öffentliches Bild von feministischer Theologie hergestellt und selbstverständlich wird, durch das feministische Theologinnen, die diesem Bild nicht entsprechen, und viele Arbeitsfelder feministischer Theologie unsichtbar werden.

2. „Institutionalisierung" und „Strategien": weiter gehende Mühen um die Macht zu benennen

Die Macht zu benennen muß nicht nur gegenüber herrschendem Denken und herrschender Theologie behauptet werden, sie ist auch in feministischer Theologie umkämpft. Eine feministische Theologin, die gegen herrschende Definitionen Wörter strategisch, kritisch, innovativ gebrauchen und den Möglichkeiten dieser Wörter denkerisch und handelnd folgen will, ist damit konfrontiert, daß ihr

Verständnis und ihr Gebrauch dieser Wörter in Konflikt geraten mit dem üblichen, herrschenden, verordneten Sprachgebrauch, daß sie aber auch kollidieren können mit abweichenden und gegensätzlichen Definitionen und Wortverständnissen anderer feministischer Theologinnen. Ihr eigener Sprachgebrauch wird immer wieder beeinflußt von diesen anderen Denk- und Sprechstilen. Solche Einflüsse, Unterschiedlichkeiten, Uneindeutigkeiten bzw. Mißverständlichkeiten, die zur Überschneidung oder zum Konkurrieren divergierender Analysen und Visionen in ein und demselben Wort führen, können denk-, kritik- und handlungsanregend wirken. Oft aber wird ein einziges der unterschiedlichen Welt- und Wortverständnisse zum vorherrschenden – ein einziger Wort- und Sprachgebrauch institutionalisiert sich auf Kosten der anderen –, so daß beim Lesen und Hören von Wörtern (wie z.B. *Frauen, Menschen, Patriarchat, Herrschaft, Kontext, Erinnerung*) diese Wörter allzu leicht unüberprüft mit herrschenden Bedeutungen und feministisch-theologischen Konzepten verbunden werden und die Aussageabsicht und Argumentation des jeweiligen mündlichen oder schriftlichen Textes nicht mehr zu verstehen versucht wird. Wenn eine Leserin das Wort Patriarchat z.B. als Herrschaft aller Männer über alle Frauen versteht und nicht anders, oder wenn sie Patriarchat mit historischen Institutionen identifiziert und diese Wortverständnisse in den Texten, die sie liest, und den Gesprächen, die sie führt, stets so bestätigt findet, dann wird es für sie sehr schwer, der Produktivität und Erkenntniskraft dieses Worts als Suchbegriff für das Zusammenwirken verschiedener sich multiplizierender Unterdrückungsformen und gleichzeitig für die Macht von *Frauen* auf die Spur zu kommen. So gesehen ist Elisabeth Schüssler Fiorenzas Neologismus „Kyriarchat" (Herrschaft) eine strategische Reaktion darauf, daß sich das Verständnis von Patriarchat als Männerherrschaft institutionalisiert hatte und eine wirksame Institutionalisierung ihres Begriffs von Patriarchat über einen kleineren Kreis von „Insiderinnen" hinaus nicht gelungen war.

Jutta Flatters setzt sich in ihrem Aufsatz „Jenseits der Grenzen neue Wege. Die feministische Theologie als Institution"[8] detailliert

---
[8] In: Andrea Eickmeier / Jutta Flatters (Hg.), Vermessen!, 13-18.

mit feministischen Definitionen des Wortes Institutionalisierung auseinander und schlägt einen für die kyriarchatskritische Erfahrungs- und Strategie-Analyse produktiven und erkenntnisfördernden Institutionalisierungsbegriff vor. Mir geht es dagegen bei meinen folgenden Überlegungen zu den Wörtern Institutionalisierung und Strategie um die Frage, ob und wie diese Wörter als „Machtworte" wirken und zugleich selbst Ausdruck und Orte der Auseinandersetzungen um feministische Theologie und die Macht zu benennen sind. Ich schlage vor, die frag-würdigen, umstrittenen und problematischen Wörter Institutionalisierung und Strategie in ihrem Spannungsreichtum zu beachten. Dies kann helfen, Erfahrungen mit institutionalisierter feministischer Theologie und mit Institutionalisierungsprozessen feministischer Theologie wahrzunehmen, zu analysieren und weiter gehend zu verändern.

2.1 Institutionalisierung

Ist Institutionalisierung weiter gehender Transformation von vornherein ein unvereinbarer Widerspruch? Ist Erhalt und Sicherung des Erarbeiteten nicht unumgänglich mit der Tendenz zu Konservierung, Stillstellung und Begrenzung verbunden? Bedeutet Institutionalisierung nicht stets Festlegung, einschließende und ausgrenzende Absicherung, Zementierung, Normalisierung, Hierarchisierung? Steht Institution daher in Gegensatz zu Bewegung, Grenzüberschreitung, grundlegender Veränderung?

Der übliche Sprachgebrauch und die üblichen Institutionalisierungsstrategien verstehen unter Institutionalisierung feministischer Theologie die Überlassung oder das Erkämpfen von Orten für feministische Theologinnen in bestehenden – meist wissenschaftlichen oder kirchlichen – Institutionen. Wenn eine Veranstaltung, ein Projekt, eine Solidaritätsaktion zur „Institutionalisierung feministischer Theologie" angekündigt wird, dann kann ich fast immer bereits vor dem genauen Lesen dieser Ankündigungen davon ausgehen, daß es um Lehrstühle für feministische Theologie, um wissenschaftliche Nachwuchsförderung für Frauen im Fachgebiet feministische Theologie mit dem Ziel der Promotion und

Habilitation, um die Etablierung feministischer Theologie (in Form ausgewählter Themen, Methoden, Forschungsrichtungen, Positionen) in theologischer Lehre, Forschung, Aus- und Fortbildung, um die Einrichtung von bezahlten kirchlichen Stellen für feministische Leitungsarbeit, Bildungsarbeit, Seelsorge, eventuell auch um die Schaffung von Strukturen und Projekten zur Kontinuitätssicherung und Vernetzung feministisch-theologischer Arbeit geht.

Durch diese Konzentration auf bestehende Großinstitutionen und auf neu zu schaffende, auf Sichtbarkeit, breite Wirksamkeit, öffentliches Interesse zielende Institutionen drohen die vielen feministischen Diskussionen, Kämpfe, Erfahrungen, Konzepte, Projekte und gewachsenen oder selbstgeschaffenen Strukturen an vielen Orten abgelöst und „mit der Zeit" vergessen zu werden. Diese, gerade wenn sie als einflußlos übersehen werden oder als überholt, erfolglos, nicht durchsetzbar erscheinen, zu erinnern, zu kritisieren, von ihnen aus weiter zu gehen, ist aber eine notwendige und unabdingbare Aufgabe.

2.1.1 Die widerstreitenden Erwartungen an Institutionalisierung feministischer Theologie

Die Forderung nach Institutionalisierung feministischer Theologie entstand sehr früh aus der Erfahrung, daß feministische Theologinnen sich immer wieder von neuem mühen mußten, als sei jede an ihren Orten, in ihren Lebens- und Arbeitsbereichen „die erste feministische Theologin" und „die einzige feministische Theologin weit und breit", brachte den Willen zum Ausdruck, die Arbeit anderer feministischer Theologinnen als Ausgangs- und Anknüpfungspunkte wahrnehmen und selbst für andere feministische Theologinnen Halte- und Anknüpfungspunkte hinterlassen zu können, und zielte darauf, den strukturellen Unsichtbarkeiten und Diskontinuitäten feministischer Theologinnen und ihrer Arbeit eine feministisch-theologische Öffentlichkeit entgegenzusetzen.

Institutionalisierung hieß: Orte, Strukturen, Veröffentlichungsmittel zu finden, um *Frauen* und vor allem gemeinsame Kämpfe und Projekte sichtbar zu machen und fortzusetzen und sie nicht immer wieder dem Übersehen und Vergessen anheimfallen zu lassen. Institutionalisierung hieß Konzepte und Modelle zu entwickeln, um Wissen, Weisheit und Zweifel, Ergebnisse der feministischen Arbeit, Herrschaftskritik, Fragestellungen, Formen des Erkennens, Lernens und Lehrens zu erhalten und zu entfalten, um den Verschwiegenen, Unsichtbaren, Vergessenen Erinnerung, Kontinuität, Öffentlichkeit zu erkämpfen. Institutionalisierung hieß sicher zu stellen, daß es ein Ende damit hat, daß feministische Traditionen mit jeder neuen Generation abgebrochen und vergessen werden und *Frauen* jeder Generation immer wieder „neu das Rad erfinden" müssen.[9] Beim Bemühen um Institutionalisierung ging es also darum, feministische Erkenntnisse, Arbeit, Mühen und Leistungen sichtbar zu machen und für den Gebrauch zur Verfügung zu stellen, sie zu tradieren, weiterzuentwickeln und weiterzugeben.

Diese Erwartungen teilte auch feministische Befreiungstheologie. Aber ihr Anliegen der Institutionalisierung ging tiefer. Sie versuchte, Visionen und Postulate, die zwar teilweise geflügelte Worte der *Frauen*bewegung waren, aber bald als unrealistisch, unmöglich, unwissenschaftlich, naiv galten, als Orientierungen feministischer Theologie konsequent wahrzunehmen: Das Postulat „Keine ist befreit, wenn nicht jede befreit ist", die Orientierung an den Unterdrückten und Ausgegrenzten, der Anspruch auf Brot und Rosen für alle, der Wille, selbst theologisch das Wort zu ergreifen und gleich-

---

[9] Dale Spender hat aufgezeigt, daß und wie feministische Ideen immer wieder marginalisiert, abgewertet, vergessen werden, so daß sich die nachfolgenden Frauen nicht auf diese Ideen beziehen, sondern statt dessen das Rad immer wieder neu erfinden müssen. Vgl. Dale Spender: Women of ideas (And what men have done to them), Boston 1983. Elisabeth Schüssler Fiorenza hat in ihren Texten Dale Spenders Analyse immer wieder aufgegriffen, sie hat weiter gehend darauf aufmerksam gemacht, daß und wie feministisch-theologische Weisheit und Tradition immer wieder unsichtbar gemacht und verschwiegen wird durch das Bemühen bzw. den Zwang feministischer Theologinnen, das eigene Denken und Schreiben dadurch zu begründen und zu qualifizieren, daß Traditionslinien zu feministischen Vorgängerinnen abgebrochen oder geleugnet werden. Vgl. Elisabeth Schüssler Fiorenza: Der „Athenakomplex" in der theologischen Frauenforschung, in: Dorothee Sölle (Hg.): Für Gerechtigkeit streiten. Theologie im Alltag einer bedrohten Welt, Gütersloh 1994, 103-112.

zeitig andere, Stummgemachte oder Verstummte, „ins Sprechen zu hören"[10] und als theologische Subjekte wahrzunehmen, der Anspruch, jede Erfahrung – so banal sie herrschendem Denken erscheinen mag – sei als theologisch relevante Erfahrung wahrzunehmen und zu reflektieren. Da diese Orientierungen feministischer Befreiungstheologie nicht nur theologisch, kirchlich, wissenschaftlich und gesellschaftlich „unpassend", sondern auch in der feministischen Bewegung und Theorie marginalisiert waren und in Auseinandersetzungen und Kooperation drohten, vergessen und aufgegeben zu werden, war feministische Befreiungstheologie angewiesen auf Formen und Wege, diese unpassenden, störenden Visionen und Selbstverpflichtungen lebendig, produktiv, kritisch zu machen und zu erhalten. Dies war für feministische Befreiungstheologie der entscheidende Grund, Institutionalisierung anzustreben: Institutionalisierung hieß, Bedingungen und Strukturen zu suchen und zu schaffen, die die unterbrechenden Visionen und Selbstverpflichtungen in Erinnerung bringen und die motivieren zu weiter gehender Kritik und Veränderung mit dem Ziel, daß – um eine Formulierung von Adrienne Rich aufzugreifen – „wir alle eines Tages die Möglichkeit haben, die Art von Arbeit zu tun, an der uns wirklich liegt und die die Welt von uns braucht."[11] Diese Bedeutung der Institutionalisierung feministischer Theologie scheint heute noch „unpassender" zu sein als in den Anfängen.

2.1.2 Feministische Theologie in Institutionen oder Institutionalisierung feministischer Theologie?

Wenn sich Feministinnen darüber auseinandersetzten, wie die unterschiedlichen Wege feministischer Institutionalisierung zu bewerten seien und welche beruflichen, politischen, theoretischen Entscheidungen für die einzelne *Frau* „richtig" ist, bewirkte die Formulierung „Autonomie oder Institution" häufig die Vorstellung,

---

[10] Dieses Postulat wurde durch Nelle Mortons Veröffentlichung in feministischer Theologie institutionalisiert und geht auf einen Ausspruch einer Workshopteilnehmerin zurück. Vgl. Nelle Morton: Hearing to Speech, in: Dies.: The Journey Is Home, Boston 1985, 202-210.

[11] Adrienne Rich: Frauen und Ehre, 173.

die Alternative „Autonomie" (Institutionalisierung feministischer Kritik, Veränderung, Grenzüberschreitung außerhalb der dominanten Institutionen) versus „Institution" (Integration feministischer Arbeit in feministisch kritisierte Institutionen) sei und bleibe ausschließlich und ausschließend. Dies führte zu sich oft wiederholenden gegenseitigen Pauschalisierungen und Fremdbestimmungen: „dogmatisch" und „unrealistisch" (gegen die „Autonomie-Frauen") versus „angepaßt" und „unkritisch" (gegen die „Institutions-Frauen"), „unqualifiziert" versus „Alibifrau", „kompromißunfähig" versus „Verräterin".

Die durch diese Entgegensetzung entzündeten heftigen und kompromißlosen Auseinandersetzungen haben im Verlauf der Jahre an Schärfe und Eifer verloren bzw. an Toleranz und Duldsamkeit gewonnen. Doch ist dies ein Gewinn für feministische Theologie? Inzwischen gibt es eine große Zahl feministisch-theologischer Projekte und Institutionalisierungsansätze, die auch angesichts deutlicher Gegensätze häufig beziehungslos und auseinandersetzungslos nebeneinander existieren: selbstorganisierte Strukturen und Institutionen feministischer Theologie in großer Vielfalt und Unterschiedlichkeit, feministische Theologie an den „Rändern" oder in „Nischen" herrschender Institutionen, feministische Theologie im „Zentrum" herrschender Institutionen, als „Brücken" zwischen bestehenden Institutionen und über sie hinaus, feministische Theologie in Kooperation und Auseinandersetzung mit anderen oppositionellen Bewegungen. Ebenso bestehen konkurrierende Strategien nebeneinander: diejenigen, die sich ausschließlich auf die eigene Strategie der Institutionalisierung konzentrieren, neben denjenigen, die im Sinne einer „Mehrfachstrategie" ihre eigene Strategie auf die anderen, konkurrierenden Strategien kritisch oder kooperativ zu beziehen suchen.

Diese sichtbare Vielfalt institutioneller Orte für feministische Theologie vermittelt den Eindruck, feministische Theologie habe sich als „neues Paradigma"[12] der Theologie etabliert und dieses

---

[12] Zu „Paradigmenwechsel" in den Wissenschaften vgl. Thomas S. Kuhn: Die Struktur wissenschaftlicher Revolutionen, 2. Aufl., Frankfurt/M. 1976.

neue Paradigma in diversen Institutionen sei Bezugspunkt und Rückhalt für feministische Theologinnen an den Orten außerhalb der Institutionen. Ist diese Einschätzung berechtigt? Vor allem aber: Was wird bewirkt, wenn die feministische Theologie, die sich in bestehenden Institutionen etabliert hat, als „neues Paradigma" der Theologie benannt wird? Wird der Spannungsreichtum des Wortes Institutionalisierung erhalten oder sogar weiterentfaltet? Wird ein einziges Verständnis von Institutionalisierung und Wissenschaftsparadigma institutionalisiert? Gewinne ich Einsichten zur Frage, ob Institutionalisierung und unabgeschlossene und weiter gehende theologische Transformation sich notwendig ausschließen?

2.1.3 Ein neues theologisches Paradigma oder doch nur ein weiteres Kapitel Theologiegeschichte?

Peter Kuhns These vom Paradigmenwechsel beschreibt diesen Wechsel als wissenschaftliche Revolution, deren Ausgang davon abhängt, ob das neue Paradigma und seine wissenschaftliche Gemeinschaft sich eigene Stützstrukturen schaffen kann. So lange bleibt im Kampf zwischen altem Paradigma als „Normalwissenschaft" und neuem Paradigma die Normalwissenschaft herrschend, sie beschneidet die Revolte des neuen Paradigmas, integriert seine Anfragen, paßt es ein, vereinnahmt es. Stützt sich feministische Theologie in den etablierten Institutionen auf die durch die feministische Bewegung als ihrer „wissenschaftlichen Gemeinschaft" erarbeiteten feministischen Strukturen? Wer definiert diese Gemeinschaft und diese Strukturen? Oder stützt sie sich doch auf die Strukturen der Normaltheologie – auf ihre Fächereinteilungen, auf ihre Qualifikationskriterien, auf ihre Definitionen, wer zur wissenschaftlichen Gemeinschaft gehört und wer nicht – und wird oder bleibt Teil der Normalwissenschaft?

Wenn ich nach Kontinuität, Erhalt und Bewahrung des Erarbeiteten, nach öffentlicher Sichtbarkeit frage, dann könnte auf den ersten flüchtigen Blick folgendes Bild entstehen: Feministische Theologie scheint sich in selbstgeschaffenen Institutionen und in universitären und kirchlichen Institutionen tatsächlich als neues Paradigma entwickelt zu haben und sich zunehmend zu etablieren – auch wenn es noch viele „weiße Flecken" auf den Landkarten der dominanten Institutionen gibt. Möglicherweise geben diese Institutionen feministischer Theologie denen, die sich innerhalb der Grenzen dieser Institutionen bewegen und entwickeln wollen, durchaus Halt, Stütze und Orientierungen.

Bei genauerem Hinsehen jedoch scheint sich in den Theologien, die sich in universitären und kirchlichen Institutionen verankert haben, das Paradigma der theologischen Normalwissenschaft durchgesetzt zu haben, frühe Forderungen feministischer Theologie nach theologischer Transformation scheinen zurückgedrängt worden zu sein.

Die Orte, Arbeitsweisen, Arbeitsfelder der in Institutionen etablierten feministischen Theologien scheinen dabei die folgende Definition der Zugehörigkeit zur wissenschaftlichen Gemeinschaft nahezulegen: „Eine feministische Theologin ist eine universitär und in den jeweiligen Arbeits- bzw. Praxisfeldern ausgebildete und als qualifiziert anerkannte Theologin, die feministische Theologie zum Spezialgebiet gemacht hat." Was würde es bedeuten, wenn ich dagegen folgendes Postulat zugrundelege?: „Eine feministische Theologin ist eine *Frau*, die ihre Lebens- und Überlebensfragen als theologische Fragen formuliert, auf die Fragen und Erkenntnisse der anderen feministischen Theologinnen bezieht und ihren Denk- und Handlungshorizont auf die *Frauen* und Fragen hin zu öffnen sucht, die übersehen, vergessen, marginalisiert werden."

2.1.4 Die Grenzen des Paradigmas transzendierend und untergrabend: re-visionäre und re-visionensuchende Formen der Institutionalisierung

Doch das Nachfragen muß weiter gehen: Zu Beginn meines Textes habe ich Institutionalisierung feministischer Theologie als Prozeß weiter gehender theologischer Transformation gefordert, bei dem es um das Überleben nicht der Theologie, sondern von *Frauen* geht. Werden diesem Anspruch durch das Konzept feministischer

Theologie als neuem Paradigma nicht viel zu enge Grenzen gesetzt? Die Orientierung am Paradigmenwechsel bringt in Gefahr, die Ausrichtung auf unabgeschlossene Transformation aufzugeben und Institutionalisierung von vornherein zu reduzieren auf die Ziele Kontinuität, Ergebnissicherung, öffentliche Sichtbarkeit, Anspruch auf Wahrnehmung und Anerkennung durch das alte Paradigma.

Grundlegende Veränderung und Verwandlung steht am Anfang eines neuen Paradigmas, sie gilt dem alten Paradigma. Ständige grundsätzliche Infragestellung der eigenen Grundlagen und Leistungen dagegen ist nicht sein Interesse. Eine feministische Theologie, die sich als neues Paradigma durchsetzen und etablieren will, strebt zwar durchaus dauernde Veränderung an, aber im Sinne der Entwicklung, Entfaltung, Differenzierung durch die Mitglieder der wissenschaftlichen Gemeinschaft, mit dem Ziel, das eigene Paradigma zu stabilisieren. Diese Veränderung ist nicht zu verwechseln mit der strukturell erwarteten und überprüften Bereitschaft, die eigenen Fragestellungen, Konzepte, Methoden, Arbeitsergebnisse immer wieder von Grund auf in Frage stellen zu lassen vom Vermissen der Vergessenen und Übersehen, von Bedürfnissen und Interventionen gerade der Außenseiterinnen, von Unterbrechung durch Erinnerung. Das Selbstverständnis feministischer Theologie als wissenschaftliches Paradigma drängt dazu, die neue wissenschaftliche Gemeinschaft, die Stützstrukturen, die Denkrahmen abzusichern und zu erhalten, um durchsetzungsfähig zu sein im Konflikt mit dem herrschenden Paradigma. Eine dauernde strukturelle Öffnung auf Infragestellung und Unterbrechung durch marginalisierte Personen und Sichtweisen, die die eigenen Grundlagen stets neu erschüttert, erscheint als Schwächung im Kampf um Durchsetzung als neues Paradigma.

Die Etablierung feministischer Theologie in bestehenden Institutionen oder durch neu entstehende Institutionen gleichzusetzen mit „Institutionalisierung feministischer Theologie", läßt entscheidende Beweggründe feministischer Befreiungstheologie vergessen. Feministische Befreiungstheologie braucht eine Politik der Institutionalisierung, die ihren Beweggründen gerecht wird. Für feministische Befreiungstheologie kommt es darauf an, Orientierungen und Verpflichtungen, unterbrechende Erfahrungen, Erinnerungen und Erzählungen immer wieder ins Gedächtnis zu rufen, weil sie herrschenden Institutionen und Denkstilen nicht „plausibel" sind, sie in Methoden, Fragestellungen, Kriterien umzusetzen, Formen zu finden, die grenzenlose Ansprüche einerseits und Wahrnehmung und Beachtung des und der Geringgeschätzten andererseits zugleich reklamieren. Diese Institutionalisierungsformen sind wohl zunächst weniger die erkennbaren, abgrenzbaren, identifizierbaren Gruppen, Strukturen, Institutionen als vielmehr die Gedanken, Erinnerungen, Beweggründe der vielen *Frauen*. Es sind weniger die festen und bleibenden Orte, die aufgebaut und immer weiter ausgebaut werden, als vielmehr die Orientierungshilfen, Landkarten, Kompässe, Reisebeschreibungen, die aufgrund von Er-fahrungen nicht nur stets revisionsbedürftig, sondern stets neu re-visionensuchend sind. Mir scheint die vielversprechendste Form der Institutionalisierung der grenzenlosen Ansprüche und der theologischen Achtung der und des Übersehen die Übersetzung dieser Ansprüche in „Selbstverpflichtungen"[13], die formuliert, transparent und überprüfbar gemacht und öffentlich diskutiert werden, die dadurch ihren jeweiligen Kontext benennen, reflektieren und verändern, daß sie in diesen konkreten Kontexten die Schwierigkeiten und Möglichkeiten der feministisch-befreiungstheologischen Optionen, Ansprüche, Verpflichtungen sichtbar machen und mit ihren grenzentranszendierenden Visionen in Beziehung setzen.

---

[13] Notwendigkeit und Orientierungskraft solcher „Selbstverpflichtungen" habe ich zum ersten Mal beschrieben in meinem Aufsatz: Eine Theologie, notwendig und stärkend wie Brot. Vision, Verpflichtung und Wirksamkeit der kritisch-feministischen Befreiungstheologie Elisabeth Schüssler Fiorenzas, in: Fama 14 (2/1998) 3-5. In seinem programmatischen Text über Qualität und Qualitätskontrolle von Krankenhausseelsorge hat Peter Pulheim das Konzept der Selbstverpflichtungen als Mittel der Orientierung, der theologischen Profilierung und des Widerstands gegen unqualifizierte Fremderwartungen ausgearbeitet und konkretisiert. Vgl. Peter Pulheim: Qualifizierte Krankenhausseelsorge. Theologische Orientierungen der Krankenhausseelsorge, in: Krankendienst 76 (2003) 33-40.

2.2 Strategien

Wenn ich feministische Theologie nicht als neues Paradigma, sondern als oppositionelle Theologie[14] verstehe, dann erscheinen die Probleme ihrer Institutionalisierung noch schwieriger, komplexer, widersprüchlicher. Einerseits sind die Visionen grenzenlos. Andererseits werden die Aussagen, Vorhaben und Behauptungen enttäuschender, begrenzter, fragmentarischer. Während zum Beispiel die Forderung, christliche Theologie „ohne Antijudaismus"[15] zu treiben, in deutscher feministischer Theologie breiten Konsens gefunden hat, hat oppositionelle feministische Theologie die Aufgabe, diese Erwartung zu ent-täuschen: Sie bestreitet, daß es einer in deutscher christlicher Theologie mit ihren antijudaistischen Traditionen ausgebildeten Theologin möglich sei, „antijudaismusfrei" – oder „rassismusfrei" oder „*frauen*gerecht" – zu denken und zu sprechen. Gleichzeitig aber arbeitet sie an Möglichkeiten und Methoden, Antijudaismus in der Theologie und im eigenen Denken immer weiter aufzuspüren, zu kritisieren und zu ver-lernen. Vor allem besteht sie darauf, daß Antisemitismus als Rassismus analysiert und als theologisches Problem reflektiert werden muß. Es wird nötig, strategisch handeln und denken und die Strategien theologisch reflektieren zu lernen.

---

[14] Zu feministischer Theorie als „oppositioneller Theorie" vgl. v. a. Cheryl Benard: Die geschlossene Gesellschaft und ihre Rebellen. Die internationale Frauenbewegung und die Schwarze Bewegung in den USA, Frankfurt/M. 1981.

[15] Vgl. Marie-Theres Wacker: Dem/den anderen Raum geben. Feministisch-christliche Identität ohne Antijudaismus, in: Luise Schottroff / Marie-Theres Wacker (Hg.): Von der Wurzel getragen. Christlich-feministische Exegese in Auseinandersetzung mit Antijudaismus, Leiden 1996, 247-263. Die Formulierung „Theologie ohne Antijudaismus" geht meines Wissens auf Leonore Siegele-Wenschkewitz und ihren einflußreichen Sammelband zur Kritik des Antijudaismus in feministischer Theologie zurück. Vgl. Leonore Siegele-Wenschkewitz: Feministische Theologie ohne Antijudaismus, in: Dies. (Hg.): Verdrängte Vergangenheit, die uns bedrängt. Feministische Theologie in der Verantwortung für die Geschichte, München 1988, 12-53.

Sharon Welch hat – in Anschluß an Michel Foucault – feministische Theologinnen „Strateginnen des Lebens und Todes"[16] genannt. Im Ringen um Leben in Fülle für alle, während vielen das Überleben bedroht und bestritten wird, kann feministische Theologie nicht auf Wissen als verfügbares Hilfsmittel zurückgreifen, sondern muß in mehrfachen, kombinierten Strategien um Wahrheit und gegen den Herrschaftscharakter von Wissen kämpfen. Theologisches Wissen läßt sich aber auch nicht mit der Zielsetzung erarbeiten, es für die Kämpfe um Überleben und Befreiung zur Verfügung zu stellen, sondern muß gerade in diesen Kämpfen – das heißt in den tagtäglichen Erfahrungen – stets neu gefunden, erprobt, infragegestellt werden, setzt also selbst vielfältige strategische Entscheidungen und Kehrtwenden voraus.

Als feministische Befreiungstheologinnen begannen, die Benennungen „oppositionelle Theologie" und „Strategie" einzuführen und zu durchdenken, waren die ersten Versuche mit diesen Wörtern von Unbehagen begleitet. Sie klangen zu sehr nach Krieg, Kampf, Herrschaft. Diese Begriffe erlaubten nicht, feministische Theologie frei von Herrschaft und – um mit den Begriffen des Paradigmenwechsels zu sprechen – unabhängig vom „alten" Paradigma zu denken und zu entwerfen. Es war gerade die Unbehaglichkeit dieser Wörter, die auf ihre Erkenntnis- und Kritikkraft hinwies. Die Begriffe „oppositionelle Theologie" und „Strategie" konfrontieren stets, geradezu ärgerlich unausweichlich, mit Herrschaft und der Notwendigkeit der Herrschaftskritik: Sie konfrontieren mit Herrschaftsstrukturen, in denen feministische Theologinnen leben und arbeiten und von ihnen beeinflußt werden, auch wenn sie diese kritisieren. Sie konfrontieren aber auch mit Herrschaftsstrukturen, die feministische Theologinnen mit unserer eigenen feministisch-theologischen Arbeit aufrechterhalten oder neu schaffen.

In der ersten Hälfte der 80er Jahre haben feministische Befreiungstheologinnen daher begonnen, explizite Strategien oppositioneller feministischer Theologie vorzuschlagen und zu analysieren.

---

[16] Sharon Welch: Gemeinschaften des Widerstandes und der Solidarität. Eine feministische Theologie der Befreiung, Freiburg / Schweiz 1988, 123.

Es begann mit der „Doppelstrategie" feministischer Arbeit zwischen Autonomie und Institution (um den damaligen Sprachgebrauch zu übernehmen). Diese Doppelstrategie wurde bald in Entwürfe für Mehrfachstrategien ausdifferenziert, in denen feministisch-theologisches Denken und Arbeiten in Beziehung gesetzt wurde zu den unterschiedlichen Arbeitsbedingungen, Bezugsgruppen, Diskussionszusammenhängen, Denk- und Arbeitsstilen, Praxisbereichen. Dabei legten feministische Befreiungstheologinnen mehr und mehr Gewicht auf die Erarbeitung, Anwendung und Analyse von Strategien des Denkens und Wahrnehmens:

- Strategien für die Kombination einander widersprechender, situativ eingesetzter Argumentationsrichtungen[17] (z.B. Es ist a) nicht wahr, was sie sagen; b) selbst wenn wahr wäre, was sie sagen, widerspreche ich der Begründung und Interpretation; c) selbst wenn die Begründung zuträfe, stimme ich nicht der Bewertung zu);
- Strategien des Aufspürens herrschenden Denkens und herrschender Denkstile;
- Strategien des Ver-Lernens herrschenden Denkens und Bewertens;
- Strategien des Sichtbarmachens und Benennens der und des Unsichtbaren und Verschwiegenen.[18]

Als Denkstrategien wirken teilweise auch die Kontextbenennung (als Strategie des Aufspürens und Verdeutlichens der Begrenzungen des eigenen Denkens und Wahrnehmens durch kulturelle Selbstverständlichkeiten) und die Selbst-Kontextualisierung (als Strategie des Widerstands gegen festlegende und unsichtbarmachende Definitionen).[19]

---

[17] Auf das Zusammenwirken der widersprüchlichen Argumentationsstrategien hat Cheryl Benard bereits sehr früh hingewiesen. Vgl. Cheryl Benard, Die geschlossene Gesellschaft und ihre Rebellen, 173.

[18] Vgl. Christine Schaumberger: Feministische Gegen- und Querdenkversuche, in: Dies. / Luise Schottroff: Schuld und Macht. Studien zu einer feministischen Befreiungstheologie, München 1988, 215-241.

[19] Vgl. Christine Schaumberger: Selbstkontextualisierung in der Spannung von Fremd- und Selbstdefinition, in: Dies.: Blickwechsel, 48-52.

Sharon Welch hat auf die „auffallende Konvergenz"[20] hingewiesen zwischen Anliegen und Denkstrategien kritischer Befreiungstheologien und Michel Foucaults Genealogie unterworfener Wissensarten (einer Methode, den Widerstand des von herrschendem Denken und den Institutionen der Macht unterdrückten, verschütteten, disqualifizierten Wissens gegen dieses herrschende Denken zu erforschen). Sie nennt die drei Elemente: 1) Erinnerungen an Konflikt und Ausschluß bewahren und vermitteln, 2) ausgeschlossene Inhalte und Bedeutungen entdecken und darstellen, 3) der strategische Kampf zwischen den unterworfenen und den herrschenden Wissensarten.[21]

Manche Modelle der Vorgehensweise feministischer Befreiungstheologie suchen in Kombination mehrerer Strategien die Spannung von „weiter gehen" und „tiefer graben" zu ermessen. Zum Beispiel habe ich Mitte der 80er Jahre den befreiungstheologischen Dreischritt „Sehen – Urteilen – Handeln", der nicht als eindimensionaler, sondern als offener, fortgesetzter, zirkulärer Prozeß konzipiert ist, weiterentfaltet zu dem Modell feministischer Theologie als unabgeschlossener, stets weiter und stets auch wieder zurück gehender, spiralenförmig und spinnennetzähnlich entstehender Bewegung, die sich an 14 verschiedenen Ausrichtungen sich verändernder Wahrnehmung, Erinnerung, Analyse, Deutung, Aktion, Kritik orientiert: Getroffensein; Bewußtwerden; Empörung, Wut, Rebellion; Erklären, Analysieren; Ent-Täuschen; Blickwechsel zwischen feministischen Perspektiven; Destruktion; Unsicherheit; Be-geist-ern; Wagnis; Neugestalten; Solidarität; Re-Vision; Kritik suchen.[22] Die unterschiedlichen Such-, Frage-, Denkbewegungen,

---

[20] Sharon Welch: Gemeinschaften des Widerstandes und der Solidarität, 56.
[21] Vgl. a.a.O., 80. Sie bezieht sich hier auf Michel Foucault, Historisches Wissen der Kämpfe und Macht, in: Ders.: Über Sexualität, Wissen und Wahrheit, Berlin 1978, 55-74. 59-62.
[22] Vgl. Christine Schaumberger: „Ich nehme mir meine Freiheit, damit ich nicht sterbe". Überlegungen zu einer Feministischen Theologie der Befreiung im Kontext der „Ersten Welt", in: Dies. / Monika Maaßen (Hg.): Handbuch Feministische Theologie, 2. Aufl., Münster 1988, 332-361. 358-361.

die diese 14 Ausrichtungen ermöglichen und verlangen, die Orientierungen, Schritte, Wege, Ausgangspunkte, Richtungen, Standorte, Haltepunkte, Zwischenräume, Lücken, die sich verändern, abwechseln, wiederholen, aufeinander beziehen, neu erschließen, ergeben die Muster der Spirale und des Spinnennetzes. Dieses Modell habe ich Mitte der 90er Jahre weiter ausgearbeitet zum Modell der „Selbst-Kontextualisierung im Blickwechsel"[23.]

Elisabeth Schüssler Fiorenza hat ihre kritisch-feministische Hermeneutik[24] als Modell aus sieben Frage- und Suchbewegungen ausgearbeitet: Hermeneutik der Erfahrung, Hermeneutik der Herrschafts- und Kontextanalyse, Hermeneutik des Verdachts, Hermeneutik der kritischen Bewertung, Hermeneutik der kreativen Imagination, Hermeneutik der Erinnerung und Rekonstruktion, Hermeneutik der Transformation für Veränderung. Das Zusammenwirken dieser Bewegungen bricht die Abgeschlossenheit des hermeneutischen Zirkels auf, sieht sie als spiralenbildenden Kreistanz, zusammengesetzt aus abwechselnden und weitergehenden Schritten, Bewegungen, Drehungen – grenzüberschreitend, gemeinschaftsstiftend, Energie und Kreativität freisetzend.

Das Wort „Strategie" wird heute häufig von feministischen Theologinnen eingesetzt, aber in der Regel nicht im Sinne solcher Modelle strategischen Denkens, Forschens, Er-fahrens, sondern fast ausschließlich im Zusammenhang mit der Planung des Auf-

---

[23] Vgl. Christine Schaumberger: Zum Konzept der Selbstkontextualisierung, in: Dies.: Blickwechsel, 43-52. Zur Diskussion gestellt habe ich dieses Modell erstmals 1994 beim Dies academicus „Feministische Methodik und Hermeneutik im interdisziplinären Dialog" der Berliner Humboldt-Universität mit meinem Vortrag „Selbst-Kontextualisierung im Blickwechsel. Feministisch-theologische Versuche, das herrschende Übersehen zu ver-lernen".

[24] Vgl. zuletzt Elisabeth Schüssler Fiorenza: Wisdom Ways, Introducing Feminist Biblical Interpretation, Maryknoll, New York 2001, 165-191. (in Deutsch: Dies.: WeisheitsWege. Eine Einführung in feministische Bibelinterpretation, Stuttgart 2005, 238-294 – Anm. d. Red.). Vgl. als frühere Einführungen in ihr Modell kritisch-feministischer Hermeneutik, das damals allerdings noch weniger Elemente beinhaltete, bereits: Dies.: Zu ihrem Gedächtnis und Dies.: Brot statt Steine. Die Herausforderung einer feministischen Interpretation der Bibel, Fribourg / Schweiz 1988.

baus von Institutionen und Arbeitsmöglichkeiten für feministische Theologie. Dieser Sprachgebrauch vermittelt den Eindruck, Strategie sei eine Sache der Anwendung von feministischer Theologie, der politisch-praktischen Umsetzung von Theorie. Es lohnt sich, gegen solch eindimensionale Auslegungen immer wieder den Spannungsreichtum des Wortes „Strategie" zu entfalten. Denn diese Eindimensionalitäten sind nicht einfach Mißverständnisse der Wortbedeutung bzw. Nichtwissen anderer Verstehensmöglichkeiten des Wortes, sondern Hinweis auf Dimensionen des Konflikts von herrschendem und oppositionellem Denken selbst.

Theologische Strategie ist nicht eine – nachgeordnete, oder auch theologieferne – Frage der praktischen Anwendung bzw. politischen Umsetzung von Theologie, sondern eine fundamentale Frage der Theologie selbst. Daß es schwer ist, sich mit dieser Aussage verständlich zu machen, ist selbst Hinweis darauf, daß herrschende hierarchische Vorstellungen des Theorie-Praxis-Verhältnisses auch dann im Denken fortdauern können, wenn ich mich jahrzehntelang mit der Dialektik des Theorie-Praxis-Verhältnisses, mit der Frage nach den Orten der Theologie, mit der Kontextualität von Theologie auseinandergesetzt habe.

Ein weiteres Problem des Wortes Strategie ist, daß die Ausrichtung auf Herrschaftskritik häufig als Fixierung auf Herrschaft interpretiert wird, als sei feministische Theologie „von Kopf bis Fuß auf Herrschaft eingestellt – und sonst gar nichts." „Kyriarchale Trennlinien spalten, feministische Verschiedenheit macht stark"[25]: Die Denkstrategie, die Elisabeth Schüssler Fiorenza mit ihrem Konzept Kyriarchat vorschlägt, ist explizit darauf ausgerichtet, Beherrschung von *Frauen* und Macht von *Frauen* nicht voneinander zu isolieren, sondern sehen zu lernen, wie Neues, Aufbrüche, Revolten, Veränderungen, Wiederherstellungen genau unter den Bedingungen der Herrschaft entstehen und auch unter diesen Bedingungen und als Widerstand gegen diese Bedingungen

---

[25] Vgl. Elisabeth Schüssler Fiorenza: Patriarchale Herrschaft spaltet / Feministische Verschiedenheit macht stark. Ethik und Politik der Befreiung, in: Jahrbuch der Europäischen Gesellschaft für theologische Forschung von Frauen 3, Kampen-Mainz 1995, 5-28.

wahrgenommen und geachtet werden sollten, als Möglichkeiten, die trotz und gegen Verunmöglichung und Verhinderung wahrgemacht werden.

Ich habe strategisches Denken als ent-täuschend beschrieben. Ent- täuschend ist es nicht in dem Sinn, daß es zur Aufgabe radikaler und grenzenloser Ansprüche führte. Die Ent-Täuschung umfaßt andere Veränderungen des Denkens und Erwartens. Sie widerspricht der Annahme von Planbarkeit und Kontrolle feministischer Theologie und Politik und leitet an zum Ver-Lernen der Gewohnheit, „zielstrebiges", „planvolles", „effektives" Handeln und Denken anzustreben. Wenn ich davon ausgehe, daß ich nur durch mühsame Ver-Lernversuche herrschendes Denken zu unterbrechen lerne und herrschenden Denkstilen gegenüber Mißtrauen zu entwickeln lerne, dann versuche ich nicht, ein Ziel oder Ziele vorab zu entwerfen und dem Ziel entsprechend die geeigneten Durch- und Umsetzungs„strategien" zu suchen, zu planen und möglichst geschickt auszuführen. Ich behaupte dann aber auch nicht, der Weg sei das Ziel, und erschöpfe mich nicht in der Anstrengung, auf diesem Weg und in dieser Gehbewegung sämtliche Ansprüche und Orientierungen zu verwirklichen.

Feministische Theologie wird zu einer ungewissen Suchbewegung voller Risiken. Diese Risiken und Einschränkungen sind allerdings Grund und Bedingung für Unterbrechung, Erweiterung, Transzendierung:

Strategische Theologie ist von der Arbeit und den Strategien anderer feministischer Theologinnen abhängig und auf sie angewiesen: Nicht nur die eigenen Strategien und Mühen machen die eigene Wirksamkeit aus. Reagieren andere auf meine Strategien und Anstrengungen, und in welcher Form? Wie kann ich zusätzlich zur Anstrengung, den eigenen Strategien und Ansprüchen gerecht zu werden, die Strategien anderer wahrnehmen und achten? Wie verändere ich daraufhin meine eigenen Ausrichtungen? Strategische Theologie erfordert daher das Erarbeiten und Einüben von Methoden und Fähigkeiten, Strategien anderer zu erkennen und sich kritisch-produktiv und konfliktoffen auf sie zu beziehen. Ich stelle mich darauf ein und erwarte, daß meine Erfahrungen mit den

Reaktionen und Strategien der anderen, die Erfahrungen mit dem Zusammen- und Aufeinanderwirken der verschiedenen Strategien mich neu orientieren, so daß ungeahnte Erfahrungen und Einsichten meine Interessen und Fragen völlig verändern können. So führt strategisches Denken, indem es Entscheidung, Partikularität, Reflexion der eigenen Begrenzungen fordert, zur Vermehrung und Vertiefung von Möglichkeiten und Erfahrungen.

Strategische Theologie ist nicht ausgerichtet auf sichtbare Ergebnisse allein. Auch ohne solchen „Erfolg" haben Arbeiten und Mühen Sinn: Sie hinterlassen Spuren, Möglichkeiten, die manchmal viel später aufgespürt, wiedergefunden, aufgenommen und weiter gegangen werden können. Solch „zufällig" scheinendes Wiederaufleben feministisch-theologischer Gedanken und Projekte und ihre „zufällige" Rückkehr an anderen Orten, in anderen Zusammenhängen, die „zufällige" Gleichzeitigkeit sich gegenseitig kritisierender oder ergänzender feministisch-theologischer Anstrengungen, Wiederanknüpfen an abgebrochene feministisch-theologische Traditionsstränge, der Widerspruch, die Neuinterpretation sind nicht unbedingt Zufall, sie können als Hinweis strategischer Spurenlegung und Spurensuche interpretiert werden.

3. Die Notwendigkeit des Unmöglichen: Institutionalisierung des Erinnerns

Kämpfe um Institutionalisierung sind Kämpfe um Erinnerung. Der Wunsch nach Erinnerung, Traditionsbildung, Anknüpfungs- und Verknüpfungsmöglichkeiten der Arbeit, der Autorität, der Erfahrungen und Einsichten von *Frauen* ist Grund für all die Anstrengungen um Institutionalisierung feministischer Theologie und sollte daher theologisch „tiefer grabend" reflektiert werden. Elisabeth Schüssler Fiorenza hat in ihrem Buch „Zu ihrem Gedächtnis" die spirituellen und politischen Dimensionen des Vergessens und die Bedeutung der Erinnerung der Kämpfe und Mühen von *Frauen* betont:

„Die Versklavung und Kolonisierung von Menschen wird durch die Zerstörung ihrer Geschichte total, denn sie werden

dadurch der Möglichkeit zur Solidarität mit dem Glauben und Leiden der Toten beraubt. Daher muß feministische ... Hermeneutik ‚gefährliche Erinnerung' werden, die die religiösen Leiden und Kämpfe der Toten zurückgewinnt. Solch ‚gefährliche Erinnerung' hält nicht nur die Leiden und Hoffnungen christlicher Frauen der Vergangenheit lebendig, sondern eröffnet die Möglichkeit zu einer universalen Solidarität ... mit allen Frauen der Vergangenheit, Gegenwart und Zukunft, die sich von der gleichen Vision leiten lassen.
Der bleibenden Herausforderung durch die Opfer des religiösen Kyriarchats darf nicht so begegnet werden, daß Selbstverständnis und religiöse Visionen der Opfer als Irrtum und Selbsttäuschung abgetan werden. Ihrer Herausforderung werden wir nur gerecht in und durch engagierte Solidarität und Erinnerung an ihre Hoffnung und Verzweiflung."[26]

Die Erfahrung, daß Diskontinuität, Verschweigen, Vergessen die Mühen und die Arbeit feministischer Theologinnen zu zerstören und dadurch Orientierungen und Haltemöglichkeiten für das Weiter-Gehen feministischer Theologie zu rauben scheinen, ist eine wichtige Motivation dafür, daß die Politiken der Institutionalisierung feministischer Theologie von Auseinandersetzung und Streit um die Ermöglichung und Rettung der Erinnerung begleitet werden sollten. Wie Institutionen feministischer Theologie Erinnerung ermöglichen und ins Leben rufen, welche Erinnerungen sie tradieren, was und welche sie dem Vergessen preisgeben, ist nicht nur eine Frage der Institution, sondern eine zentrale theologische Frage.[27]

---

[26] Elisabeth Schüssler Fiorenza, Zu ihrem Gedächtnis, 65.
[27] Institutionalisierung feministischer Theologie ist eine fundamentale theologische Frage, und umgekehrt erfordern solche für feministische Theologie fundamentale Themen eine die praktisch-theologische Erarbeitung dieser Themen ermöglichende Institutionalisierung feministischer Theologie. In meinem Vortrag während des AG-Kongresses „Schon und noch nicht. Institutionalisierung und Macht in den Arbeitsfeldern feministischer Theologinnen" 1995 hatte ich diese These an folgenden theologischen Themen skizziert: 1. Kritik und Ver-Lernen der „Unschuld", 2. das Wort ergreifen – andere ins Sprechen hören, 3. Erinnerung, 4. Kämpfe um Zeitmaßstäbe und Zeiterfahrungen, 5. Scheitern, Ent-Täuschung, Visionen.

Wenn ich ernst nehme, daß Erfolg kein theologisches Kriterium ist, und mich an der Frage nach den und dem Vergessenen und Marginalisierten orientiere, muß ich die gegenwärtige Situation feministischer Theologie in Deutschland so beurteilen: Die Strukturen und Orte, die in der herrschenden Öffentlichkeit als Institutionen feministischer Theologie bezeichnet und anerkannt werden, scheinen Kontinuität, Entwicklung, Fortschritt feministischer Theologie zu gewährleisten – um den Preis des Marginalisierens, Vergessens, Zurücklassens! Kontinuität, Fortschritt, Zukunft dieser „institutionalisierten" feministischen Theologie beruhen darauf, daß Teile der vor und außerhalb dieser „institutionalisierten" feministischen Theologie erarbeiteten und gelebten Geschichte feministischer Theologie als „Vor"-Geschichte zurückgelassen werden, nachdem sie durch Ergebnissicherung, bestandsaufnehmende Rückblicke, Festlegung von Basiswissen und Begrifflichkeiten, schematisierende und periodisierende[28] Geschichtsschreibung feministischer Theologie geordnet und festgestellt worden sind: Erinnerung als Wissensschatz, der feststeht und verfügbar ist. Ein solches Verständnis von Erinnerung kann die Unabgeschlossenheit des Vergangenen, die abweichenden und widersprechenden Ansichten, Auseinandersetzungen, zeitverzögernden und unterbrechenden Ent-Täuschungen nicht fördern und herausfordern. Was als feministisch-theologisch „überholt" angesehen wird – Bücher, Projekte, Visionen, Aktionsformen – scheint nicht mehr aktuell bedeutungsvoll, nicht einmal mehr der Auseinandersetzung wert. Beim Gebrauch von Begriffen und Ergebnissen werden oft die *Frauen* vergessen, die sie in Gang gesetzt haben und an ihrer Erarbeitung beteiligt waren. Was gescheitert scheint, wird in solch erfolgs- und fortschrittorientierter feministischer Theologie zuwenig beachtet und geachtet – oft sogar, indem das Nichtrealisierte mit dem „Unrealistischen" gleichgesetzt wird, als „falsch" bewertet.

---

[28] Zur theologischen Reflexion des Periodisierungsproblems vgl. u. a. Elisabeth Schüssler Fiorenza: Gerechtfertigt von allen ihren Kindern, in: Concilium 26 (1990) 10-22. Vgl. auch meinen Aufsatz Blickwechsel, 50-52.

Die verschiedenen feministischen Sichtweisen auf die Vergangenheit und die unterschiedlichen Weisen des Erinnerns zeigen sich in den sprachlichen Bildern für feministische Erinnerung. „Unser Erbe ist unsere Macht"[29]: Dieses Wort von Judy Chicago hat die Notwendigkeit, die Vergangenheit zu kennen und die Erinnerungen wiederzugewinnen und zu erhalten, und den Widerspruch vieler feministischer Theologinnen gegen eine Preisgabe der Geschichte von *Frauen* – selbst der als unterdrückend und androzentrisch kritisierten Traditionen – zum Ausdruck gebracht. Was dieses „Erbe" für *Frauen* bedeutet, wurde in unterschiedlichen Bildern ausgelegt. Dieses Erbe wird von einigen Bibelwissenschaftlerinnen als „Schatzkästchen" gesehen, aus dem immer wieder Schätze hervorgeholt und betrachtet werden – mit Freude und mit dem Wissen, einen Schatz zu besitzen, der nicht aufgegeben werden darf, aber durchaus noch vermehrt werden kann. Das Erbe kann aber auch anders verstanden werden: als belastendes Erbe, als Beauftragung, als ein Mittel, das die Anstrengungen, Wünsche, Ängste toter *Frauen* erinnert und uns nicht nur nach Wissen über diese *Frauen*, sondern nach Beziehung und Verbindung zu diesen *Frauen* fragen läßt. Es kann darüber hinaus als veränderbar, gefährdet, vergänglich angesehen werden. Adrienne Rich benennt in ihrem Gedicht „Macht"[30], das sie Marie Curie widmete, deren „Wunden denselben Ursprung hatten wie ihre Macht", die Geschichte von *Frauen* als Stärkungsmittel, das kostbar und gefährdet ist, das in zerbrechlicher Form zu uns kommt, das nicht vergeudet werden darf, das denen gehört, die damit achtungsvoll umgehen, das andererseits nur wirken kann, wenn es nicht konserviert, sondern verändert, geöffnet, zerbrochen, gebraucht wird. Die

---

[29] Judy Chicago: The Dinnerparty. A Symbol of Our Heritage, New York 1979, 249. Elisabeth Schüssler Fiorenza hat sich in ihrem Buch „Zu ihrem Gedächtnis" auf diese Metapher von Judy Chicago bezogen (vgl. a.a.O., 19). Auf diesem Weg wurde der Satz mehrere Jahre lang zu einem „geflügelten Wort" feministischer Theologinnen, v.a. feministischer Bibelwissenschaftlerinnen.

[30] Adrienne Rich: Macht, in: Dies.: Der Traum einer gemeinsamen Sprache. Gedichte 1974-1977, München 1982, 11.

Wirkung dieses Stärkungsmittels zeigt sich darin und hängt davon ab, daß es dazu befähigt, *Frauen*geschichte erneut als Stärkungsmittel weiterzugeben oder aufspürbar zu hinterlassen und Formen zu finden und zu schaffen, in denen die spannungsvollen Erinnerungen und Wirksamkeiten erhalten und brauchbar bleiben.

> *"Heute förderte ein Spatenstich*
>   *aus einer bröckelnden Erdflanke*
> *eine Flasche zutage   bernsteinfarben*
>   *makellos   hundert Jahre alt*
> *Heilmittel gegen Fieber*
>   *oder Melancholie   eine Stärkung*
> *für das Leben auf dieser Erde*
>   *in den Wintern dieses Klimas"*

Die feministisch-theologische Kritik nicht nur biblisch-christlicher Erinnerungen und Traditionen, sondern vor allem auch die Kritik der Kirche als Institution der Erinnerung wurde bisher noch zu wenig auf Erinnerungen und Institutionen feministischer Theologie angewendet. Das erste, was feministische Theologinnen aus ihren Erfahrungen mit kirchlicher Erinnerung lernen können, ist doch schließlich, daß gerade der Versuch, Erinnerung zu fixieren, zum Vergessen und zum Gebrauch von Traditionen als Waffe gegen *Frauen* führen kann. Dieses Erfahrungswissen ist auch eine Orientierung für das Lesen feministisch-theologischer Texte. Auch feministische Texte sollten so gelesen werden, daß die Spannung von „Brot und Stein"[31], von Reklamation der in den Texten und durch die Texte vermittelten Befreiung und Bevollmächtigung – „Brot" – einerseits und Kritik von Unterdrückung, Marginalisierung und Verschweigen in feministisch-theologischen Texten – „Stein" – andererseits nicht einseitig aufgelöst wird. Aus der Kritik an einer kirchlichen Tradierung, die Erinnerung konserviert und versteinert, läßt sich Mißtrauen gegen feministische Erinnerungs-

---

[31] Vgl. Elisabeth Schüssler Fiorenza: Brot statt Steine.

anstrengungen gewinnen, die absichern und festlegen – auf Kosten der Lebendigkeit, Widersprüchlichkeit und Gefährlichkeit. Daher ist es notwendig, gegenüber Geschichtsschreibungen, Traditionsbildungen, Kontinuitätsbehauptungen, Ursprungsmythen, Fortschritts- und Entwicklungsmodellen feministischer Theologie Elisabeth Schüssler Fiorenzas Hermeneutik des Verdachts anzuwenden und vor allem unter den „Siegerinnen"- und Fortschrittsgeschichten feministischer Theologie die feministischen „Untergeschichten" zu suchen.

Während die Fixierung und Festschreibung von Vergangenheit die Kraft der Erinnerung einengt, können „Formeln" der Erinnerung eine Hilfe sein, die Lebendigkeit und die Möglichkeiten des Vergangenen wiederzufinden. Solche Erinnerungsformeln sind Sätze, Zitate, Postulate, Slogans, zum Beispiel: „Keine ist befreit, wenn nicht jede befreit ist."[32], „das Private ist politisch", „Zu ihrem Gedächtnis", „Das Schweigen brechen, sichtbar werden", „Und bin ich keine Frau"[33], „Brot und Rosen". Solche Formeln waren in den ersten 10 bis 15 Jahren der feministischen Bewegung wirksam, wurden dann aber zunehmend als überholt, naiv, unrealisierbar abgetan. Die Kraft dieser Formeln entfaltet sich jedoch gerade aus ihrem unerhörten und grenzenlosen Anspruch. Ich schlage vor, die Funktion, die Grenzen, aber eben auch die Möglichkeiten feministischer Erinnerungsformeln ähnlich zu untersuchen, wie die Funktion und Bedeutung von Glaubensbekenntnissen, die ja ebenfalls Erinnerungsformeln sind.[34] Diese können als „gefährliche",

---

[32] Diese Erinnerungsformel wurde von den Redstockings und dem Combahee River Collective als feministische Postulate institutionalisiert. Sie geht zurück auf die „Schaffnerin der Underground Railroad" Harriet Tubman. Vgl. meinen Aufsatz Blickwechsel, 31-52.
[33] Dieser Slogan erinnert Sojourner Truth, ihre Erfahrungen und Kämpfe und ihre berühmte, mutige, theoretisch und politisch wegbahnende feministische Rede.
[34] Vgl. Johann Baptist Metz: Dogma als gefährliche Erinnerung, in: Ders.: Glaube in Geschichte und Gesellschaft. Studien zu einer praktischen Fundamentaltheologie, Mainz 1977, 176-180. Einer feministischen Lektüre und Re-Vision dieses Textes verdanke ich die Idee, feministische Slogans als theologisch bedeutsame Erinnerungsformeln zu lesen.

unterbrechende Erinnerung wirken, aber sie können auch zu „Stein" oder bedeutungsleer werden, sie können als fixierte Definitionen angesehen werden, die dem Selbsterhalt und der Selbstbestätigung der Kirchen dienen, sie können als bestätigende, stillstellende, verklärende Erinnerung wirken, sie können mit Zwang und Denkverboten durchgesetzt werden und bedürfen wie jeder theologische Text der Kritik und Re-Vision.

Auch feministische Formeln können dann und nur dann ihre Erinnerungskraft entfalten, wenn sie als „gefährliche Erinnerung"[35], die „wie ein Blitz" aufschreckt und erhellt, reklamiert und als Unterbrechungen und Orientierungshilfen wahrgenommen werden, die davor warnen, sich mit „Selbstverständlichem" abzufinden, das Bestehende grundlegend infragestellen, die Leiden und Visionen der toten *Frauen* zurückrufen und die Idee wecken und wach halten, daß Grenzen und Zeitmaßstäbe transzendiert werden können und die Ausrichtung auf das „Unmögliche" die Möglichkeiten erweitert.[36] Kriterium für die Institutionalisierung von Erinnerung ist daher, daß die institutionelle Vermittlung feministischer Erinnerungsformeln ihre Gefährlichkeit mitteilt. Für den kritischen und produktiven Gebrauch solcher feministischer Erinnerungsformeln gibt Karl Rahners Vorschlag, die Glaubensbekenntnisse in „Kurzformeln des Glaubens"[37] situativ und persönlich zu formulieren, wichtige Impulse. Die Relevanz und Lebendigkeit feministischer Erinnerungsformeln hängen davon ab, daß sie durch Erzählung, Praxis, Selbstausdruck, Widerspruch, Wiederholung und Variation unterschiedlich und subjektiv aktualisiert und immer wieder überprüft und neu formuliert werden. Aber sie leben

---

[35] Vgl. v.a. folgenden Text von Johann Baptist Metz über „gefährliche Erinnerung": Zukunft aus dem Gedächtnis des Leidens, in: Ders.: Glaube in Geschichte und Gesellschaft, 95-101.

[36] Vgl. Ingeborg Bachmann, Die Wahrheit ist dem Menschen zumutbar. Rede zur Verleihung des Hörspielpreises der Kriegsblinden, in: Dies.: Die Wahrheit ist dem Menschen zumutbar, München 1981, 75-77.76: „Im Widerspiel des Unmöglichen mit dem Möglichen erweitern wir unsere Möglichkeiten."

[37] Vgl. z.B. Karl Rahner: Reflexionen zur Problematik einer Kurzformel des Glaubens, in: Ders.: Schriften zur Theologie. Bd. 9, Einsiedeln 1970, 242-256.

nicht in den individuellen Interpretationen und Aneignungen allein weiter, sonder dadurch, daß sie in ihrer tradierten „Form" als Formulierung einer gemeinschaftlichen Erinnerung vieler einzelner weitergegeben und wiederholt werden.

Feministische Befreiungstheologie im Kontext interreligiöser Begegnung unter Frauen

Eine persönliche Reflexion der Theologie Christine Schaumbergers

Mirjam Elsel

Mir geht es immer wieder so. Die Beschäftigung mit Christines Theologie geht an die Substanz. Gewohntes wird in Frage gestellt, Verstanden geglaubtes steht nicht mehr auf sicheren Füßen und es fängt in mir an zu arbeiten. Dieses Suchen, Finden, Verlieren und Wiederfinden in Worten zu vermitteln, ist für mich eine große Herausforderung. Da ich von Christine Schaumberger, jedoch bei den AG Tagungen auch gelernt habe, wie kritisches Zuhören gleichzeitig nährende Wertschätzung sein kann, wage ich es trotzdem.

Ausgangspunkt dafür sind meine Erfahrungen aus der Interreligiösen Arbeit unter Frauen in Bamberg.

1. Weiter gehen, tiefer graben

Institutionalisierung feministischer Befreiungstheologien heißt für mich, Theologie Treiben immer daran zu messen, inwiefern sie Lebens-Mittel für Frauen, Männer und Kinder ist. Dies ist der Maßstab und nur so hat Theologie Treiben ihre Berechtigung. Es geht darum diese Motivation im Denken und Handeln zu institutionalisieren. Das gilt für mich für das eigene Theologie Treiben genauso wie für die Institutionen, in denen wir arbeiten.

Der chilenische Dichter Pablo Neruda hat einmal in einem Gedicht, das ich sehr liebe, formuliert:[1]

---

[1] Zitiert nach: malzeit – wir setzen lebens-zeichen, Broschüre zur Misereor Jugendaktion, Aachen 2004, 18.

*„Ich möchte
Erde, Feuer,
Brot, Mehl,
Zucker, Meer,
Bücher, Heimat
für Alle."*

So ein Wunsch, so ein Anspruch ist vermessen. „Brot und Rosen" für alle, wir müssen verrückt sein. Ich kann jedoch nur von diesem „für alle" Reich Gottes denken. Es geht nicht kleiner, auch auf die Gefahr der Naivität hin. Daher kann feministische Befreiungstheologie niemals stehen bleiben, niemals aufhören weiter zu graben und weiter zu gehen. Und dies gilt auch für die Frage nach der Institutionalisierung. Das heißt, an Orten und Institutionen, an denen dieses Weiter gehen und tiefer graben strukturell oder personell nicht möglich ist, kann ein solche Theologie nicht institutionalisiert werden. Damit bleibt feministische Befreiungstheologie „oppositionelle Theologie". Was das konkret heißt, dem möchte ich auf dem Hintergrund meiner Erfahrungen in der Begegnungsarbeit mit jüdischen, christlichen, muslimischen und religiös interessierten Frauen in Bamberg nachgehen.
Wichtig ist mir das Bewusstsein, dass es in keiner Situation gelingt, „den Anspruch für alle" umzusetzen. Es kann eine Ahnung von dem geben, wie es sein könnte, wie es sich anfühlt dieses „für alle". Und diese Orte sind ungeheuer wichtig, als Ausgangspunkt für Veränderungen. Aber sie bleiben partiell und stehen nie für das Ganze. Wie häufig wird in der internationalen und interreligiösen Arbeit der Satz gesagt: „Wir begegnen uns auf gleicher Augenhöhe". In unzähligen Leitlinien und Selbstdefinitionen von Gruppen ist dieser Satz zu finden. Ich bin mittlerweile richtig allergisch auf diesen Satz. Weil er all die vielen gleichzeitigen und widersprüchlichen, sich permanent verschiebenden Ungleichheiten, Unter- und Überordnungen und Machtverhältnisse unsichtbar

macht. Viel wichtiger finde ich es, die Sensibilität für die Machtungleichheiten zu schulen. Diese verlaufen ja vielfach quer zu den Ungleichheiten, die erst einmal vermutet werden. „Wahrheit ist ständig zunehmende Komplexität, die durch geduldiges und genaues Wahrnehmen zunehmend erkennbar, ermöglicht und geschaffen wird.", so schreibt Christine Schaumberger. In der Praxis bedeutet das oft einen Schritt vor zu gehen und zwei wieder zurück, wie es Ulrike Bechmann einmal treffend ausgedrückt hat. Längst Verstanden-Gedachtes noch einmal völlig neu zu sehen. Weil es eben bei dieser Frau, in dieser Situation völlig anders ist. Das bedeutet auch politische Gegebenheiten oder immer gleiche Fragen auszuhalten. Was jedoch nicht in Frage gestellt werden kann, ist die anerkennende Wertschätzung der Gesprächspartnerin. Die wichtigste Dialog-Regel ist für mich: „Ich frage nach den Hintergründen für Aussagen anderer. – Ich bin bereit zu erklären, warum ich so denke." Diese scheinbar banale Voraussetzung für Kommunikation ist in der Praxis meist ein schwer erarbeitetes und immer wieder neu einzulösendes Ziel.

Spannend wird es in interreligiösen Begegnungen für mich immer dann, wenn Konflikte auftreten. Gerade in interreligiösen Prozessen gelingt dann ein gemeinsames Lernen, wenn Konflikte bearbeitet werden konnten. Das kostet Zeit und Kraft, schafft häufig neue Verletzungen, und stellt immer auch ein hohes Risiko dar, dem sich alle Beteiligten aussetzen.

Es lohnt sich Orte des „Weitergehens und Tiefergrabens" zu schaffen. Und diese Orte müssen geschützt sein. Wir haben im Team der Interreligiösen Fraueninitiative in Bamberg gemerkt, dass wir neben den organisatorischen Treffen, der Reflexion unserer Multiplikatorinnentätigkeit und den vielen öffentlichen Veranstaltungen einen geschützten Ort für den Austausch unserer theologischer Reflexionen brauchen. Einen Ort, an dem nicht der Versuchung nachgegeben werden muss, die eigene Religion verteidigen zu müssen, einen Ort, an dem gemeinsam Visionen entwickelt werden können, einen Ort, an dem gewachsene Beziehungen auch kontroverse Diskussionen aushalten, einen Ort, an dem die Verschiedenheit und Vielschichtigkeit, aber auch das gemeinsame

Anliegen, Frauen und die Theologie von Frauen in unseren Religionsgemeinschaften zu stärken, einen Platz haben. Die meiste Zeit tauschen wir uns über Alltagserfahrungen aus. Das gemeinsame Essen, zu Gast bei einer Teamfrau zu sein, nimmt einen großen Raum ein. Immer wieder mache ich dabei die Erfahrung, dass gerade in diesen Erfahrungen des Alltäglichen unser inhaltlicher Austausch anfängt. Auch im Team gibt es verallgemeinernde Aussagen über Frauen. Die meisten Frauen bezeichnen sich offen als Feministin. Einige lehnen jede Verbindung sofort ab. Irgendwie wird häufig davon ausgegangen, dass wir alle die gleichen Erfahrungen haben. Auf einer Ebene bestätigt sich dies auch, auf anderen jedoch stellen wir fest, dass unsere Erfahrungen grundverschieden und manchmal auch widersprüchlich sind.

In der Interreligiösen Fraueninitiative arbeiten wir im Prozess. Wir planen aus dem persönlichen Erleben heraus, aus dem was uns beschäftigt, Veranstaltungen. Aufnehmen, was über den Weg läuft. Mit der Folge: Unser Programm hat häufig eine Halbwertzeit von einer Woche. Das hat große Vorteile, ist aber nicht Institutionenkompatibel.

Die Frage danach, wen wir mit unseren Angeboten erreichen, ist ein immerwährendes „Tiefer gehen und weiter graben". Sind es nicht häufig doch nur die Frauen, die engagiert sind, die studiert haben, die über relative gute Startvoraussetzungen verfügen?

2. Institutionalisierung

Innerhalb meiner Arbeit habe ich mir angewöhnt quer zu den Strukturen zu arbeiten. Das bietet die Chance der Unabhängigkeit, eine große Freiheit in Themen, Methoden und Settings. Allerdings bedeutet das auch, dass Vertretung in Gremien nicht automatisch läuft, sondern hart erkämpft oder erarbeitet werden muss. Das bedeutet auch selber in prekären Arbeitsverhältnissen zu arbeiten und abhängig von Zuschussgebern und Förderprogrammen zu sein. Die Fraueninitiative lebt von den Frauen im Team. Das Team selber befindet sich in permanenter Veränderung, Frauen ziehen weg, entwickeln sich beruflich und familiär, neue Frauen kommen dazu und bringen ihre biographischen, religiösen und kulturellen Erfahrungen mit.

Die Interreligiöse Fraueninitiative hat keinen festen Ort. Wir sind eine Wohnzimmerinitiative. Veranstaltungsräume müssen immer wieder erst gewonnen werden. Der große Vorteil dabei ist, dass wir dort sind, wo die Frauen sind, in den Kirchengemeinden, in der Synagoge oder der Moschee, bei Migrantenorganisationen oder in Schulen. Die jeweilige Atmosphäre, die Möglichkeiten des Raumes und die beteiligten Frauen prägen jede Veranstaltung. Aber auch Öffentlichkeit muss dort immer wieder neu hergestellt werden.

3. Ausblick

Die Themen Frauen in den Religionsgemeinschaften und Interreligiöse Begegnung bilden eine doppelte Opposition gegenüber herrschenden Diskursen, da sie diese Themen oft ausblenden oder stereotyp und klischeehaft darstellen.

Mein Arbeiten ist bestimmt von einem biographischen Ansatz. In den Veranstaltungen der Fraueninitiative ist erst einmal jede Frau Expertin für ihren Glauben und Alltag. Gleichzeitig hat diese Arbeitsweise auch seine Grenzen. Die eigenen Brüche und Verletzungen können nicht in jeder Gruppe und Veranstaltung ihren Platz haben. Manchmal ist es hilfreich, wenn eine Frau einen theologischen Hintergrund ihrer Religion mitbringt und helfen kann, Erfahrungen zu systematisieren. Dieses Wissen muss aber in allen beteiligten Religionen vorhanden sein.

Für mich bleibt die Frage offen: Was nährt uns beim weiter gehen, tiefer graben? Wohin mit unserer Erschöpfung und Anstrengung? Was ist, wenn Konflikte nicht gelöst werden, sondern wir im Scheitern stehen bleiben? Wo sind die Grenzen dieses Arbeitens?

Grenzenlose Ansprüche realisieren?

Christine Schaumbergers Analysen zur Institutionalisierung feministischer Theologie[1]

Katja Strobel

1. Institutionalisierung als Akt des Überlebens und notwendig unabschließbare Transformation

Christine Schaumberger bezeichnet im Titel ihres Beitrags für das Arbeitsbuch „Vermessen!" Institutionalisierung als „Akt des Überlebens und notwendig unabschließbare Transformation". Programmatisch und quer zum auch im Mainstream-Feminismus herrschenden Verständnis von Institutionalisierung im Sinne von Verstetigung und Stabilisierung von Strukturen bestimmt sie Institutionalisierung in feministisch-befreiungstheologischer Perspektive:

---

[1] Der Text ist die überarbeitete Version eines Statements zu Christine Schaumberger: „Weiter gehen, tiefer graben". Akt des Überlebens und notwendig unabschließbare Transformation: Institutionalisierung feministischer Theologie, in: Vermessen! Globale Visionen – konkrete Schritte. Wegmarken durch den feministischen Alltag. Arbeitsbuch zu Elisabeth Schüssler Fiorenzas kritischer Befreiungstheologie, Sonderausgabe 3 zur Schlangenbrut, Münster 2003, 19-30. Eine ungekürzte Version des Textes findet sich in diesem Band (S. 288-320).
Das Statement wurde auf der Jubiläumstagung anlässlich 30 Jahren AG Feminismus und Kirchen am 15.10.2011 in Hofgeismar gehalten, auf der sich die Teilnehmerinnen unter dem Titel „Weiter gehen, tiefer graben. Strategien oppositioneller Theologie" anhand von Statements verschiedener AG-Mitfrauen mit diesem Text von Christine Schaumberger auseinandersetzten. Anmerkungen von Christine Schaumberger und weiterer Teilnehmerinnen sind mit in die Überarbeitung eingeflossen – vielen Dank dafür!

„Institutionalisierung hieße, Bedingungen zu schaffen, die die unterbrechenden Visionen in Erinnerung bringen und die motivieren zu weiter gehender Kritik und Veränderung mit dem Ziel, dass – um eine Formulierung von Adrienne Rich aufzugreifen – ‚wir alle eines Tages die Möglichkeit haben, die Art von Arbeit zu tun, an der uns wirklich liegt und die die Welt von uns braucht.'"[2]

Um diese Form von Institutionalisierung geht es mir in den verschiedenen Zusammenhängen, in denen ich arbeite. Es geht darum, Tradierungsgemeinschaften, Reflexionsgemeinschaften, Arbeits- und Lebensgemeinschaften zu schaffen, um das eigene und kollektive Leben und Arbeiten zu reflektieren und Strategien zu entwickeln. Diese zielen darauf ab, verschiedene Formen von Herrschaft, Unterdrückung und Ausbeutung in globaler Perspektive zu analysieren und im notwendigen Darin-Leben dennoch Widerstand, Überwindung und Transformation der lebensfeindlichen Verhältnisse gemeinsam auszuprobieren, zu verwerfen, bruchstückhaft umzusetzen. Das Institut für Theologie und Politik (ITP) und die AG Feminismus und Kirchen sind für mich solche Gemeinschaften – jede auf ihre Weise fragmentarisch, widersprüchlich, instabil – aber das heißt auch, sie haben in ihrer Struktur die Offenheit für Veränderung, die für diese Form von Institutionalisierung notwendig ist, nämlich sich nicht als Selbstzweck zu betrachten, sondern die andere Welt Gottes als Ziel zu setzen.

Christine Schaumberger bezeichnet die oben beschriebene Weise der Institutionalisierung feministischer Theologie als „heute noch ‚unpassender' [...] als in den Anfängen"[3]. Zustimmend stelle ich aus meiner Perspektive die These auf: Die bisher geschaffene feministisch-theologische Öffentlichkeit hat mit den Zielen, die hinter der oben zitierten Form von Institutionalisierung stehen, nämlich reale strukturelle, gesellschaftliche Veränderungen zu bewirken, nur wenig zu tun, und zwar unter anderem, wie Schaumberger feststellt, durch die „Konzentration auf bestehende Großinstitutionen und auf neu zu schaffende, auf Sichtbarkeit, breite Wirksamkeit,

---

[2] Schaumberger: „Weiter gehen ... ", 22f.
[3] A.a.O., 22.

öffentliches Interesse zielende Institutionen."[4] Zwar gehört inzwischen die Thematisierung von ‚Gender'-Themen zum guten Ton von sich als fortschrittlich verstehenden theologischen Universitäten, Akademien und Bildungshäusern, aber theoretische und praktische Verbindung zu den Themen ökonomischer Ausbeutung, globaler Ungleichheit und Beschneidung der Überlebenschancen von Mensch und Umwelt besteht selten. Dazu würde gehören, sich in diesen Fragen deutlich zu positionieren und die Zusammenarbeit mit sozialen Bewegungen zu suchen, die sich in diesen Feldern engagieren.

Seit zehn Jahren arbeite ich in unterschiedlicher Weise, das heißt, in Arbeitsgruppen, als studentische Hilfskraft, unbezahlt und auf kleinen Projektstellen am ITP, einer von Uniersität und Kirche unabhängigen Einrichtung. Sie wurde zu Anfang der 1990er Jahre von Theologinnen und Theologen aus der Lateinamerika-Solidaritätsarbeit gegründet. Christine Schaumberger nahm an einigen Treffen, die zur Gründung des Instituts führten, teil. Aus Erzählungen weiß ich, dass sie auf die feministisch-theologischen Leerstellen hinwies und auf die Notwendigkeit, bezahlte Stellen einzurichten. Was wurde aus diesen Forderungen? Was die bezahlten Stellen angeht, so ließ sich das ITP nur ‚ohne' realisieren, auch wenn immer wieder projekt- oder übergangsweise kleine Stellen eingerichtet wurden und werden. Auf diese Weise gelingt es bisher, unabhängig von finanzierenden Institutionen zu sein und die Inhalte unserer Arbeit und nicht den Selbsterhalt der Institution in den Mittelpunkt zu stellen. Verzicht auf Karriere, prekäre bzw. ‚Patchwork'-Arbeitsverhältnisse, auch Abhängigkeit von Lebenspartnerinnen werden damit bewusst in Kauf genommen. Es ist – wie jeder Versuch, Institutionalisierung im oben zitierten Sinne zu realisieren – ein fragiles Projekt, jedoch entsprechend der aktuellen Verhältnisse in Universitäten, Kirchen und Gesellschaft meines Erachtens eines von wenigen Beispielen in der BRD dafür, wie Befreiungstheologie in Forschung und Bildungsarbeit und politisches Engagement miteinander verknüpft werden können. Es stellt sich allerdings als zunehmend schwierig heraus, für diese Art und

---

[4] A.a.O., 21.

Weise des Arbeitens Mitstreiterinnen zu gewinnen. Das Absorbiert-Sein von Erwerbsarbeit und die verinnerlichte gesellschaftliche Maxime, sich zuallererst um den persönlichen Erfolg kümmern zu müssen, stehen einem solchen Engagement sehr im Weg. Aber auch zunehmend prekäre Arbeitsverhältnisse machen unbezahltes Engagement schwieriger, weswegen die Frage, wie bezahlte Stellen mit inhaltlicher Unabhängigkeit vereinbart werden können, zunehmend in den strukturellen Überlegungen und Veränderungen im ITP präsent ist.

2. Unterbrechungen. Strategien oppositioneller Theologie

Nach Christine Schaumberger kann das Ziel feministischer Befreiungstheologie nicht sein, ein neues Paradigma zu etablieren, sondern oppositionelle Theologie zu treiben: Es geht nicht darum, eine neue Denkweise zur wissenschaftlich anerkannten zu machen und zu stabilisieren, sondern feministischen Befreiungstheologinnen muss es um „dauernde strukturelle Öffnung auf Infragestellung und Unterbrechung durch marginalisierte Personen und Sichtweisen, die die eigenen Grundlagen stets neu erschüttert"[5], gehen. Dies lässt sich nur realisieren, wenn theologische Wissenschaft sich eng verbindet mit den Kämpfen, in deren Kontext sie stattfindet:

> „Theologisches Wissen lässt sich [...] nicht mit der Zielsetzung erarbeiten, es für die Kämpfe um Überleben und Befreiung zur Verfügung zu stellen, sondern muss gerade in diesen Kämpfen – das heißt in den tagtäglichen Erfahrungen – stets neu gefunden, erprobt, in Frage gestellt werden, setzt also selbst vielfältige strategische Entscheidungen und Kehrtwenden voraus."[6]

Ein aktuelles Beispiel aus der Arbeit am ITP ist meines Erachtens gut geeignet, diese Verbindung zu verdeutlichen und zu zeigen, wie der Alltag durch Marginalisierte in Frage gestellt und auf den Kopf gestellt werden kann.

---

[5] A.a.O., 23.
[6] A.a.O., 23f.

Im Sommer 2011 wurde in Münster ein Bündnis gegen die Abschiebung der Roma gegründet. Zur Zeit sind besonders serbische Roma in Münster von Abschiebung bedroht. Seit 2009 existiert ein Bündnis „Aktion 302", das sich gegen die Abschiebung von Roma aus dem Kosovo engagiert. Anschließend an eine Veranstaltung in der Katholischen Hochschulgemeinde zur europäischen Abschottungspolitik, die sehr gut besucht war und auf der viele konkret etwas tun wollten, organisierten Studierende und Engagierte aus der „Aktion 302" in enger Zusammenarbeit mit Betroffenen einen Abend im ITP, der die unhaltbare Situation vieler Münsteraner Roma thematisierte. Im Anschluss an die bewegende Veranstaltung, auf der einige Roma von ihrer eigenen Situation und von den Belastungen durch Kettenduldungen und den traumatisch erlebten Abschiebungen erzählten, wurde das Bündnis gegründet, das im Sommer 2011 mehrere Kundgebungen vor der Ausländerbehörde abhielt und von Abschiebung bedrohte Roma zu Duldungsverlängerungen begleitete. Im Moment ist das Bündnis dabei, weiter Öffentlichkeitsarbeit zu machen, aber auch weiterhin Unterstützung zu organisieren, denn die Gefahr der Abschiebungen besteht weiterhin und wird sich noch zuspitzen.

Obwohl das Thema Flucht und Migration schon länger Thema im ITP war, zum Beispiel durch einen gemeinsam mit dem Netzwerk Afrique-Europe-Interact vorbereiteten Workshop zum Thema „Bewegungsfreiheit und gerechte Entwicklung als Herausforderungen befreiender Theologien" auf dem Weltsozialforum in Dakar, passt doch die konkrete Menschenrechtsarbeit, wie sie nun im Bleiberechtsbündnis ansteht, nicht ins Profil des ITP: In unseren Bemühungen, Solidaritätsarbeit zu organisieren, achten wir darauf, dass ein Voneinander-lernen, ein gemeinsames politisches Anliegen im Vordergrund stehen. Das heißt, wir reflektieren durchaus, dass wir in einer privilegierten Situation sind und organisieren finanzielle Unterstützung, zum Beispiel bei gemeinsamen Treffen. Aber wir legen Wert darauf, dass wir nicht ‚die Expertinnen' sind, sondern dass wir uns über unsere Analysen und Strategien austauschen und miteinander kämpfen wollen, dass wir um gemeinsame Ziele ringen. Die Arbeit mit den Roma in Münster hatte diese

Eigenschaften zunächst nicht: Diejenigen, mit denen wir zusammenarbeiten, sind größtenteils nicht politisch engagiert. Der Grund, das Bündnis zu gründen, war und ist ihre existenzielle Notlage und die Notwendigkeit, öffentlich auf den Skandal der deutschen Abschiebepraxis und Zuwanderungsverhinderungspolitik aufmerksam zu machen.

Die Bündnisarbeit ‚verschlingt' Zeit und Energie – auch durch die persönlichen Kontakte, die entstehen und die Arbei emotional belasten – wobei diese Belastung ein Bruchteil derjenigen ist, die die Betroffenen täglich auszuhalten haben. Diese zu erleben bewirkt jedoch einen hohen Druck und Frustration angesichts des politischen und gesellschaftlichen Gegenwindes und Desinteresses und dadurch fällt es mir schwer, mich selbst und andere zur aktiven und kontinuierlichen Mitarbeit zu motivieren.

Im ITP wurde der Widerspruch offen thematisiert: dass wir im Bündnis tun, was wir in Lateinamerika-Solidaritätsgruppen seit Jahren kritisch sehen, nämlich unmittelbare Unterstützungsarbeit, die politisch wenig austrägt. Es ist zwar inzwischen gelungen, dass auch die politischen Kämpfe – gegen Abschiebungen, gegen die Situation in den Flüchtlingslagern und an den europäischen Grenzen – Thema im Bündnis sind und die Ziele dahinter von vielen auch als gemeinsame Ziele angesehen werden: eine Gesellschaft ohne Rassismus, globale soziale und politische Rechte unabhängig von Staatsbürgerinnenschaft. Angesichts der unmittelbaren Notwendigkeiten spielen sie aber weiterhin eine untergeordnete und schnell verschwindende Rolle, auch weil es in der Situation der Kettenduldungen für viele der Roma sehr viel schwieriger ist, Zeit, Energie und andere Ressourcen für politisches Engagement aufzubringen. Bei Aktionen außerhalb von Münster, zum Beispiel gegen Abschiebeflüge von Düsseldorf nach Serbien, sind daher bisher Münsteraner Roma kaum beteiligt. Es ist noch nicht abzusehen, ob es im Bündnis gelingt, beides zu tun: Unterstützungsarbeit, Öffentlichkeitsarbeit, um die konkrete Situation der Roma zu verbessern, und politisch weitergehende Arbeit zusammen mit ihnen – die auch davon abhängt, dass es gelingt, ihre Situation zu stabilisieren und Abschiebungen zu verhindern.

3. ‚Kirche der Armen' als gefährliche Erinnerung?

Theologisch arbeiten wir im ITP zur Zeit an einem Projekt zum 50. Jubiläum des II. Vatikanischen Konzils (1962-1965). Zusammen mit Gruppen wie Initiative Kirche von unten, Wir sind Kirche und Leserinitiative Publik organisieren wir als ersten Schritt eine Konziliare Versammlung anlässlich des 50. Jahrestages der Eröffnung des Konzils im Oktober 2012.[7] Meine Aufgabe sehe ich hier unter anderem darin, an die Aufbrüche feministischer Befreiungstheologie zu erinnern. Von feministischer Befreiungstheologie zu sprechen bedeutet für mich, im Sinne der grundlegenden Analyse von Christine Schaumberger im Handbuch Feministische Theologie von 1986, eine gemeinsame Bestimmung von feministischer Theologie und Befreiungstheologie zu sehen:

> „Beide lassen sich als oppositionelle Theologien beschreiben: Sie stehen in Widerspruch zu einer Theologie und einer durch diese Theologie gestützten Ordnung, die als be‚herr'schend und ‚allgegenwärtig' in allen Dimensionen und auf allen Ebenen des Lebens erfahren wird, und wollen deren Dominanz aufbrechen. Daher verstehen sie sich als *kritische* Theologie, die das ‚herr'schaftsstützende dominante Denken, seine Grundlagen und Implikationen analysieren und grundsätzlich in Frage stellen will, aber auch als *affirmative* Theologie, die sich die theologischen Wurzeln und Grundlagen als befreiendes Erbe aneignet, sich zu den Opfern und Unterdrückten der kritisierten ‚Herr'schaftsordnung und seiner Denkstrukturen bekennt und ihre Versuche, gegen diese Ordnung anzukämpfen, zur eigenen Sache macht und parteilich reflektiert, und als *innovative* Theologie, die sich befreit von der Allgegenwart der ‚Herr'schaft und neue Wege, Theologie zu treiben, sucht, die einer schöpferischen Veränderung der Welt dienen können. Mit anderen Worten: Sie sind eine Bewegung der Umkehr aus der geschlossenen Ordnung, der Solidarität mit denen, die unter die Räuber gefallen sind, und der Mitschöpfung ‚neuer' Frauen und Männer und einer ‚neuen' Gesellschaft."[8]

---

[7] Zur Versammlung und zu den weiteren Schritten des pro-konzil-Projektes siehe www.pro-konzil.de.

Im Rahmen solchen Theologietreibens spielt Erinnerung, die stört und gefährlich für den Status quo ist, eine wichtige Rolle.[9] Christine Schaumberger weist darauf hin, dass Erinnerungen nicht nur als bewahrenswerte Schätze verstanden werden können, sondern auch als

> „[...] belastendes Erbe, als Beauftragung, als ein Mittel, das die Anstrengungen, Wünsche, Ängste toter Frauen erinnert und uns nicht nur nach Wissen über diese Frauen, sondern nach Beziehung und Verbindung zu diesen Frauen fragen lässt. Es kann darüber hinaus als veränderbar, gefährdet, vergänglich angesehen werden."[10]

Gefährlich sind Erinnerungen nur dann, wenn sie

> „als Unterbrechungen und Orientierungshilfen wahrgenommen werden, die das Bestehende grundlegend infragestellen, die Leiden und Visionen der toten Frauen zurückrufen und die Idee wecken und wach halten, dass die Ausrichtung auf das ‚Unmögliche' die Möglichkeiten erweitert."[11]

In diesem Sinne – und wenn „Frauen" nicht biologistisch-essentialistisch gedacht wird, sondern für Marginalisierte steht – lassen sich zum Beispiel der Aufbruch zu einer „Kirche der Armen" auf dem II. Vatikanischen Konzil und damit zusammenhängend der von 40 Bischöfen erstunterzeichnete und später von ca. 500 Bischöfen mitgetragene Katakombenpakt, eine Selbstverpflichtung „für eine dienende und arme Kirche", als wichtige Elemente

---

[8] Christine Schaumberger: „Ich nehme mir meine Freiheit, damit ich nicht sterbe". Überlegungen zu einer Feministischen Theologie der Befreiung im Kontext der „Ersten Welt", in: Christine Schaumberger / Monika Maaßen (Hg.): Handbuch Feministische Theologie, 2., durchges. Aufl. 1988, 332-361, 347f. (Hervorhebungen im Original)

[9] Ausführlich hat dies Christine Schaumberger in ihrer Analyse der Relevanz politischer Theologie – in der das Konzept der gefährlichen Erinnerung entwickelt wurde – für feministische Theologie thematisiert. Vgl. Christine Schaumberger: Das Verschleiern, Vertrösten, Vergessen unterbrechen. Zur Relevanz politischer Theologie für feministische Theologie, in: Marie-Theres Wacker (Hg.): Der Gott der Männer und die Frauen (Theologie zur Zeit 2), Düsseldorf 1987, 126-161, v.a. 153-161.

[10] Schaumberger: „Weiter gehen ... ", 26.

[11] A.a.O., 27

gefährlicher Erinnerung auch einer feministischen Befreiungstheologie ansehen. Zur Veranschaulichung einige Sätze aus dem Katakombenpakt:

> „1) Wir werden uns bemühen so zu leben, wie die Menschen um uns her üblicherweise leben, im Hinblick auf Wohnung, Essen, Verkehrsmittel und allem, was sich daraus ergibt [...].
> 2) Wir verzichten ein für allemal darauf, als Reiche zu erscheinen wie auch wirklich reich zu sein [...].
> 8) [...] Alle Laien, Ordensleute, Diakone und Priester, die der Herr dazu ruft, ihr Leben und ihre Arbeit mit den Armgehaltenen und Arbeitern zu teilen und so das Evangelium zu verkünden, werden wir unterstützen. [...]
> 9) Im Bewusstsein der Verpflichtung zu Gerechtigkeit und Liebe sowie ihres Zusammenhangs werden wir daran gehen, die Werke der ‚Wohltätigkeit' in soziale Werke umzuwandeln, die sich auf Gerechtigkeit und Liebe gründen und alle Frauen und Männer gleichermaßen im Blick haben. [...]
> 10) Wir werden alles dafür tun, dass die Verantwortlichen unserer Regierung und unserer öffentlichen Dienste solche Gesetze, Strukturen und gesellschaftlichen Institutionen schaffen und wirksam werden lassen, die für Gerechtigkeit, Gleichheit und gesamtmenschliche harmonische Entwicklung jedes Menschen und aller Menschen notwendig sind. Dadurch soll eine neue Gesellschaftsordnung entstehen, die der Würde der Menschen- und Gotteskinder entspricht [...]"[12]

Gefährliche Erinnerung wird der Katakombenpakt dadurch, dass es eine Selbstverpflichtung von Bischöfen ist, die ein Bild von Kirche zeichnet, das heute noch utopischer als zum Zeitpunkt seiner Entstehung ist. So wird erkennbar, wie weit weg die real existierenden Kirchen von einer Orientierung am Reich Gottes sind. Gefährlich wird sie auch dadurch, dass die Erinnerung an Versuche, eine solche Kirche zu gestalten, fast verschwunden ist – ein Ergebnis auch der Erinnerungspolitik der einflussreichen (kirchlichen, theologischen) Institutionen. Gleichzeitig ist das Wis-

---

[12] Zitat aus Norbert Arntz: Selbstorganisation und Selbstverpflichtung: Der Katakombenpakt, in: Institut für Theologie und Politik (Hg.): Der doppelte Bruch. Das umkämpfte Erbe des Zweiten Vatikanischen Konzils, Münster 2011, 29-31, 30f.

sen darum, dass der Kreis von Bischöfen, die sich damals für eine ‚Kirche der Armen' einsetzten, ein reiner Männerkreis war, und dass sich an der diskriminierenden Ämterstruktur bis heute nichts geändert hat, auch eine schmerzhafte Erinnerung daran, wie weit entfernt die römisch-katholische Kirche – aber auch andere Kirchen, wenn auch unterschiedlich in Ausmaß und Formen – von einer egalitären Nachfolgegemeinschaft sind. Heute ist es die Aufgabe von christlichen Basisgemeinschaften, eine neue Selbstverpflichtung für eine andere Kirche einzugehen.

Notwendig ist das ‚Tiefer-Graben', das Hervorholen von Geschichten, die noch weiter verborgen sind als diejenige um den Katakombenpakt, zum Beispiel von den Frauen, die ab der dritten Sitzungsperiode beim Konzil als Beobachterinnen anwesend sein durften. Zu erinnern wäre zum Beispiel an Mary Luke Tobin, damals Präsidentin der „Conference of Major Religious Superiors of Women in the United States", die sich für Friedens- und Gerechtigkeitsfragen auch dadurch einsetzte, dass sie sich an Demonstrationen gegen das US-amerikanische Militär und an internationalen Missionen für Frieden, Gerechtigkeit und Solidarität u.a. in Irland, England, El Salvador und Südvietnam beteiligte.[13]

Eine Rede von ‚Kirche der Armen' heute steht in Gefahr, als karitative Ausrichtung, als ‚Kirche für die Armen' missverstanden zu werden. Gefährliche Erinnerung an den Kampf für eine ‚Kirche der Armen' müsste in unserem Kontext hier und heute unsere zerstörerische Lebensweise grundlegend in Frage stellen, die Plausibilitäten und Normalitäten stören, an Visionen und Aufbrüche hin zu einer anderen Welt in den Blick nehmen – im Wissen darum, dass im ‚Mainstream' „das Nichtrealisierte mit dem ‚unrealistischen' gleichgesetzt, als ‚falsch' bewertet wird."[14] Der Blick auf das Unmögliche, das ist der Blick auf eine Kirche oder Christen und Christinnen, die sich den Marginalisierten zuwenden und sich or-

---

[13] Vgl. Carmel McEnroy: Guests in their own house. The women of Vatican II, New York 1996, 59.

[14] Schaumberger: „Weiter gehen ... ", 26. Zur schwierigen Vermittlung des Begriffs „Kirche der Armen" vgl. auch Katja Strobel: „Kirche der Armen" hier und heute? Kritische Überlegungen zur Erinnerung an den Katakombenpakt, in: Der doppelte Bruch, 78-80.

ganisieren, gegen Strukturen von Gewalt und Ausbeutung kämpfen und dies als Nachfolge verstehen. Die Konziliare Versammlung soll ein ökumenischer Schritt auf eine Vernetzung hin sein, die eine Orientierung an der anderen Welt Gottes für viele ermöglicht, gesellschaftlich sichtbar macht und die Bedingungen dafür schafft, gemeinsame Schritte zu gehen.

4. Weiter gehen oder tiefer graben? *Spannungen, Widersprüche, Herausforderungen*

Im Titel „Weiter gehen, tiefer graben" von Christine Schaumberger liegt eine Spannung, eine Widersprüchlichkeit, die sich nicht einfach auflösen lässt, sondern zentrale Fragen für politisches Handeln stellt. Wie können wir weiter gehen und tiefer graben, ohne das eine oder das andere zu vernachlässigen?

Christine Schaumberger besteht im Sinne des Weiter-Gehen auf den grenzenlosen Ansprüchen, die sich in der Erinnerungsformel „Keine ist befreit, wenn nicht jede befreit ist" konzentrieren. Diese Ansprüche dürfen nicht aufgegeben werden, auch wenn sie in der herrschenden gesellschaftlichen und wissenschaftlichen Meinung als unrealistisch abgetan werden. Herrschaftskritik bedeutet nicht Fixierung auf Herrschaft. Es geht nicht darum, als Marginalisierte ‚die Macht zu erobern', sondern darum

> „sehen zu lernen, wie Neues, Aufbrüche, Revolten, Veränderungen, Wiederherstellungen genau unter den Bedingungen der Herrschaft entstehen und auch unter diesen Bedingungen und als Widerstand gegen diese Bedingungen wahrgenommen und geachtet werden sollten, als Möglichkeiten, die trotz und gegen Verunmöglichung und Verhinderung wahr gemacht werden."[15]

Hinzuzufügen ist: Es geht nicht nur darum, sehen zu lernen, sondern, wie oben bereits beschrieben, darum, in den Kämpfen Theologie zu entwickeln, also nicht Zuschauerin zu bleiben, sondern sich hineinzubegeben und in dieser Praxis die eigene Nachfolgepraxis zu sehen. Auf diese Weise gilt es Menschen an die Visio-

---

[15] Schaumberger: „Weiter gehen ... ", 25.

nen, an das vermeintlich Unmögliche zu erinnern und gemeinsam Wege zu suchen, sie möglich zu machen.

Tiefer-Graben bedeutet, Marginalisierte, Vergessene, Gescheiterte wahrzunehmen und in unsere Vision, in unsere Erinnerungsgemeinschaft, unsere tägliche Arbeit mit einzubeziehen. Nach Christine Schaumberger wird so Wahrheit gesucht und gefunden:

> „Wahrheit [...] ist ständig zunehmende Komplexität, die durch geduldiges und genaues Wahrnehmen zunehmend erkennbar, ermöglicht und geschaffen wird. Die Suche nach Wahrheit ist darauf angewiesen, dass jede ihre Erfahrungen und Wirklichkeiten so genau wie möglich beschreibt und benennt. Sie ist mühsam, schmerzhaft und riskant, aber notwendig und bemächtigend."[16]

Eine wichtige Aufgabe feministischer Theologinnen ist, „ihren Denk- und Handlungshorizont auf die Frauen und Fragen hin zu öffnen [...], die übersehen, vergessen, marginalisiert werden."[17] Dies gilt es zu tun, ohne paternalistisch zu werden. Es geht darum, die eigene Position zu reflektieren und konstruktiv einzubringen und sich selbst als Subjekt von Organisierung, Umkehr, Selbstermächtigung und als potentiell Herrschaftsmechanismen Reproduzierende zu sehen. Im Verhältnis zum Weiter-Gehen bedeutet dies einerseits, dass für die Visionen einer anderen Welt unabdingbar ist, sich immer wieder selbstkritisch zu fragen, wo Marginalisierte überhört werden und andererseits, sich selbst und die eigenen Wahrnehmungen ernst zu nehmen und mit ihnen ehrlich umzugehen. Christine Schaumberger bezieht sich auf Adrienne Rich, die es als Lüge bezeichnet, das nicht zu tun:

> „Wenn Frauen sich Postulaten und Aussagen unterwerfen, wenn sie darauf verzichten, die eigenen Erfahrungen und Gedanken, Empfindungen und Wahrnehmungen präzise zu Wort und zu Gehör zu bringen, nennt Adrienne Rich diese Nichtkommunikation Lüge."[18]

---

[16] A.a.O., 19.
[17] A.a.O., 22.
[18] A.a.O., 19.

Abgesehen davon, dass Folge dieser Nichtkommunikation ist, dass (marginalisierte) Perspektiven nicht sichtbar gemacht werden, ist mit diesem Problem im Bereich sozialer Bewegungen noch ein anderer Aspekt verbunden, der für Politisierungs- und Organisierungsfähigkeit zentral ist, und zwar das Verhältnis von politischer Arbeit und anderen Lebensbereichen. Die Erfahrungen und Gedanken von Frauen werden oft immer noch zu wenig einbezogen, weil in sozialen Bewegungen meist ebenso kyriarchale Strukturen herrschen wie überall. Aber vom Problem der Nichtkommunikation sind nicht nur Frauen betroffen. Abgesehen davon, dass zur Zeit in der BRD nur wenige Menschen überhaupt dazu bereit sind, sich aktiv für menschlichere Verhältnisse einzusetzen, schaffen es soziale Bewegungen in vielen Fällen auch nicht, Bedingungen dafür zu schaffen, dass diejenigen, welche sich einsetzen, langfristig aktiv bleiben können und wollen. Nicht wenige Menschen ziehen sich nach Jahren, in denen sie versucht haben, politische Arbeit in sozialen Bewegungen, Erwerbsarbeit, Lebensgemeinschaften mit oder ohne Kinder nebeneinander und miteinander zu bewerkstelligen, zurück ins ‚Privatleben' – frustriert, ausgebrannt, weil sie den Eindruck haben, dass die Bereiche nicht miteinander zu verbinden sind. Gelingende Verbindung von Leben, Existenzsicherung und kontinuierlichem politischem Engagement hängt davon ab, dass die individuellen Situationen hinsichtlich zeitlicher, finanzieller, körperlicher und emotionaler Kapazitäten und Bedürfnisse thematisiert werden und kollektive, entlastende Lösungen gefunden werden können.

Sowohl die Warhnehmung marginalisierter Stimmen und das Eingehen auf ihre Situation – wie im ersten Teil des Textes am Beispiel des Bleiberechtsbündnisses beschrieben – als auch die Berücksichtigung der persönlichen Situationen der Einzelnen stehen einerseits in Spannung zum Weiter-Gehen, andererseits gehören aber alle drei Aspekte zusammen, wenn wir – um das Adrienne Rich-Zitat vom Anfang aufzugreifen,

„[...] alle eines Tages die Möglichkeit haben [wollen], die Art von Arbeit zu tun, an der uns wirklich liegt und die die Welt von uns braucht."[19]

Dennoch ist die Aufgabe, sie zusammenzubringen, nicht trivial, wenn man die verschiedenen Kontexte beispielsweise feministischer Befreiungstheologie betrachtet. In der AG Feminismus und Kirchen sind das zur Zeit unter anderem Arbeit in der Jugendarbeit, im Frauenverband, in der freien theologischen und politischen Bildungsarbeit, in der Schule, im Verlag oder auch in der interreligiösen Zusammenarbeit. Wenn nicht nur die Reflexion verschiedener Praxis anhand von Texten, sondern gemeinsame Ziele im Blick sind, nämlich reale gesellschaftliche Veränderungen zu bewirken, dann gilt es, sich über das Verhältnis der verschiedenen Aspekte von Weiter-Gehen und Tiefer-Graben auseinanderzusetzen. Denn die Gewichtung zwischen persönlichen Freiheitsgewinnen von Frauen, den Strategien zur Verbesserung individueller Lebenslagen und den Kämpfen gegen globale Ungleichheit und Ausbeutungsverhältnisse ist mit Rücksicht auf die verschiedenen Arbeits- und Lebenskontexte sehr unterschiedlich.

Wenn Christine Schaumberger beide Suchbewegungen beschreibt, erscheinen beide wie zwei Seiten einer Medaille, die notwendig zusammengehören:

„Das **Weiter-Gehen** verlangt Unentwegtheit, die Weigerung, sich anzupassen, den Willen, den eigenen Visionen und Fragen zu folgen, verlangt die Anstrengung, die eigenen Ansprüche zu radikalisieren, statt sie als illusorisch oder naiv aufzugeben.

[...] Das **Tiefer-Graben** verlangt das Verharren an einem Ort, die Geduld, die Standhaftigkeit, die Neugier, an bekannten Orten Unbekanntes, Neues zu entdecken, die Bereitschaft, auch unangenehme und unwillkommene Dinge auszugraben. Ich denke hier vor allem an Kritik und Selbstkritik, an Suche nach der Geschichte von Frauen, ihren Kämpfen, ihrer Macht und Unsichtbarmachung, an die Frage, auf welchen Frauen die eigene Theologie gründet."[20]

---

[19] A.a.O., 22f.
[20] A.a.O., 20.

Vielleicht können diese Beschreibungen weiterhelfen in Auseinandersetzungen über die verschiedenen Kontexte feministischer (Befreiungs?-)Theologie. Es könnte fruchtbar sein zu diskutieren, wie die Einzelnen und Gruppen für sich das Verhältnis von ‚Weiter gehen' und ‚Tiefer graben' sehen und welche Gemeinsamkeiten und Unterschiede, vielleicht Dissense festgestellt werden können, die für die jeweilige Praxis Anregung sein und auch Perspektiven von Kooperation eröffnen könnten. Ein klarerer Blick auf gemeinsame und auch unterschiedliche Ziele könnte motivierend sein und sowohl Verbindungen schaffen, die, wenn man sich als Teil einer Bewegung versteht, unerlässlich sind, als auch Enttäuschungen vorbeugen, weil Erwartungen angesichts unterschiedlicher Ziele nicht erfüllt werden können.

Unterbrechend und orientierend kann auch in diesen Auseinandersetzungen der Hinweis Christine Schaumbergers darauf sein, dass kein theologisches Kriterium ist:

„Strategische Theologie ist nicht ausgerichtet auf sichtbare Ergebnisse allein. Auch ohne solchen ‚Erfolg' haben Arbeiten und Mühen Sinn: Sie hinterlassen Spuren, Möglichkeiten, die manchmal viel später aufgespürt, wiedergefunden, aufgenommen und weiter gegangen werden können. Solch ‚zufällig' scheinendes Wiederaufleben feministisch-theologischer Gedanken und Projekte und ihre ‚zufällige' Rückkehr an anderen Orten, in anderen Zusammenhängen, die ‚zufällige' Gleichzeitigkeit sich gegenseitig kritisierender oder ergänzender feministisch-theologischer Anstrengungen, Wiederanknüpfen an abgebrochene feministisch-theologische Traditionsstränge, der Widerspruch, die Neuinterpretation sind nicht unbedingt Zufall, sie können als Hinweis strategischer Spurenlegung und Spurensuche interpretiert werden."[21]

---

[21] A.a.O., 25.

„Anspruch auf eine befreiende, nährende, erinnernde, kritische Theologie"[1]

Jutta Flatters

Im Oktober 2011 feierte die *AG Feminismus und Kirchen e.V.*[2] ihr 30jähriges Jubiläum. 30 Jahre, in denen die Mitbegründerin Christine Schaumberger sich immer wieder auf markante Weise einbrachte, nicht zuletzt durch die Tagungen und Kongresse, die sie inhaltlich eigenverantwortlich oder mitgestaltete: in den Anfängen, als es noch um die Klärung des Selbstverständnisses der *AG* ging, zum Verhältnis von feministischer Theologie und Frauenbewegung; später mehrfach zur Theologie und Hermeneutik von Elisabeth Schüssler Fiorenza, deren Buch *In Memory of Her* Christine Schaumberger ja ins Deutsche übersetzt hatte[3]; dann zu Themen, die für mich in unserem Kontext originär mit ihrem Namen verbunden sind, nämlich Blickwechsel mit womanistischer Theologie, feministisch-theologische Reflexion von Behinderung sowie von Altern/Demenz; schließlich noch zu theologischen Fragen der Institutionalisierung Feministischer Theologie (s.u.) und im *AG*-Jubiläumsjahr 2006 „Erinnerung zur Zukunft".

---

[1] Christine Schaumberger: „Weiter gehen, tiefer graben". Akt des Überlebens und notwendig unabschließbare Transformation: Institutionalisierung feministischer Theologie, in: Andrea Eickmeier / Jutta Flatters: Vermessen! Globale Visionen – konkrete Schritte. Wegmarken durch den feministischen Alltag. Arbeitsbuch zu Elisabeth Schüssler Fiorenzas kritischer Befreiungstheologie, Sonderausgabe 3 zur Schlangenbrut, Münster 2003, 19-30 ,19.

[2] Im Folgenden *AG*.

[3] Elisabeth Schüssler Fiorenza: In Memory of Her. A Feminist Theological Reconstruction of Christian Origins, New York 1983; dt. Ausg.: Zu ihrem Gedächtnis. Eine feministisch-theologische Rekonstruktion der christlichen Ursprünge, München / Mainz 1988.

Als ich Christine Schaumberger vor 30 Jahren kennenlernte, hatte sie sich als feministische Befreiungstheologin bereits einen Namen gemacht, obwohl oder gerade weil ihre Position sich nicht recht in den Kanon feministisch-theologischer Optionen in Deutschland fügen lassen wollte. Christine war – und ist – eine Protagonistin, eine kritische, herausfordernde, ermutigende, kreative, inspirierende Vor-Denkerin, die scheinbar unermüdlich „weiter geht" und „tiefer gräbt" und doch die damit verbundenen Mühen, Ermüdungs- und Scheiternserfahrungen kennt.

Gründe genug, die Jubilarin zu ehren, indem wir uns zum *AG*-Jubiläum mit dem Artikel befassten, dem die Überschrift hier entnommen ist und der ihr am Herzen liegt: „Weiter gehen, tiefer graben". Keine Frage, der Text hat es in sich – wie alle Texte von Christine Schaumberger: Sie wollen wieder- und wiedergelesen werden, und manchmal kann frau auch nach Jahren verblüffende Leseerfahrungen machen. So erging es mir mit einem älteren Text Christines, auf den ich mich hier zunächst beziehen möchte: „Ich nehme mir meine Freiheit, damit ich nicht sterbe", ein ebenso Grund-legender Beitrag wie der eben genannte, veröffentlicht in dem von ihr und Monika Maaßen vor 25 Jahren (!) herausgegebenen *Handbuch Feministische Theologie*.[4] Grund-legend nenne ich beide Artikel, insofern es in beiden darum geht, was Theologie ist oder sein soll und welches Ziel sie verfolgt.

Dieses *Handbuch* zu konzipieren und herauszugeben, bedeutete damals – das soll nicht unerwähnt bleiben – an sich schon einen Meilenstein zu setzen[5]. Christine Schaumbergers eigener Artikel darin mit ihren Überlegungen zur Theologie der Befreiung in unserem Kontext war ein Markstein für sich: Hier formulierte Christine bereits grenzenlose Ansprüche an Theologie, allen voran an

---

[4] Christine Schaumberger: „Ich nehme mir meine Freiheit, damit ich nicht sterbe". Überlegungen zu einer Feministischen Theologie der Befreiung im Kontext der „Ersten" Welt, in: Christine Schaumberger / Monika Maaßen (Hg.): Handbuch Feministische Theologie, Münster 1986, 332-361.

[5] Nicht zuletzt deshalb, weil die meisten Autorinnen hier erstmals die Möglichkeit bekamen, ihr feministisch-theologisches Denken vorzustellen und so, in der Unterschiedlichkeit der Ansätze, die Kontextualität von Theologie auf eindrucksvolle und kompetente Weise sichtbar zu machen.

Feministische Theologie. Frauenbefreiung – ja, das hatten wir uns damals alle zum Ziel gesetzt; aber hier war eine, die den Anspruch formulierte, dieses Ziel in jedem Moment des Theologietreibens vor Augen zu haben, und die aufzeigte, was das bedeuten könnte und würde, nämlich eine gänzlich neue Art, Theologie zu verstehen und zu betreiben: Abschied von linearem Fortschrittsglauben auch in der feministischen Bewegung; Aufgeben von scheinbar sicheren theologischen „Wahrheiten". Stattdessen: Sich-Einlassen auf einen prinzipiell unabschließbaren Prozess „stets neue(r) Annäherung an veränderte Wahrnehmung, veränderte Erfahrung, veränderte Situationen, veränderte Strukturen."[6] Ein spiralförmiges Diagramm veranschaulichte in vierzehn, nicht notwendig aufeinanderfolgenden und sich wiederholenden Schritten „Wegmarkierungen" in diesem Prozess.[7]

Ich erinnere mich daran, wie aufregend, herausfordernd, aber auch fremd ich diesen Beitrag damals fand: Die Worte zu verstehen, war eines, etwas anderes aber, sie mit allen Implikationen umzusetzen. Um so erstaunter war ich, jetzt, beim erneuten Lesen festzustellen, wie vieles mir inzwischen vollkommen vertraut und plausibel erscheint. Und: Ich erkenne plötzlich Christine Schaumbergers „Wegmarkierungen" in meinem Arbeiten heute wieder:[8] *Getroffen* von Behinderung durch meine Tochter, oft *wütend und empört* über das, was mir mit ihr widerfährt, beginne ich zu *rebellieren* und mir *bewusst* zu *werden*, wie die Situation von Menschen mit Behinderung ist. Ich *analysiere* Vorurteile, Denkstrukturen und Lebensbedingungen, *entwerfe Theorien*, *breche* nicht nur *mit der herrschenden Sicht* von Normalität, sondern sehe mich auch genötigt, manche feministischen Einsichten infrage zu stellen (*Ent-Täuschungen* und *Destruktion* bei CS). Die Notwendigkeit, liebgewordenes Gedankengut und auch Praktiken aufzugeben, erlebe ich als *Unsicherheit* und gleichzeitig *träume* ich von einer Welt, in der

---

[6] A.a.O., 359.
[7] A.a.O., 359f. Mehr dazu: s.u.
[8] Zum Folgenden vgl. Schaumberger: „Ich nehme mir meine Freiheit ... ", 359f., und Jutta Flatters: Anders als man denkt. Leben mit einem behinderten Kind, Gütersloh 2009. Die „Wegmarkierungen" habe ich kursiv hervorgehoben.

Platz für Menschen wie meine Tochter ist, auch einer Ekklesia, die sie nicht ebenfalls aufgrund des Mündigkeitskriteriums ausschließt (vgl. CS zu *Be-geist-ern*). Ich *wage* neue Denkformen, bin aufgebrochen zu neuem Engagement, übe mich in *Solidarität („Schwesterlichkeit")* mit anderen von Behinderung Betroffenen, auch wenn das in Zeiten von Integrationspolitiken, die gerade Schwerbehinderte mehr denn je ausgrenzen, nicht immer leicht ist. Schließlich arbeite ich an der *Re-Vision* von Geschichte, Geschichten und Traditionen und *setze mich der Kritik aus,* insbesondere wenn ich mit meinen neuen Gedanken an die Öffentlichkeit gehe oder in der Praxis für Veränderungen kämpfe. Für mich gehört all das, wie für Christine, gleichermaßen zu (m)einem feministischen wie (m)einem theologischen Engagement, das sich an den Unsichtbarsten und Marginalisiertesten zu orientieren versucht.

Damit möchte ich Christine Schaumbergers Gedanken nicht vereinnahmen und Unterschiede nicht verwischen, wohl aber hervorheben, dass Christine Spuren hinterlassen hat bei mir, die sicher nicht zufällig sind. Jedenfalls kann ich ihr für alle Inspiration und großherzige Unterstützung gerade auch beim „Thema" Behinderung nicht genug danken!

In der *AG* haben nicht nur die „Wegmarkierungen" aus dem Handbuch-Beitrag zahlreiche Spuren hinterlassen. Christine wäre ja nicht Christine, wenn sie nicht die Spirale weitergedreht und weitergedacht hätte. So arbeiten wir inzwischen ganz selbstverständlich (ob immer im Sinne von Christine, ist hier nicht zu erörtern) mit *Kontextualisierung, Änderung der Blickrichtung, Selbstkontextualisierung im Blickwechsel*[9] – Elementen, die untrennbar mit dem Namen Christine Schaumberger verbunden sind, ebenso wie die Idee, *Theologie als LebensMittel* zu verstehen.

Auch der Artikel *Weiter gehen, tiefer graben* ist mit der *AG* verbunden: Er geht zum Teil zurück auf Christines Part eines Einführungsvortrag 1995 zu einem der beiden Kongresse der *AG* (1995 und 1997) über „Institutionalisierung und Macht in den Arbeits-

---

[9] Vgl. hierzu Christine Schaumberger: Blickwechsel. Fundamentale theologische Fragen einer sich kontextualisierenden Theologie, in: Pastoraltheologische Informationen 18 (1998), 31-52.

feldern feministischer Theologinnen". Bei diesen Kongressen setzten wir uns sichtend, würdigend, aber auch kritisch mit der fortschreitenden Institutionalisierung Feministischer Theologie auseinander. Christine Schaumbergers Beitrag kreiste – und kreist in dem aus den Kongressen hervorgegangenen Band *Vermessen*[10] – um Fragen wie, was eigentlich soll wie, wozu und für wen institutionalisiert werden, und führte so zu einem erneuten Nachdenken über fundamentale Fragen des Theologisierens. Die Charakteristika der Theologie der Befreiung, die Christine im *Handbuch* benannte und für feministische Theologie reklamierte, werden in *Vermessen* vorausgesetzt oder kehren wieder, insbesondere Sinn, Zweck und Ausrichtung (letztlich nicht nur) der feministischen wie der Befreiungstheologie: Befreiung konkret und für alle: „,Brot und Rosen' für alle Frauen und Nichtpersonen".[11] Von daher formuliert Christine den grundsätzlichen und grenzenlosen „Anspruch auf eine befreiende, nährende, erinnernde, kritische Theologie"[12], die sich unentwegt und nie fertig mit Theologie, Gesellschaft und den Erfahrungen von Frauen kritisch auseinandersetzt im Hinblick auf eben diesen universalen Befreiungsanspruch. Alles, was dieser Vision universeller Befreiung im Wege steht – und was ihrer Realisierung dient –, ist, wenn ich recht verstehe, demnach Gegenstand der Theologie – oder sollte es sein. Insofern gibt es keine Erfahrung, die nicht theologisch relevant wäre;[13] und deshalb ist das ständige Weitergehen und Tiefergraben so wichtig für Theologie.

In diesem spannungsreichen Bild fasst Christine Schaumberger hier die Ausrichtung und Aufgabenstellung von Theologie zusammen, die sie im *Handbuch* in einem spiralförmigen Diagramm einzufangen versuchte.

Weitergehen und Tiefergraben beinhalten: *Misstrauen* letztlich allen und allem gegenüber; *Ent-täuschung* als Infragestellung von Wahrheiten, Gewissheiten, Einsichten, Errungenschaften, die

---

[10] Vgl. hierzu Anmerkung 1.
[11] Schaumberger: „Weiter gehen ... ", 19; vgl. auch die Ausführungen zu den Erwartungen feminist. Befreiungstheologie an Institutionalisierung, a.a.O., 21.
[12] A.a.O., 19.
[13] A.a.O., 21.

vielleicht kostbar waren und doch wieder aufgegeben werden müssen; die *Unterbrechung*/das Durchbrechen gewohnten Denkens und Handels, das Aufbrechen von Selbstverständlichkeiten, die Weigerung, sich anzupassen und umfassende Visionen aufzugeben. Zu diesem unabschließbaren Prozess von Kritik und Selbstkritik gehören gleichzeitig die *Erinnerung* an vergangene Überlebenskämpfe und Mühen um Befreiung, an die Geschichte von Frauen, auf deren Schultern wir stehen, an uneingelöste Ansprüche; sowie *das „ins Sprechen hören"* von stumm Gemachten, Verstummten, *bisher Ungehörten*, Ausgegrenzten, Marginalisierten, die – oppositionell – oft mit „Frauen" zusammengefasst werden, selbst wenn nicht nur Frauen gemeint sind.

Dass das alles eine Zumutung ist, die nicht unproblematisch ist, insofern ihr Theologieverständnis die Wünsche nach Innehalten oder festen Boden unter den Füßen haben, untergräbt, weiß Christine.[14] Aber diese Zumutung kann und will sie nicht fallen lassen, weil das bedeuten würde, den Anspruch „Brot und Rosen für alle" fallen zu lassen.

Gemäß diesem Anspruch sind die genannten Merkmale von Theologie für Christine Schaumberger nicht Mittel oder Strategien der *Umsetzung* von Theologie in Praxis, sondern Theologie selbst, also nicht sekundär, sondern fundamentale Fragen und Strategien der Theologie selbst.[15] Denn Theologie zielt ja nicht in erster Linie auf Sichtung, Erhalt, Weitergabe oder auch Transformation ihrer Tradition, sondern auf Befreiung für alle. Die Erinnerung an die Tradition und zwar ‚als Erinnerung an die tradierten und tradierenden toten (und lebenden), in Vergessenheit geratenen Frauen, ihre Leiden und Kämpfe'[16] steht im Dienst dieses Anspruches und ist oder muss selbst ein Akt dieser Befreiung sein.

Dementsprechend formuliert Christine Schaumberger ihre Erwartungen an Institutionalisierungformen feministischer Theologie: Die konkreten Schritte, die Frauen aufgrund der Vision von

---

[14] A.a.O., 20.
[15] A.a.O., 24.
[16] Nach einem nicht publizierten Kommentar von Christine Schaumberger von Anfang 2012.

globaler Befreiung bereits gegangen sind, sollen in Erinnerung bleiben und Frauen das Rad nicht immer wieder neu erfinden müssen. Im Hintergrund steht die Erfahrung und Feststellung, dass feministische Theologinnen bereits an vielen verschiedenen Orten auf unterschiedlichste Art wirken. Gesucht waren Institutionalisierungsformen, die die Erinnerung an dieses Wirken sowie die damit verbundenen Kämpfe, Mühen und Visionen von Frauen wachhalten und öffentlich machen. Mehr noch: Befreiungstheologisch gedacht hieße Institutionalisierung, „Bedingungen zu schaffen, die die unterbrechenden Visionen in Erinnerung bringen und die motivieren zu weiter gehender Kritik und Veränderung"[17], immer im Hinblick auf die Befreiung für alle, die in den großen Erinnerungsformeln gegenwärtig gehalten werden wie „Brot und Rosen", „Keine ist befreit, wenn nicht jede befreit ist".[18]

Diese Erwartungen an Institutionalisierung stehen in Spannung zu den damals üblichen Institutionalisierungsprozessen, nämlich der Etablierung von Feministischer Theologie in vorhandenen, etablierten Institutionen. Christine geht dem nach, nicht zuletzt, um vertiefend zu klären, was eigentlich in ihrem Sinne Theologie ist und sein soll und worum es letztlich geht: einen Prozess theologischer Transformation, „bei dem es um das Überleben nicht der Theologie, sondern von Frauen geht."[19]

Für mich liegt in diesem Theologieverständnis mit all seinen Implikationen die größte Herausforderung, vor die Christine Schaumberger alle Theologietreibende gestellt hat und stellt. Mit groß meine ich: wesentlich, bedeutend, bleibend wichtig. Deshalb ist mir eine wiederholte Auseinandersetzung mit ihren Texten, verbunden mit einer Art (Selbst)Vergewisserung, wie ich sie hier vorlege, wichtig. Und deshalb ist eine Fortsetzung und Intensivierung der Diskussion und Rezeption dieses Ansatzes in unterschiedlichen Kontexten, wie mit diesem Band begonnen, mein Wunsch zum 60. Geburtstag der Jubilarin!

---

[17] Schaumberger: „Weiter gehen ... ", 21.
[18] A.a.O., 27.
[19] A.a.O., 22f.

Hartnäckig hoffnung hegend

Christine Schaumbergers Wirken in der
AG Feminismus und Kirchen

Claudia Lueg

Liebe Christine,

du bist ein Urgestein (ein Nährboden?) der *AG Feminismus und Kirchen*. Die ersten Adresslisten vom Anfang der Achtzigerjahre verorten dich in der Finkenstraße in Münster und in der Albert-Mays-Straße in Heidelberg. An beide Orte habe ich lebendige Erinnerungen. Dein Fragen und Forschen, deine Literaturlisten und Lektüretipps, deine Art des Theologietreibens haben Generationen von feministischen Theologinnen beeinflusst, ja geprägt – unter anderem diese Festgabe zeugt davon. Nicht zu ermessen ist, wie dein Interesse an den Menschen, dein aufmerksamer und liebevoller Blick, dein Nachfragen und Ermutigen viele Einzelne über die Jahre hinweg herausgefordert, bestärkt und genährt hat.

Viele inhaltlich bedeutsame und öffentlichkeitswirksame Etappen in der Geschichte der *AG Feminismus und Kirchen* sind mit deinem Namen und deinem Wirken verbunden, ich erinnere exemplarisch nur an wenige:

- In dem von dir und Monika Maaßen herausgegebenen *Handbuch Feministische Theologie* habt ihr 1986 Fragestellungen, Themen, Standpunkte und Praxisfelder damaliger Feministischer Theologie im deutschsprachigen Raum bekannt gemacht, die Aktivistinnen und Forscherinnen vernetzt und zur Debatte und Weiterarbeit eingeladen;

- den Kongress der *AG*: „Schon und noch nicht. Institutionalisierung und Macht in den Arbeitsfeldern feministischer Theologinnen" (1995) hast du durch deinen grundlegenden Einführungsvortrag maßgeblich mitgestaltet, deine Denk-Früchte geteilt und mit den Kongressteilnehmerinnen weiter gedacht (vgl. Schlangenbrut 13 (1995) H. 51, 40-42);
- anlässlich des 20-jährigen Bestehens der *AG Feminismus und Kirchen* hast du 2001 in „Womanistische Theologie – gefährliche Erinnerung für ‚uns'?" eingeführt;
- während der *AG*-Tagung „Den Tanz der Weisheit weiter und weiter tanzen. Zur Aktualität des Werkes von Elisabeth Schüssler Fiorenza" anlässlich ihres 65. Geburtstages 2003 hast du über „Machtworte und das Ringen um die Macht zu benennen" gesprochen;
- Fragen der Tradierung sowie der Wahrnehmung der Marginalisierten beschäftigten uns bei zwei Tagungen, die du gestaltet hast unter den Titeln „Immer versehrter und immer heiler – Altern, feministisch-theologisch reflektiert" (2008) und „Altern – Zukunftsfrage feministischer Theologie" (2009).

Dass du als bibliophile Forscherin zugleich über ein reiches Repertoire an Gemeinschaft stiftenden und Erkenntnis fördernden Methoden verfügst, wissen alle, die schon einmal mit dir zu denken und zu feiern das Glück hatten. Daher sei abschließend ein Akrostichon beigegeben, das jede Leserin, jeder Leser gemäß der eigenen Erfahrungen mit dir und dem Dank an dich füllen wird:

C	harmant – wenn sie will
H	artnäckig Hoffnung hegend
R	eaktionäre enttarnen
I	rrtümer als Lernschritte benenen
S	isters in the wilderness
T	rauer- und Biografiearbeit
I	rritieren
N	eologismen kreieren
E	ine ganz Wichtige!

AutorInnenverzeichnis

Andreas Benk, geb. 1957 in Stuttgart, studierte Theologie, Physik und Philosophie in Tübingen und Wien und ist seit 2002 Professor für Kath. Theologie und Religionspädagogik an der Pädagogischen Hochschule in Schwäbisch Gmünd.

Resi Bokmeier, wohnhaft in Stuttgart, geboren 1936. Meine gesamte Berufstätigkeit war im kirchlichen Dienst, viele Jahre in der Jugendarbeit, von 1966 bis 1971 Leiterin eines Pastoralzentrums in Kpandu / Ghana, von 1971 bjs Ende 1997 Referentin für Frauenbildung und Alleinerziehendenarbeit, Supervisorin, bei der Arbeitsstelle für Erwachsenenbildung / Bildungswerk der Diözese Rottenburg-Stuttgart. Nach meiner hauptamtlichen Tätigkeit weiterhin aktiv, im Fraueninformationszentrum, beim Weltgebetstag, Mitarbeit im Arbeitskreis „Eine Welt" des Kath. Deutschen Frauenbundes, Mitarbeit beim Kath. Bildungswerk, Stuttgart. Von 2002 bis 2009 jährlicher 5-6 monatiger Aufenthalt in Jasikan, Diözese Ghana, als Consultant für die Catholic Women Association.

Susanne Ebeling, geb. 1956, katholische Diplom-Religionspädagogin, von 1979-86 in Frankfurt-Niederrad als Gemeindereferentin in der Pfarrseelsorge, seit 1986 an den Kliniken des Main-Taunus Kreises als Krankenhausseelsorgerin tätig.

Mirjam Elsel hat ihre feministisch-befreiungstheologischen Wurzeln in der AG Feminismus und Kirchen. Mit Jüdinnen, Christinnen und Musliminnen aus Bamberg hat sie die Interreligiöse Fraueninitiative aufgebaut. Sie ist derzeit Vikarin der Evangelisch-Lutherischen Landeskirche in Bayern. Mit ihrem Mann und ihren zwei Kindern lebt sie in Bamberg.

Jutta Flatters, Dipl. theol., arbeitete nach Abschluss ihres Studiums (1981) einige Jahre forschend und lehrend in einem feministisch-theologischen Projekt an der Universität Tübingen und als Dozentin an einer Fachhochschule in Reutlingen, dann - und bis heute - als Publizistin und freie Referentin in der Erwachsenenbildung mit den Schwerpunkten Feministische Befreiungstheologie und Behinderung: theologische, soziale, politische Aspekte. Seit über 30 Jahren ist sie in der AG Feminismus und Kirchen e.V. aktiv; außerdem seit vielen Jahren und mittlerweile als 1. Vorsitzende bei F.U.N.K. Tübingen e.V. (Förderverein zur Unterstützung neurologisch erkrankter Kinder und ihrer Familien). Verheiratet, zwei Töchter, die jüngere ist schwer mehrfach behindert.

Günter Gödde, geb. 1958, Diplomtheologe, Priester der Diözese Essen, Fortbildungen in Sterbebegleitung / Trauerbegleitung und in Klientenzentrierter Gesprächsführung (GwG), Klinische Seelsorge Ausbildung, seit 2008 Krankenhausseelsorger im Alfried Krupp Krankenhaus Steele und Diözesanbeauftragter für die Krankenhausseelsorge im Bistum Essen

Regula Grünenfelder, Dr.theol., Bildungsbeauftragte Schweizerischer Katholischer Frauenbund, Familienfrau. Sie leistet und erforscht in verschiedenen Aktionsgruppen zivilgesellschaftliches Engagement mit Flüchtlingen und für eine solidarische Kirche.

Schwester M. Angelinde Händel, Jahrgang 1942, Geburtsort: Homburg/Saar, Mitglied der Gemeinschaft der Mallersdorfer Schwestern, Klinikseelsorgerin im St. Elisabeth-Krankenhaus, Zweibrücken bis 2011. Ab 2012 Altenseelsorgerin in Schwanstetten mit dem Projekt: „Demenz"freundliche Gemeinde.

Ulrike Hoppe, geb. 1961, hat Kath. Theologie/ Geschichte/ Informatik für Geisteswissenschaften in Bonn, Münster und Bochum studiert. Sie ist Mitbegründerin der AG Feminismus und Kirchen (1981). Sie lebt und arbeitet in Dortmund als Lehrerin und Sozialpädagogische Fachkraft in der Jugendberufshilfe sowie in verschiedenen Projekten des Interreligiösen Dialogs (Schwerpunkt: Dortmunder Islamseminar, Interreligiöses Gebet)

Dr. Britta Jüngst, geb. 1962, ist evangelische Pfarrerin, Gestalttherapeutin und Supervisorin. Nach langjähriger Tätigkeit im Frauenreferat der Ev. Kirche von Westfalen arbeitet sie nun als Gemeindepfarrerin und Supervisorin. Sie lebt mit ihrem Mann und zwei Töchtern in Münster.

Dr. Irmgard Kampmann, geb. 1952, früher katholische, jetzt evangelische Theologin und Philosophin, unterrichtet an einer Gesamtschule und lebt als Autorin und freie Dozentin in Bochum. Sie erforscht und vermittelt das Denken Meister Eckharts und Marguerite Poretes im Kontext der Frauen- und Laienbewegung des Mittelalters und heutiger spiritueller Suche, moderiert philosophische Gesprächskreise, gestaltet feministisch-theologische Wochenenden und bietet für Einzelne philosophische Lebensberatung und spirituelle Begleitung an.

Dr. Sandra Lassak, Jg. 1975, ist katholische Theologin und war von 2002 – 2011 Mitarbeiterin am Institut für Theologie und Politik in Münster. Sie arbeitet derzeit an der ökumenischen theologischen Fakultät AETE (Asoaciación Educativa Teológica Evangélica) in Lima/Perú. Schwerpunktmäßig arbeitet sie zu feministischen Befreiungstheologien sowie Gesellschaftskritik und Politik, lateinamerikanischer Theologie, soziale und politische Prozesse in Lateinamerika. In ihrer Dissertation hat sie sich mit Widerstand von Frauen auf dem Land in Brasilien und der Frage nach der Bedeutung von Befreiungstheologie beschäftigt.

Claudia Lueg, geb. 1960, ist Vorsitzende der AG Feminismus und Kirchen e.V. Sie leitet den Programmbereich Schulbuch und Katechese im Kösel-Verlag, München.

Dr. Johann Baptist Metz, geb. 1928, ist Professor em. für Systematische Theologie. Von 1963 bis 1993 war er Lehrstuhlinhaber für

Fundamentaltheologie an der Kath.-Theol. Fakultät der Westfälischen Wilhelms-Universität Münster, anschließend mehrere Jahre Gastprofessor an der Universität Wien.

Dr. Aurica Nutt ist wissenschaftliche Mitarbeiterin im DFG-Projekt „Leib Christi – gendertheoretische Dekonstruktion eines zentralen theologischen Begriffs" (Leitung: Prof. Dr. Saskia Wendel, Universität zu Köln). Sie ist Vorstandsmitglied bei „AGENDA - Forum katholischer Theologinnen e.V." und war bis zum Ende des Projekts im Jahr 2013 Mitherausgeberin der „schlangenbrut. zeitschrift für feministisch und religiös interessierte frauen".

Dr. Tiemo Rainer Peters OP, geb. 1938, hat 1975 bei J. B. Metz promoviert und war von 1979 - 2004 Akademischer Rat der Katholisch-Theologischen Fakultät an der Universität Münster. Er ist Angehöriger des Hamburger Konvents der Dominikaner.

Dr. Annebelle Pithan, wissenschaftliche Referentin am Comenius-Institut, Evangelische Arbeitsstätte für Erziehungswissenschaft, Münster. Studium der ev. Theologie / Spanisch / Erziehungswissenschaft in Hamburg, Mexiko und Costa Rica. Engagiert in der Mittelamerika-Solidaritätsarbeit, Zweites Staatsexamen, zahlreiche Veröffentlichungen zu Feminismus / Gender, ökumenischem Lernen, Behinderung / Inklusion.

Ina Praetorius, Dr. theol., geb. 1956 in Karlsruhe, Germanistin und evangelische Theologin, seit 1987 als freie Autorin und Referentin tätig, lebt mit Mann und Tochter in Wattwil / Ostschweiz. Homepage: http://www.inapraetorius.ch.

Peter Pulheim, geb. 1948 in Frechen, Krankenhausseelsorger (Dipl. Theol. Dipl. Psych.) und Leiter des Instituts für Klinische Seelsorgeausbildung (KSA) der Erzdiözese Freiburg in Heidelberg. 2014 werde ich meine berufliche Tätigkeit am Heidelberger Institut für KSA beenden. Danach möchte ich mein kontextuell-befreiungstheologisches Konzept der Krankenhausseelsorge weiterentwickeln. (Zu diesem Konzept siehe einstweilen www.ksa-heidelberg.de, vor allem die Seiten über das theologische Konzept, das Konzept der Langzeitkurse und die Kurse zur Theologie der Krankenhausseelsorge.) Ich möchte als Alten(heim)- und Geriatrieseelsorger arbeiten, die theologischen Fragen vor allem von Menschen mit „Demenz" suchen, mich für eine „demenz"freundliche Gemeinde engagieren und zusammen mit Christine Schaumberger Kurse für Alten(heim)seelsorge und zur Theologie des Alterns halten.

Christine Schaumberger, geboren 1951 in Amberg; frei arbeitende feministische Befreiungstheologin; Seminare zur gemeinsamen Erarbeitung theologischer Theorie, Lehraufträge, Erwachsenenbildung, Arbeit in und mit unterschiedlichen Projekten, von 2005 bis 2013 freie Mitarbeit in Projekten des Heidelberger Instituts für KSA, vor allem zur Theologie der Krankenhausseelsorge; Arbeitsschwerpunkte: feministische Befreiungstheologie im Blickwechsel mit Befreiungstheologien unterschiedlicher Kontexte, feministisch-theologische Tradierungstheorie, theologische Analyse von Schmerz, Altern, „Demenz"; Mitfrau der AG Feminismus und Kirchen.

Elisabeth Schüssler Fiorenza, Dr. Dr. hc. mult., ist Krister Stendahl Professorin an der Harvard Universität in den U.S.A. und international bekannte feministische TheologIn und BibelwissenschaftlerIn. Sie ist Mitbegründerin und Mitherausgeberin des „Journal of Feminist Studies in Religion" (JFSR) und war von 1978 bis 2000 im HerausgeberInnenkreis der internationalen Zeitschrift Concilium für feministische Theologie mitverantwortlich. Sie ist seit langem Mitfrau der AG Feminismus und Kirchen. Von ihren vielen Büchern, sind, unter anderen, „Zu Ihrem Gedächtnis", „Brot statt Steine", „Jesus – Miriams Kind, Sophias Prophet", „WeisheitsWege", „Grenzen überschreiten", „Gerecht ist das Wort der Weisheit" und „Rhetorik und Ethik. Zur Politik der Bibelwissenschaft" auf Deutsch erschienen.

Elisabeth Stepanek M.Ed., geb. 1961, kath. Seelsorgerin und Religionspädagogin, nach Tätigkeit in der Privatwirtschaft Ausbildung zur diplomierten Pastoralassistentin, 1992-2003 Pfarrseelsorge, 2003-2008 pastorale Regionalreferentin, 2008-2012 Leitung des Bischöflichen Referats für Altenpastoral der Diözese Graz-Seckau, seit 2012 Seelsorgerin in den Geriatrischen Gesundheitszentren der Stadt Graz sowie Bildungsbeauftragte für die Pflegeheimseelsorge der Diözese Graz-Seckau, Studium Geragogik 2010-2013 an der Katholisch Pädagogischen Hochschule Wien-Krems, Mastermodule Gerontologie 2013-2014 an der Karl-Franzens-Universität Graz.

Doris Strahm, Dr. theol., geb. 1953 in Zürich, Studium der kath. Theologie in Luzern und drei Jahre Assistentin im Bereich Philosophie. Von 1988 bis 1994 wissenschaftliche Mitarbeiterin im Bereich Dogmatik an der Universität Fribourg mit Schwerpunkt feministische Theologie. 1996 Promotion zum Thema „Christologie aus der Sicht von Frauen aus Asien, Afrika und Lateinamerika". Als freischaffende feministische Theologin, Dozentin und Publizistin tätig in den Bereichen feministische Theologien und Christologien sowie interreligiöser Dialog. Von 1985-2006 Mitherausgeberin und Redaktorin der feministisch-theologischen Zeitschrift FAMA, Mitgründerin und Vizepräsidentin des Interreligiösen Think-Tank, www.doris-strahm.ch

Dr. Katja Strobel ist Mitarbeiterin am Institut für Theologie und Politik in Münster und Mitfrau der AG Feminismus und Kirchen und engagiert sich in feministischen politischen und sozialen Bewegungen. Sie arbeitet zur Zeit für die Leserinitiative Publik-Forum. Ihre Promotion behandelt Fragen der Solidarität und Selbstbestimmung im Bereich der (Erwerbs-)Arbeit von Frauen (erschienen 2012 unter dem Titel „Zwischen Selbstbestimmung und Solidarität. Arbeit und Geschlechterverhältnisse im Neoliberalismus aus feministisch-befreiungstheologischer Perspektive").

Eva-Maria Wallisch, geb. 1966, hat nach dem Studium der Kath. Theologie und der Religionspädagogik an der Universität Salzburg zehn Jahre als Krankenhausseelsorgerin am LKH Salzburg gearbeitet. In den Jahren 1995 und 1996 absolvierte sie ihre Klinische Seelsorgeausbildung (DGfP) am Institut für KSA in Heidelberg. Seit 2004 leitet sie das Referat für Altenpastoral in der Erzdiözese Salzburg. Schwerpunkte ihrer Arbeit liegen im Fortbildungsbereich für AltenheimseelsorgerInnen und in der Begleitung der haupt- und ehrenamtlichen MitarbeiterInnen ihres Fachbereiches. In Kooperation mit fachverwandten Einrichtungen bemüht sie sich um die Weiterentwicklung der Thematik Altenpastoral. Sie ist ausgebildete Gemeindeberaterin (OE GB) und Geistliche Begleiterin.

Ludger Weckel, kath. Theologe, Promotion in Missionswissenschaft, Mitbegründer und bis 2012 Mitarbeiter des Instituts für Theologie und Politik in Münster, Spezialgebiet: lateinamerikanische Theologie, Übersetzer theologischer Literatur, arbeitet als Kurierdienstfahrer im „Prekariat".

Dorothee Wilhelm, Jg. 1963, ist Dipl. Theol. und Dipl. Päd, Master of Science in Psychologie, arbeitet als Dozentin für Sozialpädagogik an einer Schule der höheren Berufsbildung und beim Kinder- und Jugendpsychiatrischen Dienst des Kantons Zürich als Postgraduierte. Sie ist Deutsche, lebt seit 19 Jahren in Zürich.

Dr. Eske Wollrad lernte Christine Schaumberger in Zusammenhang der feministisch-theologischen Sommeruniversitäten kennen. Derzeit ist sie Geschäftsführerin des Bundesverbands „Evangelische Frauen in Deutschland e.V." (EFiD) tätig. Sie promovierte zu afrikanisch amerikanischer feministischer Theorie und Theologie, arbeitet zu Rassismus, den Critical Whiteness Studies, Weißsein und Postkolonialismus. Der Arbeitstitel ihres gegenwärtigen Buchprojekts lautet: „Das Gift der frühen Jahre. Rassismus und Weiße Dominanz in Kinderbüchern". Im Frühjahr 2010 erschien der von ihr sowie Jutta Jacob und Swantje Köbsell herausgegebene Sammelband zum Thema „Gendering Disability. Intersektionale Aspekte von Behinderung und Geschlecht" im transcript Verlag.

Bildnachweis

Foto von Christine Schaumberger S. 5: Fotografin: Gudrun-Holde Ortner, freundlich zur Verfügung gestellt von Christine Schaumberger

Foto S. 35: freundlich zur Verfügung gestellt von Angelinde Händel

Bild S. 64: Vivian Ellis: Nachdenkende Komponistin, Abdruck mit freundlicher Erlaubnis der Künstlerin

Bild S. 124: Hans Steinbrenner (1928-2008): Federzeichnung, 2006, Tusche auf Papier, 24x16,5 cm. Fotografie: Ingeborg Leopoldine Klinger, freundlich zur Verfügung gestellt von Peter Pulheim

Foto S. 159: Fotograf: Ludger Weckel

Bild S. 190: Anselm Kiefer: „Schechina", 2000 – © Anselm Kiefer, courtesy Galerie Thaddaeus Ropac Paris · Salzburg Foto: Boualem Moudjaoui

Bild S. 204: Hans Steinbrenner: FIGUR, 1974 – Ulme. H. 180 cm, Fotografie vom Künstler, freundlich zur Verfügung gestellt von Anne Steinbrenner

Bild S. 230: Viola Poschenrieder-Schink: „SpielRaum – Bruchstücke und zwischenzeilig Verlorenes", Nr. 10/21-1, Abdruck mit freundlicher Genehmigung der Künstlerin

Textnachweis

Zitat S. 5: Christine Schaumberger, „Weiter gehen, tiefer graben". Akt des Überlebens und notwendig unabschließbare Transformation: Institutionalisierung feministischer Theologie, in: Vermessen! Globale Visionen – konkrete Schritte. Arbeitsbuch zu Elisabeth Schüssler Fiorenzas kritischer Befreiungstheologie, Münster 2003, S. 19-30, S. 22

Gedicht S. 21: Hilde Domin: Drei Arten Gedichte aufzuschreiben (Auszug), in: Dies.: Sämtliche Gedichte, Frankfurt am Main 2009, S. 157 © S. Fischer Verlag GmbH, Frankfurt am Main 2009

Der Text von Aurica Nutt: „Gott in Gestalt der Schechina: Berührungspunkt politischer und geschlechtersensibler Theologien?", S. 185-198, ist in leicht veränderter Form ebenfalls erschienen in: Alexandra Bauer / Angelika Ernst-Zwosta (Hg.): „Gott bin ich und nicht Mann." Perspektiven weiblicher Gottesbilder, Ostfildern 2012, S. 73-82

Gedicht S. 227: Rose Ausländer: Unendlich, aus: Dies., Wieder ein Tag aus Glut und Wind. Gedichte 1980-1982, Frankfurt am Main 1986, Bd. 6, S. 129 © S. Fischer Verlag GmbH, Frankfurt am Main 1986

Arbeitsgemeinschaft Feminismus und Kirchen

wir sind
ein Zusammenschluss
feministischer Befreiungstheologinnen und
feministisch-befreiungstheologisch
interessierter Frauen
aus verschiedenen Arbeitsfeldern

wir arbeiten
feministisch-befreiungstheologisch

wir analysieren
unsere Lebens- und
Arbeitssituationen

wir entwickeln
Strategien zur Verwirklichung unserer
Zukunftsvisionen

wir reflektieren
theologische und gesellschaftliche
Entwicklungen

wir forschen
außerhalb und innerhalb
von etablierten Institutionen
und unterstützen uns bei unseren
Forschungsprojekten

wir feiern und erzählen

weitere Informationen unter **www.agfeminismusundkirchen.de**

Näheres zum Institut für Theologie und Politik und die Reihe
Edition ITP-Kompass unter **www.itpol.de**